나의 행동이
대양의 작은 물방울에
불과할지라도

Everyday Life Ecologies

© 2023 by Alice Dal Gobbo

나의 행동이
대양의 작은 물방울에
불과할지라도

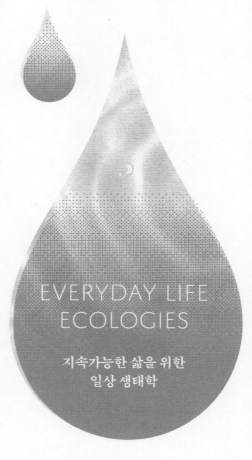

EVERYDAY LIFE
ECOLOGIES

지속가능한 삶을 위한
일상 생태학

앨리스 달 고보

경규림 옮김

이상
북스

작고도 거대한 나의 빛

카를로에게…

너의 자유롭고 밝은 미소가 보여준

가장 순수한 삶의 경이로움에 감사하며.

차례

일러두기

1. 원서에서 이탤릭체로 강조한 부분은 한국어판에서 고딕체로 구분했고, 주요 개념이나 혼동하기 쉬운 용어는 원어를 첨자로 병기했다.

2. 외국 인명과 지명 등은 국립국어원의 외래어 표기법과 용례를 따랐으나, 국내에서 굳어진 인명과 지명 표기는 통용되는 표기로 옮겼다. 명확한 의미 전달을 위해 필요한 경우에 한해 원어나 한자를 첨자로 병기했다.

3. 책 제목은《 》, 잡지·보고서·드라마·영화 제목은〈 〉, 신문기사·논문·시·그림·노래 제목 등은 " "로 표기했다.

4. 국내 출간된 도서의 경우, 가장 최근 출간된 판본 기준으로 책 제목을 표기하고 맨 처음 나올 때에 한해 괄호 안에 국내 출판사와 국내 출간연도를 표기했다. 국내 미출간 도서는 원어를 적절히 해석하여 표기하고 맨 처음 나올 때만 첨자로 원서 제목을 적었다.

5. 각주(●로 표기)에서 [옮긴이]라고 표시한 것 외의 것은 모두 저자의 주다.

6. 원서 본문의 레퍼런스 표기는 가독성을 위해 후주(숫자로 표기)로 책 뒤에 실었다.

7. 주요 용어의 번역은 아래 기준에 의했다.

    materialism: 생태학 주제에 맞추어 '물질주의'로 번역하되 문맥에 따라 '유물론'으로 번역함.
    reality: 문맥에 따라 '실재'와 '현실'로 번역함.
    system: 문맥에 따라 '시스템' '조직' '체제' '체계' 등으로 번역함.
    minor, major: 들뢰즈와 가타리를 따라 한두 곳 예외 상황 외에는 모두 '비주류'와 '주류'로 번역함.
    life: 주로 '삶'으로 번역했으나 '생활' '인생' 등으로도 번역함.
    affect: 주로 '정동'으로 번역했으며, 문맥에 따라 '감응' '정서' 등으로도 번역함.
    emotion: '정서' 또는 '감정'으로 번역함.

'위기'에서의 지속가능성과
전환에 대하여

일상 생태학everyday life ecologies은 생태 위기, 기후변화, 기후 대응을 둘러싼 논의에서 오래전부터 다루어진 주제다. 다만 이전에는 '행동' '선택' '실천' '의미' 등 다른 용어로 불렸다. "지구를 살리려면 시민 개인이 자기 역할을 해야 한다"는 주장이 등장하면서 특히 선진 자본주의 국가에서 개인의 일상을 구성하는 평범한 행동에 정치적·윤리적, 심지어 도덕적 의미가 부여되기 시작했다.[1] 개인의 사적 행동이 현세대 생태계의 건강뿐 아니라 미래 세대가 살아갈 환경까지 좌우한다는 생각이 자리 잡게 된 것이다. '지속가능성'이라는 표어 아래, 이제 시민들은 주의를 기울이고 습관을 바꾸고 "책임의식을 갖고" 슈퍼마켓에서 친환경 제품을 구매해야 한다는 압박을 느낀다. 이런 일상 행동을 통한 공동선 추구를 "녹색 시민성" 또는 "생태 시민성"이라 부른다.[2] 환경 문제가 정치 논의의 전면에 등장하고 관련 연구 또한 활발해지면서 일상 차원에서 생태 문제에 접근하는 시각이 점점 더 주목받고 있다. 일상의 실천에 중점을 두는 기조는 신자유주의 정부의 관심사로 떠올랐고, 이는 문제도 많지만 매우 유익한 결과를 낳았다. 근본적 사회 변화와는 무관한 거의 고립된 영역으로 여겨왔던 일상 정치에 대해 다시금 생각할 기회를 열었기 때문이다.

하지만 지금까지 일상 생태학의 접근 방식은 대체로 국가 기관의 역할을 축소하고 시장에서 개인의 선택할 자유를 강조하는 주류 신자유주의식 환경 위기관리에 머무르는 경향을 보였다. 반면 생태 문제를 중심에 두고 후기 자본주의 사회의 삶을 구성하는 존재 양식 자체에 의문을 제기해 온 변혁 프로젝트transformative project를 들여다보면, 설령 명시적으로 드러나지는 않았다 하더라도 그 핵심에는 늘 일상과 관련한 문제가 있었다. 앙드레 고르스André Gorz가[3] 최초로 제시한 생태사회주의 비전부터, 자본주의-제국주의가 구축한 사회적 관계 외부에서 삶을 추구하고 사회-생태적 물질대사socio-ecological metabolism를 조직할 권리를 주장하는 원주민 운동에[4] 이르기까지, 모든 변혁적 사회운동은 시공간, 에너지, 일상적 존재 문제를 재구성하겠다는 비전을 담고 있다. 최근 다양한 생태운동은 이러한 요소를 사회 변화 과정의 핵심으로 여기며 생명 자체를 지탱하는 물질 흐름의 재구성을 목표로 한다. 이러한 운동을 "일상의 신환경주의"new environmentalism of everyday life라 부른다.[5]

이 책이 일상 생태학에 접근하는 방식은 정치생태학 연구 및 일부 사회운동 연구의 영향을 받았으며, 다음의 전제를 공유한다. 그것은 바로 지속가능성을 향한 변화의 과정, 더 정확히 말해 자연을 지키고 생명을 유지하는 사회-생태적 존재 방식으로의 변화는 자본주의적 존재 방식 자체에 의문을 제기하는 것에서 시작해야 한다는 생각이다. 노동, 가치, 재생산, 돌봄 등 자본주의에 대한 사회-생태적 비판을 이끌어 온 몇 가지 주제는 이 책의 전반적 논의의 형식과 내용에 큰 영향을 미쳤다. 하지만 이 책의 실증 연구는 노동의 조직화 혹은 사회운동을 위한 일상의 역할이 아닌, 지금까지 대체로 간과되어 온 지극히 평범한 일상을 관찰하는 것 그 자체에 집중했다. 실증 연구에서는 그야말로 일상 **생태학**을 중점적으로 살펴보는 것이 핵심이었다. 이는 개인이 일상에서 어떤 선택과 행위와 생각을 하는지보다 인간과 비인간, 동물과 사물, 식물, 에너지 등을 하나로 연결하는 물질-기호적 **배치**material-semiotic assemblages를 집중적으로 연구했다는 의미다. 즉 구체적이고 되풀이되는 시도로서 일상을 구성하는 열린 (그러나 반복적이기도 한) 배열에 집중했다.

이 책을 뒷받침하는 실증 연구는 2015년부터 이탈리아 북동부에서 수행되었다. 이후 전 세계적으로 많은 변화가 있었다. 코로나 팬데믹과 우크라이나 전쟁으로 지정학적 균형이 재편되었고, 그와 함께 환경 정치도 변했다. 에너지와 식량은 이 변화와 긴밀하게 관련되어 있다. 이 둘은 생명 재생산에 필수적이며 친환경 전환을 위한 모든 노력의 중심이거니와, 세상에서 벌어지는 일들로부터 아주 큰 영향을 받는다. 그러나 이 책의 각 장이 보여주듯이 에너지와 식량은 이전에도 이미 많은 연구 참가자의 일상 생태계에서 중요한 부분이었다. 그렇기에 내 연구 경험과 자료를 여러 위기가 심해지는 시대에 변화하는 사회정치적·생태적 현실에서 재고해 보는 것이 필요했다. 애초에 연구 설계를 할때 '위기'라는 주제는 전기적 궤적biographical trajectories과 그 궤적이 '지속가능성'에 미친 영향을 이해하기 위한 핵심 요소였다.[6] 당시는 2008년 세계 경제 위기의 영향과 그 여파가 계속되던 때였다. 이는 사회 관계 및 활동, 생산과 소비, 미래에 대한 상상력과 희망에까지 영향을 끼쳤다. 이러한 위기는 점점 더 뚜렷해지는 환경 위기와 교차하기 시작했다. 금융 공황 이후 나타난 사회적 혼란 속에서 제도의 무능함이 드러났고, 이는 사회 정의와 환경 정의를 뒷받침하는 최우선의 제도적 장치로서의 대의 민주주의에 또 다른 정치적 위기를 드리우는 듯했다. 이처럼 교차하는 위기 속에서 사람들은 한편으로는 현재의 위기가 끝도 알 수 없이 계속되는 반면 미래는 불확실성 속으로 점차 희미하게 사라져 간다고 느꼈다.[7] 다른 한편으로 이런 중첩된 위기 앞에서 환경 거버넌스와 기후변화 대응에 쏟는 관심과 노력은 축소되는 것처럼 보였다. 경제 회복이야말로 그 어떤 대가를 치르더라도 반드시 이루어야 할 최우선 과제로 여겨졌기 때문이다.[8]

당시에도 이미 '녹색 자본주의'는 CO_2 시장과 새로운 투자 기회를 만들어내고 자연을 소위 "에코 시스템 서비스"로 둔갑시키는 등, 기후변화 및 다른 형태의 환경 파괴에 경제적 가치를 매기고 있었다.[9] 그런데도 정치적 노력은 뒤처졌다. 글로벌 북반구, 특히 유럽에서 환경 문제가 가장 중요한 정치 의제로 일반화되고 받아들여진 것은 팬데믹 이후에나 나타난 일이다. 유럽 국가들은 '이탈리아 국가 회생 및 회복탄력성 계획'The Italian National Recovery and Resilience Plan, NRRP 같은 재건 프로젝트를 통해 생태적 전환을 경제 회복의 수단으로 전면에 내세웠다. 결국 환경 문제가 자본주의 경제를 재가동하기 위한 수단으로만 주요 자리를 차지하게 된 것이다. 이런 프로그램에는 무수히 많은 모순이 있다.

이 책에서 이를 자세히 다루지는 않겠지만, 우크라이나 전쟁으로 촉발된 에너지 공급 시스템의 위기로 인해 그 모순은 지금도 증폭하고 있다. 석탄으로 돌아가야 한다는 목소리나, 가스 부족 사태에 맞서 '청정에너지' 의무를 충족하고 에너지 자율성과 주권을 회복할 수 있도록 원자력 발전을 확대해야 한다는 요구가 급격히 늘었다. 이처럼 복잡하고 불안으로 가득한 상황에서 일상은 환경 거버넌스의 뒷전으로 밀려났다. 신자유주의적 논리에 따른 일상 행동의 변화는 점차 긍정적인 환경 효과를 가져올 것으로 기대되었지만, 결국 그 어떤 의미 있는 변화도 만들어내지 못했다. 이제 환경 거버넌스의 새로운 지평은 대규모 인프라 구축과 재생 가능 프로젝트에 대한 자본 투자 그리고 '위로부터' 주도되는 에너지 공급 시스템의 변화로 나타나고 있다. 동시에 경제가 불안정한 지역에서 생계비 상승으로 인해 사회 불안과 격변이라는 유령이 서성이는 가운데 일상이 집단적 논쟁과 정치적 관심사의 최전선으로 다시 돌아오고 있다. 그렇게 일상은 부차적인 동시에 핵심적인 것이 되었다.

이런 맥락에서 일상은 더 이상 단순히 추상적인 시간성 주기로 규정되는, 즉 연/월/일로 반복되는 비역사적이고 평범한 사적 공간이 될 수 없다. 일상은 지정학적 사건들이 평범한 한 인간의 신경세포와 피부를 통해 경험되어 결국 실재가 되는 공간이자 역사가 구체화되는 공간이다.[10] 일상 속 개인은 다양하고 때로는 극단적인 상황에서 힘겹게 삶을 유지하며 전략을 찾아 위기 순간을 간신히 대처한다. 시스템 붕괴에 직면한 사람들은 변혁적 전환을 함께 도모한다.[11] 위기라는 주제는 일상과 제대로 교차하는데 이유는 다음과 같다. 교차하는 여러 위기 상황으로 인해 익숙한 경험과 기존의 배치에 금이 가고, 존재의 일상적 재생산 형식과 이를 형성하는 자본주의적 사회관계의 생산과 재생산에 혼란과 의문이 드리운다. 이때 창조와 저항, 실험의 기회가 열린다. 이런 위기의 상황은 선진 자본주의 사회의 일상이 과연 지속 가능한 것인가라는 물음을 제기하는 기회가 될 수도 있다. 동시에 위기는 곧바로 '창의적인' 순간이 되기보다는 오히려 격정과 불안의 정서가 일상에 찾아들며 나타나는 슬픔과 피로, 불안의 순간, 희망의 지평이 닫히는 순간이 될 수도 있다.[12] 위기의 순간에 내재한 이런 양가적 차원을 깊이 있고 신중하게 고려하는 것은 전기적 궤적을 분석할 때 매우 중요하다. 연구 대상에게 극도로 힘겨운 상황을 낭만화하지 않도록 조심해야 하는 것이다. 나아가 환경 사회과학이 비판적 관점을 잃지 않으려면 정의의 문제에 주의를 기울여야 한다. 생활 수준의 저하라는 상황이 취약한 대상을 상대로 소비를 줄여 (부족한) 자원을 더 잘 관리하는 법을 교육할 좋은 기회라는 생각은 버려야 한다.[13]

이 책의 목표 중 하나는 면밀하고 공감을 불러일으키는 접근 방식으로 일상 생태계를 살펴보면서, 일상의 지속가능성이 위기에 처한 존재의 전기적 궤적을 지나며 어떻게 변하는지를 보여주는 것이다. '지속가능성'은 극도로 문제가 많은 개념이며, 따라서 용어 사용 자체에 주의가 필요하다. 그러나 지구 한계planetary boundary 안에서 살아가며 지구 재생 주기를 존중할 수 있는 사회–생태적 조직이 어떤 것인지를 간단히 표현할 수 있는 용어로는 여전히 유용하다. 지속가능성이란 개념이 그간 자본주의 경제의 존속을 위해 활용되어 온 방식은 사회 변혁적 프로젝트가 추구해야 할 목표와는 상당히 거리가 멀다. 자본주의 경제가 그 모순에도 불구하고 유지될 수 있도록 생산, 유통, 소비 패턴을 변화시키는 데 그쳤기 때문이다. 그러나 '지속가능성'에 대한 요구는 이와 완전히 다른 의미가 될 수도 있다. 즉 존재의 재생산이 계속될 것을 요구하는 개념, 개인적·공동체적 관점에서 그리고 인간 외 존재들에게도 더 견딜 만하고 바람직하며 지속 가능한 사회 조직을 요구하는 개념이 될 수도 있다. 이 책에서 사용하는 '지속가능성'은 바로 이 후자의 개념으로, 여기서 '저항'은 필수 요소다. 생명을 유지한다는 것은 어떤 식으로든 자본주의 체제의 해로운 관계에 대항한다는 의미이기 때문이다. 이러한 실천으로서의 지속가능성이 반드시 정치 프로젝트일 필요는 없다. 일상에서 나타나는 수많은 돌봄과 회복의 실천을 보면, 착취와 전유를 통한 무한 축적의 논리가 아닌 다른 논리를 따르지만 정작 이를 실천하는 주체가 자신의 행위를 체제 변혁적인 것으로 여기는 일은 드물다.[14] 물론 일상의 경험으로부터 집단적이고 정치적이며 의도적인 변혁 과정을 상상해야 할 때가 있고, 이 경우 완전히 다른 논의가 필요하다. 여기에는 자생적으로 나타난 남미의 공동부엌에서부터[15] 아래로부터의 상호주의와 돌봄 프로젝트,[16] 음식 시민 운동, 대안 식품 네트워크 Alternative Food Networks에 이르기까지[17] 다양한 사례가 있다. 그러나 이런 차원의 실천은 이 책의 범위를 벗어나는 것으로, 이 책에서는 자본주의적 일상 생태계에 거주한다는 것이 특히 주체의 **경험** 차원에서 무엇을 의미하는지, 그리고 자본주의적 일상 생태계에 저항한다는 것이 무엇을 의미하는지를 집중적으로 살펴보려 한다.

　　이런 접근 방식은 자본주의 조직의 일부로 기능하는 존재의 지속 (불)가능성에 관한 정치생태학 연구와 사람들이 자신이 살고 있는 세계를 재생산하고 문제시하고 변화시킬 때 개인에게 나타나는 주체로서의 역동성이 무엇인지에 관한 심리사회학 연구의 영향을 받았다. 그런데 생태 위기 시대에 '주체성'은 무엇을 의미할까? 강력한 "가이아의 침입"intrusion of Gaia은●[18] 개성, 행위주체성, 정체성 및 근대적 주체를 특징 짓는 일체의 속성을 개념화하는 데 사용된 인간중심적 범주의 문제화를 뜻한다. 이미 후기 구조주의 비평가들이 이에 대해 문제를 제기하고 주체성을 해체했으며, 분석의 초점을 사회 구조나[19] 담론의[20] 영향으로 구성되는 자아와 개인의 사회적 구성 평면으로 이동시켰다. 이렇게 함으로써 그들은 주체성을 결정적이거나 태생적인 것이 아닌, 계속 재정의될 수 있는 것으로 열어놓았다. 그러나 이처럼 "철저한 구성주의"는[21] 경험의 물질적이고 환원 불가능한 측면, 즉 언어나 사회적 담론으로 형성될 수 없고 사회적 영향에서 벗어나 있는 모든 측면을 고려하지는 않는다.[22] 사회과학의 "존재론적 전환"은[23] 실재와 주체의 구성성과 유동성에 여전히 초점을 맞추면서도 모든 사회-생태적 조직에 필수적인 요소인 물질과 물질적 관계의 중요성 또한 그 초점 안에 끌어들이려는 시도다.

주체성에 관한 나의 이해는 이 같은 전통과 일부 궤를 같이 한다. 따라서 나는 주체성을 사회적 담론과 물질적 관행, 대상, 풍경을 연결하며 욕망의 선으로 출현하는 '그물망'an emerging 'mesh' of desiring lines 으로 정의한다. 이렇게 정의한 주체성은 되기becoming의 과정에 열려 있으며, 동시에 기존의 리비도적·관습적 의미 패턴 위로 영토화territorialized 하

●   [옮긴이] 인간중심적인 생태 파괴로 인해 인류에게 닥친 기후 위기, 자연재해, 코로나19 등 전염병의 급격한 발발 등을 뜻한다.

16

는, 인간에게만 한정되지 않는 '장'field이다.[24] 따라서 일상 생태계의 일부로서의 주체성은 한 인간을 구분하는 분리된 개인적 특성이 아니라, 의미로 가득 차 있고 정서적이며 체화된 개념이자 관계적 개념이다. 이 책은 주체성에 대한 이 같은 해석을 바탕으로 현대 자본주의 사회 구조에 내재한 인간중심주의에서 벗어나고자 한다. 그렇다고 해서 인간에 대해 이야기하지 않겠다는 뜻은 아니다. 오히려 인간은 분석의 중심에 있다. 다만 사회과학적인 이해를 빌미로 인간이 아닌 다른 존재를 식민화하는 것은 피하려 한다. 존재에 관한 연구는 사회-생태학의 관점을 취하더라도 인간이 만들고 점령하고 있는 단어와 공간의 영향을 받는다. 하지만 이러한 인간의 존재론적 우위를 가정하지 않고 인간 외 존재에 대한 관심과 이해의 지평을 여는 것이기에 이러한 "존재론적 전환"은 인간중심주의를 넘어서는 측면에서 유익하다. 그러나 그것만으로 충분하지는 않다. 존재론적 전환에도 불구하고 자본주의의 보편적 사고방식은 여전히 재생산되고 있고, 현대 자본주의의 핵심 사고와 실천 방식에 문제를 제기할 기회 역시 부족하다.[25] (생태) 위기 시대에 비판적 사회과학은 가부장제와 식민주의, 인종주의, 종족주의, 인간중심주의, 그리고 계급의 문제에도 주목해야 한다. 물론 이러한 주제가 자본주의 자체의 문제로 환원될 수는 없다. 그러나 이런 주제는 생명의 자본주의적 착취와 전용을 받쳐주는 상호 연결되고 교차하는 억압의 축과 일치한다. 남성/여성, 문명/원시, 백인/흑인, 인간/동물, 사회/자연, 소유자/비소유자 등 이 문제의 핵심에 놓인 이원론은 선진 자본주의 사회에서 노동이 사회적으로 어떻게 구조화되는지를 결정짓고 가치를 정하는 기준이 된다. 이런 이원론에서 앞 항은 언제나 우월한 것으

17

로 간주되고 뒤 항은 가치와 이윤 창출에 이용되어 평가절하되고 소외된다.[26]

예를 들어 남녀를 명확히 구별하고 여성보다 남성을 우월하게 여기기 때문에 남성이 여성의 생식 노동을 자유롭게 전유하는 상황이 정당화된다.[27] 여성은 존재의 비이성적이며 신체적 측면과 동일시되고, 비이성과 신체 자체는 추상적인 이성보다 열등한 것으로 평가절하된다. 에코페미니즘 학자들과 제이슨 무어J. W. Moore[28] 같은 후기 마르크스주의 정치생태학자들이 주장한 것처럼, 이러한 구분은 자연을 사회의 외부에 존재하는 것으로 간주하며 자연을 그 자체로는 생명이 없고 무한히 착취할 수 있는 '자원'으로 여기는 경향과도 긴밀히 연결되어 있다. 실로 여성은 자연과 연관된 것으로, 자연은 여성적인 것으로 여겨진다. 인종에 대해서나 소위 "문명화되지 않은 민족"에 대해서도 비슷한 주장이 제기된다. 백인 남성 이성애자를 소유자로 보면서 그 외의 다른 인종과 민족에 속한 개인, 사회, 문화를 본질적으로 열등하다고 여기는 것이다.[29] 인류의 보편적 표준으로 급부상한 이 백인 남성 주체는 사회와 문명이 지향해야 할 표준이자 올바른 형태의 지식, 자유, 그리고 정치 조직을 표상하는 존재가 되었다.[30] 존재를 식민화하는 이런 구분은 '개발'과 같은 개념을 생각할 때 뚜렷이 나타난다. 인류 역사 자체가 제국을 확장하는 과정에서 다시 쓰였고, 지구상 모든 존재를 인류와 문명에 관한 유럽 중심적인 추상적 이상에 얼마나 근접하느냐에 따라 줄세워 설명하는 단선적 서사가 구축됐다.[31] 무엇보다 확실한 사실은 이렇게 구축된 이 인류와 이 문명이 자연을 폭력적으로 분리하고 이 분리를 공고화했으며, 그럼으로써 자연을 착취·파괴하고 "쓰고 버리는 관

계"wasting relations 로 절하하는 것을 정당화했다는 점이다.[32] 현대 자본주
의의 주체를 자연으로부터 점진적으로 분리하는 것은 현대 사회의 근
본적 움직임 중 하나라 할 수 있는데, 이는 그 자체로 '발전'을 정의하
는 논리이자 현대 자본주의 사회의 보편적 공식 안에서 주체 자신의 위
치를 규정하는 논리가 되었다. 이러한 주체는 자기 폐쇄적이고 자율적
이며, 자기 일관성을 바탕으로 세계의 일부를 착취하는 소유자가 된다.
이 때문에 환경 비평에 있어 주체는 주요 개념이 된다.

　이러한 사고는 결코 추상적인 것이 아니며, 선진 자본주의 사회의
구체적 일상과 동떨어져 있지도 않다. 오히려 아주 친숙한 방식으로 일
상 깊이 침투해 우리의 이상과 상상과 물질적 관행에 큰 영향을 미친
다. 이 책의 추가 논의에서 다음을 분명히 하고자 한다. 현대 자본주의
를 형성하는 위계적 이원론은 주체가 생태계 안에서 그리고 사회 속에
서 자신의 위치를 이해하기 위해 매일 사용하는 해석 범주 중 하나다.
선진 자본주의 사회의 헤게모니인 "제국주의적 삶의 방식"은[33] 현대 이
원론에서 지배 계급의 논리에 기반하며 지속 불가능한 관행과 리비도
투자를 부추긴다. 따라서 생태적으로 자연과 다시 연결되고자 하는 욕
망이나 그 과정은 보통 주어진 그대로의 실체들로서가 아닌 욕망하는
지점으로서의 여성, 자연, 동물 같은 비주류 개념을 통해 구현된다. 따
라서 나는 이 책의 연구 자료를 분석하며 주체를 소외된 존재의 삶의
방식으로 끌고가는 식물-되기, 원시인-되기 같은 '되기'의 순간을 보여
줄 것이다.[34] 여기서 '되기'란 **실제로** 식물이나 원시인이 **된다**는 의미가
아니라 그 욕망의 투자desiring investments 가 헤게모니적 삶의 방식에서 거
부된 모든 것, 즉 '자연스러운' 것, 따라서 열등한 것으로 간주되는 모든

것에 참여하고자 하는 순간으로 이끌린다는 뜻이다. 지각불가능하게되기의 긴장 속에 나타나는 이러한 되기는 지구를 착취하는 현대 자본주의적 주체성에서 벗어나는 순간들로, 그러한 순간에 바로 권력이 작동하는 방식과 자연의 힘과 리듬 및 대상에 대한 통제를 요구하는 엔트로피적 노동 및 가치에 파열이 생긴다. 이 파열의 순간은 이원론이나 기존의 위계, 그리고 주체에 의한 전유에 머무르지 않고 대안적인 방식으로 비인간 존재와 함께할 기회가 된다.

결과적으로 이 책에서 나는 신물질주의 감수성의 일부인 사회/자연에 대한 비인간중심적·비이원론적 이해를 받아들이지만, 동시에 일상에 대한 '구'물질주의적 분석의 필요성 또한 강조한다. 즉 이 책에는 재생산의 사회적 관계가 일상 경험을 어떻게 형성하는지 밝히는 비정통적 역사적 물질주의에서부터[35] 여성/자연이 자본주의 체제의 가치, 노동 및 지배의 핵심 요소임을 보여주는 에코페미니스트의 "체화된 물질주의"embodied materialism에 이르기까지[36] 구물질주의를 차용해야 한다는 분명한 인식이 있다. 맥그리거S. MacGregor가[37] 지적했듯이, 에코페미니즘은 실로 현대 자본주의의 이원론과 위계를 비판하고 반박하면서 남성이 여성을, 인류가 자연과 비인간 동물을, 백인이 흑인을 지배하는 구조의 기능적 상호 관련성을 입증하는 데 오랫동안 힘써왔다. 따라서 이 책의 주장은 에코페미니즘의 주장과 겹치는 부분이 있다. 그러나 많은 이들이 다양한 관점에서 주장한 바와 같이, 신물질주의의 감수성만으로는 자본주의적 재생산 관계에 대한 지속적인 비판을 만들어내지 못할 위험이 있고, 신물질주의의 해석은 때때로 신자유주의적 성향과 겹치는 경향마저 보인다.[38] 따라서 나는 신물질주의의 기반이 된 들뢰즈

들어가는 글

Gilles Louis René Deleuze 와 가타리Pierre-Félix Guattari 의[39] 작업으로 돌아감으로써 존재들이 동일한 존재의 평면에 공존(또는 내재)한다고 보는 탈이원론적 '평평한' 존재론a non-dualist 'flat' ontology 과 정치경제학/정치생태학의 비판적 시각을 함께 유지하려 했다.

이 두 철학자가 이 책의 유일한 이론적 참조 지점은 아니지만, 들뢰즈[40] 그리고 들뢰즈와 가타리가[41] 고안한 개념 중 일부는 내 연구 자료의 분석을 정교하게 만드는 기반이 되었다. 이들의 개념이 연구 참가자 그리고 참가자의 배치assemblages 에 대해 비판적이면서 동시에 나 자신의 경험과 공명하는 방식으로 이야기할 수 있는 어휘를 제공했기 때문이다. 배치assemblages, 영토화territorialization, 탈영토화deterritorialization, 비주류minor, 주류major, 몰성molarity, 분자성molecularity 등은 내가 지금까지 작업해 온 '민감화'sensitizing 개념들의[42] 일부로, 이 개념이 연구 자료 분석에 어떤 의미였는지는 책의 말미에서 설명하겠다. 그러나 욕망이라는 개념만큼은 "들어가는 글"에서 잠시 언급할 필요가 있다. 이 책에서 욕망은 인간을 넘어서는 개념으로, 사회를 작동시키고 자본주의 '공리'capitalist axiomatics 에 따라 사회를 조직하고 혁명을 일으키는 어떤 힘, **바로 그 혁명적 힘을 뜻한다.**[43] 욕망을 이렇게 개념화할 때 우리는 현실을 추상적 개념에 빗대어 이해하는 대신 현실 세계의 구체적 움직임과 경험을 면밀히 분석하면서 개인의 미시적 경험과 거시적 사회 조직 사이의 연결을 이해할 수 있다. 욕망에 초점을 맞추는 것은 자본주의 시스템 전체를 재생산하는 반복적 행태에 민감하게 반응하고 동시에 자본주의를 폐쇄적인 체제로 보지 않기 위한 방법이다. 즉 일상의 저항이 어떻게 사회-생태적 질서와 정치경제적 질서에 직접적으로 문제를 제기하는지를 보는 것이다. 이는 일상의 저항 그 자체가 혁명적이라는 뜻이 아니라 변혁적 프로젝트 안에서 일상의 저항이 자본주의에 대한 비판을 내포한다는 의미다.

앞서 밝혔듯, 이 책은 거시적인 변혁적 프로젝트 안에서의 일상 연구를 목표로 하지 않는다. 대신 위기의 일상적 경험에 초점을 맞추었고, 그렇게 해서 망가진 시스템 안에서 사람들이 삶을 어떻게 '평범하게' 헤쳐나가는지를 더 가까이에서 관찰할 수 있었다. 그 연구 현장에서 환경적·사회적 변화에 대한 헌신은 개인적인 표현으로 구체화되거나 더 광범위한 혁명적 야심이 없는 실용적인 집단적 과제의 일환으로 소개되었다. 그럼에도 이 책은 '지속 가능한 전환'에 내접하는 물질적 역동성과 욕망, 의미와 가치를 보여줌으로써 사회-생태적 전환에 관한 논의에 기여하고자 한다. 예를 들어 실업의 경험이 일상의 에너지 구성을 어떻게 바꾸는지, 유급 노동에서 배제되는 경험이 주체의 위치뿐 아니라 (일상) 삶의 의미 자체를 어떻게 불안정하게 만드는지를 살폈다. 그리고 더 깊고 미묘한 차원의 다음 질문을 제기했다. 가치나 노동, 발전, 성장 등 현재의 존재에 형식과 의미를 부여하는 모든 범주가 위기로 인해 불안정해질 때 어떤 일이 일어나는가? 일상을 연구한다는 것은 필연적으로 주어진 기준으로서의 좋은 삶이 아닌 주체에 의해 (또는 주체를 통해) 다양하게 표현되는 '좋은 삶'이 무엇인지를 연구하는 일이다. 어떤 삶이 가치 있고 바람직한 삶인가? 어떤 이상이나 상상이 주체적 미래를 만드는가? 이러한 질문은 사회-생태적 변혁의 모든 과정에서 핵심이다. 왜냐하면 르페브르H. Lefebvre가[44] 지적했듯이 일상은 어떤 사회가 바람직한지 아닌지를 평가하는 궁극적 기준이며, 일상에서 나타나는 욕망으로부터 변혁의 아젠다를 결정하는 역능이 나오기 때문이다. 그렇지 않다면 '혁명'이든 아니면 '전환'의 형태로 나타나는 변화든, 모든 변화가 추상적이고 허무할 수밖에 없다. 축약될 수 없고, 살아 숨쉬는 사회적인 주제에 이론적으로 미리 정해놓은 틀을 씌우는 격이 될 것이다.

이 책에서 펼치는 주장을 뒷받침하는 연구는 일반화가 가능하다는 가정을 배제한 채 사례별로 심층 접근해 진행했다. 금융 위기의 다양한 영향을 받은 소수의 경험을 매우 구체적인 지역에서 탐구했는데, 각각의 참가자는 공격적이면서도 쇠퇴중인 자본주의 사회-생태적 배치의 운명을 분석하기 위한 흥미로운 사례로 선정됐다. 나는 이 연구에서 이론적으로 일반화할 수 있는 미시적 역학을 깊이 있게 이해하려고 노력했다. 즉 미시적 이야기와 거시적 역사를 연결하는 공통의 요소가 무엇인지를 탐구했다.[45] 이를 위해 근접경험 접근법을[46] 활용했는데, 개인의 생애에 걸쳐 나타나는 전환의 맥락과 그 역학을 더 잘 알수록 이를 좀 더 거시적이고 역사적인 궤적 및 사회 구조의 일부로 이해하는 것이 쉬워지기 때문이다. 그런데 경험과 욕망에 가까이 다가가는 것은 그 경험과 욕망이 구체적으로 어떻게 펼쳐지며, 어떤 감각적이고 정동적이며 욕망하는 힘을 발휘하는지를 중요하게 여긴다는 뜻이기도 하다. 삶이 스스로 말하고 표현하게 하지 않고서는 삶에 대한 그 어떤 추상적 주장도 펼칠 수 없다. 따라서 이 책의 각 장은 나의 현장 연구를 구성한 개인의 역사와 정서로 채워질 것이다. 관찰자로서 내가 그 현실을 완벽하게 그려냈다거나 그 현실이 그대로 '말하게' 했다는 뜻이 아니다. 내가 기록한 연구의 결과는 결국 내가 관여한 세상에 대한 (또한 그 세상이 나와 함께 그려낸 것에 대한) 수많은 가능한 관점 중 하나이며, 그 세상과 나의 상호작용을 통해 공동으로 구축한 것이다.

현실의 여러 층위를 표현할 방법이 언어로만 국한되지 않는다는 인식, 언어 이외의 다양한 방법 또한 중요하다는 인식이 사회과학 연구에서 점점 나타나고 있다.[47] 내가 수행한 '체화된 민족지학'embodied ethnography은[48] 일상 생태계의 고유성 및 물질성과 의미, 그리고 정서적 질감에 민감하게 반응하게끔 하는 접근법이다. 이는 단순한 연구 도구가 아니다. 나는 이 접근법이 주는 행태지원성affordance•과 그 행태지원성을 통해 나타난 경험으로 개념을 정교화하고 연구에 사용하는 틀을 변형할 수 있었으며 주제 의식과 개념적 범주에 의문을 제기했다. 이는 타자-되기였다. 나는 현장 조사와 연구 자료, 그리고 글쓰기가 다중감각multi-sensory,[49] 다중양식multi-modal,[50] 멀티미디어multi-media[51] 등 경험과 표현의 일상적 특성에 민감하게 반응하기를 바랐다.

연구 초기에는 일상에서의 에너지 사용에 초점을 맞추었다. 하지만 현장 조사를 진행하는 과정에서 에너지라는 주제를 삶 자체에서 분리하는 것이 가능한 일인지를 몇 번이고 나 자신에게 되묻게 되었다. 호기심 많은 탐구자의 열린 눈으로 존재를 더 깊이 탐구할수록 그러한 분리가 불가능하다는 것을 점차 깨달았다. 이 깨달음은 대부분 참가자 덕분이었다. 에너지는 분명 전기, 휘발유, 천연가스 등을 포함하는 개념이

• [옮긴이] 행태지원성('affordance'는 '어포던스'라고 음차하거나 혹은 '행위유발성'이라고도 번역된다)은 생태심리학자 제임스 깁슨(James J. Gibson)이 제안한 개념으로, 환경에 있는 의미 있는 정보 혹은 물질적 특성이 특정 행동이나 관점을 가능하게 하거나 유도하는 현상을 뜻한다.

지만 음식이나 물건, 쓰레기, 물, 그리고 무엇보다 **몸**과도 관련이 있었다. 이 책의 뒤에서 소개할 젊은 참가자 클레어는 내가 "움직임의 에너지나 신체 에너지에 주목할 줄은 몰랐다"고 얘기했다. 어쩌면 나 자신조차 몰랐던 사실이다. 그러나 에너지가 자신에게 어떤 의미인지 질문을 받았을 때 참가자 몇몇은 바로 신체 에너지와 **생명 그 자체**를 언급했다. 나는 존재의 면면을 관통하는 주제로서의 에너지를 연구의 출발점으로 삼았고, 일상 생태학이 삶의 미시적 영역에서의 활동뿐 아니라 권력, 돈, 서사, 상품, 혁명 등 사회의 보다 거시적인 흐름을 통해 어떻게 역동적으로 나타나는지를 연구했다. 이를 위해 나의 몸과 감각, 마음을 모두 동원했다.

연구 현장은 아주 간단하게 정했다. 먼저 나 자신으로부터 시작했다. 현장은 내 고향, 내가 환경 파괴와 후기 자본주의 그리고 경제 위기와 함께 살아가는 법을 배웠던 그곳에서, 지역화되고 계층화되고 (탈)영토화된 몸으로서의 나로부터 시작됐다. 내 고향은 이탈리아의 소위 '북동부'에 위치한 비토리오 베네토라는 소도시다. 이곳에는 아름다운 르네상스 건물 몇 채와 버려진 창고, 들판, 부유한 중산층, 1960년대 무질서하게 지어진 시외의 빽빽한 주택과 문 닫은 공장들(시내 중심가 근처 공장에서 풍기던 비스킷 냄새가 사라졌다)이 있다. 여기에 숲, 고군분투하는 생계형 농부, 작은 부락들, 확장하는 유기농 식료품점, 사회적 기업까지 한데 뒤섞여 과거의 웅장함뿐만 아니라 오래전부터 시작된 쇠락의 기운을 느끼게 한다. 최근에 벌어진 일들 때문에 이곳은 이번 연구에서 매우 '집약적인' 현장이 되었다. 1960년대부터 2008년 세계 금융 위기 발발 전까지, 가난한 농업 지역이었던 이곳에 광범위한 산업화

25

가 진행되면서 생태계가 파괴되고 경제는 급격히 발전했다. 이런 풍요로움이 자본주의적 확장과 생산주의적 도그마, 그리고 최근에는 소비주의적 관행에 대한 강렬한 욕망을 불러일으켰다. 2008년 경기 침체로 큰 타격을 입으면서 이 지역에는 또 사회문화적 위기, 즉 "지금까지의 삶의 방식이 갑자기 끝났다"라는 느낌이 나타났다.[52]

이처럼 작은 지역 안에서 연구를 수행했기 때문에 연구의 맥락적 배태성contextual embeddedness을 갖추고 다양한 사례에 걸쳐 좀 더 공감할 수 있는 그림을 찾아낼 수 있었다.[53] 하지만 이 연구는 해당 지역에만 한정되는 것이 아니라 이를 넘어 가깝고 먼 욕망의 배치를 설명할 수 있다. 오늘날과 같이 모든 개별성이 세계화의 궤적에 의해 영향을 받는 상황, 즉 자본주의의 성장이 생태 파괴, 금융 위기, 불안정성뿐만 아니라 (생태적) 탈주선lines of flight으로 이어지는 상황에서는 특히 그렇다.[54] 나 자신이 '일부'인 무언가를 연구의 주제로 삼는 일은 도전이면서 기회였다. 내부자가 자기가 소속된 대상을 연구할 때는 "외부인에게 같은 방식으로 개방되지 않는 자료를 수집할 수 있는 놀라운 가능성이 열린다."[55] 지역 방언을 알고, 공통된 배경을 공유하고, 비슷한 문화 속에서 사회화되었다는 것은 현상을 쉽게 파악할 수 있고 때로는 올바른 질문을 하는 데에 도움이 된다는 뜻이기도 하다. 또 연구 참가자와의 만남이 서로를 탐구하고 함께 지식을 얻어가는 과정이 될 수 있으므로 연구자와 참가자 사이의 위계적 관계를 줄일 기회가 열린다. 하지만 당연한 것을 당연하게 여기지 않으려는 노력이 필요했다. 내가 내부자였기 때문에 사람들은 때때로 나에게 대체 "모두가 알고 있는" 진부한 질문을 왜 하는 거냐고 묻곤 했다. 나는 이방인이자 내부인이었고, 그 지역에

들어가는 글

있으면서도 거리를 두고 있었다. 따라서 연구 주제에 따라 현장을 가장 잘 그려낼 수 있는 나의 위치가 무엇인지를 현장에서 파악해 가는 일종의 실험을 했다.

방법론으로는 몇 가지 사례와 관찰로 현상의 복잡성을 요약할 수 있는 사례 연구를 선택했다.[56] 이런 연구 방법을 선택한 데에는 "소수를 대상으로 하는 연구"를 바탕으로 일상을 연구할 때 삶 자체에 더 가까이 다가갈 수 있다는 이유도 있었다.[57] 일상의 평범함에 주목했고 '지극히도 평범한' 시간과 장소, 사람 등을 찾으려 했다. 또 연구의 만남이 늘 특별했음에도 연구는 항상 일상적인 방향으로 진행했다. 이는 일상적 반복을 찾는, 말할 수 없이 평범한 놀라움을 안에서 찾는 과정, 우리가 보편적이라고 여기는 것이 구성되는 그 과정을 찾는 일이었다. 나는 경제 위기가 좀 더 지속 가능한 삶의 형태로 전환할 기회라고 생각했다. 하지만 그렇다고 해서 위기와 관련된 전환이 명확하게 드러나지 않거나 분명하지 않은 경우에 대한 궁금증도 배제할 수는 없었다. 변화의 부재 자체도 변화만큼이나 흥미로운 연구 대상이었다. 이런 관점은 참가자가 다음과 같은 선택을 했을 때 내가 그 선택을 좀 더 열린 눈으로 볼 수 있게 해주었다. 에너지 전환 없는 일자리 감축, 위기의 직접적인 영향이 없는 상황에서 나타난 지속 가능한 삶을 위한 노력, 경기 침체로 인한 부정적인 영향 그리고 지속가능성을 위한 삶의 우선순위 재정립, 경제 위기로 인한 영향의 부재와 환경과 연관된 행동 변화의 부재 등. 말할 필요도 없이 이 단순한 매트릭스를 현실 삶에 적용했을 때는 훨씬 더 복잡한 양상이 나타난다.

현상의 복잡성과 가변성을 잘 담아내기 위해 다양한 사례를 찾아나

섰다.[58] 지난 2015년 12월부터 2017년 8월까지 총 열 명과 연락을 취했고 현장 조사를 진행했다. 이들 모두에게 경제 위기는 에너지와 자신의 기존 관계를 크게 변화시키는 사건이었다. 일부는 실직을 경험했는데 이들에게 실직 경험은 삶의 우선순위와 리듬, 소비 관행에 대한 전반적 재검토가 필요함을 의미했다. 다른 이들에게는 불안정한 정서가 전기적 혼란biographical disruptions과 교차해 나타났고, 어떤 이들은 경제 위기의 직접적인 영향을 받지는 않았다. 그런데도 위기는 기존 삶의 방식과 기대에 파열을 일으키는 순간이 되었다. 참가자의 연령은 18세부터 76세까지 다양했고, 사회경제적 배경도 노동 계급 출신이 있는가 하면 중산층과 중하층도 있었다. 교육 수준도 중졸 이하의 학력부터 대학 학위까지 다양했다. 이들 중 다섯 명은 도시에 거주했다. 이런 다양성 덕분에 위기의 다층적 의미와 경험을 살펴볼 수 있었다.

나는 참가자에게 온종일 나와 함께 시간을 보내달라고 요청했지만, 참가자와의 만남 속에서 구체적인 그림이 떠오르면서 연구 시간은 참가자 개개인의 필요와 습관에 맞게 조정되었다. 이렇게 함으로써 장시간 함께 있어야 한다는 부담 없이 상당히 풍부한 일상의 배치를 찾아낼 수 있었다.[59] 시간이라는 요소는 일상을 이해하는 데 중요하기 때문에 신중하게 고려했다.[60] 일상 생태의 행동, 관행, 제스처, 정동적 특성은 자연적 리듬과 사회적 리듬에 따라 변화하며, 배치는 이러한 주기의 안팎에서 반복과 차이를 통해 나타난다. 연구의 제약 때문에 계절이 바뀌는 연중 내내 참가자와 함께할 수는 없었다. 그러나 적어도 매일의 리듬에 어느 정도 참여하는 것은 가능했다. 이번 연구 방법이 참가자의 삶에 관여하는 측면이 있다는 것을 알기에 나는 일반적으로 민족지학적 참가자 관찰에서 사용하는 더 긴 몰입보다 이 "압축된 시간 방식"을[61] 선호했다. 반면 현장 연구가 이렇게 시간의 조각으로 구성되었음에도, 현재의 시간이 항상 과거로 거슬러 올라가고 미래로 나아감으로 인해 참가자의 일상에 존재하는 다양한 시간의 차원을 포함할 수 있었다.[62]

참가자 관찰은 몰입도가 높았다. 아침 식사나 점심 식사 직후에 참가자의 집에 도착해 그들을 만났고, 가능하면 그들이 하는 일에 참여했다. 또 단순히 보고, 듣고, 느끼기도 했다. 기다림의 시간이 있었다. 수다를 떨거나 말없이 있기도 했다. 참가자와 함께 밥을 먹고, 쇼핑하고, 운동하고, 대학에 가고, 바에서 기다리는 등 내가 연구하고자 한 평범한 특별함normal extraordinary을 찾기 위해 노력했다. 작은 수첩과 오디오 녹음기, 카메라는 기억을 돕고 다양한 경험을 기록하는 도구로, 집에 있을 때는 그날에 대한 주관적 기억을 대체할 수 있는 수단으로 항상 곁에 두었다. 이렇게 약 1주간 관찰을 진행했고, 그 후 구체적인 문제와 질문, 명백한 모순, 삶의 과정에 관한 이야기를 담아내는 인터뷰를 진행했다. 인터뷰는 '이해'의 수단이었지만 동시에 **이해되지 않는 것**, 즉 정서, 사물, 장소, 끝맺지 않은 문장들, 배치의 열린 성격과 되기의 기회를 강조하는 파열의 순간마저 모두 담아내는 수단이기도 했다.[63] 도보 인터뷰를 제안했고, 많은 참가자가 이 방식을 좋아했지만 도보 인터뷰를 원치 않는 참가자나 걸으며 인터뷰하는 것이 불가능한 일부 참가자와는 좀 더 전통적인 방식의 인터뷰를 진행했다.

다음은 다양한 개념, 분석 및 이론을 동원하여 참가자의 경험을 더 넓은 현실과 연결하는 매우 개인적이고도 맥락적인 현장 연구에 관한 설명이다. 글쓰기 스타일, 주장의 (비)구조, 텍스트와 이미지의 뒤섞임이 함께 엮이며 정서와 사유, 신체와 상징으로 구성된 현실이라는 태피스트리가 나타난다. 따라서 정서를 우위에 두며 사고와 개념화를 무시하지 않으면서도 무거운 개념화로 정서를 식민화하지 않으려고 노력해야 한다. 정서의 동등한 지위, 그 축약 불가능성과 특유의 행태지원성을[64] 인정하고, 구체적이고 우연한 것에 대한 생생한 기술을 통해 정서를 파악하며,[65] '거시' 차원의 사회 과정을 바라봄에 있어 개념화를 통해 미시 차원을 끌어들였다. 연구는 사유의 과정이기도 했지만 그 사유의 시작은 경험의 강도였다. 이 책을 채우고 있는 참가자의 발언이나 이미지는 그 강도를 풍부하게 담고 있다. 내가 그 강도를 분석했다기보다는 강도와 함께 작업하며 이를 바탕으로 사고를 개념화했다고 보는 편이 맞다. 다음 논의에서는 되기의 궤적을 깊이 다룰 예정이다. 되기의 과정은 변화가 어떻게 일어나는지를 보여주기 위해 중요했고, 생태와 관련한 관계의 변화를 나타내는 잠재적 움직임을 찾을 수 있게 해주었다.[66] 따라서 나는 내 연구 자료를 더 넓은 정치생태학적 관점에서 이해할 수 있도록 개념적 범주 안에 배치했고, 이를 통해 내가 관찰한 세계를 이성적 범주로 설명할 수 있는 무언가로 축약하지 않으면서 동시에 적절히 이해하려 했다.[67]

물론 이런 시도는 긴장을 낳는다. 살아 있는 경험의 생생함을 담아내는 정동적·순간적 언어가 철학적 개념과 병치되고,[68] 정연한 논증이 이미지의 강렬함과 만나 때로 파열을 일으켰다. 이 과정에서 나의 사고와 정서가 참가자와의 만남 안에서 그리고 그 만남을 통해 얼마나 많이 영토화와 탈영토화, 재영토화를 반복했는지가 나타나기도 했다. 따라서 글의 문체도 이런 양가적 특성과 '바로크' 양식의 특징을 띤다. 나는 독자가 이러한 문체를 독자 자신과 열정적으로 소통하고 논쟁하길 원하는 접근법으로 이해해 주길 바란다.[69] 살아 있는 현장에 미리 정해놓은 틀을 적용하지 않으려는 노력은 일상이 요구하는 관점, 거기에 있는 '탈주선'을 통해 일상적 삶과 대화하고자 하는 윤리적이고 정치적인 결정이기도 하다. 그러나 동시에 세계적인 자본의 흐름부터 각기 다른 세계가 그리는 이상에 이르기까지, 배치의 우발성을 넘어 존재하는 것에도 닿으려 노력했다. 들뢰즈와 가타리의[70] 표현을 빌리자면, 닫는 대신 열고, 고정하는 대신 흐르게 하며, 안으로 손을 뻗는 대신 밖으로 손을 뻗고, 나무가 아닌 리좀rhizome을 만드는 것. '나의' 배치의 표면 위에 굳어진 선을 그리는 대신 그 표면을 부드럽게 만드는 시도를 했다.

이 책의 구성은 다음과 같다. 1장은 일상 생태학을 둘러싼 최근의 논쟁과 이 논쟁에 나타나는 존재론, 인식론, 방법론에 대한 이론적이고 실질적인 개요를 제시하고 논의의 맥락과 배경을 설명한다. 즉 일상에 대한 다양한 개념화와 일상이 '사회적 재생산' 더 나아가 '사회-생태적 재생산' 개념과 어떤 관계를 갖는지 살펴본다. 이를 통해 정치생태학, 특히 에코페미니즘이 이 책 전반의 개념 틀을 만드는 데 어떻게 기여했는지 보여준다. 앞서 언급했듯이 들뢰즈-가타리의 철학 유산인 여러 개념 장치들이 존재의 구체성을 연구하고 데이터를 구체적으로 교차해 읽어내는 데 핵심 역할을 했다면, 정치생태학은 이 연구의 주장에 탄탄한 구조를 부여해 일상 생태에 있는 자본주의적 조직의 핵심 결절점을 찾아내고, 결과적으로 이를 비판적으로 검토할 수 있게 도와주었다. 신자유주의부터 사회적 실천 이론에 이르기까지 일상 생태학과 관련한 주요 논쟁을 살펴봄으로써 기존 연구에 존재하는 간극을 밝혀내고, '후기 질적'post-qualitative 연구 방법론을 간략히 소개하며 이를 선택한 이유를 설명한다.

2장, 3장, 4장은 몸과 마음을 던져 현장 조사에 뛰어든 결과물로서 (물론 이 말이 개념화를 포기했다는 뜻은 아니다) 각 장의 제목과 부제는 정치생태학 및 관련 연구 분야의 이론적 장치에서 가져왔다. 그러나 동시에 일상 생태학의 핵심인 경험의 생생함과 변화의 과정을, 또는 거기서 나오는 영감을 전달하려 노력했다. 2장은 현장의 경험을 바탕으로 자본주의적 삶의 구조를 살펴보고, 노동·여가·돌봄·자아 등의 주제를 다룬다. 바로 이런 요소들이 특정한 리듬, 공간, 상상계, 가치에 따라 일상 생태학을 생성하는 것으로 보인다. 노동은 사회적 신진대사의 핵심이고, 어떤 형태의 노동인지에 따라 노동 자체가 파괴적 성격을 띨지 혹은 회복적 성격을 띨지가 결정된다는 점에서 핵심적인 개념적 범주라 하겠다.[71] 노동에 대한 논의를 위해 유급 노동 현장을 '찾아가는' 대신 소외된 노동을 일반적으로 비노동(일상과 그 생태)으로 간주하는 현상이 어떻게 만들어졌는지를 관찰했고, 임금 노동이 무너졌을 때 일상에서 다른 노동이 어떻게 등장했는지 그 배경을 고찰했다. 여가는 선진 자본주의 사회에서 노동의 다른 (기능적) 측면이다. 생태적인 관계 형성에 있어 여가가 노동과 동일한 역할을 하지는 않지만 에너지와 물질, 신체와 노동 자체가 모두 여가를 위해 동원된다. 여가는 많은 이에게 존재의 핵심적인 부분인 만큼 엔트로피 잠재력이 높기 때문에 선진 자본주의 국가에서 여가를 일상의 전반적 '구조화'의 일부로 고려하는 것이 중요하다고 생각했다. 돌봄은 노동의 일부로 간주될 수 있지만, 이 장에서는 사회-생태적 돌봄을 설명하는 다양한 논리와 그런 논리가 자본주의의 생산성 및 가치에 대한 이상과 때로 어떻게 충돌하는지의 문제에 집중하고자 했다.[72] 마지막으로 자아가 중요한 연구 주제로 떠올랐다. 이미 언급했듯이 현대 자본주의의 주체는 자율적 개인으로 규정되며, 사회 시스템의 전반적인 재생산과 관련된 많은 흐름을 지원한다. 여기서는 자아의 유지와 관련된 직간접적인 생태적 결과를 보여주고자 했다.

3장은 일상을 구성하는 에너지와 환경, 기타 인간 및 비인간 존재와의 관계를 형성하는 '물질과 흐름, 존재'를 다룬다. 나는 기술이 재/생산의 사회적 관계를 드러내며 자본주의적 이해관계와 삶의 방식을 보여주는 구체적 수단일 뿐 아니라 무엇보다도 끊임없이 창조적이고 지속가능한 형태로 새롭게 전유될 수 있는 것이라고 본다. 에너지에 대한 논의는 자연히 따라온다. 다양한 에너지 공급 시스템과 관행의 생태적인 또 정서적인 특성이 무엇인지 살펴보면서 에너지 전환의 경험적 차원 그리고 대안적인 에너지 공급 형태가 수반할 수 있는 감각을 보여준다. 그다음으로는 인간 외 동물로 논의의 초점을 옮긴다. 동물은 기존 삶의 배치를 깨뜨리고 생태계의 변화를 이끌어낼 잠재력을 지닌 존재인 듯하다. 개별 인간과 대조되는 차원의 개별적 존재로서의 동물이 아닌 어떤 힘이자 포획의 지점으로의, 또 탈영토화를 끌어낼 역능으로서의 동물에 대해 다룬다. 마지막으로 물질로서의 폐기물(쓰레기)뿐 아니라 사회-생태적 관계로서의 폐기물에 대해 논한다(이전 장에도 폐기물에 대한 논의가 있다). 여기서는 일반적으로 '폐기물'이라고 간주하는 존재를 재배치하여, (앞으로 살펴보겠지만 말 그대로) 생명을 유지하는 일상 생태계를 일구는 요소로 바꾸는 실천에 대해 알아본다.

4장은 '대안'을 다룬다. 이 책은 이후 사회에서 벌어질 어떤 운동이나 사회운동 그 자체에 중점을 두는 것은 아니므로, 이번 연구 자료를 통해 드러나는 대안이 자본주의 이후 대안적 존재에 관한 본격적인 제안은 아니다. 오히려 자본주의의 파괴성에 대한 대응으로 어느 정도 일상생활에서 이미 의식적으로 전개되고 있는 부분에 대해 성찰했다. 나머지는 정치생태학 논쟁에서 중요한 개념인 '충분성'sufficiency에[73] 관한 논의인데, 충분성은 일상생활의 미시 경제/생태학에서만큼이나 거시적인 정치 경제에서 자본주의적 성장 추구에 반대하는 개념으로 등장한다. 이 장에서는 충분성의 원칙에 기반한 삶의 방식을 떠올리게 하는 몇 가지 실천 사례, 그리고 특히 그 정동적 특성을 살펴본다. 두 번째로는, 경제의 지속가능성을 촉진하는 방법으로 경제를 재지역화re-localize 하려는 반복적 시도가 일상생활의 실천과 의미에 어떻게 녹아드는지 살펴본다. 이를 보여주는 주요 사례인 로라의 이야기를 살펴보면, 실로 그녀의 이야기가 대안적인 사회적 실천을 보여주는 첫 사례인 것은 맞지만, 여전히 그런 실천의 중심에는 개인의 삶의 과정과 그녀 개인의 주체성이 있음을 알 수 있다. 다음으로 다룰 **환경 도덕**environmental moralities도 엄격한 의미에서 대안은 아니다. 생태 윤리와 도덕성을 강조하는 것은 환경과 일상에 대한 신자유주의적 통치성의 본질이기 때문이다. 그럼에도 참가자들은 생태적 윤리를 급진적 변화로 경험했고 따라서 그 잠재력과 위험을 평가하는 것이 중요하다고 생각했다. 마지막으로 이 책이 고유하게 기여한 개념인 욕망의 **미적-윤리학**the aesth-ethics of desire에[74] 대해 다룬다. 이 개념은 모든 장에 걸쳐 전반적으로 나타나는데(이런 이유로 많은 지면을 할애하지는 않았다), 참가자의 목소리와 몸 덕분에 이를 정확히 짚어낼 수 있었다.

5장은 '다시 생각하기' 위한 공간으로서, 이 장에서는 관찰한 내용을 모으고 엮어 일상의 지속가능성을 둘러싼 다양한 논의와 다시 대화하고, 일상 생태계를 재구성하는 데 있어 위기가 어떤 역할을 하는지에 대한 주장을 제시한다. 또 일상에 대한 분석이 사회-생태적 변화와 어떤 관련이 있는지도 간단히 보여주려 했다. 결론에서는 간략한 성찰적 결론과 함께 위기가 깊어지고 불확실하고 불안정한 미래가 도래하는 이 시대에 이 책에 담긴 연구의 현실적 의미를 드러내고자 했다.

이 책의 전반적인 주장은 다음을 보여준다. 위기 속의 삶은 생태적으로 해로운 기존의 배치에서 '탈주선'을[75] 더 빠르게 나타나게 할 기회이자, 착취와 전유 그리고 배제의 시스템을 유지하는 현대 자본주의의 지배적인 삶 외부에서 주체성을 만들어나갈 기회가 된다. 그러나 동시에 이 책은 위기가 불러오는 불안정성을 변화의 기회로만 간주하지 않아야 함을 강조한다. 이는 위기를 해롭고 파괴적인 시스템 내에서 저항하고 존재하는 방법을 배울 기회로 미화해서는 안 된다는 경고다. 자본주의에서 나타나는 '균열'은[76] 공동체가 함께 이를 혁명적 변화의 노선으로 가져갈 때만, 다시 말해 사회적·생태적 대안을 개인의 책임 문제가 아닌 집단의 구체적 변화로 표현해 낼 수 있을 때만 비로소 기회가 된다. 집단 욕망이 비주류적이고 저항적인 변화의 노선을 따라 다시금 구체화될 수 있을 때 비로소 급진적인 사회-생태적 변화가 나타날 수 있다. 그것이 위기의 시대에 나타나는 정의롭고 평등한 변화이며, 불안정한 현재와 미래를 살아가는 데 필요한 상호 의존을 만들어내는 변화다.

1장.

일상과 사회-생태적 재생산

: 위기, 환경 정의와 불의

위기 속…일상

일상 생태학에 대한 논의를 시작하기에 앞서 '일상'과 '일상생활'이 무엇을 의미하는지, 환경 문제와 어떤 관계가 있는지, 그리고 일상이라는 이 존재의 장이 '위기'라는 주제와 어떻게 연결되어 있는지 구체적으로 살펴보는 것이 중요하다. 이러한 질문 가운데 가장 쉬워 보이지만 실은 상당히 까다로운 질문으로 시작하려 한다. 이 책의 맥락에서 일상은 무엇인가? 일상을 연구하는 학자라면, 이론적 입장은 달라도 대부분 이 분야의 핵심 특징으로 일상을 정의하기가 어렵다는 점을 꼽는다.[1] 일상은 본질적으로 특정되지 않고, 일부는 눈에 보이지도 않으며, 제도적 의미 생성의 주변부에 머무른다. 그래서 일상은 대체로 부정하는 방식으로, 요컨대 무엇이 일상이 아닌지, 일상이 아닌 것이 무엇인지를 제시하는 방식으로 정의되었다. 이를테면 탐구의 영역으로서의 일상에는 사회학에서 일반적으로 주목하는 **상위** 영역인 유급 노동이나 공공 영역, 예술, 문화, 공교육, 정치제도, 체제, 시장 등은 포함되지 않는다.[2] 르페브르의 표현을 빌리자면, 일상은 **잉여**residual 공간이다. 이 잉여 공간에서 삶의 필요가 충족되어야 사회에서 더 **상위** 기능으로 간주하는 기능이 나타날 수 있다. 일상은 사람들이 삶을 **살아가는** 데 필요한 모든 활동, 예컨대 요리하고, 이동하고, 잠자고, 놀이하고, 사귀고, 친밀한 관계를 맺고, 쇼핑하는 등의 행위로 구성된다. 그러나 이런 일상적 행위의 평범성과 주변성에 속아서는 안 된다. 일상의 실천은 간접적으로나마 **상위**의 사회적 제도 및 범주와 중요하게 연결되어 있고, 미시적·거시적 수준의 사회 조직이 만나는 공간이기 때문이다. 일상을 "삶의 소박하고 남루한 측면"으로[3] 개념화하면, 일상을 관습이 지루하게 반복되고 계속해서 발생하는 곳이자 사소한 행함과 앎을 미리 연습하는 곳으로, 즉 사람들이 사회화를 통해 획득한 몸짓과 의미를 특별한 생각이나 문제의식 없이 반복 재생산해 내는 아비투스의 장으로 여기기 쉽다.[4]

그러나 일상은 구체적인 존재의 수준에서 벌어지며, 일상의 실천은 환원 불가능한 몸과 관습, 상상에 의해 배치되고 거주되는 곳이다.[5] 이는 일상의 반복이 결코 기계적 순환에 머물지 않고 리듬성을 갖는다는 뜻이다.[6] "리듬성이란… 그저 반복이 아니라, '반복'과 '순환' 속에 '차이'가 있다"는 의미다.[7] 일상의 실용적이고 경이롭고 관능적인 역동성은 '구조'structure 와 상반되며, 그 본질에 사회적으로 승인된 범주를 전복하려는 경향성을 내포한다.[8] 삶의 창조적 역능은 항상 예측 가능한 일상의 각본에서 예상치 못한 것을 끌어내 심오함과 아름다움, 매혹의 순간

1장. 일상과 사회-생태적 재생산

을 남겨둔다. "실행하며 생성하는"[9] 예술로서의 일상, 상위의 사회적 과정에 대한 독창적 전용이 역사에 유동적·능동적으로 녹아 들어가 있는 생성과 차이의 공간을 열어준다. 일상은 이처럼 모호성을 띤다. 즉 일상적 수용과 함께 현재 상황 또는 "바른 행동"에 대한 거부 혹은 일상적 "반대 행동"이 동시에 나타난다.[10]

반면 마르크스주의-페미니즘의 분석을 계승하면, 일상은 생산적인 노동력이 생성되고 유지되는 곳일 뿐 아니라[11] 구체적인 생활 환경과 영토가 생명을 유지할 수 있도록 보살핌을 받는 사회-생태적 재생산의 영역으로 부상한다.[12] 이 맥락에서 재생산은 따라서 모순적이다. 절대적으로 필요하지만 동시에 보이지 않고 가치 없는 것으로 여겨진다.[13] 일상은 유급 노동과 같은 존재의 다른 영역에 비해 위계적으로 낮다고 여겨진다. 이는 사실 자본주의 사회에서 가치 생산적(예: 상품)이지 않은 모든 것이 체계적으로 평가 절하되어 왔기 때문이며, 이로 인해 재생산 노동은 마치 "무한하고 공짜인" 것처럼 착취될 수 있었다.[14] 따라서 일상생활의 '잉여적' 성격은 더 넓게는 노동과 삶에 대한 특정 자본주의-가부장주의적 사회 구조의 결과다.

노동, 가치, 담론, 생물적-물리적 세계와의 관계 등 다양한 차원에서 나타나는 자본주의 위기는 필연적으로 일상과 일상의 조직에 영향을 미친다. 기존의 시스템에 균열이 생기면 명백해 보였던 일관성이 무너지고 대안이 등장할 기회가 열린다. 들뢰즈와 가타리의 표현을 빌리자면, "늑대인간과 뱀파이어가 판치게 되는 것은 전쟁, 기근, 전염병 때문"이다.[15] 르페브르는 위기 시대, 불확실성이 일상화되고 1980년대의 마르크시즘과 같은 전통적 마르크시즘적 관점에 대한 환멸이 팽배한 역사적 시기에는 일상을 유용한 해방의 공간이라고 봤다.[16] 혁명에서 희망을 찾는 대신에 "삶을 바꾸는 프로젝트"the project of changer la vie에서[17] 희망을 찾은 것이다. 그에게 일상은 성장과 축적이라는 경제적 논리에 저항할 수 있는 잠재적 공간인데, 이는 일상이 단순한 양적 변화가 아닌 질적 변화의 필요성을 역설할 수 있는 장이기 때문이다. 대중 관찰 연구에서도 공적 표현과 실제 삶 사이의 괴리가 분명하게 드러나는 사회적 위기의 시대에 저항 운동이 활발해지는 것으로 나타났다.[18] 사회적·경제적·생태적 불안정성은 선진 자본주의 사회에서 일상 경험의 확고한 특징으로 자리 잡고 있다. 이 가운데 이러한 불안정성이 심오한 사회와 정치의 변화를 촉진할 수 있는지에 관한 의문이 제기된다.

위기를 특히 일상의 미시 수준에서 창의성과 변화의 순간으로 여기는 이론도 있다.[19] 터너V. Turner의 주장대로[20] 위기는 "과거가 순간적으로 부정되고, 정지되고, 혹은 폐기되는 순간이자 미래가 아직 시작되지 않은… 순수한 잠재력의 순간"으로, 마치 '여백'같이 나타난다. 이러한 '경계의'liminal 또는 '역치의'liminoid 순간은 문화적이고 사회적인 실험뿐 아니라 물질적인 실험의 모태가 될 수 있으며, 발화된 것과 발화될 수 있는 것의 구분, 가시성의 형태, 권력의 역학관계, 주체화의 방식 등 사회 관습을 재구성하는 변화로까지 누수spill out될 수 있다. 실제로 이미 언급한 대로, 친환경 개발론부터 급진적 사상에 이르기까지 다양한 정치 스펙트럼에서 위기를 사회-생태적 변화를 위한 '기회'로 여기는 경우가 많다. 위기로 인해 정상으로 여겨지는 기존 시스템의 재생산에 균열이 생기고 변화를 위한 문이 열린다고 보는 것이다.[21]

개인의 행동 변화를 강조하는 신자유주의적 맥락에서는 전기적 궤적에서 나타나는 일련의 사건이 일상에서 지속 가능한 전환을 실천할 적절한 순간이 된다. 이 관점에 따르면 지속(불)가능에 대한 책임은 개인의 행동에 있다. 왜냐하면 사람들은 시간이 지나면서 굳어지는 관행에 '고착'되기 때문이다.[22] 그런데 생애 과정에서 나타나는 사건은 일상의 반복이 중단되는 순간이기 때문에 친환경적 전환을 시작할 기회가될 수 있다.[23] 예를 들어, 이사는 에너지 사용과 인프라를 효율적이고 재생 가능한 에너지원으로 바꾸고 소비를 줄이는 방향으로 전환할 좋은기회가 된다. 출산도 비슷한 계기가 될 수 있다. 사회에 대한 인식과 책임감이 바뀌고 이에 따라 에너지 소비나 식량 공급과 같은 일상 행위에 대한 인식과 성찰도 증진되기 때문이다.[24] 또 이러한 삶의 순간에 나타나는 유동성은 사람들이 국가 주도의 에너지 혁신, 디지털화, '스마트 생활' 프로젝트 등 더 광범위한 사회-기술적 변화에 적응하도록 도울수 있다.[25] 이 같은 관점에서 위기는 변화하는 노동, 소비, 식량 공급 조건에 적응해야 하는 주체에게 잠재적으로 유익한 순간이 될 수 있다.

사회-생태적 전환과 관련한 연구에서도 위기의 순간을 집단적 실험의 장이 될 기회로 보는 학자들이 있다. 앨리어J. M. Alier 와[26] 슈나이더 F. Schneider 연구팀뿐[27] 아니라 미국 학자 쇼어J. B. Schor 도[28] 경제 위기가 현 체제에 불만이 있고 환경이나 경제, 사회 정의 등의 문제에 관심이 있는 사람을 한데 모을 좋은 기회의 공간이 된다고 주장했다. 이는 주로 빈곤층의 삶에 관심을 기울이는 환경주의 운동으로 나타나며, 자연의 필요 및 자원과 구체적으로 교류하는 진짜-실물 경제real-real economy, 지역 및 지속가능한 식량 조달 같은 공동 사업 계획을 통한 일상적 실천 수준에서의 변화, 공유경제 계획, 협동조합, 대안적 자금 조달을 강조하는 탈성장 프로젝트를 기반으로 진행된다. 이미 언급했듯 글로벌 북구에서 위기는 빈곤해진 중산층으로 하여금 소비뿐 아니라 생산에 대해 다시 생각하도록 했고, 이들이 공식적인 노동과 사회적 재생산 사이의 경계를 허무는 운동에 참여해 "경제의 다양한 형태"를 고안하도록 만들었다.[29] 보시[L. Bosi]와 잠포니[L. Zamponi][30] 또한 위기의 맥락에서 공동체 운동의 한 형태로 "직접적인 사회 참여"가 증가했음을 주목한다. 즉 국가나 시장 등 다른 주체의 변화를 요구하지 않고 개인이 자신이 원하는 변화에 직접 참여하는 일이 증가했다는 것이다. 이런 움직임은 더 큰 가능성을 내포하고 있지만 현재로서는 그 범위가 제한적이다. 비판적 환경사회학의 과제 중 하나는 변화의 현장으로 가서 이러한 전환의 공간 및 침전과 변화의 선[lines of sedimentation and change]을 연구하는 것이다.

환경 정의

'위기가 기회다'와 비슷한 주장은 코로나 팬데믹의 맥락에서도 동원됐다. "정상이 문제였으므로 정상으로 돌아가지 않겠다"[We won't go back to normality because normality was the problem]라는 구호는 위기의 순간을 포착해 혼란을 사회-생태적 변혁의 기회로 만들고자 하는 의지를 표명했다.[31] 그러나 팬데믹 이후 나타난 여러 사건과 점차 커지고 있는 사회적 불안정성에 비추어 볼 때, 위기가 **바로** 지속 가능한 변화를 위한 기회라는 그 가정 자체를 사회과학 연구로 신중하게 평가하는 작업 또한 못지않게 중요해 보인다.[32] 이와 관련한 질문은 실증적이면서 정치적이다.

2008년의 금융 위기와 지금 우리가 맞닥뜨린 포스트코로나 시대의 일상 회복 및 우크라이나 전쟁 상황에서도 알 수 있듯, 큰 파열 후에는 경제를 회복하고 경제 성장을 지원하는 것이 가장 중요한 사회적·정치적 과제가 되는 경향이 있다.[33] 물론 불평등과 빈곤, 그리고 기본 생계 및 서비스에 대한 접근성 부족이 극도로 심각한 폭발 직전까지 이르러 사회 구조를 회복하기 위한 핵심 전략으로 '생태적 전환'이 떠오른 현재의 상황은 생태적 관심이 제도의 차원과 기업 차원 둘 다에서 단지 감소하기만 했던 2008년 경제 위기 이후의 상황과는 다르다. 그런데도 석탄이나 원자력 발전이 전쟁으로 인한 에너지 문제를 해결할 대응책으로 나타나는 것을 보면, 환경 정책은 여전히 자본주의의 시장 경제를 지원하는 기능으로만 남아 있고, 자본주의 시장 경제와 양립할 수 없는 것처럼 보일 때는 쉽게 무시된다는 사실을 다시 한번 확인할 수 있다. 한편 '위기가 기회'라는 주장은 (신자유주의적) 자본주의에서 나타나는 위기를 당연한 것으로 여기게 하고 정치적 비판을 차단하는 동시에 자연을 불안정하고 균형과는 거리가 먼 것으로 치부하는 과학적 상상력을 불러일으킨다. 불안정성과 위기가 정상이라면 유일한 해결책은 이런 불균형을 타고 혁신을 이루는 것이다. 혁신을 통해 비인간 존재, 즉 자연에 대한 인간의 기술 장악력을 높이고 자연을 인간의 필요에 맞추어 변경해야 한다.[34]

이는 환경에 대한 인간 지배의 심화를 의미할 뿐 아니라 공정과 일상의 환경 정의 관점에서도 시사하는 바가 있다. 불안정, 불평등, 불공정이 심해지는 맥락에서는 위기에 직면한 상황에서의 생태적 회복탄력성과 재건, 실험이라는 관념이 다른 의미로 해석되며 그 가능성 또한 달라지는 것으로 보인다. 이미 취약한 주체에게 위기가 불러온 불안정이 신자유주의적 기업가 정신으로 스스로를 재창조해 낼 기회가 되기란 어려운 일이기 때문이다.[35] 오히려 위기는 고통과 슬픔, 불확실의 순간이 될 것이며, 주체는 대부분 이를 혼자 감당해야 한다. 신자유주의는 '회복탄력성'과 '불안정성'을 새로운 존재와 인식의 지평을 여는 기술–사회적 장치socio-technical apparatuses로 여기고 찬양함으로써,[36] 실업, 사회적 소외, 역경 등 위기와 관련된 파열을 견뎌내는 개인이 살아내고 경험하는 불안정성을 시야에서 지워버리는 한편 자본의 축적과 불공정의 영속화를 지지한다. '친환경'으로 묘사되는 대규모 인프라 및 에너지 프로젝트는 '긴급 상황'이라는 미명 아래 종종 해당 지역의 요구와 갈등 및 지역의 영토에서 자행되는 생태적 피해를 묵살한다.

불안정성이 미치는 영향은 상황에 따라 그 정도가 다르며, 따라서 주체에게 주어지는 창의적이고 지속 가능한 대응의 기회 또한 차별적으로 분배되는 것으로 보인다. 일상이 불안정할 때 사람들은 그저 현재를 버텨내는 것에 집중하기 쉬우므로 미래를 향한 이상과 변화의 지평이 닫힐 수 있다. 이런 문제는 책임, 피해, 손실에 관한 중요한 질문을 제기하며, 따라서 불확실성, 불안, 선택의 부재를 제대로 이해하는 것이 더욱 중요해진다. "정의로운 지속가능성"just sustainability이라는[37] 의제를 더 깊게 파고든다는 말의 의미는 누가 생태적 전환에 따른 비용을 지급할지의 문제를 따진다는 뜻이다. 또 정책 입안자와 정치인이 빈곤과 빈곤화를 종종 에너지 소비 감축을 실시하고 장려하는 주요 전략으로 삼듯이 불안정성을 핑계로 이미 취약한 이들에게 에너지 및 물질 소비 감축의 책임을 과도하게 부담시키는 것은 아닌지 의문을 제기한다는 것

　　　　　　　　1장. 일상과 사회-생태적 재생산

을 뜻한다.[38] 빈곤층은 심지어 협박받기도 한다. 예컨대 (약속된) 경제적 포용에 대한 대가로 원치 않는 개발 계획이나 자기에게 해로운 일자리를 강요받는 경우도 있다.[39]

생애 주기에서 나타나는 '위기가 기회'라는 생각은 심리사회학적으로도 비판을 받았다.[40] 쉬라니F. Shirani와 그의 동료들은 전환이 보통 더 긴 시간에 걸쳐 나타나는 과정이며, 예상하거나 예상치 못한 사건에 의해 촉발된다는 점에 주목했다. 아무리 갑작스러운 변화라 할지라도 늘 생애 주기에서 나타나는 복잡하고 구체적인 전환에 뿌리를 두고 있는데, 그런 전환기에서 현재는 과거와 미래(또는 상상된 미래)를 어떻게 이해하느냐에 따라 다르게 해석된다. 즉 전환은 역동적인 적응과 변화뿐 아니라 과거와의 연속성도 포함하는 과정이기에, 마음대로 개입해 관행을 재구성할 수 있는 비교적 닫혀 있는 어떤 기간을 포착하거나 개략적으로라도 특정하기 어렵다. 실제로 생애 주기의 전환은 신자유주의적 서사가 제시하는 개방적이며 창의성이 풍부한 순간과는 거리가 멀어 보인다.[41] 변화는 종종 불안, 두려움, 고뇌를 불러일으킨다. 변화는 현재의 상실과 미래의 불확실성을 수반한다. 따라서 생애 주기에서 파열이 일어날 때 주체는 기존의 생각과 관습에 의문을 제기하기보다는 변화에 직면해 연속성을 유지하고 정동적이고 관계적인 동일성을 유지하기 위해 기존의 것을 고수하며, 더 나아가 지속 불가능한 관행을 선택할 수 있다.[42] 신자유주의의 이데올로기 안에서 주체는 '지속가능성'의 원칙과 보편적 가치에 따라 자유롭게 행동하는 존재다. 그러나 식량이나 에너지처럼 환경과 관련한 행동은 언제나 관계적이며 의미, 정서, 돌봄, 의무 등을 동반하기에 협상할 수 없는 것으로 인식되는 경우가 많다. 사람들이 일상의 배치를 어떤 추상적인 목표에 따라 간단히 바꿀 수 있다는 생각의 바탕에는 분명 주체와 주체성, 행동과 선택에 대한 잘못된 이해가 깔려 있다.

그렇다고 해서 일상 생태학 수준에서 변화의 기회가 아주 없다는 뜻은 아니다. 다만 무엇이 정의로운 것인지에 대한 고민을 반드시 포함하는 공동체적 서사와 물질적 틀 안에서 개인의 변화가 배태되고 지지받아야 한다는 뜻이다. 변화의 경험을 공유하는 것이 도움이 될 수 있다. 예를 들어, 공동체에 참여하는 노력(예: 생태 마을로의 이주, '만남의 공간' 만들기)은 주체가 공통의 의미와 이야기, 물질적 인프라를 통해 변화와 모순을 이해하고 지속 가능한 전환을 위한 공동의 레퍼토리를 만드는 데 도움을 준다.[43] 그러나 진정으로 다수의 지지를 받는 변화의 과정이 나타나기 위해서는, 다시 말해 주체가 처한 다양한 상황을 포용하고 그 다양한 목소리와 경험을 인정하며 피해와 손실에 대해 공정하게 인식하고 기회와 자원을 적절히 재분배할 수 있는 변화의 과정이 나타나려면 '정의로운 지속가능성'에 관한 고민이 반드시 필요하다.[44] 이러한 변화는 분배, 인정, 절차적 정의처럼 기존의 권력 및 가치 체계 안에서의 정의만을 강조하는 경향 또한 넘어서야 하며, 불평등과 불안정성을 일으키는 이윤과 착취의 논리 자체를 깨뜨리는 급진적 프로젝트에 관한 관심을 요구한다.[45]

이 책은 위기를 일상 생태계의 변화를 예고할 수 있는 전환의 경계점으로 본다. 그러나 변화가 일어나는 (혹은 일어나지 않는) 물질적 조건과 관계에 특히 주목하며, 정의의 문제(예를 들어 특권, 접근권, 혹은 기회의 구조)와 자본주의 재생산의 사회관계에 암묵적 또는 명시적으로 의

문을 던지는 저항의 문제를 다룰 것이다. 다음에서는 일상의 지속 가능한 전환에 대한 주류 신자유주의 접근을 분석하고, 기존의 논의를 참고하여 내가 이 문제를 연구하는 데 사용한 접근의 근거를 제시해 보겠다.

신자유주의적 통치성

환경에 대한 신자유주의적 통치성은 지속 가능한 전환의 일상 및 사적 차원에 초점을 맞추는 동시에 정치적인 내용은 완전히 배제하는 데 주력했다. 이는 국가의 기능 수행 변화와도 부합하는 현상이다. 사회경제적 대안에 대한 시장자본주의의 명백한 승리와 시장의 규제 기능 붕괴 이후 국가 기능은 "전통적인 지시와 통제" 전략에서 "더 완곡하고 유연한 규제" 정책으로 옮겨갔다.[46] 후자는 그 효율성 때문이 아니라 현재의 세계 정치와 정치적 적합성 때문에 선택되었는데,[47] 이는 주로 시장 혁신과 경제 '친환경화'를 위한 해결책을 제시하고 개인의 행동 변화를 유도하는 두 가지 수준에서 작동했다.[48] '사회'라는 분석 단위가 개념적·정치적으로 해체되었고, 시장에서 합리적이고 이기적인 선택을 하는 자율적이고 주권적인 주체인 개인이 새로운 분석 단위로 떠올랐다. 민주적 절차는 그 의미와 실질적인 기능을 상실했고, 이러한 '탈정치'의[49] 맥락에서 일상은 개인이 가장 많은 통제권을 가진 영역으로, 따라서 개입이 가능한 특별한 영역으로 여겨졌다.

신자유주의적 통치성은 일상 생태계를 소비 행위의 장으로 축소했

고, 일상에서 나타나는 행위와 사회적 교류를 시장에서 교환될 수 있
는 상품으로 구체화했다. "거리에서 상점으로"라는 구호는 오래도록 기
후변화 및 기타 환경 문제를 해결하기 위해 싸워온 사회운동에서도 나
타났다. 정부의 무능력을 직면한 사회운동권이 불매운동이나 구매운동
혹은 대안적 시장 건설 같은 실천을 통해 자신들의 변화 의지를 좀 더
직접적이고 구체적인 성과로 확인하고자 한 것이다.[50] '시민-소비자'라
는[51] 개념은 정치가 시장의 영역으로 이동하는 방식을 잘 보여준다. 여
기서 개인은 신중하고 자율적인 선택을 하는 합리적 소비자로 이해된
다.[52] 개인에 대한 이런 관점에 따라 인센티브나 세금 감면, 에너지 과세
같은 정책이 제안되었다.[53] 이렇듯 자기 이익을 추구하는 주체 개념은
역설적이게도 주체가 "책임감을 가지고" 공동체와 환경을 위한 소비
행동을 해야 한다고 요구하는 현상과도 공존한다.[54] 따라서 캠페인, 소
셜 마케팅, 라벨링 등을 통해 특정 제품의 경제적 이득이나 생태적 이
점에 대한 정보가 제공되고, 그 정보를 얻은 사람들은 해당 제품을 선
택할 것이라고 여겨진다.[55] 이를테면 'ABC 이론'Attitude-Behaviour-Choice (태
도-행동-선택)과 같은 정책 모델은 사람들이 교육을 받고 정보를 습득
해서 '올바른' 태도를 갖추면, 책임감 있고 지속 가능한 행동과 선택을
할 것이라는 믿음을 바탕으로 한다.[56]

일상 생태학에 대한 신자유주의적 접근 방식은 여러 가지 이유로
문제가 있다. 가장 분명한 문제는 비효율성이다.[57] 개인의 의지에 따른
소비 행위만으로 환경 위기에 대처하는 데 필요한 심층적인 사회-생태
적 변화를 지속해서 만들어갈 수는 없다. 그뿐만 아니라 애초에 이런 행
위를 실천하는 것부터 쉽지 않은 일이다. 일상의 구체적인 모습을 살

펴보면 사람들이 합리적인 계산이나 생각에 따라서만 행동하지는 않는 다는 점을 잘 알 수 있다. 이런 문제를 종종 "가치와 행동의 괴리"라고[58] 부르는데, 환경보호를 공언하는 사람들이 결과적으로 행동하지 않는 경우가 이에 해당한다.[59] 이 행동 패턴을 설명하기 위해 "제한된 합리성"bounded rationality이라는 개념이 등장했고, 이를 토대로 사람들의 신념과 태도가 아닌 선택 환경을 조작해 친환경 소비를 유도하고 나아가 행동을 유도하는 넛지nudge 전략이[60] 나타났다. 하지만 문제는 신자유주의가 주체라는 개념을 구성하는 방식 그 자체에 있다. '괴리'는 인지적 요인보다는 사회적이고 실질적인 요인, 더 나아가 리비도적이라고 부를 만한 요인에서 기인한다고 봐야 한다. 내면에 자리 잡은 특정 규범과 가치가 어떤 태도로 이어지고, 그 태도가 다시 특정 행동을 유발한다는 선형적 인과 관계는 완전히 잘못된 것은 아닐지라도 지나치게 단순하다.[61] 선택, 합리성, 효율성에 관한 지나치게 개인적이고 단선적인 설명은 일상 행동이 상호주관적 관계나 개인의 정서, 또 이를 부분적으로 결정하는 더 넓은 사회문화적·물질적 인프라에 기반을 두고 있다는 사실을 간과하게 만든다.[62]

일상의 행위에 대한 신자유주의적 통치성의 **정치**는 이러한 문제와 연관된 또 다른 차원의 문제를 내포한다. 첫째, 사소한 습관을 소위 환경적인 영향에 따라 좋은 행동과 나쁜 행동으로 구별하는 가부장적 도덕화는 시민을 특정 권력 구조 아래 줄 세워서 이들에게 사회문화적·물질적·심리적으로 상당한 영향을 끼친다.[63] 이렇게 변화에 대한 책임을 개인에게 떠넘기면서 제도와 기업은 책임을 면피한다.[64] 또 저소득층은 선량한 '친환경' 소비를 선택하기 어려운 경우가 많기 때문에 개인 행동을 강조하면 계급에 따른 경계가 만들어지고 이미 취약한 주체를 시장을 통해 표현되는 일종의 정치에서 더욱 배제하는 현상이 나타난다.[65] 이처럼 신자유주의는 환경 정의의 문제를 철저히 회피한다. 개인의 선택을 강조하는 서사는 사회적 불평등의 문제 및 책임과 선택의 차별적 분배 문제를 축소하고 단순화하며, 그 서사에 "책임 있는" 소비의 기준으로 거짓 보편화된 백인 중산층 주체를 포개놓는다. 이런 역설적 구조에서는 환경 파괴에 덜 기여하는 빈곤층이 오히려 충분히 '친환경적'이지 않다는 비난을 받는다.[66]

신자유주의적 통치성의 또 다른 결과는 환경적인 행동의 심각한 탈정치화로, 이는 기득권 강화를 수반한다. 환경 문제 인식의 개인화는 푸코주의적 시각에서 규율적일 뿐 아니라 생명-정치적인bio-political 의미 또한 내포한다. 윤리와 도덕이 주체를 구속하거나 통제하는 문제가 되고, 그 결과 주체는 절전, 주택 단열, 재활용, 비건 채식 등 훌륭한 시민성과 지속가능성이 무엇인지 규정하는 선결 질서에 **종속**된다. 동시에 시민은 자신을 "책임감 있는" 주체로 발전시켜 나가면서 시장을 통해 정체성을 구축하고, 그 과정에서 자본의 축적에 기여하게 된다.[67] 이렇게 해서 사회적 행위자는 공동체에 대한 변혁적 사고나 기업, 정치권, 제도의 책임, 그리고 더 넓은 정치 경제에 대한 관심으로부터 멀어진다.[68] 결국 일상 생태와 전환에 관한 신자유주의의 아포리아aporia는 다음의 문제를 설명하지 못하며, 따라서 이 문제를 설명할 수 있는 또 다른 접근이 필요하다. (a)일상 행동의 맥락적이고 비의도적인 측면, (b)관계적인 복잡성과 정신적인 복잡성을 포함한 주체성의 특징, (c)일상의 정치 경제 및 생태에 대한 성찰과 물질과 에너지의 일상적 흐름을 만드는 더 깊고 넓은 구조에 관한 문제.

실천

일상 생태계의 맥락 및 상징적-물질적 구성을 반영하는 접근법을 구축하려면 지속가능성 연구에서 널리 활용되어 온 중층적meso-level 이론, 즉 사회 실천 이론the theory of social practices 또는 사회적 실천 이론social practice theory의● 이점을 면밀히 살펴봐야 한다. 다층적 관점the multi-level perspective, MLP 은[69] 논의의 초점과 관심을 개인의 행동에서 사회 제도적 혁신으로 이동시키는 데 중요한 역할을 했다. 그러나 그 혁신이 어떻게 보통 사람들의 지극히 평범하고 반복적이며 습관적인 일상에서 지속될 수 있는지를 제대로 설명해 내지는 못했다.[70] 사회 실천 이론은 바로 그 점을 설명하고자 한다. 환경과 관련된 실천이 집단적 수준에서 어떻게 이해되고 주체는 이를 어떻게 일상에서 재생산하는가? 사회 실천 이론에 따르면, 일상은 상호 연결되어 있고 수용되는 "행동과 말"의 집합, 즉 사회적 실천의 집합으로 이루어져 있다.[71] 사회적 실천은 기술 혁신, 사회 규범, 문화적 믿음이 함께 나타나는 복잡한 과정의 결과로서 역사적으로 발생하고 변하는데, 이를테면 이런 과정의 결과로 에너지 사용

●   '사회적 실천'(social practice)이라는 용어 아래 상당히 다양한 이론과 관점이 존재하기 때문에 주의가 필요하다(Halkier 외 2011). 이후의 논의에서 이런 차이점에 대해 자세히 설명하지는 않겠지만, 광범위하게 이해되는 사회 실천 이론이 지속 가능한 전환과 일상의 이해에 기여한 바에 초점을 맞추고자 한다.

과 관련한 보편적 유형이 정해진다.[72] 즉 몸, 기술, 물질, 제도에 보편적 관행이 뿌리를 내려 일상적이고 무의식적인 습관이 된다. 사람들은 "실천의 매개자"carriers of practice 가[73] 되어 대체로 이미 존재하는 물질-기호적 인프라를 통해 움직이면서 그 인프라에서 허용되는 방식으로 말하고 행동한다. 예를 들어, 식습관은 식재료가 지역에서 구할 수 있는 것인지 여부, 경제적인 여유, 일상의 시간 및 공간 배치, 집에 있는 주방 가전이나 기구가 어떤 음식을 요리할 수 있는 것인지 등에 좌우된다.[74]

따라서 사회 실천 이론을 바탕으로 소비를 이해하면, 일상에서 나타나는 지속 가능한 전환을 보다 복합적이고 정교하게 이해할 수 있다. 좀 더 총체적인 관점을 지향하게 되는 것이다.[75] 사회는 서로 맞물린 담론적이고 물질적인 배열과 규범으로 이루어져 있지만, 또한 미시적 차원에서 나타나는 개인의 다양성과 의미로도 이루어져 있다.[76] 이 점은 이후 연구 자료를 분석할 때 명백히 드러날 것이며, 개인의 행동이 근본적으로 더 넓은 물질적·문화적 맥락 안에서 배태된다는 점 또한 자료 분석을 통해 강조될 것이다. 개인의 창의성과 역할이 실천에 중요한 것은 맞지만, 변화에 대한 "일차적 책임"을 개인에게 전가하는 것은 원칙적으로 잘못된 일이다.[77] 변화는 필수 자원을 공급하는 물질 문화에서부터 사회의 규범과 표준에 이르기까지 통합된 사회 기술 체제 수준에서 일어나야 한다.[78] 이런 전제를 바탕으로 하면, 개인의 국지적 행동뿐 아니라 시스템 수준의 역학을 고려하게 된다. 예를 들어, '자연 자원을 끝없이 착취하는' 현대 소비 문화의 확장은 환경 파괴의 주원인이다. 따라서 일상의 실천을 바꾸려면 이러한 시스템 수준의 원인을 제대로 이해하고 변화시키는 것이 필요하다.[79]

사회 실천 이론은 환경 정의와 불평등의 문제도 다룬다. 워드[A. Warde]는[80] 실천의 비중립성을 강조한다. 어떤 사회적 실천이 나타나고 널리 행해지면 사회적 평등과 차별에 구체적인 영향을 미친다는 것이다. 예를 들어 엘리트 계층의 행동이라 여겨지는 어떤 행동이 사회적으로 가치 있다고 여겨지면, 그런 행동을 할 경제적 여유가 없는 사람들을 차별하는 효과가 나타난다. 반대로 간단하고 비용도 많이 들지 않는 행동이 가치 있다고 여겨지면, 많은 이들이 그 행동을 할 수 있기 때문에 해방적 효과가 나타날 수 있다. 중요한 행동 변화를 일으키려면 권력과 지위의 상대적 분배를 오롯이 바꾸어야 한다는 주장은 더 많은 사회적 행위자가 지속 불가능한 행동을 하는 것을 막기 위해 사회 구조를 변화시켜야 한다는 요구로 이어진다.[81] 사회 실천 이론 학자들은 개인주의적 정책이 불평등한 권력 및 물질 분배를 재생산하고, 동시에 정치적 책임을 회피하게 만든다는 이유로 개인주의적인 정책 모델에 반기를 든다. 또 전환을 '관리'한다는 관점에 비판적이며, 다양한 "미래의 삶의 방식"을 상상하게 하고 이에 영향을 미치는 "새로운 장르와 스타일의 정책"을 만들기 위한 노력을 강조한다.[82]

따라서 사회 실천 이론 학자들은 거시적인 권력 구조와 견고한 사회-역사적·문화적 위계 및 경제적 이해관계, 사회적 '구별'[83] 추구 등의 문제에 주목하면서, 이러한 요소가 특히 개인 역량 측면에서 일상에서의 에너지 관련 행동을 어떻게 제약하고 또 시간이 지남에 따라 어떻게 바꾸는지를 연구한다.[84] 하지만 종종 간과되는 것은 일상에서의 실천이라는 미시적 층위를 사회경제적 변화 및 안정이라는 거시적 과정과 유기적으로 엮는 종합적 관점이다. 이 종합적인 관점의 부재 때문에 후기 자본주의 사회에서 대부분 구조적으로 나타나는 지속불가능성의 문제를 좀 더 급진적으로 사고하기가 어려워진다.[85] 또 앞서 신자유주의의 실패를 논하면서 나 역시 주체와 주체성에 대해 다시 생각해야 한다고 주장했지만, 사회적 실천 이론에서는 주체의 자율성을 지나치게 강조하는 문제를 주체 **지우기**로 대응하는 경향이 있다. 여기에는 여러 가지 (정치적) 문제가 있는데, 특히 변화와 변혁의 가능성을 개념화할 때 그 문제가 드러난다. 이런 문제는 사회적 행위의 내적 다양성이라는 개념을 통해 설명된다. 환경과 관련된 소비는 의미, 가치, 역량의 측면에서 늘 다양한 변주가 가능하며, 개인은 자신이 가진 기량의 정도나 환경적 실천에서 느끼는 즐거움의 수준에 따라 그 실천을 다르게 해석하고 참여한다.[86] 실천은 집단적 동향을 통해 정상화되지만, 또 자신의 삶의 고유한 상황에 맞게 그런 실천을 수용하는 창의적 개인들에 의해 끊임없이 전용되면서 변화에 대해 열린 상태를 유지한다.[87] 이런 관점에 기반해 새로운 실천이 나타나거나 사회에서 널리 받아들여지게 되는 현상을 설명할 수 있다. 하지만 이런 설명 또한 주체에 관한 적절한 이론이 되기는 여전히 부족하다. 물론 행위의 채택과 이탈에 관한 쇼브 연구팀의 설명은[88] 주체를 주어진 질서를 재생산하는 "행위 매개자"나 창조적 전유자로[89] 보는 지나치게 평면적인 관점에서 벗어나 주체의 개념을 좀 더 복잡하고 정교하게 만들었다. 그러나 개인이 사회적 행위를 전유하는appropriation 선택을 어느 정도까지 자유롭게 할 수 있는가?[90] 또 개인의 창의성이 더 광범위한 사회-생태적 변화의 과정과 어떻게 절차적으로 연결되어 있는가? 마지막으로, 새로운 사회 기술 시스템이 나타날 때 기술이 규범과 가치의 변화를 주도하는가? 아니면 모든 수준의

　　　　　　　　　　　　　　　　　　　　1장. 일상과 사회-생태적 재생산

변화가 동시에 나타나는가? 이러한 물음에 대한 답은 여전히 명확하지 않다.[91]

아직 답을 찾지 못한 이러한 질문은 사회적 위기와 개인의 전기적 궤적이 어떻게 교차하는지를 살펴볼 때 중요한 문제다. 개인 또는 국지적 상호작용 수준과 더 넓은 사회 기술 체제 사이의 틈이 벌어진 채로 남아 있기 때문이다.[92] 각각의 연구, 즉 미시적 연구와 거시적 연구는 둘 다 사회적 트렌드가 역사적으로 어떻게 출현하는지를 보여주지만, 주체가 경험하는 삶의 고유성을[93] 제대로 보지 않거나, 반대로 개인의 경험적 차원을 놓치지 않기 위해 가구 단위의 미시적 변화에 집중한 나머지[94] 거시적이고 사회적인 차원과의 연결을 놓쳐버리곤 한다.[95] 동시에 행위의 채택과 이탈의 복잡하고 주관적인 뉘앙스는 잘 보이지 않기 때문에 "살아 있는 경험"이라는 연구의 층위는 여전히 충분한 이론화 작업이 진행되지 않았고 제대로 다루어지지 못하고 있다. 사회 실천 이론에서는 사람들이 특정 행위를 수행할 때 느끼는 '내적 보상' 때문에 그 행위를 하거나 지속하게 된다는 점을 인정한다. 예를 들어, 만약 내가 스포츠카 운전을 잘한다면 나는 스포츠카 운전을 하는 나 자신에 대한 효용감을 느끼고 스포츠카 운전을 즐겁다고 느낄 것이며, 따라서 스포츠카 운전을 그만두기 어려울 것이다.[96] "정서적 만족"[97] 또한 지속 가능한 전환의 원천이 될 수 있다. 예를 들어 가정의 난방 에너지를 줄이는 문제의 경우, 에너지 소비를 줄이고 자원을 효과적으로 관리하는 데 필요한 지식과 더불어, 자신이 그런 행위에 능숙하다는 느낌이 에너지 절감의 중요한 동인이 될 수 있다.

사회 실천 이론 학자들은 정체성, 일상적 관계성, 정동적이고 개인적인 의미와 관련된 행동의 비이성적 차원을 인지하고 있다.[98] 그러나 이들 역시 복잡하게 미묘하고 종종 무의식적이며 상호주관적인 '보상'의 특성까지는 다루지 않는다. 또 실천이 국지적인 의미와 도덕적-윤리적 차원과 어떻게 연결되는지를 제대로 고려하지 않기 때문에, (지속 가능한) 소비가 욕망의 문제, 즉 무엇이 삶을 가치 있는 것으로 만드는가 하는 문제와 어떤 관계가 있는지 여전히 밝혀내지 못했다.[99] 이는 내가 앞서 언급한 미시적 변화와 거시적 변화의 역학 사이에 있는 간격을 메울 기회를 놓친 것이라 할 수 있다. 사회 실천 이론의 선구자 중 한 명인 피에르 부르디외Pierre Bourdieu가[100] 주장한 바와 같이, 실로 리비도는 질서와 권력을 유지하기 위해 사회적으로 조정된다. 사회학자의 임무는 이런 일이 어떻게 일어나는지 정확히 파악하고 좋은 삶에 관한 (욕망하는) 개인의 비전이 본질적으로 어떻게 정치적인지를 밝히는 것이다.

마지막으로 방법론에 대해 논하겠다. 사회 실천 연구는 철저하게 언어에 기반한 방법론에 의존한다. 물론 사람들이 자기 행동에 대해 매우 통찰력 있는 방식으로 이야기할 **수도** 있다.[101] 그러나 문화의 물질성이 의미나 행위와 어떻게 상호작용하는지의 문제에 아주 강력하게 주목하는 사회 실천 이론에서, 일상 세계의 물질적 특성을 더 깊이 연구하려는 노력이 거의 없다는 점은 이상할 정도다. 가정 내 에너지 사용에 대한 연구에서도 다중 양식 방법론이나 체화된 방법론의 잠재력은 거의 인정받지 못했다.[102] 사회 실천 연구는 또한 연구의 표상성, 성찰성, 구성성의 문제를 거의 다루지 않았다.[103] 따라서 연구자가 성찰적 병치reflexive juxtapositions를 통해 '투명하게' 현상을 설명할 수 있다면 연구 대상의 "실제 경험을 반영"할 수 있을 것이라는 소박한 실재론적naively realistic 믿음에 빠질 위험이 있다.[104] 따라서 사회 실천 이론이 일상 생태의 물질-기호적 양상을 개념화하는 데 중요한 참고 지점이 되고 영감을 주었음에도, 다른 연구 전통이 이 주제에 대한 접근법을 제공하는 중요한 역할을 해온 것이다. 그런 연구의 전통으로는 일상적 행위의 지침이 되는 의미를 다루는 해석주의적 접근, 주체와 주관성에 주목하는 심리사회적 연구, 사회적인 것에 대한 전통적인 서구중심적 관점의 근거가 되는 개념과 범주를 뒤흔드는 동시에 환경적으로 중요한 실천들을 살펴보는 후기 표상주의와 신물질주의 연구 등이 있다.

의미와 주체성

해석주의적 접근은 사람들이 일상에서 의미를 어떻게 배치하는지를 살펴보되, 항상 더 넓은 담론과의 관계 안에서 사회적 차원이 개인적 차원과 어떻게 서로 교차하고 맞물리는지를 고려한다.[105] 이 말은 지속가능성이나 여타의 위기와 관련한 문제가 주로 의미의 생성과 담론의 체계를 통해 사회적으로 구성되며, 이때 사회적 주체는 세계를 이해하고 그 세계 안에서 행동하기 위해 의미와 담론의 체계를 사용해 변화를 앞당기거나 방해하게 된다는 뜻이다.[106] 따라서 사람들이 친환경이라고 의미를 부여하는 관행이 제도권의 담론과 늘 일치하는 것은 아니며, 마찬가지로 사람들이 그리는 에너지의 미래가 권위적 해석이나 관행과 늘 일치하는 것도 아니다. 사람들이 지속가능성을 해석하는 방식은 복잡하고 다층적이고, 세계 안에서 존재하는 (그러면서 세계를 해석하는) 더 폭넓은 존재 방식의 일부다. 지속가능성에 대한 해석이 환경에 미치는 영향이 있다면 그 또한 그 폭넓은 존재 방식의 일례로 나타나는 것이다. 지속 가능한 선택이 가치, 신념, 규범에서 비롯되는 경우는 드물다.[107] 지속 가능한 환경적 실천은 도덕적 또는 윤리적 고민보다는 자기 이해, 정체성, 핵심 가치, 자기표현 욕구의 결과다.[108] 에너지 절약을 위한 사회 기술 혁신에 대한 실증 연구에서도 기술 혁신만으로 현실에서 에너지 절약 목표가 반드시 달성되는 것은 아니라는 사실이 나타났다.[109] 이 점을 잘 보여주는 사례로 스마트 계량기를 들 수 있다. 합리적 계산 모델이나 정보 결핍 모델에 따르면, 집 안에 스마트 계량기를 설치하면 에너지 소비를 줄일 수 있을 것으로 예상된다. 그러나 한 가정의 에너지 사용 양상은 비용이나 배출량 절감 등에 대한 고려보다는 상호작용적 요인과 맥락적 요인에 의해 결정되며, 그 가족의 가치관과 가족에게 의미 있는 것, 예컨대 그 가족이 생각하는 '좋은 삶'과 밀접한 관련이 있다. 따라서 에너지 사용은 대부분 조정할 수 없는 것으로 인식되며 불안감, 죄책감, 좌절감 등의 정서를 유발한다.[110]

지속 가능한 행동의 복잡한 역동성을 이해하려면 연구가 반드시 경험에 최대한 가까이 다가가야 한다. 이런 관점에 따라 나는 삶을 중요시하면서, 그 삶의 체험과 공명할 수 있는 내부적emic 시각으로 일상 생태계 연구를 진행하려고 노력했다. 그렇다고 해서 이 연구의 층위를 좀 더 거시적인 사회적 배열과 연결할 가능성이 없는 것은 아니다. 예를 들어, 캡스틱B. S. Capstick과 동료들의 연구에서 나타난 것처럼 폐기물을 둘러싼 사회적 담론의 역사적 진화를 추적하는 작업은 일상의 의미와 관행이 어떻게 진화하는지 이해하는 연구에도 중요한 단서가 된다.[111] 마찬가지로 '사회적 표상'은 일상 생태계를 구체적으로 형성한다. 왜냐하면 사회적 표상은 정동적·정치적으로 채워진 사회적으로 공유되는 이해로서 사회적 행위자들의 "사고… 내용"을 구성하기 때문이다.[112] 다시 한번 말하지만, 의미와 담론의 일반적 양상에 관한 관심이 일상의 가능성에 대한 연구의 전부가 아니라는 점을 인지하는 것이 중요하다.

일상 생태계에는 의미의 차원뿐 아니라 정동적·욕망적 차원도 존재하며, 이는 주체의 복잡성과 정신적 투자psychic investments에 관한 많은 질문을 불러온다. 이 책이 채택한 접근법에서 이러한 차원을 분석하는 것은 매우 중요하다. 비판 이론, 페미니즘, 후기 구조주의, 정신분석학 등 다양한 연구 전통을 활용하는 심리사회학 연구는 정서와 욕구의 차원을 가장 많이 탐구한 연구 분야다. 심리사회학 연구는 주체를 원자화된 자율적이고 합리적인 개인으로 보는 서구 사상에 깊이 새겨진 주체 개념을 비판하면서 개인과 사회 사이의 불가분 관계에 대한 비환원적 관점을 전개한다.[113] 심리사회학 연구는 매우 다채로운 양상을 띠지만 이 관점을 택한 연구는 모두 주체를 상호 주관적일 뿐 아니라 사회와의 필수적인 관계를 통해 형성되는 것으로 본다. 사회적 담론은 타인과의 관계와 사회적인 상호작용을 통해 주체가 인식하는 자기 정체성의 일부를 구성하게 된다(물론 주체의 자기 정체성이 사회적 담론으로 환원될 수 있는 것은 아니다). 또 심리사회학에 기반한 연구는 정신이 무의식적 역동성, 욕망, 정서, 심리적 투자로 가득 채워진 것으로 보며, 따라서 정신을 합리성으로 환원할 수 없다는 관점을 공유한다.[114]

지속 가능한 전환과 관련해 프로이트, 대상관계 이론, 멜라니 클라인Melanie Klein 등으로부터 다양한 영향을 받은 정신분석학적 연구는 친환경적 변화 과정에 관여하는 복잡하고 모호한 정신적 투쟁을 이해하는 데 필요한 지식을 제공했다.[115] 이를테면 불안, 분열, 부정, '멜랑콜리아'는 기후변화 완화 및 적응이라는 도전 과제에 직면한 주체가 보이는 역학 반응 중 일부다.[116] 이처럼 심리사회학적 접근은 태도와 행동 사이의 '간극' 혹은 정보의 '격차'가 행동 부재의 원인이라는 단순한 해석만으로 일상 생태계의 변화 부재를 설명할 수 없는 이유를 보여준다. 주체성은 명확하게 형성되는 합리적인 개인의 특성이 아니라 서로 상반되고 갈등하는 의식적·무의식적 역학이 작용하는 영역이기 때문이다.[117] 합리성에 호소하는 것은 인간 존재의 근간을 이루는 뿌리 깊은 '원초적' 불안을 간과한다는 점에서 행동 변화의 효과적인 방법이 될 수 없다.[118] 실제로 정보가 압도적으로 많을 때 오히려 방어적인 반응이 더욱 심해질 수 있다. 또 정신을 욕망과 의미의 집단적 구조의 일부로 생각하는 것도 중요하다. 예를 들어, 기후변화를 부정하는 개인의 행동은 현 세대의 부정의 문화culture of denial 와 관련이 있을 수 있다.[119] 요컨대 '도착적인' 사회 구조가 현재의 불평등하고 착취적인 시스템의 불쾌한 이면을 체계적으로 분리하고, 모호하게 만들고, 부정하게 하는 것이다.[120]

심리사회적 연구에서는 주체성의 '깊은' 차원과 개인 차원의 역학을 살펴볼 때도 환경적 변화를 만드는 데 정치적 의지가 중요하다는 점을 강조한다. 환경 정의를 실현하려면 단지 개인의 책임이 아닌 집단의 책임이 중요하다는 것이다. 행동의 변화가 일어나지 않을 때 이에 대한 해결책은 사회적·문화적·정치적인 것이어야 한다. 즉 자연에 대한

1장. 일상과 사회-생태적 재생산

집단적 태도를 완전히 재구성해야 하며, 세계를 우리가 착취할 수 있는 '그곳'에 있는 대상으로 간주하는 서구의 도구적 기본 철학background philosophy에 도전해야 한다.[121] 기후변화를 완화하고 친환경적 행동 변화를 촉진하기 위해 필요한 것은 변화를 지원하는 정교한 정책, 개인이 겪을 수 있는 내적 갈등을 해결할 안전한 공간, 좋은 삶에 대한 새로운 이야기, 미래에 대한 상상력이다. 이런 조건에서 문제의 본질과 문제를 해결하기 위한 구체적 단계가 무엇인지에 대한 현실감각을 회복할 수 있고, 자신의 한계와 자신이 속한 위계적 구조를 더욱 잘 인식하고 미래에 대한 희망을 되찾는 새로운 주체성이 나타날 수 있다.[122] 하지만 정신분석적 접근법에서는 갈등, 환상, 투자 등이 개인화된 무의식의 차원으로 너무 쉽게 빠져들고 사회적·문화적·환경적 영향은 간과되는 경향이 있다.[123] 개인의 심리 영역에 과도하게 집중함에 따라, 지금처럼 심각하게 생태계가 위협받고 있는 상황에서 요구되는 전 지구적 노력을 불러일으킬 논의로 확장되지 못할 위험도 있다.[124]

이와 관련해 호겟P. Hoggett은[125] 심리사회학적 연구가 개인이 배태되는 사회 구조에 더 많은 관심을 기울여야 한다고 말한다. 호겟은 신자유주의 질서의 출현과 유지를 뒷받침하는 거시적 정치가 어떻게 '도착적인' 사회 구조를 효과적으로 만들어내며, 이 사회 구조가 개인의 정신적 기능에 어떻게 반영되는지를 분석한다. 심리사회학 연구는 주체가 단일하지 않고 복잡한 존재라는 관념에서 출발해야 하며, 인터뷰와 관찰을 통해 경험의 단독성을 거시적 사회를 형성하는 담론 및 '구조'와 다시 연결해야 한다.[126] 그러나 구조에 초점을 맞추면 개인의 단독성을 놓치게 되고 개인이 평면되면서 사회에 묻혀버린다는 것이 심리

사회학 연구자들의 입장이다.[127] 구조는 때때로 독자적인 생명을 가진 추상적 실체로 보이고, 이러한 실체가 개별 주체에 그저 투영되는 것으로 여겨진다. 하지만 그렇다면 변화를 만드는 구체적이며 지역적인 힘을 어떻게 설명할 수 있는가? 러츠맨R. Lertzman은[128] 자연, 사회, 개인을 방법론적으로나 혹은 사고의 편의를 위해서도 분리할 수 없는 상호 의존적 실재로 개념화한 가타리의[129]《세 가지 생태학》The Three Ecologies 으로 돌아가라고 제안한다. 하나의 차원에서 나타나는 문제는 다른 차원의 문제로 나타나며, 사회 및 자연의 차원에서 존재하는 문제를 함께 해결하지 않고서는 개인 차원의 변화를 위해 행동하는 것이 불가능하거나 바람직하지 않다. 이미 지적했듯이, 이 책에서 욕망에 관한 들뢰즈-가타리의 관점을 채택한 것은 주체성을 외부로 '개방'하기 위함이고, 주체가 주관하는 깊이depth의 경계를 넘어 대신 주체성의 관계적이고 수평적이며 발생적인 성격을 강조하는 데 그 목적이 있다. 이렇게 해서 사회를 '구조화'하는 힘이 구체적인 일상과 역동적인 대화를 하게 된다.

또 언어에 지나치게 집중하는 경향을 극복할 필요가 있는데, 이런 경향은 일상의 지속가능성에 대한 심리사회적 연구 중 특히 정신분석학의 영향을 받은 연구에서 나타나는 특성이다.[130] 정서와 감정조차도 의미작용의 논리에 따라 이해하게 되면, 체화된 생태적 경험의 물질성을 간과하게 된다.[131] 심리사회학 연구자들은 새로운 문화적 서사를 만들기 위해 노력하는 과정에서 핵심적인 문제 하나를 간과했다. 바로 이러한 서사가 현상적·공간적·물질적 차원으로 구성된 "일상생활의 물질적 구조"에 뿌리를 두고 있다는 점이다.[132] 그러나 물질적 차원을 간과하면서 모순이 나타나고 이에 따라 문제가 발생한다. 정신분석학을

1장. 일상과 사회-생태적 재생산

지향하는 학자들은 개인의 세계를 환상과 심리적 방어로 가득 찬 상상의 세계로 이해한다. 이러한 이유로 그들은 과학자의 "강화된 합리성"heightened rationality이 행동 변화를 촉진하는 데 효과적이지 않다고 생각한다.[133] 그런데도 여전히 그들은 정신분석이 "'정신적 현실'을… 현실 세계와 일치시키도록" 도움을 줄 것이라고 믿는다.[134] 따라서 개입의 바람직한 종점은 바로 사람들을 '성인기'로, 즉 세상의 문제를 있는 그대로 합리적으로 이해하는 깨달음의 길로 인도하면서 편집증적이고 분열증적인 "비합리성의 나락으로 떨어지는" 위험을 피하는 것이다.[135]

하지만 '현실 세계'가 무엇이고 우리가 그것을 어떻게 알 수 있는지가 문제다. 이런 질문은 결코 제기되지 않는다. 연구자는 특정 문제와 이에 대한 해결책이 누구에 의해, 누구의 이익을 위해 생성되는지[136] '권력/지식'의 체계를 조사하지 않으며, 지식에 대한 과학적 주장과 연구자 고유의 투자 및 입장이 비판적으로 평가되는 경우 또한 드물다. 그렇기에 이들이 요구하는 '현실 원칙'reality principle●의 회복이 좋은 의도에도 불구하고 계속해서 주어진 현실을 '일관성' 있고 의미 있는 것으로 표준화하는[137] 통치성의 도구가 되는 것이다.[138] 이런 위험은 정신분석학에서 정신분석가-연구자에게 개인 정신의 '진실'과 이를 (사회적으로 받아들여지는) 현실에 맞추는 기술을 알고/접근할 수 있는 전문지식의 소유자라는 지위를 부여하기에 더욱 커진다.[139] 마지막으로 심리사회학 연구자들은 삶과 욕망의 생산성이 아닌 한계를 강조하기 때문에 변화를

● [옮긴이] 프로이트 이론에서 '쾌락 원칙'과 대비되는 개념으로 원초아는 쾌감을 쫓아 본능대로 행동하는 반면 자아는 현실 원칙을 따르며 본능을 참고 현실에 맞게 옳은 행동을 하려 한다.

만들어내는 욕망의 힘을 놓칠 수 있다.[140]

이후 설명하겠지만 이 책에서 제안하는 욕망과 주체성의 개념은 이런 한계를 넘어서려는 시도다. 클라인학파와, 대상관계 정신분석의 단일 도그마에서 벗어나 개인의 구체적인 전기적 요인을 사회적·집단적 무의식의 과정 및 물질적으로 배태된 문화 생활과 결합하려는 심리사회적 접근이 유익한 영감의 원천이 되었다.[141] 프로겟L. Froggett과 홀웨이 W. Hollway의[142] "경관적 이해"scenic understanding나 종단적 접근 및 생애주기 접근이 바로 그러한 예다.[143] 그로브스C. Groves와 동료들은[144] 일상 체험에 있는 정서와 투자, 그리고 그 경험이 더 넓은 사회-역사적 전환과 상호작용하는 방식 등에 주목하면서, 사회적 실천 이론의 성과뿐 아니라 한계의 일부를 다루며 주류 정책 결정 모델에 공개적으로 이의를 제기한다.[145]

그로브스와 동료들은 생애 전환기에 일상적인 에너지 사용의 변화가 어떤 복잡한 양상을 띠는지의 문제를 종단적·다중매체적·질적으로 연구했다. 그들은 내면의 무의식적 역학에 관한 집중에서 벗어나서, 사람들이 자아를 구축하고 유지하며 안전한 공간을 생성하는 데 사용하는 수단으로서의 일상의 실천에 주목했다.[146] 실천은 자아 정체성의 형성을 돕고, 전기적 파열의 순간에 연속성을 부여하며, 일상을 '직조한다'texture.[147] 따라서 실천을 '올바르게' 수행했을 때 받는 보상을 통해 실천이 나타난다고 보는 사회 실천 이론의 관점을 넘어, 개인의 정체성과 역사, 상호주관적 관계성이 습관과 사회-기술적 배치에 대한 투자의 근간으로 등장한다. 다양한 대상 및 물질과 관련한 습관이나 행태지원성뿐만 아니라 전기적인biographical 상호주관적 관계 또한 애착을 형

1장. 일상과 사회-생태적 재생산

성하는 데 기여한다. 예컨대 중요한 타인과의 만남 안에서 사회적 담론, 규범, 표준을 체험하면서 개인이 중요하다고 여기는 정체성과 의미들이 생겨난다.[148] 여기서 전기biographies는 개인적인 동시에 사회적이며 역사적인 궤적의 일부로서 발생하는데, 그러한 전기적 궤적이 지속가능성을 향한 변화에 긍정적으로 작용하기도 하고 방해하기도 하므로 전기를 개인화하거나 심리화하지 않는 것이 중요해진다.[149] 시공간적으로 배태된 이 전기적 연구는 개인의 서사가 현재, 그리고 현재 주어진 (박탈당한) 지속 가능한 전환의 기회에 대한 집단적 이해와 밀접하게 연결되어 있음을 보여준다.[150]

비정신분석적 접근 방식을 취하는 심리사회학적 연구에서는 언어 이외의 다른 연구 도구가 사용된다. 예를 들어 다중 매체를 사용하는 방법론을 통해 구체적이고 물질적인 측면의 체화embodiment를 관찰하거나,[151] 에너지, 일상의 습관, 정서적 강도, 관계성, 에너지와 관련된 일상의 사물, 시간 등 일반적으로 보이지 않거나 당연하게 여겨지는 것을 시각화할 수 있다.[152] 단지 사회적인 것이 아니라 사회-생태적인 환경 문제의 복잡성에 대응할 수 있는 방법론의 필요성은 후기 표상주의, 신유물론,[153] 현상학적 접근에서도[154] 나타났다. 체화된 민족지학의 특성을 띤 연구에서는 사회적 주체가 에너지의 문제를 일상의 상호작용에서 경험할 때, 그 경험은 정동적이고 감각적인 차원을 포함한다는 점을 강조한다. 환경에 대한 이러한 체험적이고 물질적인 경험은 다시 또 일상적인 실천과 지속 가능한 전환에 영향을 미친다. 일례로 비화석연료의 독특하고 정동적으로 풍부한 특성으로 인해 이러한 연료를 계속해서 사용하게 되는 현상을 들 수 있다.[155] 이런 방법론을 채택하면 전반적으로 신체와 정서, 감각, 사물, 주변 환경의 역할이 더욱 강조된다. 그런데도 종종 놓치는 것은 주체가 경험하는 지금-여기the here-and-now에서 벌어지는 에너지와 관련한 배치가 더 넓은 정치 경제 및 생태와 어떻게 연결되는지의 문제다.

신자유주의 환경 정치의 아포리아를 비판하는 연구는 많지만, 많은 문제가 여전히 해결되지 않은 채 남아 있다. 신자유주의적 행동 변화 모델과 경제 정책이 물질적 인프라, 사회적 기대, 담론과 서사, 주체성의 복잡성, 경험의 상호주관적 패턴 등의 문제로 인해 비효율적이라는 점은 충분히 밝혀졌다. 이러한 연구를 바탕으로 '책임감 있게' 행동하도록 개인을 강제하는 규율의 이면에 대한 온건한 비판도 제기되었다. 이는 일상의 행동을 도덕화함으로써 선택의 여지 없이 일상을 지속 불가능하게 만드는 구조적 원인을 가려버린다는 비판이다. 따라서 중요한 논점으로 사회 구조 및 의미의 집단적 변화가 대두되었다. 마지막으로, 사회 위기면서 **동시에** 생태 위기라는 독특한 특성이 있는 기후변화 및 생태 위기에 대응하기 위한 새로운 방법론적 접근이 나타났다. 이는 물질의 **중요도를 인식하며** 물질적 측면을 연구에 포함하고자 하는 시도다.[156]

이런 논의에서 이 책이 구체적으로 기여하는 바가 있다면 그것은 일상적 실천이 더 넓은 정치 경제와 생태에서 배태된다고 보는 시각이다. 이런 주제가 일상의 지속가능성에 대한 실증적 연구에서 명시적으로 다루어지는 일은 드물었다. 하지만 이러한 주제는 자본주의적 재/생산 관계가 주체의 일상 공간, 리듬, 가치, 물질적 필요에 미치는 영향을 지난 수십 년간 탐구한 에코페미니즘적 고찰의 일부다.[157] 이 책의 목표는 그런 고찰을 경험적이고 실증적인 연구의 현장으로 끌어들이는 것이다. 몸과 주체성을 연구의 공간으로 주목하면서, 환경을 파괴하고 자연을 비인간적으로 착취하는 지배적인 "리비도 경제"에[158] 의해 욕망이 어떻게 형성되며 또 저항하는지를 살펴볼 것이다.[159] 이후 명확하게 드러나겠지만, 정치생태학 관점에서 일상은 더 이상 개인적 실천의 사적 공간이 아니다. 일상은 자본주의적 관계의 전반적인 재생산을 유지하기 위해 사회적·경제적·문화적 힘이 작용하는 존재의 장이다. 따라서 일상은 바로 이러한 시스템에 대한 비판이 표출될 수 있는 하나의 공간이 되며, 그 시작은 일상의 저항, 독창성, 투쟁이다.

욕망과 주체성 배치

앞선 논의를 통해 일상의 지속가능성과 변화는 사람, 사물, 담론, 제도, 기술 등이 복잡하고 다층적으로 얽혀 나타나는 것임을 알 수 있었다. 따라서 한 차원의 현실을 다른 차원으로 환원하지 않고 어느 하나에 우선순위를 두지 않으면서 연구할 필요가 있다.[160] 첫 번째 과제는 얽혀 있는 세계를 여러 차원으로 분류하고 고정되지 않은 삶의 전체성을 가려버리는 근대적 경향에 도전하면서, 그 복잡성에 관한 생각과 이해를 얻는 것이다.[161] 생태 위기와 환경 복원에 관한 사회과학적 연구에서 일상 재생산의 일부로 나타나는 구체적이고 내재적이며 역동적인 관계를 간과해서는 안 된다. 또 이러한 관계를 단순히 상징적이거나 언어에 의해 구성되는 것이 아닌, 체화된, 리비도적이고 정동적인 것으로도 이해해야 한다. 에코페미니스트 사상가 아리엘 살레[Ariel Salleh]는[162] 이러한 관계의 특성을 다음에서 잘 요약했다.

> 인류세 시대의 도래는 (…) 정서의 심연에서 사유할 것을 요구한다. 왜냐하면 가장 근본적인 차원에서, 인류세는 체화된 리비도적 에너지에 의해 나타났기 때문이다. (…) 비판적 생태이론은 정신과 신체, 주체와 대상, 인류와 자연 같은 기존의 이원론적 제약에서 벗어나 생각과 정서, 생태계와 신체 사이의 흐름을 명확히 표현해야 한다. 물질적 존재로서의 인간에게 활력을 불어넣는 생물물리학적인 맥박에 대한 이해 없이는 현대 사회와 정부가 직면한 세계적인 문제에 대한 해결책을 찾을 수 없다.

포스트모더니즘적 전환 이후에 나타난 '비판적' 사회학은 언어를 기반으로 현상에 접근해 담론과 언어를 통해 현실이 어떻게 구성되는지의 문제를 다룬다는 인식이 지배적이었다. 이는 환경 비평에서도 마찬가지다.[163] 그러나 생태 위기의 본질은 기존의 존재-인식론적 접근에, 특히 사회적인 현상의 상징적 차원에 지나치게 초점을 맞추는 경향에 문제를 제기하게 한다. 인류 역사에서 물질의 핵심적인 역할이 그 자리를 되찾으면서, 사회과학과 사회과학의 실증 연구에서 경험의 체화된 차원, 구체적이며 비언어적인 차원을 인식해야 한다는 성찰적 요구가 강렬하게 나타났다.

지난 수십 년 동안 다양한 사고와 실천적 접근, 존재-인식론적 접근이 주목받으면서 포스트모더니즘과 후기 구조주의의 '언어 전환' 이후 사회과학을 재건하고자 하는 노력이 나타났다. 이는 신체, 물질 및 사물, 에너지 등 그간 간과되었던 모든 것을 정확하게 설명해 내려는 시도로 나타났다. 신유물론적 페미니즘부터[164] 행위자-네트워크 이론에[165] 이르기까지, 여러 연구 분야에서 "존재론적 전환"이[166] 가장 주목받는 관점이 되었고, 이는 다른 형태의 체화된 방법론과[167] 후기 표상주의 접근에서도[168] 마찬가지였다. 내 연구는 이런 구체적인 연구 영역에 속하기보다는 연구에 물질, 신체, 그리고 그 역동성을 포함하겠다는 신념을 공유한다는 점에서 좀 더 넓은 존재론적 전환 및 '신물질주의'적 관점과 결을 같이 한다고 볼 수 있다. 그럼에도 내 연구를 오롯이 신물질주의적인 연구라고 할 수는 없다. 신물질주의적 접근이 권력, 정치 경제/생태, 정의의 문제에 대해 다소 주목하지 않는 것에 비해 나의 경우 이러한 문제를 사회-생태적 변화에서 서로 갈등 관계에 있는 것으로 관심 있게 보면서 일상에 대한 비판에 포함시켰기 때문이다. 이를 위해 존재론적 전환에 대한 두 학자, 질 들뢰즈와 펠릭스 가타리의 작업을 면밀하게 보는 것이 중요했다. 또 에코페미니스트 논쟁도 중요하게 보았다. 뒤에서 다루겠지만, 신물질주의적 신념은 이러한 학문적 관점을 지닌 좀 더 전통적인 역사적 유물론의 견해와 유사한 점이 있다. 그러나 후자는 일상을 더 광범위한 재/생산 시스템의 일부로서 읽어야 할 필요성에 좀 더 민감하다.[169]

이와 연관된 논의 중 특히 서구의 초월적 형이상학에 대한 비판을 들 수 있다. 즉 삶의 원리가 구체적인 경험의 세계 **안**에 있는 것이 아니라 어떤 면에서 그 **위**에 있거나 적어도 그것과는 별개라는 가정에 대한 논의다. 예를 들어, 물질에 생명과 형태/질서를 부여하는 것은 오직 신이라는 말이 있는 것처럼, 이를 일부 포스트모던 구성주의적 접근의 언어로 얘기하면, 형태가 없는 것에 언어가 형태를 부여한다는 것이다. 이런 형이상학은 물질/정신, 신체/마음, 인류/자연과 같은 위계적 이원론을 강조하는데, 앞의 항을 늘 뒤의 항보다 우월한 것으로 여겨 '주류' 대 '비주류'로 구분한다.[170] 이러한 위계적 이원론은 인간이 자연을 생명이 없는 '대상'으로 취급해 조작하게 하는 근간이 되었고, 결과적으로 현재의 생태 위기에 책임이 있는 자본주의의 파괴적인 "생태 체제"의 등장을 가능하게 했다.[171]

이런 관점에서 일상을 이해하면, 비이원론적 방식으로 사고할 수 있는 연구의 틀을 만들 수 있다. 그 틀을 통해 사고와 의미의 체계를 (일상적) 존재를 구성하는 물질적이고 구체화된 과정과 분리하는 대신에 그 과정 안에 내재하는 것으로 이해할 수 있다. '배치'는 이 같은 관점에서 특히 유용한 개념으로, 연구 현장에서 관찰하고 참여한 것을 이해하기 위한 휴리스틱 및 분석 도구로 사용되었다. 그러나 나는 배치 이론을[172] 마치 사회를 연구하는, 통일되고 일관되며 그 자체로 온전한 이론으로 이해하고 의존하지는 않으려 했다. 또 나는 배치에 관한 최근의 해석들이 들뢰즈와 가타리의 정치적 신념에서 벗어났다는 점을 인지하고 있다. 여기서는 들뢰즈와 가타리의 해석을 따라서 '배치'를 변화 상태에 있는 물질-기호적 배열로 이해한다. "사물의 상태"state of things 란 배치의 물질적 구성을 의미하며, "발화의 배치"assemblages of enunciation 는 상징적 발화, 이데올로기, 지식 등을 의미한다.[173] 사물의 상태와 발화는 "비평행적인 형성"non-parallel formalizations 으로, 서로 대응하는 것이 아니라 주어진 배치 안에서 동일한 기능을 한다.[174] 예를 들어, 가스 중앙난방을 계속해서 사용할 때 시간이 지남에 따라 배치 내에서 다음의 요인이 자리 잡는다. 인프라 구축 시스템(가스 추출, 파이프, 법률, 보일러 등), 적절한 난방에 대한 사회적 규범이나 체화된 감각, 난방에 대한 보다 지속적인 혹은 조건에 따라 변화는 몸의 반응 등.

욕망은 배치의 개념화에서 핵심적인 용어로, 들뢰즈와 파르네C. Par-net는[175] 심지어 이 두 개념을 혼동시켜, "어떻게 '욕망'이라는 마땅한 이름이 '배치'라는 개념에 거부당할 수 있단 말인가?"라고 말했을 정도다. 앞서 인용한 살레의 글에서도 드러나듯, 배치 개념은 사회적 장을 형성하는 욕망과 리비도적 에너지의 심리-사회적 차원을 분석에 끌어들여, 거시적인 힘이 어떻게 일상적 관계와 과정에 형태를 부여하는지를 보여준다.● 욕망은 배치의 요소를 집합시키거나 분리하는, 응집과 분리의 비인격적 힘으로 이해된다. 주어진 사회 구조가 관계를 안정화함에 따라, 욕망은 특정 배치로 들어가 '영토화'된다. 즉 특정한 형태를 '옳은 것'으로 간주하는 현상이 나타난다. 그 결과 행동, 말, 느낌, 사용, 소

●   배치의 형성 과정에서 욕망의 역할은 핵심적이지만, 사회과학 연구에서 그 중요성이 엄청나게 과소평가됐다. 이 때문에 배치가 생겨나는 과정이 모호해졌다. 마틴과 캄베렐리스(Martin & Kamberelis 2013)는 '권력'의 배치를 논한다. 그러나 들뢰즈와 가타리(Deleuze & Guattari 2014: 530-531-각주)는 이러한 관점과는 명확하게 거리를 둔다. 그들은 푸코의 '진술 이론'이 어떻게 발전했는지를 추적하며, 자신들의 "유일한 불일치 지점"은 "배치를 근본적으로 권력의 배치가 아닌 욕망의 배치로 보며(욕망은 항상 배치된다), 권력을 배치의 계층화된 차원으로 여긴다는 점"이라고 말했다. 배치라는 개념에서 욕망의 중요성을 인식하지 못했기 때문에 들뢰즈-가타리의 개념을 활용한 많은 사회과학 연구에서 들뢰즈-가타리 철학에 내재한 정치적·경제적·비판적 관점이 사라졌다. 2장에서 더 자세히 다루겠지만, 욕망은 근본적으로 정치적인 개념이다(Hirose 2022).

비 등에 관한 헤게모니적[몰적(molar)]˙ 방식이 서로 맞물리는 "홈 패인 공간"striated space˙˙이 형성된다.[176] 영토화는 어느 정도 필요하고 그 자체로 문제가 되지는 않는다. 그러나 배치를 고정하려는 모든 몰적molar 시도에는 기존의 질서를 벗어나는 무한한 '분자적'molecular 움직임과 '탈주의 선'이 있다. 이는 배치를 탈영토화하는 원심력이다. 이는 변화와 변혁의 과정을 이해하는 데 도움이 되는데, 탈주선이 '되기'의 과정이고 그 과정에서 배치 안의 몸은 현재와 다른 존재, 혹은 현재처럼 만들어진 것과는 다른 존재가 된다.

　이런 점들은 일상의 참여적 관찰을 통한 비평의 가능성에 대해 몇 가지 고찰을 제시한다. 물론 내재성의 철학philosophy of immanence은 삶의 구체성과 경험에 폭력을 가하지 않도록 연구와 분석 방법에 영감을 준다. 즉 내재성의 철학에 따르면 추상적인 도덕 원칙이나 해석적 스키마schemas를 삶의 구체적인 경험에 부과하는 폭력을 행해서는 안 된다.[177] 가장 첫 번째 단계는 사람들이 어떻게 살아가고 자기 행동을 맥락에 따라 어떻게 해석하는지를 그들 자신의 이야기를 통해, 즉 해석주의적으

●　　[옮긴이] 몰·몰적인(mole·molar) 것은 분자·분자적인(molecule·molecular) 것과 대비되는 들뢰즈-가타리의 핵심 개념으로, 몰이란 아보가드르 법칙에 나오는 고정된 양을 가진 굳어진 덩어리를 뜻하는 말이다. 몰적인 것은 뚜렷한 내부와 외부의 경계를 가지며, 조직화, 형식화되고 구조화된다. 따라서 몰적 움직임은 분자적 움직임의 다양성을 제거해 단일한 통일체로 환원시키는 흐름이다. 반면 분자적 움직임은 늘 되기의 상태에 있고, 환원되지 않는 유동적이고 고유한 욕망의 움직임이다.

●●　[옮긴이] 들뢰즈와 가타리가《천 개의 고원》(2003, 새물결)에서 자세히 기술한 개념으로, '매끈한 공간'(smooth space)과 대비되어 쓰인다. 매끈한 공간이 개방된, 유목적인, 강렬한 정동의 공간이라면, 홈 패인 공간은 위계화된, 외연적인, 국가 장치에 의해 설정되는, 정주적 공간을 뜻한다.

로 그리는 것이다.[178] 그러나 인간의 몸과 나머지 자연과의 교감에서 시작하는 유물론적 접근은, 그렇게 함으로써 아도르노[T. W. Adorno]가[179] 지적한 바대로 "고통은 존재해서는 안 되며, 상황은 달라져야 한다고 우리의 지식에 말을 거는" "물리적 순간"으로 다가간다.[180] 정동 화용론은 이런 의미에서 특히 유용하다. 정서는 지각과 마찬가지로 세상을 이해하는 방식이지만 지각과는 달리 비표상적이고 비언어적이며, 역능 또는 생명력의 지속적인 변화로 몸에서 경험하게 된다.[181] 일상 연구에 있어 정동 화용론은 연구자가 자신의 성찰과 주관성을 연구의 일부로 삼는 것을 통해 만남의 가능성, 영향을 주고받을 수 있는 능력, 변화의 과정, (타자-) 되기의 과정을 움직이는 근접성 지대를 만드는 조건들을 피험자와 함께 구축할 수 있음을 뜻한다. 특히 탈주선이 일상의 배치를 가로지르면서, 기존의 사회적 구성에 존재하는 암묵적인 비판이 무엇인지를 생각해 볼 수 있다.

주체성은 정동 화용론이 사회 변화의 과정과 교차하는 개념적 공간이다. 주체는 지속 가능한 전환과 그 이후 나타나는 현상을 연구하는 심리사회적 연구에서 중심이며, 사회적인 것과 개인적인 것 사이의 간극을 좁히면서도 한쪽을 다른 쪽에 환원시키지 않기 위해 다양하게 활용된다. 주체는 종종 상호작용을 통해 나타나는 "철저하게 사회적으로 구성된" 사람이자 사회적 측면을 가지고 있지만 그럼에도 "독특하고" 고유한 욕망과 투자 및 특성의 장으로 개념화된다.[182] 배치의 관점에서는 개인을 식별하는 내적/외적 구분과 그 주체적 자율성에 의문을 제기하기 때문에 주체 자체를 재개념화해야 한다.[183] 사람에 초점을 맞추는 대신 '장'fields과 "실존적 영토"Existential Territories에[184] 초점을 맞추게 된다. 따라서 주체는 "결합적 종합"이자[185] 특정 습관의 산물이고,[186] 그런 주체는 과거에서 미래로 뻗어나가는 실존적 선이 일상에 일종의 일관성과 연속성을 부여하는 영토화 과정에서 나타난다. 동시에 주체는 탈영토화의 과정이기도 하다.[187] 파열의 순간에 "진정으로 저항적인 자발성"real rebellious spontaneity 이 반사적으로 실현되고, 기존의 욕망, 권력, 지식 체계를 재편하는 배치를 만들어낸다.[188]

인식론, 그리고 질적 연구로 돌아오기

'평면적' 존재론flat ontology 의 인식론적·방법론적 함의는 "후기 질적 연구"라고[189] 스스로를 칭하는 초기 문헌을 상기시키는데, 이는 기존 사회과학과 구별되는 연구를 선언했다. 라더P. Lather 와 피에르St. E. A. Pierre 는[190] 다음의 글에서 이 흐름을 잘 설명한다.

존재보다 지식을 우선시하지 않는다면, 살아 있는 경험과 세계의 본질에 대한 실증주의적이고 현상학적인 가정을 거부한다면, 표상적이고 이원론적 논리를 포기한다면, 언어·인간·물질을 서로 뒤섞여 있는 별개의 실체가 아닌 '표면'에 완전히 스며들어 있는 것으로 이해한다면. 이렇게 하고도 또 '더 많은' 것을 한다면, 우리가 질적 연구라고 알고 있는 연구 방법을 사용하는 것이 가능할까? 아마도 불가능할 것이다.

하지만 나는 질적 연구와 후기 질적 연구 사이에는 각 방법론이 받아들이는 것보다 훨씬 더 많은 연속성이 있다고 생각한다. '후기'라는 단어의 사용에는 현재 혹은 미래에 학문이 나아가야 할 방향이 있다는 다소 단계적이며 선형적인 가정이 내포되어 있다. 이와 반대로 나는 질적 연구가 실재-존재론과 표상적 인식론에 근본적인 의문을 제기하는 것을 포함해 다양한 사고를 담아낼 수 있는 충분히 광범위하고 열려 있는 범주라고 본다. 각기 다른 질적 연구 사이에 차이점이 있지만 연속성 또한 있는데, 그 연속성은 해석주의 설명을 수반하는 반-실증주의라는 공통의 지향점을 바탕으로, 사회 현상의 본질이 '무엇'인가의 문제에 주목하기보다 그 사회 현상이 세계 안에서 기능하는 방식에 주목한다는 점이다. 과거의 선과 미래의 선이 현실화하며 현재와 미래에 영향을 미치는 생성의 과정과 그 방식을 탐구하기 때문에,[191] 질적 연구는 계통학적인 연구이며 실재와 가능성의 세계에 열려 있다.[192] 해석주의는 의미에 대한 질문을 제기하지만, 나는 사람들이 '실제로 생각하는 것'이나 의미와 '현실'의 관계에 대한 관심은 그다지 중요하지 않다고 주장한다. 중요한 것은 의미가 세상에서 어떻게 기능하는지, 그리고 그 의미가 어떤 가능성을 열거나 닫는지를 평가하는 일이다.

이를 위해 후기 질적 접근은 표상적이며 언어적인 측면에만 주목하는 기존의 관점을 넘어, 정서와 물질, 역동적 힘과 같은 비표상적이며 비언어적인 요소에 주목한다. 그렇다고 해서 단순히 이상주의적 인식론을 '뒤집어엎으며', 물질세계로서 존재하는 현실에 대해 매개되지 않은 지식을 얻을 수 있다고 믿는 순진한 경험주의의 관점을 취하지는 않는다. 그런 관점은 사고와 물질에 대한 이원론으로의 회기를 의미하기 때문이다. 후기 질적 연구가 채택하는 입장은 공감 및 정동적/감각적 참여를 통해 세계를 직접적으로 알아가는 존재의 능력이 있다고 보는 현상학적 관점과도 차이가 있다.[193] 결국 후기 질적 연구는 후기 표상주의 관점을 채택하게 된다. 만약 사고와 물질이 하나의 동일한 내재성의 평면plane of immanence에 속하는 것이고, 그 내재성의 평면이 고정된 것이 아니라 어떤 조건들에 의해 나타나는 것이라면, 사회과학자들이 언어를 통해 '해석'하고 '표현'하는 '현실'은 존재할 수 없다. 사고와 물질은 더 이상 존재론적으로 분리되지 않으며, 존재가 스스로를 표현하는 과정의 일부다.[194] 이런 관점에서 각각의 발화는 세계를 나타내는 행위가 아닌 세계를 형성하는 행위다. 베넷 J. Bennett은 "마법에 걸린 유물론"이 "소박한 현실주의"적 태도를 취하고 있다고 말한다.[195]

여기서 '마법'과 '소박함'은 세계에 대한 지식과 세계 자체를 동일한 것으로 착각하게 만드는 관점의 엄청난 위험을 표현한다. 따라서 나는 연구를 현실에 대한 투명한 앎을 주는 행위가 아닌 관점을 통해 현실을 보여주는 행위라고 보는 시각을 선호한다. 현실에 대한 수없이 많은 앎 가운데 하나의 가능성만을 보여주는 것이다.[196]

'후기 표상주의'의 문제의식을[197] 바탕으로 이처럼 연구를 재개념화하면, 연구 행위 자체도 변한다. "현장으로 들어가야 한다"는 관념에 의문이 제기되는데, 현장에 들어간 연구자가 관찰한 것에 대해 말하는 것이 아니라 함께 말하려 할 때 나타나는 것이 현장이기 때문이다.[198] 마이클M. Michael이 말했듯, "사회학자와 참여자, '방법론의 배치와 현실'이 상호작용을 통해 나타나기 때문에" "연구라는 사건"은 점차 변화하며 나타나는 것, 아직 일어나지 않은 사건이라고 생각할 수 있다.[199] 따라서 연구의 디자인을 결정할 때도 "어떻게 하면 가장 진실한 방식으로 현실을 알 수 있을까"(표상주의적 접근 방식)라는 질문이 아닌, "어떤 현실을 구현하고 싶은가?"(구성주의적 접근)라는 질문을 통해 선택하게 된다. "내 연구 현장이 정확히 어떤 모습이어야 하는가?"라는 질문 또한 평가의 대상이 된다. 일상은 다양하고 상호 연계된 행동과 경험의 층위를 포함하는데, 더욱이 환경과 관련한 행동은 잘 보이지 않으면서도 동시에 거의 모든 일상의 행동을 구성하기 마련이다.[200] 또 배치는 어떤 실체로 존재한다기보다는 나타나는 것이기 때문에, 분석 단위의 경계는 흐릿해지고, 무엇이 '적절한' 수준의 연구 단위인지 찾는 것도 어렵다.[201] 삶 그 자체가 여러모로 연구의 현장이 된다.[202]

귀납적인 접근법을 선호하는 데에서도 이와 비슷한 점을 찾을 수 있다. 귀납적 접근법은 미리 주어진 가설을 테스트하는 방식을 고수하기보다는 현장에서 통찰을 도출하고, 삶이 펼쳐지는 그대로에 열려 있는 접근 방식이다.[203] 이런 경향이 연구 설계에도 적용된다. 규칙이나 정해진 단계가 무엇인지 미리 알 수 없고, "확정되지 않은 급진적 가능성"에 열려 있는 새로운 방법론을 채택한다.[204] 물론 연구자가 '틀'frame을 가지고 현장에 가는 것은 피할 수 없는 일이지만, 그 틀은 계속 열려 있고 예상치 못한 일에 민감하게 반응해야 한다.[205] 정치적이고도 방법론적인 이 문제에서 중요한 점은, 미리 정의된 의제를 설정하거나 받아들

● 채택한 연구 접근에서 언어를 현실의 주요 생산 기재로 여기지 않는 한, 이런 방법을 '언어 구성주의'(linguistic constructionism)적 의도를 담은 선택이라고 할 수는 없다. 그보다 이런 관점에서는, 세계가 안정된 본질로 이루어져 있다는 가정을 거부하고, (초인간적) 배치의 과정을 통해 현실이 지속해서 만들어지고 또 다시 만들어진다(구성된다)고 본다.

이기를 거부하는 근본적으로 민주적인 "폴리시스템적 태도"polisystemic attitude를[206] 만들어나가는 것이다.

연구의 질과 타당성의 문제는 어쩌면 후기 표상주의의 맥락에서 더 정확히 재개념화할 수 있을 것이다. "표상의 정확성"은 폐기까진 아니지만 문제가 있으며, 질적 연구에서 일반적으로 연구의 질을 평가하는 데 사용하는 개념으로도 문제가 있다.[207] 보통은 '타당성' '신뢰성' '진실성'이[208] 연구가 현장을 얼마나 잘 설명하고 있는지를 평가하는 기준이 된다. 하지만 해당 현장을 표상의 대상이 아니라 구성의 대상이라고 생각한다면 이런 기준은 더 이상 유효하지 않다. 대신 연구의 윤리와 정치가 핵심 문제가 되며, 인식론적 순수성보다는 비판적 관점이 연구의 가치를 더 많이 좌우한다.[209] 현실의 개방성을 존중하기 위해 "비주류 과학"minor science*은 지도화mapping를 시행하는데, 지도화는 탈주선이 세상의 되기에 있어 큰 역할을 한다는 점과 아직 실현되지 않은 감춰진 잠재성이 존재한다는 점을 보여준다.[210] 이러한 연구는 세계를 추적tracing하며 묘사describe하는 것도 배제하지는 않는다.[211] 그렇게 하는 것은 완전히 적절하고, 또 실제로 조사에 필요한 부분이다.[212] 하지만 추적은 영토화의 경계만을 포획하는 경향이 있고, 따라서 주어진 현실의 이미지를 그저 고정된 것으로만 여기게 될 위험을 내포한다.[213] 지도화와 추적이 함께 작동해야 한다. 경험을 '진실'하게 담아내려는 노력이 '순간'과 '사건'을 민감하게 보려는 노력과 함께 나타나야 한다. 바로 이렇

●   [옮긴이] 들뢰즈와 가타리가 《천 개의 고원》에서 왕립 과학(royal science) 또는 주류 과학(major science)과 대비해 사용한 개념으로, 유목 과학(nomadic science)이라고도 한다.

게 하는 것이 현실의 숨겨진 잠재성이 드러날 수 있는 방식으로 현실을 보고 말하는 방법이다.[214]

이런 맥락에서 볼 때 우리 자신의 창조물에 관한 책임의 문제가 드러난다. 즉 연구자인 나의 발화 행위가 어떻게 특정 집단을 나타나게 하고, 더 잘 보이게 하며, 그 집단에 권한을 부여하는지에 대해[215] 문제를 제기해야 하는 것이다. 이는 의심의 여지 없이 '가까이서 관찰하기'와 '그 관찰을 넘어서기' 사이에서 연구자를 줄타기하게 만든다. 그 사이에서 균형을 찾는 일은 (정치적인) 춤사위와도 같다. 하지만 내 생각에는 연구의 분석과 결론을 자의적 이야기나 허구에 불과하다고 하는 말은 틀렸다. 이는 그린J. C. Greene이[216] 일부 후기 질적 연구에서 나타나는 위험으로 적절히 언급했다. 이 장 전체에 걸쳐 내가 설명한 특정한 유물론적 시각과 현장의 맥락적 경험, 그리고 그 경험의 강렬함은 세상에 대한 어떤 새로운 믿음을 촉구한다. 그 믿음은 정해져 있지 않은 그러나 결코 환원될 수 없는 삶의 본질에 기반을 두고 있다.[217]

지식이 생성적이며 조건에 따라 변하는 것이라는 선언, 우리에게 안정적이고 고정된 세계는 "더 이상 없다"라는[218] 선언은 이 맥락에서 보면 허무주의적이며 상대주의적인 냉소의 이유가 아닌 급진적인 창조의 기회가 된다.[219] 동시에 세계에 대한 새로운 믿음을 갖는 것은 연구자의 생성적인 비평 역시 그가 속한 세상에 내재된 것일 수밖에 없다는 뜻이기도 하다. 즉 삶 자체가 연구 비평의 규범적 근거를 만들어내며, 다시 그 비평이 삶에 기여하는 것이다.[220] 물론 이 모두는 연구의 조건들, 즉 연구의 배치와 이에 개입하는 또 다른 수많은 배치에 따라 달라진다.

연구를 이렇게 이해하면, 일상에 대한 탐구 도구로서 연구의 관행이 어때야 하는지에 관한 구체적인 평가의 기준이 나타난다. 연구는 일상의 복잡성에 있는 그대로 접근해야 한다. 우리의 일상적 행동과 행위에서 실제로 사용되는 다양한 기재들을 연구에서 의식적으로 사용해야 한다. 그렇게 하는 것은 연구를 삶 자체에 내재하게 하고 삶에 반응하게 만드는 하나의 방법이다. 다양한 감각을 동원할 때 연구자는 분석의 렌즈를 성급하게 들이대지 않고, 일상의 질감을 만드는 혼돈스러움과 순간성에 민감해질 수 있다. 또 계속 변화하는 과정에 있는 신체에 대한 감각을 얻고, 환원주의를 피하면서 물질의 생명력 있고 역동적이며 환원 불가능한 본질을 경험하게 된다.[221] 나는 이런 연구 관행을 통해 세계의 다중 양식성multi-modality을 이해할 수 있었다. 의미가 글과 말, 이미지뿐만 아니라 제스처, 표정, 질감, 크기와 모양, 색상 등 다양한 "추상적이고 비물질적인 의미 생성의 자원"을 통해 생성된다는 사실을 이해하게 된 것이다.[222] 그뿐 아니라 비언어적이고 비기표적인 의미 전달 방식도 있다. 바로 몸과 몸이 서로에게 영향을 주는 것인데, 이를테면 꽃이 꽃 고유의 색으로 눈에 영향을 주고, 말이 음정과 제스처를 통해 소통하는 것이다. 이러한 의미 전달 방식은 반대로 그 방식이 구현되는 구체적인 재료인 전달 매체와 분리될 수 없다. 따라서 다중 매체성, 의미의 전달 방식이 취하는 구체적인 몸체와 형태, 그 다의성과 침투성, 상호 연결성에 주의를 기울이는 것이 중요하다.[223] 연구에 이처럼 다양한 매체를 사용할 때 나타나는 (비)존재의 다양체multiplicity of (im)presence는 사물, 주체, 인간과 비인간 동물, 식물 등 "다중 되기"의 기회를 열어준다.[224] 다중성은 담론이 사물이 되고, 색이 의미가 되고, 동물이 꽃이

1장. 일상과 사회-생태적 재생산

되는 등 내재성의 평면에서 나타나는 새로운 존재를 강조한다. 이를 통해 연구 현장과 연구 자료를 보다 협력적이고 참여적인 방식으로 함께 구성할 수 있다.[225] 인터뷰라는 맥락에서는 걷는 행위가 다시금 추상화와 탈맥락화를 피하는 데 도움이 되었다.[226]

이러한 데이터를 다루고 분석하는 과정 역시 섬세한 작업이 필요한 순간이었다. 경험에 충실히 다가가면서도 그 경험에 열린 자세로 접근하기 위해 노력했다. 연구의 과정과 음성을 문자로 변환하는 과정에서 잃어버리기 쉬운 정서와 신체 에너지, 경험의 내재성 등을 글과 노트에 최대한 많이 담아내려고 주의를 기울였다.[227] 반복적인 상호작용에서 나타나는 주제, 패턴, 개념을 파악하기 위한 분석 전략으로 코딩을 활용했다. 나의 주 관심사는 해석의 맥락성과 사회적 복잡성을 잘 담아내는 것이었기 때문에[228] 이론적 포화도theoretical saturation를 달성하고 엄격하게 이론적 일관성을 유지하려는 목표는 없었다. "[분석은] 패턴과 의미를 찾는 것"이라는[229] 가정에 의문을 제기했고, 데이터의 복잡성과 데이터 과잉, 모순, 의미를 나타내는 측면, 가변성, 조작 가능한 지식으로의 환원 불가능성을 존중하려고 노력했다.[230] 따라서 코딩은 실재가 어떻게 구성되어 있는지를 강조하는 추적이면서도, 경이로운 것과 예상을 벗어나는 것에 대해 열려 있는 작업이었다. 코딩을 통해 각각의 사례 내에서 혹은 사례 사이에 반복적으로 나타나는 것이 무엇인지 구체화했고, 이처럼 작은 단위에서 나타나는 배치의 집단적 성격, 즉 함께 나타나고 함께 존재하는 특성을 찾아냈다. 코딩된 것은 반복이 있었다는 의미였고, 반복적으로 수행하는 작업이었다. 하지만 그 반복을 통해 새로운 통찰과 새로운 코드를 만들어내는 차이가 드러나기도 했다.[231]

각각의 실재가 얼마나 독자적인지와 다른 곳에서 만들어진 코드에 하나의 실재를 환원시키는 일은 결국 불가능할 수밖에 없다는 사실(혹은 다르게 환원될 수밖에 없다는 사실)을 깨달았다. 연구 자료를 코딩하면서 정서와 관련한 부분도 고려했는데, 이는 나를 또 다른 잠재태the virtual로 이끌었다.[232] 그것은 "빛나는 데이터"라고 부르는 강렬한 지점이자 사건, 주체화의 순간이었다.[233]

내가 채택한 연구 방법은 과정을 중시하는 데이터 중심의 접근 방식이지만, 이는 연구자인 나 자신이 데이터 자체와 함께 변화의 과정을 겪는 '동시적 움직임'의 과정이기도 했다. 이는 '나'도 데이터도, 또 '내가 하는 생각들'도 전과 같을 수 없는 '되기'의 경험이다. 데이터를 코딩하려고 할 때 이에 저항하는 움직임이 나타났다. 데이터가 내가 미리 정해 놓은 생각에 그저 따라가지 않겠다고 말하고 있었다. 의미로 가득 찬 실재의 복잡성 때문에, 실재에서 나타나는 다름과 차이를 담아내기 위해 직관에 의존하는 것도 연구 방법의 일부였다.[234] 이런 연구 방법은 정신분석학 연구에서 흔히 나타나는 자유 연상과도 관련이 있으며,[235] 이는 우연이 아니다. 이러한 연구에서 무의식은 조건에 따라 나타나며 이질적인 것들로 구성되어 있고 늘 생성되는 집단적 과정이기 때문이다. 나 자신의 위치성positionality을 지워버리고 객관적인 관찰자가 될 수 있다는 환상을 거부하고, 그 고유의 위치성을 방법론에 적극적으로 끌어들여 내가 느끼는 정동을 텍스트로 진입하는 지점으로 설명하도록 스스로 요구했다. 이렇게 나 자신을 탈영토화하고 나 자신의 위치성에 대해 성찰함으로써 나의 주체성이 분석의 중심이 되는 것을 피할 수 있었다.[236]

마지막으로, 글쓰기에 대해 이야기하겠다. 후기 표상주의 감수성에 비추어볼 때, 글쓰기는 단순히 연구 발견의 기록이 아니라 분석에서 핵심이 되는 부분이다. 실로 무엇을 어떻게 글로 나타내야 할지를 결정해야 한다는 사실 때문에 연구 자료를 보는 나의 관점에도 많은 변화가 있었다. 글쓰기를 글의 '외부'에 존재하는 세상과 연결하는 것은 큰 과제였다. 즉 세상을 이원론으로 나누어 표현하는 논리에 빠지지 않고, 또 반대로 지식과 실재를 동일시하는 함정에 빠지지도 않고, 실재를 되기에 열려 있는 상태로 생각해야 했다. 문자는 필연적으로 실재의 기의적이고 동시다발적인 요소를 단어의 순차적 나열로 표현하게 한다. 경험의 미묘하고 잘 드러나지 않는 부분을 언어로 식민화하지 않으려는 노력은 다양한 매체를 병치해 표상하려는 시도를 통해 잘 나타난다. 이를테면 문자와 이미지는 각기 다르지만 매체로서의 구체성 관점에서는 동등한 위치를 점한다. 이미지는 좀 더 즉각적이며 덜 기표적인 방식으로 영향을 주고, 문자는 좀 더 사고의 과정을 묘사하며 드러내는 역할을 한다. 따라서 문자와 이미지의 효과는 때로 모순되기도 한다. 이미지에 '설명적인' 캡션을 삽입하는 것을 피했는데, 이는 이미지의 시각성이 언어가 가진 의미적 제한에 의해 먼저 영토화되는 것을 막기 위해서였다.[237] 또 파편화되고 암시적인 방식의 글쓰기 스타일을 통해 장면의 우연성과 장면에서 드러나는 순간적 정서나 감각적 특성 등을 전달하려 했다. 이러한 열린 구조의 글은 미리 정해져 있고 설명적인 닫힌 개념을 통해서가 아니라 글쓰기를 통해 드러나는 강력한 밀도를 통해 독자에게 영향을 미친다.[238]

이런 글쓰기에서 두 가지 위험을 발견할 수 있다. 첫째, 이런 글쓰기

스타일이 논의의 부분성을 잘 드러내기는 하지만 암시적 방식의 글에서조차 매우 구체적인 해석과 정서가 선택되는 것은 피할 수 없기 때문에, 오히려 그러한 비중립성이 잘 드러나지 않을 위험이 있다. 둘째, 강렬함을 찾는 과정에서 글이 내부로만 향하다가 독자의 관점에서는 이해하기 어려운 글이 될 위험이 있다. 또 다른 이면의 위험이 있을 수 있는데, 정동성affectivity과 물질성materiality, 체화embodiment를 강조했지만 그럼에도 글쓰기가 여전히 지나치게 이론적이거나 전문용어에 치우쳐서 독자와 공명하는 강도를 불러일으키기 어려울 수 있다.[239] 이러한 문제로 인해 글쓰기가 외부와 연결되지 못하고, 결국 비판적이고 해방적인 글의 목적이 좌절될 수도 있다. 따라서 나는 가능한 이런 문제를 피하고자 했다. 내 노력이 표상을 넘어 일상을 비판적으로 그려내는 데 얼마나 성공했는지에 대한 평가는 결국 독자의 몫이 될 것이다.

1장. 일상과 사회-생태적 재생산

2장.

삶의 자본주의적 조직화

: 소비를 조장하는 유급 노동의 소외된 리듬

노동

　먼저 노동이라는 주제로 연구 데이터를 자세히 들여다보겠다. 노동은 자본주의 사회의 사회-생태적 대사 및 일상에서 나타나는 패턴을 이해하기 위한 핵심 개념이다. 우리는 노동을 이야기할 때 보통 집 밖혹은 직장에서 행해지는 유급 생산 노동을 생각한다. 이런 노동은 '엔트로피적'이며 환경에 해롭다고 인식되는데, 자본주의의 축적 논리에 따라 자원을 착취하고 쓰레기를 만들며 지구와 도구적·착취적 관계를 맺기 때문이다.[1] 마르크스주의-페미니즘은 생산 노동만을 유일하게 가치 있는 것으로 여기며 우선적 지위를 부여하는 기조를 강력히 비판해왔다. 그러면서 주로 여성이 가정 내에서 수행하는 재생산 노동, 즉 타인과 지구를 돌보고 나아가 시스템 전체의 재생산을 담당하는 노동의

중요성을 강조했다.[2]

에코페미니즘 연구는 재생산 노동의 치유적이고 회복적인 성격과 생명을 유지하는 특성을 강조하면서, 그 중심에 있는 생태학적 논리에 주목했다.[3] 이 관점에서 일상은 사회-**생태적** 재생산의 영역인데, 주로 여성인 주체는 일상에서 자신의 역동적인 행위로 타인뿐 아니라 주변 환경을 돌본다.[4] 음식을 직접 만들고, 에너지를 자체 생산하고, 공동체를 기반으로 숲을 이용하는 일 등은 그 대표적 예다. 이런 노동에서 나타나는 체화되고 구체적인 물질적 교환을 통해 존재의 상호의존성, 연결성, 취약성에 관한 이해가 깊어지고, 이는 경제적 가치를 착취하는 대신 생명 유지를 우선시하는 논리로 이어진다. 에코페미니즘 관점에서 볼 때, 여성 노동에 대한 저평가 및 착취는 (동물을 포함한) 비인간 존재인 자연에 대한 착취와도 연결된다. 남성을 여성 위에 놓는 위계적 이원론의 논리가 인간이 자연을 착취하는 논리와 동일하기 때문이다.[5] 실로 여성/자연은 생명의 물질적·시체적·정동적 측면과 동일시되는 반면, 남성에게는 '더 높은' 인지적·비신체적 기능이 부여된다. 이런 틀에서 생산적 노동은 남성의 창의적이고 능숙한 활동으로 여겨지고, 반면 재생산 노동은 존재의 낮고 물질적인 차원으로 여겨져 여성에게 귀속된다. 그러나 생계를 유지하는 재생산 노동을 '표준' 경제에서 분리된 것으로 여기는 시각은 잘못됐다. 재생산 노동은 자본주의가 구축한 노동관계의 변방에서 수행되지만, 그 중심과 분리된 것이라고 볼 수는 없다. 재생산 노동과 유급 노동은 종종 함께 발생하며, 이런 이유로 재생산 노동이 "메타-산업 노동"이라 불리기도 한다. 유급 노동의 논리를 따르는 것은 아니지만 시스템 전반의 재생산을 지원하기 때문이다.[6]

　　　　　　　　　　　　　　　　　　　　2장. 삶의 자본주의적 조직화

여성과 자연의 종속에 대한 자유주의의 일반적 대응은 시장과 생산 경제, 즉 더 가치 있고 우위에 있다고 여겨지는 존재 영역으로 여성과 자연을 끌어들이는 것이었다. 여성의 유급 노동 시장 진입이 여성해방의 전제로 여겨졌고, 자연을 경제 가치로 환산해 시장 안에서 그 가격을 매기는 것(예: 착취로 인한 '외부 영향'을 돈으로 계산해 지불하고, 자연을 생태계 서비스로 축소하는 것)이 자연 기능 보전의 핵심이 되었다. 그러나 이러한 대응은 오히려 존재를 착취적이고 지속 불가능한 경제 체제의 해롭고 파괴적인 논리에 더 깊이 종속시키는 결과를 초래했다.[7] 이와 반대로, 사회-생태적 재생산을 정치의 영역으로 끌어들이면 변혁과 해방의 길이 열릴 수 있다. 재생산 노동에 대한 새로운 논리는 지구를 파괴적으로 착취하는 자본주의의 논리, 즉 세상을 추상적이고 교환 가치가 매겨진 거래 가능한 무언가로 축소하려는 논리에 맞서는 급진적 대안이 된다. 일상의 감각적이고 돌봄-지향적인 특성으로 자본주의의 논리에 맞서며 모든 경험과 존재, 사물, 그리고 인간이 아닌 다른 존재 및 자연과의 연결성을 회복할 수 있다. 상품 가치나 교환 가치 대신 사용 가치를 중심에 두는 부의 논리는 점차 심화하는 성장 중심 논리에 대응할 핵심적인 사고다.[8]

일상은 **가장 근본적인** 재생산의 영역이지만, 일상의 조직은 유급 생산 노동의 구조 및 가치 체계에 따라, 그리고 좋은 삶이란 무엇이며 어떻게 달성할 수 있는 것인지에 관한 사회적 기대에 따라 바뀐다. 게다가 마리아 미에스Maria Mies가[9] 관찰한 바와 같이, 자본주의 경제에서는 재생산 노동 자체가 자본주의에서 생산된 상품과 서비스에 의존하기 때문에 생태적 전환이나 변환의 관점에서 살펴봐야 할 여러 가지 긴장과 모순이 나타난다. 내가 관찰한 바로는 사실상 존재 영역 전반이 가정 안팎에서 노동이 어떻게 조직되는지의 문제, 그리고 그로 인해 돈과 상품이 어떻게 연결되며 시공간이 어떻게 이해되는지의 문제와 긴밀히 연결되어 있다. 그럼에도 탈식민주의 에코페미니즘 정치생태학 연구와 일상 환경주의 연구에서 나타난 것처럼, 일상에서 행해지는 실험은 생산/재생산이라는 이원론에 의문을 제기할 잠재력을 가졌으며, '노동을' 영토와 신체, 구체적 요구라는 물질성에서 배태되고 그에 응답하는 생산/재생산의 과정으로 다시 생각할 수 있게끔 해준다. 이 책의 현장 연구는 생산 노동 현장의 외부에서 수행되었다. 따라서 생산 노동 과정에 대한 분석은 이 책의 범위를 벗어난다. 그럼에도 생산 노동의 시공간은 일상의 행위와 리듬에 큰 영향을 미쳤으며, 일상의 행위와 리듬은 다시 경제 위기라는 경험으로부터 큰 영향을 받았다.

여기서는 위기의 시대에 '노동'이 재해석되고 재수행되는 방식과 관련한 두 가지 측면을 집중적으로 다룬다. 이 두 측면은 일상의 지속가능성에 영향을 미치는 변화다. 첫째, 실업의 경험으로 인해 생산 노동의 핵심적인 역할과 생산 노동으로 나타나는 현상 및 행위에 의문이 제기된다. 예를 들면 월급으로 물건을 사면 즐거움과 좋은 삶을 얻을 수 있다는 생각에 의문이 생기는 것이다. 둘째, 위기 시대에는 생산 활동과 재생산 활동 사이의 경계가 모호해지고, 보다 생태적이며 생명 중심적인 일상의 배치가 나타난다.

오누르비오Onurubio의 실직 경험은 위기의 맥락에서 노동과 관련해 나타나는 영토화-탈영토화의 변화를 보여준다. 오누르비오는 스키 부

　　　　　　　　　　　　　　　　　　　　2장. 삶의 자본주의적 조직화

츠 디자이너였는데, 그의 직장 경험은 북동부 지역의 역사적 발전과 함께 변화해 왔다. 오누르비오는 젊었을 때 가족 소유의 중소기업에서 일을 시작했다. 첫 직장은 기술 수준이 그리 높은 곳이 아니었다. 그 후 같은 지역에서 규모가 더 큰 프랑스 브랜드가 해당 산업을 흡수하면서 그곳에서 일하게 됐다. 이후 새로운 기회를 찾아 작은 규모의 회사로 옮겨갔다. 그러나 이 회사는 스키 장비 소비가 급격히 위축되었을 때 시장 변화에 대처하지 못했다. 2008년에 닥친 경제 위기와 스키 장비 임대의 증가, 그리고 오누르비오가 '눈 위기'라 부른 문제에 제대로 대응하지 못한 것이다. 오누르비오는 경제 침체와 기후변화가 함께 들이닥쳤을 때 해고됐다. 오누르비오가 자신의 실직 경험에 대해 이야기하는 것을 보면 그의 삶 전반에서 노동이 얼마나 핵심적인 역할을 했는지, 그리고 실직이라는 새로운 상황이 오누르비오에게 얼마나 큰 불안을 안겨줬는지 알 수 있다. "충격이었죠. 처음에는 '젠장, 이제 더 이상 일이 없으니 이제 뭘 어떻게 해야 하는 거지…'라고 저 자신에게 말했고 좀 불안했어요. 새로운 일을 찾아보기도 했지만… **길을 잃었죠.**" 안정된 중산층 남성으로 살아온 오누르비오에게 실직은 지금껏 잘 맞추며 살아왔던 성공이나 바람직함에 관한 사회적 기준을 더는 맞출 수 없다는 것을 뜻했다. 그토록 오래 일을 한 후에도 일상에서 습관적으로 하는 일들에 관해서는 완전히 길을 잃었고, 무엇을 해야 할지 알 수 없어 거의 두려움을 느꼈다.

그러나 오누르비오 자신이 인지하듯 "시간이 지나자 조금 더 **이성적으로** 생각하기 시작했고, 돌아보게" 되었다. 그는 탱고 수업에서 돈을 조금 받는 일을 했고, 주식 투자, 스키, 골프 등 다양한 비공식적 활동을 통해 자신의 삶을 재구성하려고 노력했다. 이 활동 중 일부는 수입을 얻기 위한 목적으로, 다른 활동은 그저 즐기기 위한 목적으로 했다. 그리고 그는 이런 활동이 자기가 가장 좋아하는 일이라는 것을 깨달았다. 오누르비오는 유급 노동으로 인해 그동안 빼앗겼던 시간과 즐거움을 다시 찾게 되어서 "정말이지 좋았어요, 너무 좋았죠!"라고 강조해 말했다.

> 우리 주변의 아름다움, 그러니까 비토리오 베네토 주변 자연을 어쨌든 즐길 수 있다는 사실 말이죠… 아시다시피, 우리는 낙원에 살고 있잖습니까! 겨울이면 스키를 타러 가고, 여름에는 산에 가죠… 아니면 그저 바닷가를 걸을 수도 있고요… 지난 35년 동안 이런 일을 할 수 없었어요. 그런데 지금은 하고 있고… **정말로 즐기는 중이에요.** 젠장! 월요일 아침 8시부터 금요일 오후 5시까지 **35년을** 일했고… 그때는 할 수 없는 일이었어요. 그러니… 어떻게 즐기지 않을 수 있겠어요?!

오누르비오는 사무실에서 일하며 자연과는 거의 단절된 생활을 했고, 이 때문에 실업의 경험은 그에게 자신의 영토와 다시 연결할 기회이자 이전보다 더 많은 것을 인식할 수 있는 기회가 되었다. 그에게 높은 급여란 별다른 생각 없이 그저 사회적으로 좋은 삶의 일부로 여겨지는 에너지-집약적 삶의 배치에 접근할 능력을 뜻했다. 이국적인 먼 나라로 여행을 떠나거나 돈이 있어야 할 수 있는 비싼 스포츠 활동이나 취미 생활을 즐기는 일, 돈과 자원을 소비해야 할 수 있는 일들. 그런 것들이 없어도 **그저** 즐거울 수 있다는 사실은 놀라움에 가까웠다. 오

2장. 삶의 자본주의적 조직화

누르비오는 즐거움을 얻는 데 노동이 제공하는 돈이 꼭 필요한 것은 아니며, 자기가 익숙한 생산과 소비의 쳇바퀴 밖에서도 즐거움을 발견할 수 있다는 사실을 깨달았다. 그의 몸, 존재 자체가 반란을 경험했다. 사무실에 앉아 있을 때 주변 자연의 순수한 아름다움을 얼마나 놓쳤는지, 그 모든 것을 얼마나 즐길 수 있었는지!

실업은 이처럼 인생의 우선순위를 다시 생각하고 실행할 기회를 열어주었다. 일상의 시공간을 다르게 표현할 방법을 찾아내며 오누르비오는 실업이 삶에서 가치 있는 경험이라 생각하게 되었고, 생산적 노동을 가치의 유일한 원천으로 보는 삶의 우선순위를 의심하게 되었다. 자연에서 시간을 보내거나 환경을 돌보는 일처럼 상품화되지 않는 다양한 형태의 풍요로움을 가치 있게 여기게 되었다. 노동이 본성을 거스르고 삶을 부정하게 만드는 새장처럼 보였다. 오누르비오는 스스로를 항상 새로운 것을 찾아다니는 "호기심 많고" 역동적인 사람으로 그리면서 "바람, 공기, 이런 것들이 저와 맞는 것 같아요. 불행히도 사무실에 있을 때의 공기는 말이죠… 글쎄, 아시잖아요!"라고 말했다. 그건 에어컨이 **만들어낸** 바람에 불과했다. 하지만 유급 노동은 "사회생활을 하고, 휴가를 보내고, 다양한 활동을 하고, 움직이는 등 외부 활동에 필요한 비용을 지불하기 위해서는" 당연히 필요한 것으로 여겨졌다. 그런데 이제 그런 생각에 의심의 여지가 생겼고, 노동이 시간과 삶을 낭비하는 행위는 아니었는지 의문이 든 것이다. 이전의 삶의 방식과 비교할 때 생활 수준은 낮아졌지만, 다른 풍성한 삶의 경험과 함께 세상과 상업화되지 않은 관계를 맺을 심오한 기회가 나타났다. 이런 의미에서 오누르비오의 여정은 위기가 개방적이면서도 창조적인 순간이 될 수 있다는 점을 보여주며, 이는 신유물론적 관점에서 해석될 수 있다. 즉 유급 노동의 관계를 떠나자 물질의 흐름이 바뀌었고 반소비적인 습관을 갖게 되었으며, 자기 몸과 주변 자연 그리고 다른 존재들과 생태적으로 조화로운 관계가 나타났다.

그러나 비판적 유물론의 관점을 적용하면 보다 모호한 요소들이 보이고, 실업 충격에 대한 오누르비오의 '회복탄력성'을 좀 더 비판적으로 평가할 수 있다. 그가 새로운 삶에 창조적으로 대응하고 잘 적응한 것은 많은 특권을 누리고 있었기 때문이다(결국 오누르비오는 부유한 백인 남성 주체다). 하지만 내가 관찰한 바에 따르면, 오누르비오는 미래의 불확실성 때문에 말 그대로 무력해진 것 같았다. 실업의 경험과 그에 따른 즐거움에 관한 이야기를 할 때 오누르비오는 진담 반 농담 반으로 자살의 가능성을 종종 언급했다. 실업 상태에서 누리는 즐거움에 관해 이야기하다가도 "일단은 즐겨야죠. 그리고 나서… 뭐, 언제든 자살할 수도 있으니까요!"라고 덧붙였다. 처음에 나는 이 이야기를 가볍게 농담으로 받아들였다. 그가 가진 중산층에 걸맞은 집, 아내가 꽤 좋은 수입을 안정적으로 벌고 있다는 사실, 그리고 종종 떠나는 여행이나 그가 돈이 많이 드는 스포츠에 열정을 보인다는 점 등을 미루어볼 때, 오누르비오의 삶이 전반적으로 진짜 위기와는 너무 거리가 있는 것처럼 보였던 것이다. 그러나 자살이라는 시나리오를 반복해서 과도하게 언급하는 것을 보면서 나는 오누르비오가 항상 깊은 상실감과 불안에 시달려왔음을, 결국 그가 강한 애착을 보이는 풍요로운 생활을 더 이상 유지할 수 없을지도 모른다는 극단적 두려움으로 늘 돌아오고 있음을 알 수 있었다. 안정된 수입이 사라지자 모든 영토화된 배치들(물건, 삶의 기준, 자동차, 은행 계좌, 도로, 젠트리피케이션을 경험한 역사적인 동네, 값비싼 보석, 유행하는 옷, 사회적 인정과 이동성, 그리고 이국적인 장소로의 여행 등)이 순식간에 무너져 내린 것 같았다. 이는 욕망을 구성하는 것들을 잃어버리며 나타난 불안감이었다. 잃어버린 욕망… 실직의 경험은 반복됐던 일상의 중단으로 나타났고, 그의 일상을 구성하던 소외된 노동과 소비의 무한 반복에 내재한 좌절감은 뚜렷하게 모습을 드러냈다. 하지만 오누르비오의 주체성은 여전히 생산 노동과 돈이 좋은 삶을 위한 핵심적인 수단이라는 의미와 행위 구조에 깊이 뿌리를 내리고 있었다.[10] 이처럼 오누르비오의 이야기는 위기를 기회로 보는 서사에 존재하는 어떤 아포리아를 잘 보여준다. 위기 상황에서 다시 자아를 찾는 능력은 그러한 실험을 할 안전망을 가진 중산층 백인 남성이 가진 특권인 듯하다. 이는 또 생존, 노동, 의미, 가치(들)에 대해 더 거시적이며 집단적인 차원의 새로운 의미 부여 없이는, 위기의 상황에서 나타나는 변화가 불안하고 불확실한 경험으로 끝날 수 있다는 사실을 시사한다.

연구 참가자들은 위기 속에 나타나는 삶의 변화를 각기 다른 방식으로 경험하고 있었다. 이러한 삶의 변화는 그들이 의도하거나 적극적으로 추구한 것은 아닐지라도, 주체인 그들에게 '반현실화'counter-actualized [들뢰즈와 네그리의 용어로 반현행화(contreffectuation)]되며 나타났다. 이 것은 호수 옆 작은 돌집들로 구성된 라고라는 시골 마을에서 아내와 아들과 함께 사는 중년 남성 호미카Homica에게 일어난 일이다. 호미카는 지금의 경제 위기에는 별다른 영향을 받지 않았지만, 과거 경제 위기 때 가족 사업이 실패하면서 가족 모두가 큰 영향을 받았다. 호미카의 가족은 수세대에 걸쳐 밀가루 제조업을 탄탄하게 일궈왔지만, '규모의 경제', 지역 내 자급 농업의 감소, 저렴한 식품의 출현, 곡물 대신 육류를 중심으로 하는 식단의 유행, (비용 절감을 위해 사람, 땅, 동물을 착취하는) 다국적 기업의 등장, 독점, 자영업 축소 등의 이유로 조부 때 사업을 접었다. "우리 집 일은 규모에서 경쟁이 안 됐어요. 작은 밀가루 공장이었으니… 알잖습니까. 늘 하는 이야기죠. 자본은 규모가 큰 곳에 집중되는 거고, 결국 돈이 돈을 벌죠." 호미카의 아버지는 작은 양계장으로 재기하려 했고, 당시에는 성공을 예상했다. 육류 시장은 커졌고, 기업가 정신, 고지식함, 성실함이라는 윤리의식, 그리고 그 지역의 특성이기도 했던 절약 정신에 힘입어 아버지의 사업은 제대로 시작되는 듯했다. 그렇게 시작된 사업은 초기에는 잘 성장했지만 가격 경쟁력이 있는 네덜란드산 달걀과 기타 수입 식품이 지역을 침투하자 하락세를 맞았다. 때는 1984-1985년이었다. 세계화가 급격히 진행되었고, 지역은 그 속도를 따라잡지 못했다. 결국 똑같은 상황이 반복되었다. "생각해 보세요. 우리 아버지는 그저 절약하고, 일하고, 가족을 위해 이런저런 일을 하는 사람이었지만… 결국 무너졌어요." 아버지의 실패는 사회경제적인 현상이었지만 또한 개인적이고 가족적인 상황이기도 했다. 호미카는 망설이듯 말했다. 그때 아버지가 "돌아가셨고, 좋게 가시지는 못했어요. 스스로 목숨을 거두셨으니까요. 긴 이야기죠."●

이런 맥락에서 호미카는 열심히 일하는 삶, 기업가 정신에 따라 정서를 희생하는 일, 풍족과 축적의 신화를 그리는 삶의 방식과 이상 등

●　　2008년 금융 위기 때도 이 지역에서 파산한 몇몇 기업가들이 스스로 목숨을 끊었다는 뉴스가 들렸다. 역사의 반복이었다.

으로부터 점점 스스로를 멀리했다. 이러한 삶에 부합하며 그가 속한 영토에서 사회적으로 구성된 "안정되고 아늑한 가족"*famiglietta* 이라는 이 상향은 그에게 "내가 있어야 할 곳"이면서 동시에 있고 싶지 않은 곳의 집합이었다.

　　자라나는 아이들과 함께 발전해 나가는 가족의 이러저런 모습들… 여기 '내가 있어야 할 곳' 안에 분명히 그런 것들이 조금씩, 조금씩 있죠. 집, 차, 주방, 또 오래된 찬장*la cardenza*•을 내다 버리고 거실을 꾸미는 일 말이에요…! [내가 웃었다.] 내 말은, 이 모든 것이 있죠!

호미카의 가족은 발전, 현대화, 그리고 가난으로부터 탈출을 의미하는 경제 성장을 몸소 보여준다. 그 경제 성장의 "제국적 생활 방식"은[11] 충족될 수 없는 소비를 특징으로 하며, 이는 일상의 경험으로부터 완전히 멀어진 노동 형태에 의해 가능해진다. 예를 들면, 호미카의 아버지는 일 때문에 거의 늘 집을 비웠고, 호미카는 이러한 삶을 선택하기를 거부했다.

　　다 미친 짓이었죠. 그런 미친 짓을 제가 하고 싶지는 않았어요. 그

• 　이탈리아어의 지역 방언으로 찬장을 '라 카르덴자'(la cardenza)라고 하는데, 호미카가 이 표현을 쓴 것에 중요한 의미가 있다. 라 카르덴자는 그저 주방 가구 하나를 뜻하는 게 아니라 농촌의 문화를 응축하는 표현으로, 이탈리아 북동부의 경제적 발전에 따라 버려진 것을 상징한다. 즉 이는 절제된 생계 중심의 문화에서 항상 새로운 것을 찾는(Agamben 2018 참조) 소비주의와 산업 중심 문화로의 전환이며, 산업 발전의 풍요로움을 향해 달려가고 있는 농촌의 가족이 가난의 뿌리에서 벗어나고 있음을 나타내는 상징이다.

건… 저에게 어떤 의미가 있는 거라고 느꼈어요… 신의 뜻이랄까. 어떤 면에서는 이 경험 때문에 분명 저에게서 다른 면이 발전하기도 했죠. 하지만 엄청난 자유의 느낌과 함께… 그러니까… 제 말은요! 공허함이 있었어요. 사실… 그랬죠. 그때 제가 열여덟 살이었으니, 나이는 저의 편이었을 때잖아요. 그렇죠? 원한다면 모든 걸 뒤집을 수도 있을 나이니까요. 하지만, 이런 경험에서부터… 그러니까, 이런 경험 때문에 아무것도 없는 상태라는 것도 뭔가를 새롭게 만들고, 실험하고, 또… 그러니까… 새로운 걸 만들고 시도할 완전한 깔끔함, 그런 깔끔한 상황에 놓인달까. 아무도 이래라저래라 하지 않고, 이봐, 그러면 안 되지 하는… 어… 어… 그러… 니까 수많은 규칙도 없고 말이죠.

시장이 붕괴되면서 영토화된 삶의 방식 전체가 무너졌다. 사람들은 위기로 인해 근본적인 불안감과 무의미함을 느끼기 시작했고, 그뿐만 아니라 부, 성장, 축적에 관한 강박관념이 극도로 위험하다고 생각하게 되었다. 호미카 자신이 인식하듯이, 그 역시 위기 상황에서 실험할 수 있는 특권적 위치에 있었다. 호미카는 젊었고, 세상은 그에게 닫혀 있지 않았으니까. 하지만 오누르비오를 기존의 배치에 묶어두었던 특권과는 다르게 호미카의 경우 이 특권은 궁핍의 '자유'와 연결된 것이었다.

또 오누르비오와는 달리 호미카는 반-서사counter-narratives를 접하게 되었고, 이에 따라 기업가 정신으로 살았던 자기 가족의 경험에서 벗어나 다른 삶의 방식을 추구하는 데 구체적인 도움을 받게 된다. 물론 여기에도 모순이 없었던 것은 아니다. 그가 청소년기에 어려움을 겪으며 갖게 된 '공허'를 넘어 자기 존재를 새롭게 상상해 내기까지, 특히 비

96

판생태학 문헌이 호미카에게 대안적인 영토와 서사를 제공했다. 게오르게스쿠-뢰겐N. Georgescu-Roegen, 리프킨G. Rifkin, 팔란테C. Pallante, 일리치I. Illich, 라트슈S. Latouche, 북친M. Bookchin, "그리고 그들 사이 수많은 학자"의 저서를 읽었다. 이러한 읽기는 호미카가 에너지나 자연과 맺고 있는 관계를 완전히 바꾸어놓았다. 이 저자들과 만나며 호미카는 자신에게 구축된 에너지 집약적인 배치에 도전하게 되었고, 자신의 탈주선을 기존의 것과 다르지만 여전히 목적이 있는 삶의 방식으로 바꾸는 작업을 구체화하고 실현할 수 있었다. 그것은 엔트로피와 파괴가 덜한, 에너지를 덜 쓰는 삶의 방식이었고, 단순한 것에서 즐거움을 느끼며 전통적이면서 피해가 적은 방식knowhow을 실천하고, 창조적으로 물질을 재사용하고 재활용하는 삶이었다.[12] 이런 맥락에서 노동은 일상과 생태와 가족이 욕망하는 필요 속으로 재배태되었다. 가장 중요한 것은, 호미카가 소비를 조장하는 유급 노동의 소외된 리듬에 의문을 제기하게 되었다는 점이다. 호미카는 보통 구매해야 했던 것들을 스스로 만들기 위해 시간을 확보했다. 이는 다시 긍정적인 생태적 결과로 이어졌다. 예를 들어, 그가 참여하는 업사이클링과 리사이클링 작업은 자본주의 체제의 "낭비적 관계"에[13] 도전하는 것이었다.

호미카가 일상에서 노동을 어떻게 재정립했는지를 특히 잘 보여주는 사례는 그가 집을 수리한 일이다. 호미카는 좀 더 자연에 가깝고 저에너지 방식으로 집을 고치고 싶었지만 모든 작업을 혼자 할 수는 없었다. 지역의 자연 주택 전문가에게 상담했지만 목수에게 줄 돈을 벌기 위해 다시 일을 하는 것은 좀 무의미하다고 생각했다. 그래서 호미카는 일자리를 구하는 대신 직접 목수가 되기로 결심했고, 그렇게 새로운 기술을 배웠다. 그 과정에서 자기 삶의 이상에 맞도록 작업 과정을 통제하고 조정해 냈다. 이를테면 오래된 와인통을 재활용해 바닥재를 만들거나 오래된 가구를 직접 복원했다. 그런 식으로 호미카는 노동을 생산적이거나 재생산적인 것으로 나누고 항상 상품화될 수 있는 것으로 여기며 소외와 낭비를 가져오는 자본주의의 이원론적 노동 개념에 도전했고, 지속가능성과 낭비의 최소화에 중점을 둔 생태적 논리를 실천했다. 내가 호미카를 만났을 당시, 그는 일을 하고 있지 않았고, 호미카의 아내는 정부 관련 직장에 고용되어 있었다. 호미카는 아이를 돌보고 채소밭을 가꾸었고, 자전거를 업사이클링하거나 집에 필요한 가구를 만들고 호수에 가서 아이와 함께 낚시하기 위한 나무배를 만드는 등의 DIY^{Do-It-Yourself} 작업을 했다. 그는 일/여가, 생산/소비라는 이원론에 도전하면서 보통 돈을 주고 사는 물건을 직접 만들었다. 호미카는 "근사한 물건을 살 수는 없지만 어느 정도는 제가 만들어낼 수 있어요!"라고 말했다. 이는 회복력의 문제나 실직 상황에서 생존하기 위한 문제가 아니었다. 그는 일을 구했을 때조차 "이런 삶의 방식을 유지하기 위해서" "하루에 서너 시간 정도만" 일하곤 했다. 호미카는 적게 벌고 적게 쓰는 생활방식으로 후기 자본주의 사회의 지속 불가능한 생활 양식을 특징짓는 소외된 생산, 소비, 폐기의 사이클에서 자신의 일상 생태계를 부분적으로나마 해방시키려 했다.

호미카의 선택은 희생이나 상실의 느낌을 불러오기보다는 오히려 돈으로 살 수 없는 어떤 특별한 풍족함을 느끼게 하는 것이었다. 삶의 본질적인 물질세계에 가까이 다가간 듯한 온전한 느낌, 무언가를 숙련되게 만들어내는 데에서 오는 몰입감, 고치고 다시 만들고 비엔트로피

2장. 삶의 자본주의적 조직화

적으로 생산해 내는 작업의 즐거움 등을 느꼈다. 정동 화용론ª pragmatics of affects 을[14] 기반으로 호미카의 전기적 궤적을 읽을 때 이러한 해석은 더욱 명확해진다. 이 관점에서 생명은 반복되는 만남의 연속이다. '좋은' 만남이란 두 몸이 잘 결합하고 더 나은 집합체를 만들 때 나타나는데, 이 두 몸은 함께 생명의 힘을 증가시키고 '기쁨'이라는 정서를 만들어낸다. 하지만 만약 하나의 몸이 자신과 잘 맞지 않는 몸과 조우하면, 그 만남을 이루는 관계는 파열되거나 심지어 해체된다. 따라서 '나쁜' 만남은 생명의 힘을 앗아가며 '슬픔'의 정서로 경험된다. 나쁜 만남은 분리와 무지를 낳는다. 호미카에게 위기, 생활의 재조정, 실직이라는 경험은 그를 특정 소비의 대상으로부터 분리하는 자기 제한적 특징을 띠는 것처럼 보이지만, 실제로는 그의 생명을 지탱하는 세계, 물질, 에너지, 힘으로 그를 더 가깝게 이끌었다. 호미카는 개인적이고 체화된 지식을 창의적인 방식으로 활용하면서 이처럼 의미 있는 관계를 잘 만들어나갔다.

이는 오누르비오의 경험에서도 일부 드러났지만, 오누르비오의 경우 동시에 강렬한 불안감을 느꼈다. 호미카의 삶의 배치에도 어려운 점은 있었고, 그 어려움은 주로 그가 느끼는 외로움, 즉 자기 삶이 사회적 기대나 '정상'이라고 여겨지는 범주에 더 이상 들어맞지 않는다고 느끼는 데서 오는 외로움에서 비롯되었다. 또 기업가적 삶이라는 사회적 이상을 내버리지 못하는 데에서 오는 좌절감도 있었다. 에너지 절약 프로젝트를 하거나 자전거를 아주 수준급으로 제작할 때(자전거는 호미카가 큰 열정을 보이는 대상 중 하나였다) 호미카가 농담처럼 이야기했듯이, 이런 작업이 실용적인 일이 되어야 한다는 긴장감이 늘 존재했다. "이런 게 직업이어야 되는 건데요." 적절한 '사업'이 되어야 한다는 얘기였다. 그렇게 말하면서도 호미카는 동시에 그 생각을 거부하고 있었다. 그는 유급 노동 시장으로 나가거나 자기 프로젝트가 상품화되는 것을 원치 않았고, 창의적인 시도가 표준화되거나 반복 생산되는 일을 견딜 수 없어 했다. 그랬기 때문에 실망과 좌절을 계속 경험했다. 자신의 과거와 사회적 기대에 얽매여 있으면서도 동시에 거기에서 벗어나려 했기 때문에 허무주의적인 블랙홀로 빠져들어 간 것이다. 그가 느낀 좌절감에도 불구하고 호미카의 깊은 신념 그리고 그가 사물과 사람들, 특히 가족과 맺고 있는 정서적이고 단단한 관계적 특성으로 인해 그는 삶에 다시 의미를 부여할 수 있었고 완전히 무력해지지는 않았다.

그러나 호미카와 오누르비오의 경험은 둘 다 개인이 만들어가는 변화의 한계를 드러낸다. 둘의 경험은 매우 다르지만, 위기의 시대에 노동의 의미를 재정립하고 재실행하기 위해서는 공동체의 지원이 꼭 필요하다는 점을 강조하는 것은 같았다. 사회 안전망을 제공하는 급여 노동은 점차 쇠락하고 있었고 이러한 위기는 다른 위기와 교차하고 있었다. 공동체적 지원이 없는 상황에서 경험하는 노동 형태의 변화는 불안으로 가득 찬 순간이 된다. 즉 변혁의 가능성이 혼란스러운 정서 속에서 홀로 외로운 싸움을 하는 개인에게만 귀속되어 축소되는 것이다. 게다가 이 두 사례는 모두 백인 남성의 경험이고, 그렇기에 그들은 각기 다른 방식으로 위기의 순간에 어떤 '특권'을 누렸다.

또 다른 참가자 사라Sara의 사례도 위기의 경험이 어떤 주체에게는 훨씬 덜 '자유롭고' 덜 실험적인 경험일 수 있다는 사실을 확인해 준다.

2장. 삶의 자본주의적 조직화

중년 여성인 사라는 비토리오 베네토에서 9킬로미터 떨어진 작은 마을에서 사춘기 아들과 단둘이 살았다. 이 마을은 언덕 위에 있어 눈 아래로 평지의 아름다운 경관이 펼쳐지는 곳이다. 사라는 여기서 태어났지만 부모님이 돌아가신 후 부모님과 살던 집으로 다시 오기 전까지는 다른 곳에서 살았다. 그녀는 지금의 집을 별로 좋아하지 않는다. 그곳에 갇힌 것처럼 느껴졌고, 집이 너무 크고 유지 비용도 많이 들뿐더러 나쁜 추억이 많이 서린 곳이기 때문이다. 건축 스타일도 '내 집'처럼 느껴지지 않았다. 그러나 사라는 현재 실직 상태고 열네 살 아들을 부양해야 한다. 따라서 운명이 이끈 현재 상황을 그게 무엇이든 받아들여야만 했다. 예전 직장은 활기차고 만족스러운 곳이었지만, 아이가 어렸을 때는 재정적으로 큰 어려움을 겪었다. 아이 아빠는 아주 적은 돈만 주고 떠났고, 아이를 가까이서 돌보며 혼자 키우려 했던 사라는 어떤 일자리도 찾을 수 없었다. 그래서 그녀는 "나 자신과 내 건강에 투자하기로" 결정하고는 몸과 마음을 건강하게 만드는 일에 집중하면서 '전업 맘'으로서 모든 시간을 아이를 키우는 데 할애했다. 내가 사라를 만났을 때 그녀는 심각한 재정 불안을 겪고 있었고, 인근 도시에 있는 작은 회사의 임시직마저 잃은 상태였다. 그 직장에서 사라는 착취당했고 불안정한 신분이었지만 아무것도 없는 것보다는 나았다. 사라의 실직 경험의 슬픔은 에너지의 다른 변화, 즉 계절적이고 신체적인 변화 때문에 더 강하게 느껴졌다. 때는 12월이었다. 겨울, 추운 날씨, 햇볕은 별로 들지 않고 한 해가 마무리되는 시간, 그리고 힘들었던 일들이 다시 반복되는. 사라는 자신의 인생에서 가장 슬펐던 때를 생각하게 되었고, 갑자기 울음을 터뜨렸다. 그녀는 갱년기 여성이었고, 이에 따른 신체적이고 정신적인 변화를 크게 겪고 있었다. 사라의 아들은 성장했고 점점 독립적으로 변했다. 취약함과 상실을 경험하는 인생의 시기, 개인적인 전환의 시간이었다.

사라는 친환경 인식이 아주 높은 사람이고, 어렸을 때부터 그랬다. "배낭을 메고 자전거로 쇼핑을 갔고" 여러 면에서 소비를 지양하며 검소한 삶을 실천했다. 사라에게 위기의 경험은 물질과 에너지 소비를 더 큰 폭으로 줄이는 것을 의미했지만, 이는 '무소유'를 경험하는 즐거운 실험이 아니었다. 단지 더 큰 박탈감과 불안의 경험이었고, 자신과 아들을 부양하지 못하는 상황을 걱정했다. 새로운 문이 열리는 발견이 아닌, 문이 우울하게 닫히는 것 같은 경험이었다. 이런 불안정한 상황에서 위기가 지속 가능한 삶과 다시 연결되는 경험이 되거나 '노동'의 대안적 의미를 찾아가는 기회가 될 수는 없다. 불안정은 정반대로 사라가 새로운 것을 실험할 능력을 앗아갔다. 물론 사라의 실직 경험에는 지속 가능성과 연관된 측면도 있었다(예를 들면, 사라는 더 이상 여행을 가거나 새 옷을 사거나 영화를 보러 가거나 외식을 하지 못했다). 그러나 자원과 기회에 대한 차별적인 접근을 의미하는 환경적이고 사회적인 불공정의 상황에서 돈이 없다는 사실은 사라를 슬픔과 고독으로 내모는 강요되고 불공정한 희생과 자기 제한을 의미했다. 사회적 교류를 할 여유도 없었다. 사람들을 집으로 초대하거나 외출하는 데 필요한 돈도, 멀리 있는 친구를 만나러 가거나 자기 자신이나 아들을 위한 작은 것들을 살 돈도 없었다. 내가 현장 연구 노트에 기록한 바와 같이, 사라는 최근 많은 부분에서 의지를 잃었다. 그녀는 채소밭 가꾸기를 포기했고, 더 이상 걷지 않았으며, 명상은 계속하고 있지만 요가는 거의 그만두었고, 요리도

2장. 삶의 자본주의적 조직화

예전보다 덜 했다. 의욕이 점점 사라지고 있었다. 예전에는 나가서 밤나무에 있는 밤을 따왔지만, 이제는 사 온다. 이런 일들을 혼자 하는 게 지겨워졌기 때문이다.

우리가 함께 보낸 그날, 크게 무언가를 하지는 않았다. 마치 사라에게는 계획된 활동, 외부와의 접촉, 신선한 공기를 마시는 것에 대한 열망이 없는 것처럼 보였다. 그녀는 설거지를 하면서 나와 대화하고 유기농 칠리 차를 만들기 위해 물을 끓이며 오후에 있을 유도 수업을 기다렸다. 대부분의 시간은 비생산적이고 폐쇄적이었다. 그녀가 '욕망'하는 것을 포기하는 순간, 그녀는 동시에 자본주의 경제로부터 독립된, 정동적으로 강렬하고 자율적인 '분자 활동'을 생성하는 능력도 포기하게 되었다. 채소밭과 나무(직접 경험하고 거두는 일. 손과 발, 흙, 역능, 꽃, 곤충, 습도, 냄새, 다리, 팔, 그리고 버들 바구니)가 식료품점에서 식재료를 구매하는 것으로 대체되었다(산업, 화학제품, 트랙터, 대리인, 밴, 고속도로, 불빛, 냉장고, 세금, 돈, 자동차, 플라스틱). 역능의 감각을 잃게 되면서 시장에 대한 의존도가 깊어졌고, 더 이상 자기의 에너지를 자신을 위한 일에 쓰는 데에 관심을 보이지도 않았고, 그럴 능력도 없었다. 기쁨이 떠난 그 공간이 상품으로 채워졌다.

여가

내가 일상, 욕망, 그리고 자본주의의 사회-생태계 조직에서 노동과 여가의 관계에 주목하게 된 것은 다시 오누르비오와의 현장 연구를 통해서였다. 노동과 여가의 관계는 상품화와 자원의 착취를 가져오는 동시에 생산적 노동에 참여할 필요성을 정당화한다.[15] 때는 밤 11시를 조금 넘은 시간이었다. 네 시간 전에 오누르비오와 나는 비토리오 베네토에 있는 그의 집을 떠나 메스트레(베니스)에 가기 위해 약 60킬로미터를 40분간 달렸다. 먼저 주유소로 가서 기름을 넣고 고속도로에 진입한 후 도시 외곽을 지나 50년쯤 된 커다란 회색빛 단조로운 느낌의 건물 주차장에 도착했다. 차에서 내려 건물 입구로 가는 계단을 올랐다. 5월이었고 그곳에 도착했을 때 아직 어둡지는 않았다. 몇몇 사람들이 건물 외부에 있는 작은 테라스에서 음료를 마시며 대화를 나누고 있었다. 오누르비오와 나는 건물 안으로 들어가면서 확 트인 공간에 있는 다소 캐주얼하지만 세련된 레스토랑을 지나갔다. 나무 테이블, 품질 좋은 와인병이 진열된 선반, 식물 몇 개, 그리고 바 카운터가 있었다. 오누르비오는 "이곳은 당신이 좋아할 만한 대안적인 장소예요"라고 말했고, 이처럼 이 오스테리아 비오솔리달레osteria biosolidale 라는 레스토랑의 대안적 성격에 나를 연결하면서 자신을 그와 다른 (평범한) 사람으로 설정했다. 오누르비오와 나는 레스토랑이 있는 공간을 지나 큰 방으로 들어갔다. 네온등이 있는 아주 널찍한 공간이었는데, 개별적 특성이라고는 없는 거의 빈 곳이었다. 창문도 없었다. 앞의 공간과는 색조도 크게 달랐다. 자연스럽게 보이는 크림색과 나무색이 인공적인 회색, 흰색, 그리고 빨간색으로 바뀌었다. 오누르비오는 매주 이곳에 와서 지역의 탱고 강사가 수업하는 것을 돕는다. 수업은 오후 8시 30분에 시작해 약 한 시간 동안 진행된다. 그 후에는 이 공간이 사교적인 무도회장인 '밀롱가'milonga 로 변해 누구나 거기서 탱고를 연습할 수 있다. 오누르비오는 시간을 세심하고 정확하게 지키는 사람이었고, 그래서 우리는 조금 일찍 도착했다. 벽에 붙은 테이블 중 하나에 물건을 놓았다. 오누르비오는 음악 장비가 든 가죽 케이스를 들고 방의 반대편으로 갔다. 그는 아이팟을 스피커에 연결하고 모든 것이 제대로 작동하는지 확인했다.

오누르비오는 공식적으로 수업을 담당하는 강사를 돕는 역할이었지만 정작 수업을 이끄는 것은 그였다. 가르칠 안무를 선택하고 움직임을 설명하고 학생들의 동작이 틀리면 바로잡았다. "선생님은 오랫동안 이 수업을 가르쳤지만 지금은 조금 지쳐 있어요… 그래서 제가 수업에 생기를 불어넣으려 하고 있죠." 그는 이렇게 말했다. 이는 오누르비오가 탱고에 접근하는 방식이자 또 삶 그 자체에 접근하는 방식이기도 하다. 즐거워야 하는 것이다. 흰색 조명이 켜진 방에서 몇몇 사람들이 오누르비오의 주변에 원을 이루면서 그의 움직임을 눈으로 따르고 그의 목소리를 귀로 듣는다. 몸이 좋은 오누르비오는 중앙에 서서 자세를 곧게 세우고는 부드럽게 움직이며 자신감 있는 목소리로 말했다. (주체로서의) 자신을 즐기고 있는 것처럼 보였다. 미묘한 탐닉의 순간이었다. 여성 파트너가 부족했기 때문에 오누르비오한테 나도 춤을 출 수 있다는 말을 들은 강사가 내게 수업에 참여해 달라고 청했다. 그렇게 나는 한 시간 동안 그 수업의 학생이 되었는데, 춤을 추기에는 전혀 흥미롭지 않은 남자 파트너와 함께했다. 시간은 천천히 지나갔다. 나는 서툴게 움직이는 파트너의 몸에 맞춰 내 몸을 움직이며 시간을 보냈다. 다른 사람들이 도착하기 시작했고, 밀롱가(무도회)가 시작될 시간이 거의 다가왔다. 나는 안도했다. 그러나 그 후 새로운 춤꾼들의 포옹으로 나는 완전히 지쳐버렸다.

〈그림 2.1〉 출처: 오누르비오

오후 11시가 다 되었다. 디제이의 생일이라 춤이 중단되었다. 이런 경우에 흔히 남자들이 번갈아 가면서 생일의 주인공인 여성에게 룸의 중앙에서 같이 춤을 추자고 청하고, 나머지 사람들은 앉아서 이를 지켜본다. 오누르비오가 와서 나와 함께 앉았다. 그는 이미 집에 가기로 마음먹었지만, 먼저 내 카메라를 집어 들었다. 오누르비오는 사진에 열정이 있었고 사진 강좌를 여러 차례 수강하고 여러 번 여행을 다녀오기도 했다. 그의 팔, 손, 눈, 뇌는 내 것보다 훨씬 더 카메라의 기계와 조화를 이루었다. 그래서 그가 찍은 사진은 내가 포착하지 못했을 이 상황의 정동적 특징을 나와는 다르게 표상하거나 개념화해 주었다.

〈그림 2.1〉 볼룸 댄스의 장면. 벽을 따라 앉아 있는 사람들, 테이블과 의자, 나무 바닥, 어두운 조명 등. 방 중앙에는 포용하며 춤추는 두 사람이 있다. 이 '운동-이미지'는[16] 움직이지 않아야 하는 것들에게 깔끔하고 정돈된 형태감을 부여해서 움직임을 표현한다. 이 공간은 상대적으로 안정된 느낌을 유지하는데, 고정된 대상들이 포용하며 춤추는 두 몸의 움직임을 더욱 드러낸다. 춤을 추는 이들은 윤곽이 흐려지고 변화하는 상태로 표현된다. 그들의 몸은 서로 얽히고 휘감겨 있다. 이러한 움직임의 시각화는 간접적으로 이미지에 시간이라는 변수를 가져오며 변화와 전환을 표현한다. 이는 현실에 내재한 되기의 개방성과 그 얽매임 없음을 드러낸다. 사진은 음악의 리듬과 진동을 통해 춤의 움직임으로 만나는 두 몸이 (서로가) 되는 방식을 포착한다. 사회적 제약을 부수는 절대적 탈영토화의 탈주선을 따라가며 그들은 자기 자신과 자기 얼굴, 즉 사회적 정체성, 역할, 책임 등을 잊고 다른 진동들 사이에서 진동하는 "하나의 생명"이 된다.[17] 얽매이지 않은 채 춤을 추는 두 사람

은 사회적 규칙과 "한 지점에서 다른 지점으로 어떻게 나아가야 하는지를 규정하는" "홈 패인 공간"에 동화되지 않는다.[18] 그들은 사회적으로 성공한 사람이 되는 것에 저항한다. 20세기 부에노스아이레스 교외에 있는 어느 밀롱가의 순수한 관능을 가진 몸이 되고, 빈곤한 존재가 되고, 이주민이 되고, 추방자가 되고, 궁핍한 이가 된다.

다른 전환이나 변혁을 설명할 때와 마찬가지로 여기서도 나는 **되기** becoming라는 개념을 한 상태가 다른 상태로 바뀌는 사실을 나타내기 위해서가 아닌 현실이 역동적으로 펼쳐지는 측면, 즉 그 심오한 관계적 측면을 보여주는 개념으로 이야기한다. 들뢰즈와 가타리가[19] 설명한 것처럼, 되기는 상당히 규정하기 어려운 개념이므로, 무엇이 되기가 **아닌지**를 통해 오히려 더 잘 이해될 수 있다.

> 되기는 분명 모방이나 동일화가 아니고, 역행-순행도 아니고, 기존의 것에 대한 상응, 즉 상응하는 관계를 만드는 것이나 계보의 생성 또는 계보를 통해 나타나는 것도 아니다. 되기는 그 자체로 고유한 행위로, '나타나는 것' '존재하는 것' '같아지는 것' '생산하는 것'으로 축소되거나 돌아가서는 안 된다.

되기는 정체성의 문제가 아니다. 오누르비오의 가난한 자-되기가 그가 실제로 **가난해진다**는 뜻은 아니다. 되기를 통해 그는 물질적 풍요에 더 이상 의존하지 않는 삶의 형태라는 이상을 (무의식적인 방법으로라도) 추진하고, 몸이 느끼는 '즐거움'에 만족하면서 타자와의 만남에서 양쪽 모두에게 탈주의 삶을 가져오는 '근접성 지대'zone of proximity를 만

　　　　　　　　　　　　2장. 삶의 자본주의적 조직화

들어낸다. 이러한 되기에서 오누르비오는 자신의 영토화된 자아(인간, 백인, 남성)와 더 이상 일치하지 않는다. 그에게 가난한 자는 더 이상 어려움에 부닥친 자가 아니며, 비소유는 소외된 노동에 참여하는 것처럼 소유가 가져오는 제약으로부터 자유를 얻은 욕망하는 힘의 원천이 된다.[20] 이는 생성이라기보다는 '탈주'라는 개념에서 나타나듯 영토화된 위치로부터의 탈출이고 부정이며, 세상 속 자기 위치의 중단이고 새로운 구성이 나타나는 가능성이다.

되기는 아마도 욕망이 탈영토화하는 가장 중요한 전형이지만, 탈영토화와 영토화의 과정이 상호보완적이며 분리될 수 없다는 사실은 아무리 강조해도 지나침이 없다. 탈주선이 아무런 형태도 없고 메마른, 따라서 블랙홀과도 같은 죽음의 공간으로 사라지지 않으려면, 새로운 배치에서 재영토화되는 것이 필요하다. 어떤 지배 구조에 기반한 사회에서 나타나는 재영토화는 욕망의 고유한 움직임과 종종 상충하는 사회적 요구에 따라야 하므로 강제적이고 폭력적이다. 춤에서는 탈영토화의 징후, 즉 확립된 삶의 형태에서 당연시되는 것에 도전하고 그러한 삶의 형태를 일시 중단할 수 있는 변혁의 가능성이 나타나지만, 또한 그 부드러운 움직임이 어떻게 멈춰야 하고 억제되어야 하는지도 보인다. 욕망이 해방될 때 사회적으로 극도로 혼란스러운 '카오스모시스'chaosmosis가[21] 나타날 수 있다. 어떤 사람들은 그게 사무실이든 길거리든 가리지 않고 어디에서나 춤을 추고, 어떤 사람들은 전혀 춤을 추지 않는 그런 상황 말이다. 하지만 이런 상황이 나타나는 대신, 춤은 사회적 안정을 유지하는 제한된 공간에서 나타난다. 되기는 공간과 시간의 조직 안 어떤 틈새에서 발생하며, 그러한 되기에서 욕망의 자유가 적절한 것인지 그렇지 않은지는 사회적 코드로 결정된다. 삶은 노동/여가, 생산/소비, 근무 시간/자유 시간과 같이 별개의 영역으로 이분화되어 있다.

저녁이나 주말에 한정된 공간에서 자기의 정체성을 잃고 춤을 추더라도, 직장에 나가야 하는 월요일 아침에는 다시 돌아와 업무를 효과적으로 처리하며 자기 일관성을 유지한다. 삶이라는 과정을 구성하는 무한하고, 불손하며, 무질서한 되기가 영역에 따라 방향을 정하게 되는 것이다. 한쪽에는 생명 재생산에 필수적인 활동이, 그리고 다른 한쪽에는 '여가'가 있다. 〈그림 2.1〉은 후자가 전자만큼이나 영토화되어 있다는 사실을 보여준다. 사회적으로 정의된 자유로운 공간이라는 모순에 가까운 말로, 그저 생성하는(하지 못하는) 욕망이라는 희미한 잔상만을 남긴다. 그것은 실재하지 않는 유령, 즉 망령과도 같다. 끊임없이 탈영토화하려는 춤의 움직임이 무도회장에서 재영토화되는 바로 그 순간에 변화는 나타난다. 혁명적인 되기로부터 엔터테인먼트와 즐거움으로의 변화. 억눌린 생명 에너지가 분출하고 오랜 노동으로 지친 몸이 다시 활력을 얻는 대안적 출구로서의 춤은 앞서 보았듯 오누르비오에게 비애와 욕망을 함께 느끼게 한다.

'여가 공간'이라는 전체적인 물질-기호적 배치가 신체 에너지를 올바른 방식으로 움직일 수 있게끔 적절한 환경을 제공하고, 따라서 탈영토화의 선은 무도회장 안에서는 뻗어나가더라도 그 밖으로 나가지는 않는다. 상품화는 이 과정에서 매우 중요한 부분인데, 여가가 보통 전기, 바, 레스토랑, 기술, 의복, 교통, 아이팟 등의 소비를 가져오기 때문에 여가 시간이 자본주의에서 이익으로 바뀌게 된다. 욕망은 문화적으

2장. 삶의 자본주의적 조직화

로 허용되면서 경제적으로 이익을 창출하는 두 가지 방식으로 재영토화한다. 신자유주의 사회에서 욕망은 해방되는liberated 대신 자유화되며liberalized, 그렇게 해서 지구의 자원과 에너지를 동원하는 생산과 소비의 사이클로 들어간다. 오누르비오와 그의 아내는 더 많은 즐거움과 항상 새롭고 흥미로운 만남을 꿈꾸며 거의 매주 주말마다 긴 시간을 운전해서 탱고 페스티벌에 간다. 때로는 비행기를 타고 유럽 다른 나라의 수도로 여행하기까지 한다. 오누르비오는 여행 사이트 부킹닷컴에서 적절한 숙박시설, 즉 비싸지 않지만(특히 지금과 같은 실직 상태에서는 더 숙박비를 고려한다) 항상 새롭고 깨끗한 곳을 찾으며 시간을 보낸다. 잘 맞는 좋은 옷을 사기 위해 쇼핑을 가는(혹은 온라인 쇼핑을 하는) 것도 오누르비오 부부가 여행을 위해 하는 특별한 소비활동이다. 부부는 탱고 여행에서 오래된 성이나 현대적으로 지어진 교회, 교외의 별장과 같은 화려한 장소를 즐긴다. 그들은 인기 있는 레스토랑에서 먹고 마시며 사교를 즐기고, 신체 에너지를 사용하여 다른 이들의 몸과 만나 그들의 품 안에서 움직인다. 이 만남은 때로 큰 감흥은 준다. 하지만 일단 춤이 끝나고 나면 오누르비오는 이내 아내의 품 안으로, 그리고 가정부가 잘 청소해 둔 그의 하얗고 깨끗한 집으로 돌아온다. 더 이상 일상이라는 삶의 공간에서 적절한 위치를 찾지 못하는 온전한 되기의 흥분된 순간은 이제 페이스북에서 그 기억을 공유하는 것으로 대리 만족된다.

오누르비오와 그의 아내는 그들이 참여하고 시행하는 배치를 위해 돈이 필요하다. 자동차와 도로(휘발유, 콘크리트, 기계, 그리고 이를 건설하고 관리하는 사람들을 위한 돈), 컴퓨터 기술(실리콘 밸리, 소셜 미디어, 투자자, 디자이너, 중국 노동자, 배), 비행기(강철, 엔진, 휘발유, 기술, 기내 승무원,

〈그림 2.2〉 출처: 오누르비오

공항 전체, 엔지니어, 공장 노동자), 호텔 객실(침대 시트, 청소 제품, 노동, 전기 및 가스, 회벽의 석고, 페인트, 전화, TV), 장소(난방이나 냉방, 불빛, 기술, 테이블, 의자, 음료), 옷(제조업체, 가죽이 되는-동물, 면직물이 되는-식물 등), 음악(과거의 작곡가, 현재의 디제이, 스피커, 전자 기기), 음식과 음료(토양, 곤충, 살충제, 동물, 우유, 계란, 씨앗, 몬산토, 비료), 현지의 역사와 이국적인 문화(과거의 사회경제 체제와 그 권력의 표상, 종교적 행위, 전문 지식, 장인, 기업가, 지도, 관광 안내자) 등. 이 모든 것은 오누르비오와 그의 아내에게 후기 산업 경제의 적극적인 일부가 될 것을 요구하며, 이는 다시 오누르비오가 자기의 직업에서 성공해야 함을 뜻한다.

따라서 탱고는 그가 결혼도 하지 않고, 구속되거나 안정되지도 않고, 행복하게 실직한 상태의 정체성으로 탈영토화할 수 있는 공간이 된다. 하지만 이는 안전하고 되돌릴 수 있으며 장소가 지정된 과정으로, 자본주의 경제로 다시 들어가 그 체제의 지속을 위해 기능한다. 이런 점에서 오누르비오가 춤의 움직임 속에서 행하는 가난한 자-되기에는 혁명적이라 할 만한 것이 거의 남아 있지 않다. 오누르비오는 그의 몸이 말하고, 변화하고, 정체성을 잃고, 먼지와 냄새를 흠뻑 뒤집어쓰게 한 후에… 신발을 소독한다(〈그림 2.2〉 참조). 방을 떠나기도 전에 자기 생활의 질서와 몸의 질서에 적절하지 않은 것을 스프레이로 소독해 소멸시키고, 이런 위생적인 통제를 통해 그 어떤 오염도 남기지 않는다. 욕망은 **실로** 혁명적이다. 그리고 억제되는 편이 낫다.

앞서 이미 언급했듯, 오누르비오에게 노동의 고달픔은 여가 활동이 주는 온갖 '즐거움'을 위한 수단으로 정당화된다. 그가 누리는 (리비도적인) 일상 경제 안에서 노동은 필요하다. 왜냐하면 그 리비도적 경제를 가로지르는 욕망의 선들desiring lines이 너무나도 (눈에 띄게) 소비를 중심으로 영토화되어 있는 까닭에 상당한 구매력을 필요로 하기 때문이다. 그러나 동시에 이는 삶을 즐기는 데 필요한 시간과 에너지를 빼앗고 생명을 부정하는 행위다. 오누르비오는 자연, 공기, 그리고 몸의 움직임을 비롯해 일상의 수많은 좋은 경험이 사실은 돈에 의존하지 않는다는 사실을 알고 있다. 하지만 돈을 더 많이 쓸수록 더 즐거워진다고 믿어야만 일에서 오는 고달픔을 정당화할 수 있다. 이 고달픔은 또다시 일, 희생, 성공에 관한 매우 지엽적인 이데올로기의 일부다. 교육, 사회적 기대, 친구, 소셜 미디어, 문화적 가치 등 이 모두가 지속 가능하지 않은 배치에 과도한 리비도 투자를 낳는다. 합리적으로 계산하거나 모순을 벗어나지 못한 채 일과 즐거움이 필요의 관계로 묶이는 것이다. 소비는 곧 즐거움이고, 소비하려면 돈이 필요하며, 돈을 위해서는 노동해야 한다. 그럼에도 탈주선 또한 작용하고 있다. 내가 오누르비오에게 더 적은 돈으로 돌아다니고 더 많이 여행하면 즐거움이 줄어드는지 물었더니, 그는 "아니요. 내가 즐길 수 있는 것이 이것이라면, 나는 바로 그걸 즐기죠"라고 답했다. '아니요'라는 그의 말에는 모든 것을 흔들 수 있고 다운시프팅처럼 반소비주의적이며 반생산적 과정에 시동을 거는 힘이 있다. 에너지 집약적인 삶의 배치에 의문을 제기하며, 그 배치를 그가 찍은 또 다른 이미지(〈그림 2.3〉)에 잘 나타나 있는 되기의 과정으로 가져가는 것이다.

〈그림 2.1〉과 비교하면 많은 것이 달라졌다. 첫 번째 '운동-이미지'에서는 움직임이 시각화되면서 간접적으로 시간이 나타났다면, 이 '시간-이미지'에서는 시간이 절대적인 움직임이 되어 직접적으로 드러난

　　　　　　　　2장. 삶의 자본주의적 조직화

〈그림 2.3〉 출처: 오누르비오

다.[22] 멈춰 있는 것은 아무것도 없다. 공간 안에서 움직임 없는 다른 대상에 상대적으로 나타나는 몸의 움직임도 없다. 공간은 '뒤틀려 있고' 고정성을 잃었다. 물체는 흐름이 되고, 빛은 흐름을 생성하며, 바닥은 무한한 수의 평면으로 곱해지고, 몸은 다른 그림자들 사이에서 비신체적 그림자가 된다. 이제 정말 구별할 수 없이 각각의 요소가 의자-되기, 남자-와-여자-되기, 커튼-되기, 나비-되기의 과정 안에 존재한다. 이는 절대적인 탈영토화의 움직임이다. 순수한 되기와 순수한 욕망. 해가 다시 뜰 때 일과 소비의 단조로운 무한 반복으로 돌아가지 않는 그런 욕망이다. 이는 우리에게 욕망의 과정이 결코 완료되지 않고 계속해서 다시 쓰인다는 사실을 상기시켜 준다. 욕망은 끝없이 움직인다. 확립된 삶의 형태가 보이더라도 그 무의식 안에는 탈영토화의 움직임이 잠재되어 있다. 삶은 결국 결정되지 않은 상태로 나타난다. 따라서 오누르비오에게 탱고 연습은 생명력이자 변혁을 꿈꾸는 욕망이며, 타인과의 관계 안에서 자신의 몸과 더 잘 연결되고자 하는 지속적 노력의 표현이다. 이는 새로운 배치를 만들고, 그가 세상에서 더 효과적으로 행동할 수 있게끔 역량과 지능, 역능을 높인다. 그에게 춤은 좋은 만남과 즐거운 정서를 느낄 수 있는 공간이다. 오누르비오가 춤에 대해 얘기할 때의 기쁨에 찬 음성에서 알 수 있듯, "생명의 원천인" 몸은 "단단한 돌길을 쪼갤" 수 있고 항상 그래왔다. 이런 힘은 "소멸하지 않고 살아 존재한다."[23] 〈그림 2.3〉이 더 진실되거나 더 깊은 욕망 혹은 오누르비오의 무의식에 존재하는 비밀을 보여주는 것은 아니다. 다른 그림과 함께 이 또한 서로 다른 많은 선의 공존을, 그 선과 함께 나타나는 끊임없이 움직이는 현대의 욕망을 보여준다.

2장. 삶의 자본주의적 조직화

현대 사회에서 여가의 힘은 욕망을 주류 시장의 흐름의 일부로 계속 다시 가져가면서, 삶이 상품과 서비스, 그리고 이를 공급하는 시스템을 통해 가동되고 가치를 부여받게끔 만드는 데 있다. 이 때문에 나는 오누르비오의 '아니요'라는 말에서 불안의 정서를 느낀다. 처음부터 다시 시작해야만 하는 (사회적) 불안, 즉 전체 삶의 방식이 터무니없다는 사실을 직면하고 신념, 의미, 가치, 관행, 그리고 경험의 방식을 모두 새롭게 재구성해야 하는 데서 오는 정서. 내가 오누르비오에게 지속가능성을 위해 얼마나 많이 자신의 행동을 바꿀 수 있는지 물었을 때, 그는 기존의 삶의 배치에 강력한 애착을 드러냄으로써 이러한 정서를 상쇄했다. "환경을 위해 우리가 무언가를 해야 한다"라는 자신의 의지를 반복하면서 "자기 것을 다른 사람들에게 주는 것쯤은 할 수 있죠. 오래된 옷을 버리지 않고 가져다주는 것 같이요. 아니면 수도꼭지를 잠근다든가 불은 끈다든가… 이런 것들은 쉬운 일이죠"라고 말한다. 하지만 내가 물질적 소비를 제한하는 삶의 방식, 즉 옷을 기부하는 대신 옷 자체를 덜 사는 것처럼 지속가능성을 위해 무언가를 더 많이 포기하는 것까지 상상해 보라고 했을 때, 오누르비오는 이상하리만큼 말이 없었다.

글쎄요. 그런 문제는 생각해 본 적이 없어요. 그러니까 정치인들의 급여를 줄이라고 한다면 모를까, 내가 뭘 할 수 있을지… 잘 모르겠어요! [잠시 멈추고] 글쎄, 전… 도통 모르겠어요. 그런 변화가 **어떤 것인지** 조차도 말이죠… 만약 당장 내일 폭탄이 떨어지고 전쟁이 터진다면요… 음, 정말 모르겠어요.

소비지향적이지 않은 다른 사회는 말 그대로 표현해 내기 어려운 것이다. 물질적인 부분이 축소된 삶은 말할 수도 없고 상상할 수도 없었다. 욕망은 오누르비오를 탈주선으로 데려가 그에게 더 활기찬 탈물질주의적 존재의 기회를 열어주었지만, 그는 계속해서 특권과 풍요로운 사회라는 배치로 되돌아갔고, 그렇게 상상의 지평을 닫아버렸다. 사회에 대해 다른 생각을 하는 것은 마치 **폭탄**, 즉 충격과도 같았다.

이 장은 시각적이고 텍스트적인 연구 도구가 어떻게 서로 교차하면서 연구 데이터에 구체적인 통찰을 함께 불어넣는지를 보여준다. 현장 연구에서 나타난 행동과 정서, 그리고 시각적인 것들이 사진을 통해 체화된 공동의 의미화 과정으로 나타났다. 이는 이를테면 노트에 기록하는 것과 비교할 때 훨씬 더 관계적이고, 상황에 따라 변하며, 일시적인, 미리 기획되지 않고 예기치 않게 나타나는 것을 기록하는 시도였다. 사진은 어떤 것의 시각적 특성을 즉각적이면서도 간단하게 표현했는데, 이를 글로 설명하는 일은 아주 길고도 어려운 과정으로, 어쩌면 불가능했을 것이다. 사진은 몸의 복잡하고 감각적이고 공간적인 그리고 관계적인 특성들, 또 현실의 미적이고 비기표적이고 정동적이고 즉흥적인 특성을 표현했다.[24] 하지만 사진은 보통은 흘러 지나가는 것을 멈추게 함으로써 거리감을 만들어내기도 했다. 카메라가 (다른 자동 녹음 기계와 비슷하게) 나의 행위성을 대체하고, 현실을 조직하는 (인간) 의식의 특권에 의문을 제기했다. 카메라와 같은 기기는 나름의 기능과 '인식'의 논리를 갖고 있는데, 이를 통해 그런 고유의 특성 없이는 아마 광학적 무의식 안에 머물렀을 것들을 포착해 냈다.[25] 이렇게 사진은 삶의 축소 불

2장. 삶의 자본주의적 조직화

가능성과 연구 현장에서 연구자인 내 존재의 낯섦을 보여주었고, 또 현장에서 나타난 현실의 다양성을 있는 그대로 '포착'해 내는 일의 불가능성을 드러내주었다.[26]

사진은 현실을 보는 특정한 틀을 통해 현실의 일부만을 표현하며, 연구 관심사나 맥락적 특성의 결과로 나타나므로[27] 결코 단순히 현실과 주체성을 있는 그대로 보여주는 '창문'이 될 수 없다.[28] 실로 나는 다양한 감각과 양식, 매체를 사용하며 현상학적인-방법-이상으로 배치에 관여했고, 따라서 내 목표는 삶을 더 정확하게 표현하는 것은 아니었다.[29] 이 장에서 제시한 사진에서도 볼 수 있듯이, 참가자의 도움을 받아 카메라를 기록의 도구가 아닌 거의 퍼포먼스적인 도구로 사용했으며, 현실이 특정한 방식으로 나타나게 하기 위해 상황에 따라 카메라의 다양한 능력을 사용했다.[30] 대부분의 데이터 분석 방법은 **의미**와 관련이 있다. 즉 이미지 혹은 이미지 안에 담긴 대상이 어떤 의미를 전달하는가를 묻는다.[31] 하지만 다중-양식과 다중-매체를 사용하는 이유는 정확히 의미를 전달하는 측면과 의미를 거부하는 측면 둘 다를 보기 위함이다.[32] 현실의 다양한 층위와 그 구체성을 표현하기 위해 서로 다르고 비위계적인 데이터의 층위를 생성하는 것을 목표로 하며, 다양한 양식에서 오는 충돌과 모순, 그리고 그 순수한 다양성 자체를 기꺼이 받아들이며 그 현실을 개방하는 것이다.[33]

텍스트 분석과 비교해 시각적 분석은 연구 분석의 렌즈를 바꾸고 이미 정해진 과정을 중단시키는 방법이다.[34] 이미지는 규칙적인 패턴이나 의미, 순서를 찾는 대신 눈을 열고 시각을 비틀어 특정한 해석을 갑자기 가능하게 해주는 힘을 가졌다. 사진은 텍스트나 언어 기반의 자료와 함께, 혹은 회절하여 새로운 통찰을 열어주었다.[35] 사진으로 인해 나는 물체나 장소, 요소, 몸의 움직임, 사물 등에 더욱 민감해질 수 있었다. 이미지는 현실을 구성하는 방법이기에[36] 어떤 상황에서 내가 경험한 정동적인 특성을 어느 정도 담고 있었다. 사진이 없다는 것조차 어떤 정동적 상태를 설명해 주기도 했다. 즉 어떤 행위가 나의 시선을 강하게 끌며 강한 참여를 끌어냈고, 반대로 어떤 경우에 정서의 공백이나 분리가 나타났는지를 알려주었다. 카메라와 사진의 사용은 현상의 모방을 넘어서는 것이었고, 나와 연구 데이터, 쓰기의 과정을 모두 창조, 표현, 생성, 정동적 동원으로 이끌어갔다.[37]

돌봄

동굴 안 급류를 따라 함께 걸어가며 사라는 나에게 자기가 환경 보호를 얼마나 신경 쓰고 있는지를, 또 오래전부터 자연과 자연의 생명력과 가까이 연결되어 특히나 관광객이 없는 겨울이면 이곳에서 명상하며 그 관계를 느낀다는 이야기를 했다. 그녀는 환경을 덜 파괴하는 존재 방식을 위해 어떻게 자기 몫의 노력을 하는지도 설명했다. 검소한 생활 방식을 유지하고, 음식을 낭비하지 않고, 자연에서 식재료를 구해 요리하고, 장작을 때 난방하고, 유기농 식품을 선호하는 등의 일이었다. 하지만 사라는 변화에 대한 모든 책임이 개인에게 전가되고, 기후 위기나 환경 재앙을 피하기 위한 해결책 또한 일상적 실천으로만 귀속된다는 생각 때문에 큰 좌절감을 느꼈다. 그녀는 자기 행동의 영향을 생각

2장. 삶의 자본주의적 조직화

하고 행동하려 노력했지만, 더 강력하고 영향력이 큰 다른 이들이 지구 상 모든 인간(과 비인간)의 운명을 가를 중요한 결정을 내린다는 사실을 잘 알고 있었다. 변화에 대한 책임이 개인화되고 추상적인 상태로 남을 때, 자기가 '작아지고' 비효율적이 되는 기분이라고 했다. 그러나 동굴 입구에서 잠시 멈춰 잎사귀에 닿아 분산되는 빛을 바라보고 압도적인 물의 소리를 함께 들었을 때, 사라는 실제로 자기가 할 수 있었던 어떤 일들이 있다고 얘기했다.

저한테는 해결책이 없어요. 구체적인 해결책이란… 그러니까… 예를 들자면 저만의 작은 방법으로 제 아이를 돕는 거죠. (…) 제 가치관에 대해 당신에게 얘기했던 것도 바로 그 때문이었죠. 아이를 많은 걸 필요로 하지 않는 사람으로 키웠어요. 제 생각엔, 이런 건 아주 중요해요. 왜냐하면 만약 어떤 사람이 필요한 게 **너무너무 많은** 게 아니라면, 그 필요를 계속해서 충족시킬 이유도 없거든요. 그렇지 않다면 고통받을 거고요. 그런데 만약 그 사람이 작은 것에서도 **행복**을 느낄 수 있다면, 그렇게 또 작은 것으로도 행복해지는 거죠.

사라는 아들과의 삶에서 '검소한' 삶의 방식을 의도적으로 구축해 왔다. 예를 들면, 아들이 어떤 장난감을 사달라고 할 때, 그걸 살 수 있는 경제적 능력 여부와 무관하게 때때로 '안 돼'라고 말하려고 노력했다고 했다. 그러고는 아들이 뭔가를 사는 데 전혀 관심이 없다는 사실을 알게 되었을 때 자랑스러웠다고 했다. 이런 행동은 긍정적인 생태적 영향을 미쳤고, 사라의 가치관을 실현해 주었다. 여기서 주목할 점은,

〈그림 2.4〉 출처: 저자

이러한 '생태적' 프로젝트를 이끈 것이 좋은 삶이 무엇이며 이를 어떻게 성취할 것인가에 대한 고민이었다는 사실이다. 거꾸로 좋은 삶이 무엇인지에 대한 정의 또한 도덕적 의무의 관점이 아닌 (고통을 받거나 행복을 느끼는 등의) 정서적/미적 경험의 측면에서 결정되었다.

따라서 사라의 교육 방식은 추상적인 '가치'를 주입하기보다는 감각적이고, 리비도적이며, 영적인 정서의 강도를 바탕으로 그 가치를 직접 느낄 것을 **요구하는** 것이었다. 끝없이 물건을 구매하라고 우리를 밀어붙이는 사회에서 절제심을 심어주는 일은,

> 당신이 어떤 방식으로 아이에게 기쁨과 사랑을 줘왔는지에 달려 있어요. 이건 또 자기 자신에게 어떻게 해왔는지에 달려 있고요. 만약 당신이 아이를 껴안고 '너를 정말로 사랑해!!! 정말로 많이… 자, 놀러 가자!'라고 말한다면, 아이는 '아, 그 장난감 자동차 없이는, 그 새로운 작은 장난감 없이는 살 수가 없어요'라고 생각하지 않을 거예요. 맞아요, 다르게 보상하는 거죠. (…) 저는 제 아이에게 많은 사랑을 줬지만, 그러기 위한 시간을 위해 일을 희생했어요… 만약 아이에게 더 많은 시간을 쏟고 싶다면 일을 희생해야 해요. **시간을 바쳐야 하는 거예요.** 이거 적으세요, **시간**이요. 어린아이들은 시간이 필요해요. 그리고 사랑이요.

사라는 아들을 행복한 아이로 키우는 데 많은 에너지를 쏟았다. 성공을 위해서가 아니라 정동적으로 풍부한 배치를 만들 수 있는 아이가 될 수 있도록, 그러니까 물질적으로 큰 부자는 아닐지라도 창의적인 아이이자 소비주의적인 (실망스럽고, 슬픈) 소유욕에 종속되지 않는 아이

가 될 수 있도록 도왔다.

잠시 후 사라는 멈춰 서서 풀과 식물로 덮인 바위 쪽에서 무언가를 찾기 시작했다. 몇 분 동안 풀을 만지거나 몸을 대면서 빠르게 움직였다. 사라는 그곳에서 구멍, 그러니까 작은 '동굴'을 찾고 있었는데 온몸으로 그렇게 했다. "저는 원시의 사람이에요." 그녀가 말했다. 야만인-되기. 이는 아들이 어릴 때 사라가 아들과 함께 했던 놀이인데, 사라는 아들에게 손을 구멍 안에 넣어 그 안에 있는 축축하고 끈적한 점토의 느낌을 경험하게 했다. 이런 발견으로 아이를 즐겁게 하면서, 소비주의의 논리에서 벗어나게끔 하는 생산적 창의성을 발휘했다.

그렇게 반 시간 정도를 보낼 수 있었어요. 그렇죠? 아들이 느낄 수 있게… 감각을 발전시킬 수 있게 말이죠. 아시죠? 오감이요… 그래서 이런 작은 놀이를 했고, 뭔가를 **발명해** 내고, 무언가를 하고는 그걸 아이를 위한 걸로 만들었죠… 탐험 같은 거였죠.

사라는 여성이고 원시인이고 자연적이고 육체적인 존재(동굴은 자궁인가?), 깨끗하지 않고 가난한 존재, 그리고 비주류적 존재다. 이 물길에서 아들과 함께 걷는 그녀는 자기 본질과 욕망을 지배하는 문명화되고, 남성적이며, 신체를 배제한 삶의 방식으로부터 탈주하는 중이다. 사라는 물질적 탐욕을 제한하고, 그렇게 함으로써 창의성을 불러일으키며, 즐겁고도 관계적인 배치를 만들어낸다. 삶이 마법과 같이 변하고, 아들의 몸 안에서 만드는 능력과 인식하는 능력이 더욱 예민해진다. 작은 구멍을 만지면서 느끼는 경이로움. 그 작은 동굴 안에 손을 넣으면 우리 역시 손가락과 식물, 이끼, 진흙이 닿는 강렬함 때문에 생산적이면 서도 동시에 아무것도 생산하지 않는 되기를 겪게 된다. 식물-되기, 요소-되기, 지각불가능하게-되기.

사라와 함께하는 그곳에서 나는 걷기 인터뷰의 잠재력을 깨닫는다. 참가자가 나를 어디로 데려갈지 선택함에 따라 얼마나 많은 공간이 장소로 변하는지를 느낀 것이다. 의미 있는 곳, 가까운 곳 또는 '단순히' 즐거운 곳에서 더 넓은 흐름이 전달되고 또 회절한다.[38] 걸어가며 이야기하자 예상치 못한 것들, 일상 그 자체, 소리, 동물, 사람, 토양 등이 들어온다.[39] 또 이는 다중감각적이고 변화하는 몸을 연구의 중심으로 가져온다.[40] 이 움직이는-몸body-in-movement 으로 인해 나는 연구 과정에서 '정체성'을 해체할 수 있었고, 움직임 속에 있는 체화된 경험의 역동성을 연구에 담아낼 수 있었다. 따라서 인터뷰는 참가자들의 추정된 주관성이 나타나는 참가자로부터 '끌어낸' 긴 서사의 형태를 취하지 않았다. 인터뷰는 대화식으로 진행되었고, 그 내용은 간결한 이야기 안에서 참가자와 함께 만드는 것이었다. 뒤에서 곧 명확히 나타나겠지만 이런 방식으로 진행한 인터뷰는 참가자가 현재 에너지를 어떻게 사용하고 있고, 에너지에 어떤 의미와 중요성을 부여하고 있는지를 그려낼 기회이자 참가자의 과거, 현재, 미래의 투자가 나타내는 선이 현실에서 어떻게 구현되는지를 보여주는 순간이었다.[41] 그리고 사라와 내가 이 작은 동굴을 함께 찾았던 바로 그 순간이 보여주듯이, 인터뷰 대상자와 일방적인 관계가 아닌 협력적 관계를 만들 수 있었다. 왜냐하면 공통의 목표를 달성해야 했기 때문이다. 우리는 어디로 갈지, 또 얼마나 오래 걸을지를 정하고, 몸의 감각에 집중하면서 무언가를 함께 찾아 나섰다.

우리는 또 같은 방향을 바라보았다. 그 방향은 각자 서로의 '내면'을 바라보는 것이 아니라 함께 앞을 바라보는 것이었다. 우리 자신을 영토화하는 대신 타인-되기라는 탈주선을 함께 걸어갔다.

걷기 인터뷰를 몸으로 경험하면서 나는 여러 인터뷰를 가로지르는 선을, 그 선을 가로지르는 다양한 정서를 지도화하면서 그려낼 수 있었다. 호미카와의 인터뷰 역시 감각을 동원하며 물과 돌이 있는 곳에서 진행했다.[42] 그러면서 나는 호미카의 경우처럼 사라의 경우에도 '구체적이고' 도덕화되지 않은 지속가능성을 위한 노력이 물질적인 편안함의 부분적 포기를 훨씬 넘어서는 일이라는 점을 깨달았다. 그것은 감각적이고 리비도적이며 영적이고 정동적인 강도를 물질세계 내에서 구체적으로 경험하려는 사라의 강한 의지를 나타냈고, 정서적/미적 경험에 기반한 행복의 추구였다. 즉 이는 돌봄과 삶의 강렬함을 추구하면서 상업화되지 않은 관계, 정서, **사랑**을 평가절하하는 가부장적-자본주의의 삶의 형태를 대체하고 이에 저항하는 프로젝트였다. 호미카의 아버지가 그랬듯 소비하기 위해 자기의 시간을 생산적 노동 관계 안에서 팔아야 하는 삶의 방식, 그 지배적 삶의 방식을 근본부터 거부하는 급진적인 저항이었다. 사람 **그리고** 생태계를 대상으로 하는 체화되고 물질적인 돌봄은 함께 나타나며 근본적으로 얽혀 있다. 사라에게 아이를 사랑하는 일은 아이에게 검소함의 즐거움을 가르치고, 자기 삶뿐 아니라 나머지 자연의 모든 생명을 긍정하는 비착취적 욕망을 가르치는 것을 의미했다.

하지만 사라의 말을 들어보면, 이처럼 인간 외 존재에까지 돌봄을 실천하려는 그녀의 헌신에는 모순과 어려움이 따른다는 사실을 알 수

2장. 삶의 자본주의적 조직화

있다. 사라는 (싱글맘으로서) 자기 필요와 선택에 따라 유급 노동을 포기했다. 유급 노동을 시작하면 아이에게 '사랑'을 쏟기 위해 필요한 시간이 크게 줄어들 것이기 때문이었다. 하지만 노동시장 밖으로 밀려나자 현재에 대한 불안정감뿐만 아니라 이와 연관된 외로움과 추방의 정서가 사라를 찾아왔다. 아이를 기르는 일에는 사랑만 있는 것은 아니다. 그녀의 삶은 고단했다. 사라는 식사를 거르면서 아이와 함께 숲과 폭포, 나무와 잎사귀, 흙과 물을 가지고 놀았고 거기에서 기쁨과 즐거움을 찾아냈다. 사라의 이런 선택은 목적에 따른 의식적인 것이었다고 할 수 있지만, 생산-소비 사회의 변방에서 홀로 아이를 키운 그녀가 처한 물질적 위치는 중요한 문제다. 사라는 '비주류'의 삶의 위치에 처했다. 돌봄을 우선하는 삶을 살기로 한 그녀의 결정이 사라를 건전하지만 동시에 어려운 위치로 밀어넣었다. 사라는 경제적으로 어려운 환경에서도 절약을 실천하고 교육하며 기쁨과 의미를 찾는 능력을 발휘했다. 하지만 그런 점을 비판 없이 그저 칭찬하는 것은 위험하고도 순진한 일이다. 이는 사라가 느낀 실망감과 슬픔을 무시하고, 사라의 상황을 불안정하게 만드는 시스템의 문제, 즉 자원과 기회의 불공정한 분배를 비판하는 대신 오히려 재생산하는 데에만 기여할 수 있다. 체화된 유물론의 관점에서 볼 때, 사라의 주체적 위치와 실천에는 분명 생태적으로 긍정적인 결과가 따른다. 하지만 체화된 유물론은 또한 그녀 삶의 경로에 큰 영향을 미친 생산/재생산의 관계, 즉 정서, 사랑, 돌봄을 기존 가치의 창출보다 우선시한다는 이유로 사라를 불리한 위치에 처하게 한 생산/재생산의 관계를 비판적으로 바라볼 것을 촉구한다. 또 아이의 양육에 필요한 시간의 느린 리듬과 상충하는 노동 형태와 사회 활동에 참여하는 일, 공공 또는 공동체적 지원의 부족, 그리고 불균등하고 성별화된 노동 분배에 대한 비판적 시각을 촉구한다.

사라와 그녀 아들의 경험은 젊은이들과 미래 세대를 위한 '지속 가능한 교육법'이 느린 속도, 관심, 그리고 사랑을 특징으로 하는 정동적이고 감각적으로 풍부한 일상 생태계에 바탕을 두어야 함을 보여준다. **엄마가** 반드시 직업, 경력, 사회생활을 희생해야 한다는 얘기가 아니다. 내 주장은 오히려 그와 반대다. 하지만 아이들에게 필요한 정서적 애착 관계, 경청과 인내, 그리고 창의성 함양을 위해서는 돌봄의 개념을 공동체가 함께 조직하고 유지하는 것으로 완전히 다시 생각할 필요가 있다. 어른들의 시간과 마찬가지로 아이들의 시간이 늘 바쁘게 관리되고 소외되는 상황에서, 사라의 이야기는 아이들을 위한 공간을 만들고 연결을 만드는 실천을 대안으로 제시한다. 이런 돌봄이 비인간 존재인 자연 안에서 바위, 물, 식물의 잠재력과 함께 나타나는 것은 단순한 우연이나 부수적인 것이 아니다. 외부와의 연결 없이는 심오한 개인적 발전이 나타날 수 없다. 왜냐하면 외부를 향한 발견 과정과 지식이 체화되는 과정에서 주체성이 발현되기 때문이다. 생태적 위기의 시대에 아이들을 잘 키우려면 우리는 생태계를 잘 돌봐야만 한다. 단순한 '보존'을 넘어 생태계에 대한 깊은 헌신이 필요하다. 자연의 내재적 힘과 생명력을 인식하고 가치를 부여하며, 모든 인간의 여정에서 생태계의 기본적인 존재와 역할을 인식해야 한다.

이러한 지속 가능한 교육 방식의 중요성은 인간을 넘어 존재를 돌보는 사라의 실천이 그녀 자신의 유년 시절 경험에서 비롯되었으며, 그녀의 구체적이고 정서적인 삶의 경험에서 얻어진 생태적 '감각'으로부터 기인한다는 사실에서도 확인된다. 사라의 감수성은 가족 관계 안에서 형성되었고, 이렇게 형성된 습관은 또다시 사라의 일상에서 재실현된다. 사라는 자연을 향한 자신의 '영적인' 태도가 어린 시절로 거슬러 올라간다고 말했다. "제가 생후 석 달이었을 때 산에서 살았어요." 칸지리오 숲이었다. 청소년기에는 그곳에서 휴가와 주말을 보냈다고 했다. 사라의 아버지는 숲을 순찰하는 일을 했는데, 숲에 아무 문제가 없는지, 특히 사라가 '베네치아 사람들'이라고 부른 관광객들이 산에서 불을 붙이거나 쓰레기를 버리고 가지는 않았는지 확인하러 다닐 때 사라를 데리고 갔다. 사라의 어머니는 중세 시대에 트렌티노와 베네토의 산으로 이주했던 킴브리족 사람이었는데, 킴브리족은 지금도 숲에서 생활한다. 그들은 자신들만의 언어를 가지고 숲의 편리함에 기대어 지극히 공동체적인 생활을 한다. 킴브리족 마을에 머물렀을 때, 사라는 어머니와 산딸기나 버섯을 따고 함께 잼을 만들어서 먹었다. "정말로 자연스럽고도 존중이 가득한 관계였죠." 그 시절 사라의 삶은 "주변을 둘러싼 자연과의 관계 속에서" 살아가며 그런 순간을 다른 이들과 공유하고 함께 느끼는 공동체적 경험이기도 했다.

이런 경험에서 나무는 특히 중요한 존재였다. 칸지리오 숲에서 살 때 사실 사라는 대부분 혼자서 시간을 보냈다. 그럴 때면 나무에 올라갔다. "마치 나무 위의 남작• 같았죠." 사라가 말했다. 사라는 나뭇잎이

• 1900년대 이탈리아 최고 작가이며 지식인인 이탈로 칼비노(Italo Calvino)의 소설 《나무 위의 남작》(민음사, 2023)의 제목을 인용한 것으로, 나무에 올라가 가지와 잎 사이에서 살기로 결정한 소년의 모험을 다루는 이 책은 독립적 삶에 대한 은유와 철학을 담고 있다.

나 버드나무 가지를 가지고 놀았다. "내 기억으로 그 경험은 마치 만다라 같았달까요." 칸지리오 숲에서 킴브리족 사람들과 함께 사는 것은 되기의 움직임이 시작되었음을 의미했다. 나무-되기, 나뭇잎-되기, 버드나무-되기, 그리고 지각불가능하게-되기. 이는 그녀가 단순히 '자연'을 흉내 낸 것이 아니라 자연과 가까워졌다는 의미였다. 여기서 인간과 자연 사이의 생명력 있고 역동적인 섞임이 일어나고 창조적인 표현이 나타났다. 이는 형태를 만들어내는 놀이 같았다. 사라는 그때의 기억을 떠올릴 때, 소설 속 인물이나 만다라 같은 힌두교와 불교의 영적 표상같이 새로운 요소를 과거의 일부로 불러내기도 했다. 이는 자연을 존중하는 생태학적 태도가 나타나기 위해서는 주변 환경과의 접촉이 동적이고 반복적으로 나타나야 할 뿐 아니라, 거기에 능동성이 있어야 한다는 사실을 보여준다. 나무와 열매, 동물로 가득한 그 공간을 온몸과 마음으로 온전히 경험하며, 사라는 자기 몸과 다른 살아 있는 것들 사이의 연속성을 경험하고 그들과의 관계에 참여할 수 있었다. 산에서 많은 시간을 보냈기 때문에 자연과 "교감하고, 관계를 구축"할 수 있었다.

따라서 자신이 마주하는 구체적인 자연과 그 안에 살고 있는 생명을 존중하고 돌보는 사라의 태도는 그녀가 숲속에 혼자 있을 때 경험한 명백하게 '개인적인' 친밀감에서 비롯된 것이었다. 어떤 방식으로 그곳에 있었는지도 중요한 문제인데, 이런 존재 방식은 문화적인 것이기도 했다. 사라가 그토록 리비도의 차원에서 나무에 이끌리는 것도 결국 우연은 아니다. 나무는 킴브리족의 경제와 사회에서 매우 중요하다. 사라는 산에서 시간을 보냈지만 관광객은 아니었다. (소비주의 사회의 소외된 '여가' 시간인) 주말에나 그곳을 찾는 관광객들은 숲에 익숙하지 않고, 소

2장. 삶의 자본주의적 조직화

풍을 와서는 숲을 레크리에이션을 위한 장소로 소비하고 간다. (그들이 남기고 가는 쓰레기나 불씨에서 알 수 있듯이) 관광객들은 생태계의 자기 회복력과 조화를 이루지 못한다. 이와 반대로 숲지기는 그리고 소수 민족인 킴브리족은 더더욱 이 생태계가 건강한 생명력을 유지하고 자기 생산성을 소화해 낼 수 있도록 돕는다. 여기서 킴브리족은 산과 숲, 자연에서 나는 생명(버섯이나 베리)의 중요하고 역동적인 부분으로서 존재하는 인간 사회의 모습을 대변한다. 킴브리족의 관계성은 사람들 사이에서도 행해지지만 공동체 안의 인간과 비인간을 모두 포함하며 지속해서 재생산된다는 점을 이해하는 것이 중요하다. 사라는 칸지리오 숲에 살지 않았을 때도 작은 마을에서 살았고, 이는 "도시에서 사는 것과는 달랐다." 그녀에게는 친구들과 급우들이 있었고 사라는 그들에 대해 "우린 항상 야외에 있었어요… 기회가 있을 때면 그게 언제라도 체리를 따러 갈 수 있었죠"라고 말했다.

    이런 어린 시절의 추억이 오늘날에도 사라에게 공동체적인 삶의 기쁨, 검소함, 감각적인 기쁨, 그리고 단순함이라는 욕망의 선으로 돌아온다. 과거에 대한 매료는 때로 멜랑콜리한 향수로, 또 때로는 그 활기참을 새롭고 창의적으로 재현하려는 노력으로 나타났다. 이는 존재하지 않았을지도 모를 과거에 집착하는 것과는 다르다. 사라는 현대적인 기술이나 제품, 문화적 융합 등 글로벌 경제의 전형적인 특성을 반대하지 않는다. 오히려 그녀는 인도의 한 공항이 완전히 태양에너지만으로 가동하도록 설계되었다는 것을 나에게 보여준 것처럼, 인터넷을 통해 알게 된 환경 혁신에 흥미를 느낀다. 그보다 사라가 실천하고 재현하고 있는 것은 생태계와 균형을 유지하면서 덜 파괴적인 세상에서 감각적이고 관계적인 존재로서의 강렬함을 마법처럼 경험하는 일이다. 물질 세계와 이런 관계를 맺었기 때문에 그녀는 화려한 물건이나 눈에 띄는 물질적 장치 없이도 강렬한 삶을 살 수 있다. 사라는 작고, 검소하고, 단순한 것들에서 가장 큰 기쁨과 즐거움을 찾는다. 사라의 몸과 손, 그리고 그녀의 손길이 나타내는 감각적인 모습을 보면 이를 알 수 있다. 우리의 걷기 인터뷰 그 자체가 보여주는 것처럼. 폭포의 아름다움에 반짝이는 그녀의 눈, 그리고 습한 바위 사이와 모래 위에서 물소리를 들으며 편안함을 느끼는 그녀의 몸. 사라는 에너지를 단지 물리적인 것이 아니라 사물에 내재한 영적인 힘으로 경험했고, 이런 힘은 작은 양초 하나, 아들과 함께한 일요일 점심의 간단한 식사, 작은 귀고리에서도 드러났다. 이 모든 것에 촉감, 냄새, 시각으로 경험되는 정서의 강렬함이 나타났고, 이는 삶을 마법으로 가득 채우기에 충분했다.

사회적 관계성과 생태적 관계성 사이의 밀접한 관계, 즉 다른 인간 존재에 대한 돌봄과 자기를 둘러싼 환경에 대한 돌봄이 함께 발생하는 사례는 메리Mary와 윌리엄William의 이야기에서도 드러난다. 이 중년의 부부는 비토리오 베네토 바로 위 언덕에 위치한 외딴 마을에 살고 있다. 노동자 계층 출신인 이 부부는 많은 노력 끝에 인근 도시의 현대적인 아파트를 살 수 있었고(부부는 이점을 매우 자랑스러워했다) 거기에서 살았었다. 그곳에서 두 사람은 중앙난방이나 도시 특유의 청결함과 정돈됨, 그리고 상점과 직장까지의 접근성처럼 기술이 제공하는 편안함을 즐겼다. 메리는 진공청소기를 사용해서 아파트 전체를 한 번에 청소할 수 있었다. 그러나 여기 외딴 마을에서 부부의 "일상은 완전히 바뀌

2장. 삶의 자본주의적 조직화

었다." 이제는 나무를 때는 화로를 쓰고, 동물을 기르며, 식재료를 자급하기 위해 채소밭을 가꾼다. 서비스와 소비를 위한 공간은 이전처럼 쉽게 접근할 수 없다. 이 새로운 삶을 위해 부부는 더 많이 주의를 기울이고 더 많이 돌봐야 한다. 윌리엄의 말대로,

> 할 일이라고는 없는 아파트에 사는 것과는 달라요! 겨울에는 땔감을 마련하고, 화로 하나를 청소하고는 다른 화로에 땔감을 넣어야 하죠! 나무를 나르고, 집 안으로 가져오고, 또 밖으로 내보내고! 장작을 패야 하죠! 매일 두 시간은 걸리는 일이라고요!

이 모든 일에는 분명 시간과 노동, 집에 머물기, 수많은 실용적 지식, 조정하고 협력하는 능력이 필요하다. 어떤 나무가 어디에 적합한지, 언제 일을 해야 하는지 알아야 하고, 나무를 제대로 잘라내는 능력도 있어야 한다. 나는 메리와 윌리엄 부부가 서로를 계속 부르고 있다는 사실을 깨달았다. "난로에 나무를 넣었어?" "아니, 당신이 했을 거로 생각했지!" "오늘 밤 그릴용 땔감 준비하는 것 잊지 마!" 그리고 장작이 잘 타오르지 않을 때면 나무를 잘못 골랐다는 불만을 농담처럼 했다. 하지만 도시의 삶과 숲속 작은 마을에서의 삶의 가장 중요한 차이는 노동의 조건이었다. 윌리엄은 이제 은퇴했고, 메리는 금융 위기 때문에 정리해고되어 실업 상태에 있었다. 이런 변화는 물론 부부의 소비 능력에 큰 변화를 불러왔지만, 이후 나올 것처럼 이는 보르고 마이올라로 이사하는 것 자체로 상쇄되었다. 더 중요한 것은, 이러한 변화에서 시간의 구조가 바뀌고, 그와 함께 노동과 돌봄의 관행이 변했다는 사실이

다. 따라서 부부의 지금의 삶에는 더 많은 노동과 더 적은 편안함이 있지만, 이것이 문제로 느껴진 적은 결코 없었다.[43] 이전에는 노동이 모든 개인적인 에너지를 앗아갔다면, 이제는 "우리에겐 시간이 있어요. 그러니 습관을 완전히 바꾸게 되죠. 일을 할 때는 상황이 달라요. 화로를 쓰지는 않을 테니까요. 중앙난방을 켜면, 그걸로 끝이죠!"

일반적으로 힘들게 여겨지는 가사노동도 이런 상황에서는 다르게 경험된다. 즉 '그저' 삶을 재생산하는, 별 볼 일 없고, 평가 절하된 노동이 아닌, 삶을 활기차게 만드는 좋은 방법이 된다. 윌리엄이 내게 말했다. "아파트에서는 일어나서 커피를 내리면… 그게 다예요, 끝이죠. 그러고 나서는 바에나 가는 거죠!" 윌리엄은 바를 좋아하지 않는다. 만약 좋아했더라도 메리의 말처럼 "모두 파산이나 하게 될 터"였다. 이 가족의 경제-생태계에서는 돌봄이 한 사람의 (여성) 주체에게 주어지는 대신 성 역할의 명확한 구분 없이 고르게 분배된다. 실제로 윌리엄은 메리의 몸이 힘들기 때문에 자기가 기꺼이 아침 일찍 집 청소를 하고 화로에 땔감을 넣는 등 더 많은 집안일을 한다는 사실을 자랑스럽게 말했다. "메리가 일어나면 집안일의 절반이 이미 끝났다는 걸 알게 되죠!" 일상의 재생산을 위한 노동에서 이처럼 책임감 있게 협력하는 것은 도시의 삶이 '편리하다'는 관념에 욕망의 관점에서 대항한다. 에너지 집약적이고 자본 집약적인 그 편안함은 의미 없는 소비를 수반하며 사실상 **삶을 축소**한다. 반대로 메리와 윌리엄은 돌봄의 실천을 바탕으로 인간과 비인간 자연과의 역동적 교류의 공간에서 삶의 기쁨을 (다시) 찾는다. 부부는 땔감을 준비하고, 자연에서 바로 과일과 버섯을 채집하고, 잔디를 깨끗하게 유지하며, 양을 돌보고, 서로를 지지한다.

2장. 삶의 자본주의적 조직화

유급 노동의 개별화된 고됨과는 달리 부부에게 노동은 두 사람을 넘어 다른 이에게까지 영향을 미치는 유쾌하며 사회적인 행위가 된다. 내가 이들을 관찰한 날, 메리의 사촌들이 근처에서 나무를 베고는 점심을 먹으러 부부의 집에 왔다. 윌리엄은 사촌들의 일을 도왔고, 메리는 사촌 중 한 사람이 실직으로 재정적 어려움을 겪고 있다는 점 때문에 더욱 기꺼운 마음으로 점심을 대접했다. 사촌들 또한 오래된 찬장에서 찾은 직접 담근 자두주를 가져왔고, 우리 모두 식사 후 이 술을 마시며 즐거운 시간을 보냈다. 소비 시장 경제의 변방에서 나타난 이러한 삶의 배치는 좀 더 생태적인 삶의 방식을 가능하게 했는데, 이런 삶의 방식이 나타난 것은 지속가능성에 대한 뚜렷한 생각 때문이 아니라, 여기 이곳에 대한 이들의 사랑과 '소명' 때문이었다.[44] 이는 또 메리와 윌리엄의 관계 자체를 변화시켰다. 번잡하고 분열적이고 빠르고 혼란스러운 도시 생활의 배치에서 벗어난 일이 마치 그들 몸 안에 흐르는 정서적 강렬함에 활기를 불어넣은 것 같았다. 메리가 말했듯, 이제 부부는 작은 일상의 실천을 공유하며 서로를 돕고 더 많은 시간을 함께 보내게 되었으며, 이 때문에 이전보다 훨씬 더 가까워졌다. 이는 두 사람이 서로를 계속 찾는 걸 보면 알 수 있는데, 땔감, 개("토비 어딨어?"), 음식, 청소, 동물 등 대체로 사소한 일들로 서로를 불렀다. 역설적이게도 둘 사이의 거리가 좁혀지면서 부부는 오히려 서로의 결함을 더 잘 받아들일 수 있게 되었다. 이전에는 더 많은 문제가 있었고 그렇기 때문에 서로에게 덜 관대하고 더 예민했다. 일이나 아들 문제, 그리고 집안일에 대해서도 그랬다. 메리는 한때 자신이 남편의 삶에서 중심이라는 점이 다소 숨 막히게 느껴졌지만, 부부는 이제 균형을 찾았고 메리도 윌리엄의 관심을 감사하게 생각하게 되었다. 이제 그 없는 미래는 상상할 수 없게 됐다. 그녀는 감격에 겨워하며 이렇게 말했다.

아마 우리가 정말로 많은 일을 함께 겪어왔기 때문이겠죠. 하지만 이 사람을 안 지 41년이 지난 후, 그러니까 결혼한 지는 38년이 지난 후에 남편에게 '사랑해요'라는 바로 그 말을 듣는다는 것이… 제 생각에는 이 세상에서 가장 아름다운 게 아닐까 해요! (…) 내가 소파에 옆으로 그냥 모른 척하고 지나가면 윌리엄이 이렇게 내 쪽으로 팔을 뻗어요. 나 보고 다가와서 짧은 입맞춤을 해달라는 거죠… 그러니까 내 말은요, 이런 게 그리 흔한 일은 아니라는 거예요!

메리와 윌리엄은 유급 노동이 부여하는 삶의 주기에서 벗어나면서 자신들의 삶과 서로와의 연결뿐 아니라 주변 환경과의 연결을 풍요롭게 하는 행동에 자연스레 참여하게 되었다. 이는 서로 연대하고, 재활용하고, 채소 정원을 가꾸고, 음식물 쓰레기를 퇴비로 만들고, 땔감을 준비하며 숲을 돌보면서 살아가는 삶이다. 이런 형태의 "메타-산업 노동"은[45] 생태학적 논리에 따라 비인간 자연과의 역동적 관계를 형성한다. 이는 자연의 주기에 따르고, 자연이 허용하는 자원만을 활용하며, 자연의 완고한 특성에 대처하고, 인간의 의도에 맞게 축소될 수 없는 그 독특성을 인식함을 뜻한다. 이런 형태의 돌봄은 '여가'와 비교할 때 비록 그 성격은 다를지라도 여전히 크고 심오한 즐거움을 가져다준다. 또 사회적인 관계와 생태적인 관계가 조화를 이루고, 삶의 시간을 고된 노동과 여가로 양분하지 않으며, 공간을 생산적인 활동이 이루어지는

2장. 삶의 자본주의적 조직화

추상적 '외부 공간'과 집이라는 재생산의 장소로 분리하지도 않는다. 이처럼 비상품화된, 역동적인, 그리고 생성하는 과정을 보면서 나는 배태되고 유기적이며 분리되지 않은 전체로서 삶이 다시 쓰이고 있음을 목격했다.[46]

돌보는 행위는 그 어떤 의미에서도 자본주의 경제 **외부**에 존재하지 않는다. 돌봄은 자본주의의 전제로서 자본주의 경제에 본질적으로 의존하며 삶의 재생산을 계속해서 뒷받침한다. 여기에는 양가성이 있는데, 이는 연구 참가자를 관찰하는 동안에도 종종 나타났다.[47] 돌봄이 거시 자본주의 경제에 의존하고 있다는 것은 돌봄 행위가 늘 어떤 폭력과 착취에 기반하고 있다는 뜻이다. 때로는 이 점이 문제로 인식되고 논의되기도 하지만, 대부분은 화제조차 되지 못한다. 예를 들어 메리와 윌리엄은 매주 슈퍼마켓에서 장을 보면서 (상당한 양의) 고기를 사는데, 이 행위를 단순히 평범한 경험으로 여긴다. 너무 많은 양의 플라스틱을 쓰게 된다고 불평은 하더라도 슈퍼마켓에서 고기를 사는 소비 행태 자체를 신경 써야 할 문제라고 얘기한 적은 없다. 이와 달리 사라의 경우 자신의 소비 관행에 대해 매우 강한 양가정서를 느꼈다. 사라와 나는 더 눈에 띄는 소비 형태인 비행기 이용에 대한 생각을 나누었다. 사라는 세계 곳곳을 여행하는 것에 큰 매력을 느낀다. 실제로 그녀는 지금껏 살아오며 많은 곳으로 여행을 떠났고, 독일 공항에서 지상 승무원으로 근무하기도 했다. 사라의 이상적인 삶의 이미지 중 하나는 매년 다른 시기를 세계 다른 지역에서 보내는 것이다. 지금은 여행이 불가능하지만, 여행을 향한 그녀의 갈망을 듣고서 나는 사라에게 생태적으로 돌봄을 실천하려는 마음과 해외여행을 떠나고 싶은 마음 사이에서 갈등을 경험하지 않느냐고 물었다.

글쎄요. 그런 경험이야 어차피 하잖아요. 매일 경험해요. 어찌 되었거나 장을 보러 가니까요. 장 보러 가서 방울토마토를 살 때요, 그 토마토가 풀리아 지방에서 온 걸 수 있다고 생각하거든요. 그러면 아마 외국인 노동자가 수확했을 거고… 그 사람들이 안 좋은 조건에서 노예처럼 이용당하며 딴 토마토가 아닌지를 생각하게 되는 거죠… 그럼 기분이 좋지 않아요. 그래서 토마토를 아예 사지 않았던 때가 있을 정도예요. 하지만 그런다고 그 문제를 제가 해결하지는 못하잖아요. 제가 해결할 수 없다는 걸 알아요. 당신이 묻는 말이 **나에 대한** 것이고, 나 개인에 관한 거라면, 이렇게 말할 수 있어요. 맞아요. 그런 문제를 거의 매일 생각해요. 그리고 분명 문제가 있어 보여요. 내 생각엔 잘못된 것 같아요… 음, 다른 인간을 착취하는 인간들이요. 그러니까 구두쇠들끼리 서로 싸우는 것처럼 보여요… 그냥 그렇게 보이는 게 아니라 사실 정말로 그런 거죠!

우리가 환경 문제나 그에 따른 모순에 대해 이야기를 나눌 때, 사라가 사회 정의와 관련된 예시를 들어가며 자신이 경험한 윤리적 갈등을 이야기했다는 점은 아주 중요하다. 사라는 생태학적 폭력과 사회적 폭력 사이에 유사성이 있으며 해결책 또한 비슷하다고 느꼈다. 하지만 갈

2장. 삶의 자본주의적 조직화

등한다. 그녀는 세상이 좋아지기를* 바라지만 또한 세상은 너무 복잡하고 통제 불가능한 곳이라고 느낀다. 폭력은 사라가 식탁에 올리는 음식을 통해 그녀의 몸 안으로 들어온다. 세계화된 시장 경제가 사라를 그녀의 존재 기반에서 분리하기 때문에 그녀로서도 어찌할 도리가 없다. 이에 대항해서 토마토를 불매한 것처럼 어느 때는 거부를 선택했다. 하지만 시스템의 폭력성과 파괴성은 너무나도 고질적이고 뿌리가 깊고, 이 때문에 사라는 무력하고 선택권이 없는 것처럼 느낀다.[48] 그래서 다시 비행기 여행에 대한 이야기로 돌아갔을 때 그녀는 내게 이렇게 말했다. "나는 자전거를 타고 휴가를 가요. 환경을 생각하니까요. 하지만… 정말 내가 친환경적일까요? 누군가는 분명 이 자전거를 만들었을 텐데, 인도에서 만들었을지 모르죠. 자전거 바퀴의 틀이나 고무 타이어요!" 이처럼 사라는 현대 사회의 불공정함과 환경적 피해에 무감각한 것도 아니고 영향을 받지 않은 것도 아니다. 하지만 아주 큰 무력감을 느꼈고, 문제에 대한 책임을 자신의 외부에 있는 "힘 있는 사람들"에게서 찾는다. 그러나 권력을 가진 이들은 변화를 만들려는 의지가 없는 듯하다.

변화 가능성에 대한 믿음의 부재는 지속 불가능한 행위를 정당화하며, 대안을 찾는 투쟁을 강화하는 대신 소멸하게 만든다. 다른 세상은 불가능해진다. 반복과 효능감의 부재가 반생태적인 욕망의 흐름에 순응하게 만든다. "내가 뭘 해야 하는 거지? 그냥 이렇게 살아야 하나, 그

● 여기서 사라는 이탈리아어 '벨로'(bello)를 썼는데, 이 단어는 직역했을 때 '아름다운'이란 뜻이다. 영어의 굿(good)과는 달리 미학적인 의미가 담겨 있기 때문에 어떤 것의 윤리/도덕적인 특성을 나타낼 수 있다.

러지 말아야 하나…? 나는 최선을 다해. 재활용도 해… 그런데, 여행을 가야 한다면 **그냥** 가고 말지!" 사라는 소비 선택과 개인화된 행동에 초점을 맞추는 '시민-소비자'의[49] 위치에서 외로움과 무기력함을 느낀다. 그녀는 세상을 바꾸고 싶다. 하지만 "문제를 해결하지는 못한다." 따라서 사라에게 생태적인 욕망과 실천은 그녀가 포기하지 않으려는 다른 지속 불가능하지만 적절하게 영토화된 선을 방해하지 않는 한에서만 일상의 배치 안에서 자리를 찾는다. 사라의 개인화된 행동의 영향이 그녀의 통제를 벗어난 지정학적 결정보다 물리적으로 훨씬 덜 중요하기 때문에, 사라는 장거리 비행과 같이 환경을 해치는 행위를 지속하는 것이 (어느 정도) 정당화될 수 있다고 느낀다.[50]

해석주의 연구에서 나타난 바와 같이, 환경 문제에 대한 책임을 둘러싼 공식적이며 사회적으로 인정된 담론은 사람들의 일상 경험의 현실을 정확히 포착하지 못한 채 지나치게 추상적이다. 이런 담론은 거의 통제가 불가능한 선택이나 운명의 책임을 개인에게 전가한다. 사라의 사례는 사람들이 자신의 환경 관련 행동을 해석할 때 종종 내적 갈등을 겪을 뿐 아니라 그러한 해석이 정책이나 정책 프레임과 출동하는 경우가 많다는 점을 보여준다.[51] 사라는 자기 경험에 의미를 부여하기 위해 다양한 프레임을 사용하는데, 그녀의 '패치워크'와 같은 환경 행동은 공식적인 의미의 '지속가능성'과는 무관하게 때로는 그 의미와 멀리 떨어져서 나타난다. 기존 연구의 결과가 사라의 사례에서도 관찰되었는데, 그것은 미래 세대에 대한 우려가 클수록 환경 문제에 대한 걱정을 더 많이 공유하며 환경친화적 사회로의 변화를 주장한다는 것이다. 하지만 대다수의 사람은 행동하지 않는데, 이는 지식, 관심, 걱정이 부족해서가 아니라 문제의 복잡성과 제시된 해결책의 일관성 부족 앞에서 그들이 느끼는 혼란과 무력감 때문이다. 변화를 만들 수 있는 권력이 불평등하게 분배되고, 기후변화 해결책에서 사회적인 모순이 드러난다. 따라서 이러한 문제는 스트레스를 일으키는 장stress fields 을 나타나게 한다.

사라의 사례를 정신분석학에 기반한 연구를 바탕으로 본다면 분열과 편집이 나타났다고 볼 수도 있다.[52] 전적으로 강력하다고 여기는 다른 주체에게 책임을 돌림에 따라 자신의 환경 인식과 상충하는 무의식적 투자를 지속할 수 있고, 그렇게 함으로써 각 주체가 기존 배치와 위계적 종속의 재생산에 얼마큼 기여하는지의 문제를 무시할 수 있다고 보는 것이다. 그러나 사라의 환경적 행동 부족을 '불안하고' '방어적이며' '고통스럽고' '애석한' 것으로 보는 이런 시각은 본질적으로 사회적인 문제이자 권력에 관한 문제를 개인의 문제로 병리화하고 심리화해서 결국은 탈정치화한다. 어째서 사라의 무력감을 권력 분배의 사회적 불평등 때문에 나타난 문제가 아닌 심리적 방어로 간주하는가? 주체가 처한 이 같은 상황은 치료되어야 할 개별적 심리 문제가 아닌 실재하는 권력 분배의 불평등 문제로서, 즉 물질적으로나 리비도적으로나 대부분 개인의 선택을 벗어나 있는 배치의 표현으로 보아야 한다. 따라서 사라의 비행에 대한 (떠나고자 하는) 욕구도 내면의 심리-인지적 과정이나 태도와 행동 사이의 괴리로 해석할 것이 아니라, 이를 넘어 현대의 지속가능성 담론, 거버넌스, 책임 주체를 둘러싼 모순의 증상이자 (어쩌면 이에 대한 그녀의 암묵적인) 비판으로 읽을 수 있다.

물론 우리가 대화하는 동안 그곳에도 탈주선이 존재했다. 사라는 인정한다. 만약 우리에게 "의지가, 진짜 진짜 진짜 의지가" 있다면, 그리고 "우리가 더 이상 현 상황을 받아들이지 않기로 결정하고, 정말 더 이상의 반복을 원치 않는다면, 진정 모두가 그렇다면… 지금 같지는 않을 것"이라고. 여기서 중요한 점은 순간적으로 나타난 이러한 믿음의 표현이 상상의 집단인 '우리'의 존재에 기반한다는 사실이다. 그러나 사라는 그러한 집단성이나 정치적 운동을 보지 못했기에 순간적으로 나타난 세상에 대한 그녀의 믿음은 "침전된 사건"이[53] 되어 이내 "사람들에게 그런 의지가 있다고 생각하지 않아요"라는 불신의 세계로 돌아간다. 이렇게 다른 세상은 실현되지 않은 잠재성으로 남는다. 그런데 흥미롭게도 바로 이 지점에서 사라는 신자유주의의 주장과 (그리고 약속과) 결을 맞추어 녹색 기술과 자본 투자를 통한 생태적 변화를 주장한다. 사라는 "오염에 대한 이상적인 해결책이나 전보다 나아지게 해서 건강하게 회복하는 스스로 치유하는 세계는 **절대 없다**"라고 생각한다. 사라가 상상하는 유일한 가능성은 "기술적 진보를 이루는 것" 그리고 "지속 가능한 에너지원을 사용하는 것"이다. 사라는 "인간 지능을 잘 사용하면, 어쩌면 그렇게 할 수 있을지도 몰라요"라고 말한다. 게다가 사라가 사회적인 효과를 어느 정도라도 상상할 수 있는 유일한 방법이란, 만약 그녀가,

정말 정말 부자라면요. 그러니까 내가 회사를 소유하고 있다면, 룩소티카[Luxottica]•가 지금 하는 그런 걸 하겠죠. 기사에서 읽은 적이 있어

•   [옮긴이] 안경과 선글라스를 생산하는 이탈리아 아이웨어 브랜드.

142   2장. 삶의 자본주의적 조직화

요… 산에서요. 그러니까, 내 말은 회사를 설립해서, 음, 그곳에서 일하는 사람이라면 누구에게나 최선의 근무 조건을 제공하려고 노력할 거예요.

이처럼 자본주의의 상상력은 희망과 행동력을 형성하는 데 강력한 힘을 발휘하며, 이 시스템에 의해 발생한 문제를 사회-정치적 투쟁이 아닌 동일한 방식을 더 많이 쓰는 것으로 해결할 수 있다는 일차원적 믿음을 양산한다.[54] 사라는 자본주의 인류세 시대에 나타나는 환경적으로나 사회적으로 해로운 이면에 대해 한탄하고 있었지만, 그럼에도 그녀의 해결책은 돈, 투자, 기술 혁신의 프로메테우스적 '지능'으로 그려진 세상 안에서만 움직였다.[55]

위기의 경험이 새로운 현실, 새로운 욕망, 새로운 배치의 선에 대한 창조적인 개방을 만들어내지 못하는 것은 어느 정도 이 때문이다. 돈이 없다는 것은 희생과 자기 억제가 **강요되는** 삶을 산다는 의미다. 따라서 '비행할 권리'에 대한 주장은 단지 환경을 덜 신경 쓰는 태도를 나타내는 것이 아니라 책임, 권력, 상실, 파괴, 자원의 불평등을 거부하고 그로부터의 탈주를 표현하는 방법이다. 사라가 여행의 기쁨을 거부하지 않으면서 동시에 생태적 돌봄을 중요시하는 것은 '인지 부조화'의 결과가 아니다. 오히려 이는 사회-생태적 돌봄에 대한 정치적·집단적 프로젝트보다 개인의 선택에 의존하는 지속 가능한 전환의 문제점을, 그 상상력의 한계를 지적하는 것이다.

자아

앞서 살펴보았듯이, 자율적이고 주권적인 개인은 자본주의의 삶의 구성에서 핵심 요소 중 하나라고 볼 수 있다. 합리적이고 자유로운 그/그녀는 시장에서 다른 주체와 상호작용하며 그들과 노동 및 소비 관계를 맺는다. 그/그녀는 경력, 정서적 삶, 재생산 문제를 포함해 자기 삶의 발전 경로를 정한다. 정치 참여 또한 시민권처럼 개인성에 바탕을 둔 용어로 표현된다. 친환경적 삶에 대한 약속도 마찬가지다. 따라서 자아의 발달은 전체 시스템의 재생산을 위해 기능한다. 사람들은 단지 생계를 위해서가 아니라 성공하고 존경받는 사람이 되기 위해 긴 시간을 일에 투자한다. 동시에 개성, 존경, 그리고 사회적 위치를 얻고 유지하기 위해서 상품과 서비스의 소비가 필요하고, 월급은 이를 제공한다. 물론 모든 사람에게 적용되는 것은 아니다. 개성과 자기 관리에 대한 강조가 중산층의 전유물은 아니지만, 이는 대개 중산층의 주체성과 관련이 있다. 내 연구 참가자들에게서도 이런 특성이 일반적으로 나타났다. 노동계급이나 덜 부유한 계층에 속하는 참가자들이 서로 돕고 돌보는 일에 훨씬 큰 관심이 있는 반면에 중산층 참가자들의 경우에는 자기를 돌보는 쪽으로 더 기울거나 엔터테인먼트를 통해 자기 충전을 하려는 경향이 더 많이 나타났다. 이를테면 자유 시간과 소비를 통해 '즐거움'을 얻는 오누르비오, 명상을 하고 바위와 폭포 사이에서 아들에게 가르침을 준 사라, 그리고 작은 마을에서 일상 생태계를 만드는 메리와 윌리엄 부부가 어떻게 다른지를 생각해 보라.

여기서는 자기 자신을 돌볼 필요성의 생태적인 결과, 특히 소비 행

2장. 삶의 자본주의적 조직화

위를 통해 나타나는 돌봄의 결과가 어떠한지를 중적적으로 살펴보고자 한다. 건강한 식사를 통한 자기 관리는 유기농이나 천연 제품을 찾는 것을 의미하기 때문에 환경에 긍정적인 측면이 있다는 주장이 제기되었다.[56] 이런 주장은 그 자체로도 논란의 여지가 있지만,[57] 자기 관리가 외모를 신경 쓰거나 아름다움을 가꾸는 행동일 때는 더 큰 문제가 된다. 실제로 '멋있게' 보여야 한다는 명제에는 지구를 병들게 하는 독성이 있는 것 같다. 사람들은 멋있게 보이기 위해서 지구를 착취하고, 자기의 시간, 에너지, 자원의 상당 부분을 특별할 것 없는 일에 쏟아부으며 삶으로부터 멀어진다. 마흔 살의 싱글맘인 에린Erin의 사례에서 이런 점을 잘 볼 수 있다. 현장 연구를 수행했을 당시 에린은 부자 남편과 이혼하고 혼자 두 아이를 데리고 살면서 인생의 아주 큰 변화를 겪고 있었다. 에린은 유기농 슈퍼마켓 체인인 에코르나투라시EcorNaturaSi에서 파트타임 사원으로 일했는데, 그렇게 함으로써 생계를 남편의 돈에만 의존하지 않을 수 있었다. 이혼하기 전 에린의 삶에는 풍족한 소비 생활, 큰 집, 자동차처럼 온갖 부유한 삶의 배치가 있었다. 그러나 이혼을 하면서 에린은 돈의 중요성을 깨닫고 소비를 줄일 필요를 느꼈다. 또 에린에게는 이혼이라는 삶의 위기와 더불어 유기농 회사에 들어간 것이 부유함과 외모에 대한 (리비도적) 투자를 그만두고 물질 이상의 가치와 더 단순한 생활 방식을 받아들이게 만드는 계기가 되었다.

이탈리아 북동부의 수많은 회사가 잘해야 겨우 사업을 유지하고 안좋은 경우 파산하는 우울한 상황에서, 최소 15년간 경력이 단절된 마흔 살의 아이 엄마가 쉽게 일자리를 찾을 거라고 생각한 사람은 아무도 없을 것이다. 하지만 에린은 그런 조건에도 불구하고 정규직 일자리를 찾았다. 에린이 그 회사에서 일자리를 찾았다는 사실 자체가 유기농 및 친환경 제품이 이탈리아 소비자에게 점점 더 인기를 끌고 있다는 증거다. 또 이는 이탈리아 북동부의 기업가 정신이 여전히 살아 있음을, 그들에게 있는 어떤 '직감'과 이익 창출 기회에 대한 감각을 나타내기도 한다. 에린의 회사는 작은 협동조합으로 시작했지만 지금은 소규모 회사 특유의 정신을 대부분 잃었고, 큰 투자자를 끌어들여 자본주의적 성장이라는 기계에 제대로 뿌리를 내렸다. 그런데도 초창기 비즈니스를 움직였던 동력인 사회에 대한 책임과 환경 책임, 지속가능성, 검소함, 단순하고 자연스러운 생활과 같은 이상은 여전히 이 회사의 담론과 자기 정체성으로 남아 있다. 이 회사가 걸어온 길은 그 자체로 자본주의 경제에 대한 대안을 창출하는 변혁의 과정과, 그 자본주의 경제가 지속 가능성에 대한 약속을 주류화해 재영토화시킬 때 그 둘 사이에서 나타나는 긴장을 보여준다. 이 긴장은 개인적이기도 하고 집단적이기도 하며, 영토에 대해서만 발생하는 것이 아니라 에린의 내면에서도 발생한다. 에린은 그곳에서 일하기 시작한 후 많은 것이 변했다고 말했다.

회사 자체가 절 변화시켰어요. 왜냐면 우리 회사 사람들은 어쨌든 단순하게, 아주 적은 것만으로 살아가는 사람들이거든요. 이 사람들은… 음… 외면이 아닌 본질을 생각해요. 음… 이 사람들은요. 회사에 올 때 슬리퍼를 신고 오는 사람들이죠! 자기 머리카락을 직접 자르고요! 정말 **자유롭고**[그대로 인용] 여유가 넘쳐요.

동료들에 대한 감탄에 찬 에린의 표현은 그녀가 더 단순하고, 직접적이고, 신경 쓰지 않는 자기 관리법에 이끌리고 있음을 보여준다. 이는 부자가 되기 위한 (감정적·물질적·관계적) 노동에서 벗어나려는 욕구이며, 그만하자는 마음의 요구다. 본질을 우선시한다는 것은 돈과 물질적 풍요의 끝없는 추구가 상대적인 것이 된다는 뜻이다. 정동적 연결, 사랑, 그리고 순간을 사는 일에서 풍요를 느끼면서 행복을 찾을 수 있기 때문이다. 머리카락, 돈, 신발, 그리고 부유한 남편에 대해 신경 쓰지 않는 것. 이는 지속 가능한 에너지 전환의 가능성을, 즉 탈물질주의적 번영의 가능성을 보여준다.

인터뷰는 과거에 관한 질문을 포함했는데, 이는 현재에서 나타나는 사건의 환원 불가능성과 그 사건을 나타나게 한 체화된 조건을 그려내기 위함이었다.[58] 그런 질문 덕분에 에너지 전환과 관련한 일상 행동에서도 에린의 과거 경험이나 관계의 선에 뿌리를 두고 있는 특성이 드러난다는 사실을 깨달았다. 에린의 차량 변화는 그 전형적인 예다. 에린은 전남편으로부터 차를 받았는데(전남편은 자동차를 판매하는 회사의 대표다), 그는 에린에게 크고 비싼 인피니티 자동차를 타보라고 했다. 하지만 에린은 인피니티 대신 피아트 500L이라는 자동차를 선택했는데, 피아트 500L이 더 기능적이고 동시에 연료비를 크게 아낄 수 있기 때문이었다. "인피니티를 타면 분명 어떤 인상을 줄 수는 있겠죠! 하지만 전 이 차에 완전히 만족하는 걸요! 저한테 딱 맞아요!" "남들에게 보여주기 위해서 매달 기름값으로 500유로를 낭비하는 건데, 전 그런 건 전혀, 결코 신경 쓰지 않거든요!" 여기서 에린은 자기 과시적인 소비로 만들어지는 자아를 거부하고 기능을 선택했다. 에린의 이런 선택에는 노동계급 출신인 에린의 가족에게서 온, 그녀에게 체화된 어떤 정신이 작용했다. 좀 더 검소했던 과거의 선이 다시 실현되었다. 에린은 "저는 제 출신을 부인한 적이 결코 없어요"라고 말하며 외관이 아닌 기능성을 택했다. 에린의 선택은 자동차의 사용 가치, 즉 자동차가 잘 굴러가는 게 중요하다는 사실을 '아는' 비주류 계층(노동 계층과 여성)의 실용적 지혜를 대변했다. 부의 감소는 에린에게 충분한 것(실제로 이탈리아어로 '500'이라는 의미인 '친퀘첸토'라고 부르는 차)을 소중히 여기는 비주류의 감성을 다시 가져다주었다. 이는 환경주의가 무엇보다 "가난한 자들"의 것이라는 알리에르의[59] 주장과, 여성이 재생산의 영역에서 돌봄의 주요 주체라는 역사적 위치를 차지해 왔기 때문에 추상적인 상품의 교환 가치가 아닌 삶에 대한 구체적이고 체화된 기여를 바탕으로 가치를 더 잘 매길 수 있다는 에코페미니즘의 주장을 뒷받침한다.[60]

하지만 항상 그런 것은 아니다. 동료의 헤어 스타일 문제로 돌아가서 에린은 이렇게 말했다. "전 그 사람들이 정말 대단하다고 생각하지만, 모든 것에 동의하는 건 아니에요." 그녀가 이렇게 말하는 이유는 "그러니까, 난 나 자신에 대해 좋게 느끼고 싶거든요. 그래서 음… 나 자신한테 잘 대해 주는 거죠. 나 자신을 좋아하고 싶어요. (…) 뭐랄까요. 미용실 중독이랄까. 많은 걸 포기할 수 있지만… 미용실만은 절대 포기 못 하거든요!" 우리가 함께 시간을 보낸 날, 나는 에린과 그녀의 다섯 살 막내아들과 함께 미용실에서 한 시간 반 정도 있었다. 에린이 머리를 감고 세팅하기 위해 매주 두 번씩 가는 곳이었다. 그녀는 집에서 머리를 감지 않는다. 집에서 스스로 머리를 말리면 예쁘게 손질할 수 없다는 것이 이유다. 이번에는 염색해야 할 때가 돼서 시간이 더 오래 걸렸다. 나는 에린의 아들과 미용실 소파에 앉아 있었는데, 아이

2장. 삶의 자본주의적 조직화

가 사진을 찍겠다며 카메라를 달라고 했다. 사진 찍기는 아이를 바쁘게 만들고 지루하지 않게 하므로 나는 기쁜 마음으로 아이에게 카메라를 빌려줬다. 실제로 카메라는 거의 자석처럼 작동하면서 리비도적 이끌림과 흐름, 생산을 가속했다. 아이는 물건, 액상 제품, 카운터, 조화, 사탕 사이로 거의 '분열적 걷기'schizophrenic walk를 시작했다. 도구-되기, 여성-되기, 샴푸-되기 등. 이 장소의 리비도적 강도가 반복적인 방문을 통해 더욱 강렬해져서 아이의 몸을 관통해 흐르고 있었다. 아이는 이곳에서 사용되는 기술과 재료, 어머니, 빨간 머리의 여자아이가 나오는 광고에 매료된다. 동시에 이미 탈주 중이다(꽃, 식물… "저 꽃 사진을 찍고 싶어요!").

여기서 중요한 것은 미용실에 가는 것 그 자체가 아니라 에린의 일상을 구성하는 배치의 리비도적 경제에 있어 헤어 관리가 무엇을 말해주는지의 문제다. 에린이 "칭찬할 만한" 외모를 가진 자아의 이미지에 집착함에 따라 덥수룩한 동료의 모습에 거부를 표현하거나 환경친화적이지 않은 행동을 지속해 나가는 것은 아닌가 하는 생각이 들기 시작했다. 가난함이 가진 자발성이나 실용성(작은 자동차, 작업용 슬리퍼, 덥수룩한 머리)에 대항하는 에너지 집약적인 배치의 전체적인 체계가 나타나고, 그 배치가 에린의 자아를 확인, 지지, 재생산하는 작용을 한다. 미용 관련 업소와 미용실, 옷 가게나 신발 가게, 화장품 가게를 주기적으로 방문하면서 자기 몸을 돌보는 일. 비록 크기는 줄였지만 "보통의, 단정한" 자동차, "좋은 집", 크고 새롭고 에어컨이 설치된 아파트, 아이가 다니는 사립 학교. 매주 친구들과 함께하는 저녁 식사 등. 이런 것들은 단순히 다른 사람들에게 보여주기 위한 것이 아니라 스스로 인식하는 내면성과 정체성의 일부가 된다.[61] "미용실에 가는 게 좋아요. 나 자신에 대해 더 기분 좋게 느끼게 해주니까요. 혼자 있을 때도 나는 늘 머리핀을 꽂아서 머리를 잘 정돈해요! (…) 집에서도 보통 절대로 대충하고 있지 않아요." 이런 그녀에게 품위와 관련한 영토로부터 탈주하는 사물이나 행위는 자아를 잃지 않고서는 나타날 수가 없는 것이다.

괜찮은, 받아들여질 만한, 조화로운, 심지어는 칭찬받는 주체로서의 자아는 사회적 명령과 기대에 맞게 행동하고 통제되며, 착취·성장·낭비의 경제에서 적절하게 작동하는 요소가 된다. 이는 생태계와 에린의 몸 둘 다에 해롭다. 왜냐하면 이런 자아를 움직이게 하는 에너지 집약적이고 물질 집약적인 생활 방식이 생태계에 부담을 줄 뿐 아니라, 겉으로 보기엔 역설적일지라도 에린의 몸에도 부담을 주기 때문이다. 에린은 미용실에 너무 오래 머무르게 되었다며 내게 거듭 미안하다고 말했고, 이는 언뜻 봐도 그녀가 외면을 가꾸기 위해 '노력'하고 있음을 알게 했다. 에린은 미용실에 가는 일이 상당히 지루하고 중요하지도 않은 시간이라고 믿는 듯했다. 더군다나 가장 중요한 건 이렇게 스스로를 꾸미려면 돈이 필요하다는 사실이다. 그렇게 해서 에린은 한편으로 전남편에게 더 많이 의존하게 된다. 다른 한편으로 에린은 남편이 (상당한) 돈을 주고 있지만 여전히 돈이 모자란 듯한 기분이 들기 때문에 하루 네 시간 반이라도 일해야 한다고 느끼고 있었다. 에린이 다른 욕망에 따라 움직이게 된 순간이 있었다. 그것은 노동의 루틴에 갇히기를 거부하고 대신 자유롭기를 원하는 욕망이었다. 에코르나투라시에서 일할 기회가 생겼을 때 에린은 사실 망설였다. 일하러 가고 싶지 않았다. 그녀는 자신에게 말했다. "나는 이제 뭐든 내가 원하는 대로 할 거야." 산

2장. 삶의 자본주의적 조직화

책하러 가거나, 운동하러 헬스장에 가거나, 친구를 만나는 것처럼 그때 그때 나타나는 욕망에 따를 수 있는 자유를 위해 추가로 벌 수 있는 (더 많이 소비할 수 있게 해주는) 900유로를 포기할 준비가 되어 있었다. 그러나 에코르나투라시 슈퍼마켓의 매니저를 포함해 '사람들'이 이렇게 훌륭한 기회를 잡아야 할지 말지는 고민조차 필요 없는 문제라고 그녀에게 확신을 줬다.

지금 에린은 자신이 "구원받은 거나 마찬가지"라고 생각한다. 일과 생산성이 성공과 자주성의 척도인 사회에서 직업을 갖는다는 것은 실제로 여성인 에린이 남성에 대한 완전한 의존에서 해방된다는 의미였다. 에린은 또 일을 통해 가족에 대한 의무에서 잠시 벗어나 시원한 공기를 마실 수 있는 것 같아서 좋았다. "늘 애들 생각만 하는 것에서 잠시 벗어나서 내 머리가 돌아가게 하는 거죠." 하지만 이러한 '자주성'은 뒤집어 말하면 에린이 아이들로부터 멀어져서 무엇이 올바른 삶의 방식이며, 살아 있다는 것은 무엇인지에 관한 몰적인 사회적 구성molar social constructions에 더 깊이 종속되었다는 뜻이기도 했다. 먼저 직업을 갖기로 한 결정은 언제나 사회적 기대에 부합하는 일이다. 에린이 일에 대해 좋아하는 것 중 하나는 다른 사람들에게 '무언가를 하고 있어요'라고 말할 수 있다는 점이다. 반면 "나는 '엄마고, 집에 있고, 그리고 이혼했어요'라고 말하는 것은 그다지… 존경받을 만한 일이 아닌 것" 같았다. 둘째로, 그리고 중요하게도, 이러한 '존경'은 자본주의 경제의 적극적인 일원(노동자, 소비자)이 되어야 한다는 생각과 관련이 있다. 에린은 비생산성, '무능력성'을 욕망했고, 이런 욕망이 혁명적인 것은 아니라도 이는 사람들의 삶 전체에 가치를 매기려 하는 사회 체제에 저항하는 움직임이었다. 하지만 이런 '탈주선'은 자아에 대한 걱정과 존경받을 만한 삶을 살아야 한다는 우려로 인해 재영토화되었다. 따라서 에린에게 일은 존경받을 만한 삶을 유지하는 측면에서는 '구원'이 될 수 있지만 동시에 에너지를 고갈시킨다. 에린은 일을 마치고 집에 돌아올 때면 "죽을 것처럼 피곤하다"고 느꼈고, 이는 아이들과의 관계에도 영향을 끼쳤다.

따라서 자기 자신에 대한 에린의 미적 관심은 삶, 주체성, 그리고 욕망의 구성에 관한 보다 일반적인 패턴을 불러온다. 옳은 것, 적합한 것, 받아들여질 만한 것을 추구하는 일은 정동적 관계, 노동에 대한 결정, 일상의 공간과 시간의 조직에까지 영향을 미친다. 에린이 이혼했을 당시 그녀가 비물질적인 부분을 삶의 우선순위에 두었던 것은 한편으론 분명한 사실이다. 에린은 전남편과 있었을 때 "돈은 문제가 아니었다"고 말하면서 결혼이 제공한 모든 특권을 잃는 것이 두려워 그를 떠나기까지 시간이 좀 걸렸다고 인정했다. 이때도 역시 사람들이 그녀에게 영향을 미쳤다. 사람들은 "넌 돈을 아끼는 게 뭔지도 모르잖아. 니가 뭘 알아"라고 말했고, 에린은 계속 그렇게 살아야 할 수도 있다는 두려움을 느꼈다. 이제는 돈에 대해 좀 더 신경을 써야 하지만, 에린은 "경제적인 안정보다는 자유가 좋아요. 그게 다예요"라고 말한다. 예전에는 잠에 들지 못했는데 이제 다시 잘 수 있게 되었다. 그녀가 소중히 여기는 건 이런 것이다. 물론 에린의 욕망과 상상력은 여전히 존경받을 만한 것이 어떤 것인지에 대한 그녀의 생각으로 구성되어 있고, 이는 에린의 삶을 더 힘들고, 복잡하고, 문제가 많은 것으로 만든다. 그녀와 아이들의 생계나 생활 수준을 유지하는 데 아무 문제가 없는 상황에서도

2장. 삶의 자본주의적 조직화

그렇다. 예를 들어, 에린은 아이들의 학교 성적, 어울리는 친구들, 여름 방학 동안의 활동에 지나치게 신경을 쓴다. 우리가 같이 보낸 하루 동안 나는 때때로 조금 당황했다. 에린은 아이들에게 애정을 느끼고 있었고 그 애정을 강하게 표현했지만, 그런 순간이 아이들이 충분히 공부를 하지 않았다거나 좋은 성적을 얻지 못했다는 등의 이유로 느닷없이 분노나 큰 꾸짖음으로 바뀌곤 했기 때문이다. 이런 것들이 이 집에 어떤 슬픈 기운을 불어넣었다. 아이들이 에린에게 던지는 장난스럽고 사랑스러운 농담만이 분위기를 바꿀 수 있었다.

그런 내면의 불안감이 에린의 에너지를 앗아가고 있었다. 그런데 내가 에린에게 삶을 통틀어 그녀와 에너지의 관계가 어떻게 변해 왔는지를 묻자 흥미롭게도 에린은 에너지의 변화 때문에 소비를 더 **많이** 하게 되었다고 대답했다.

예전에는 에너지가 있는지 없는지 생각하지도 않았어요. 그런데 지금은 에너지가… 많은 것을 위해서 필요해요. 집에서도 필요하고, 일하러 가기 위해서도 필요하고요… 에너지가 많았을 때는 에너지를 찾을 필요가 없었어요. 그런데 지금은 늘 엄청 피곤해요. 특히 일 년 중 이맘때가 그렇네요. 그래서 에너지를 얻기 위해서… 어디서 찾냐고요? 우리 여자들을 위한 마그네슘과 칼륨 비타민이요… 영양제를 먹어야 해요. 맞아요, 에너지가 변했죠. 이전에는 내 안에 있었는데, 이제는 밖에서 찾아야 하니까요. (…) 예전엔 항상 야외에서 놀았고… 이런 걸 당연하게 생각했어요. 이제는… 아무것도 당연한 게 없어요…! 아쉽게도… 에너지를 얻는 데 돈이 들고, 또 찾아 나서야 하죠. 어쨌든 필요하면 돈을 주고 사기라도 해야 하니까요… 맞아요. (…) 옛날엔 모든 것이 쉬워 보였어요. (…) 지금 나한테 있는 이런 문제들이 없었으니까요. 내 말은, 이건 신체적 에너지에 대한 이야기예요. 모든 것이 괜찮았죠… 그러니까… 최고였어요… 아무 문제도 걱정도 없었고 그렇기 때문에 에너지도… 걱정할 게 없으니, 순간의 삶을 살 수 있는 그런 에너지가 있었죠… 에너지가 있었던 이유는… 모든 것이 아름다웠기 때문이에요. 뭐가 문제였겠어요?! 그런데 지금은 걱정과 문제가 다 너무 크잖아요. 그래서 해낼 수 없단 생각을 하게 되니까 에너지가 필요한 거예요. 에너지가 있어야 하잖아요. 그래서 다른 곳에서 찾아와요. 다른 사람들에게서나, 영양제를 먹어요. 아니면 잠시 휴식을 갖죠.

에린의 문제는 아이들이나 자신의 생계에 관한 것이 아니라(생계는 전혀 문제가 아니었다) 자아에 관한 것이었다. 미용실에서의 머리 손질, 가전제품, 멋진 원피스, 아이들의 성공, 멀리 떠나는 휴가, 무직의 이혼한 애 엄마에 대한 사람들의 평가 등의 문제였다. 이는 그녀의 몸에 부담을 주는 "얼굴성의 기계"machine of faciality였다.[62] 체면을 유지하기 위해 에린은 지나치게 걱정했고, 이는 욕망이 탈착취와 무자아를 향해 움직이는 탈영토화의 순간에, 즉 그녀가 비정상-되기의 위험을 마주한 그때 강력한 재영토화가 나타나고 있는 징조일 수 있다. 직장 동료들은 그녀의 이 (욕망하는) 움직임의 경계선을 표상한다. 그들은 숨 막히게 하고 억압하는 정체성 안에 에린을 묶어두는 깊은 리비도적 연결을 끊는 바로 그 지점을 상징한다. 자유를 욕망하고 그저 존재하는 것, 살아 있는 순간, 사랑. 에린은 이런 것을 종종 표현한다. 하지만 해방을 향한

2장. 삶의 자본주의적 조직화

움직임 속에 긴장과 불안이 가득 차 있고, 따라서 반작용이 일어날 수 있다. 무엇도 있는 그대로 두지 않고 무엇도 당연하게 여기지 않는 (자아의) 관리를 위해 애쓴다. 부유한 성인의 에너지 집약적 몰성과 소녀-되기의 절약하는 분자성이 대치한다. 에린에게 '영양제'와 텔레비전 앞 '휴식 시간'이라는 '해결책'을 제공하는 것도 시장이다. 마그네슘과 칼륨이 에린의 몸을 다시 건강하고 생산적으로 만들고, 이를 통해 에린의 욕망은 재영토화된다.

이런 재영토화가 결코 개인의 '실패'가 아님을 분명히 해야 한다. 에린을 재영토화의 그물에 빠뜨리는 것은 그녀의 어떤 결함이나 능력 부족이 아니다. 유급 노동 없이는 물질적으로 독립할 수 없는 사회 조직 안에서 에린은 존경받기 위해 일을 해야 하는 상황에 놓인다. (부유한 남성에게) 의존하며 불확실한 사회경제적 상황에서 살아가는 것은 에린의 선택할 자유를 구조적으로 제한한다. 이 제한은 종종 불안감을 낳고, 따라서 그녀는 자기 확증을 위해 자본주의 경제에 적극적으로 참여하며 독립을 추구한다. 에린의 사례는 몸의 움직임을 통한 대항이 있으려면, 즉 자본주의적 생산과 소비 주기의 고단함에서 탈주하는 선이 나타나려면, 공동체적이고 급진적인 다른 영토가 필요하다는 점을 보여준다.

완전히 같지는 않지만 비슷한 경우로 에린보다 나이가 어린 에린의 회사 동료 앨리슨Alison의 사례를 들 수 있다. 앨리슨과 시간을 보냈을 때도 에린과 비슷한 고민이 나타났다. 앨리슨은 중산층 출신으로 현대 언어학 학사 학위를 받았고 이후 와인과 음식 문화에 대한 석사 학위를 받았다. 앨리슨은 이런 분야를 공부하면서 삶의 이상과 기대, 열정에 큰 변화를 겪었고, 지속가능성에 대한 문제를 알게 되었다. 이런 상황에서 어떤 사건이 발생했다. "사실은요. 어느 순간에 지금까지의 삶을 떠나서 바이오 다이내믹 농법을 공부하기로 했었어요. 농부가 되려고 3년이 걸리는 교육 과정에 등록하려 했거든요." 농부가 되려고 했던 것은 잘 차려입고, 몸을 가꾸고, 깨끗하고 정돈된 집에서 살기를 원했던 과거의 앨리슨과는 대조적이며, '일상의 신유물론'을 향한 강한 탈영토화의 움직임, 즉 비인간 존재와 더 가까운 관계를 맺고 그녀가 자라난 물질주의적 문화를 거부하려는 강력한 움직임으로 나타났다.

바이오 다이내믹 농법을[63] 통해 앨리슨은 '제국주의적인' 삶의 방식과는 완전히 다른 삶의 배치를 구축할 수 있었다. 그녀는 서로 연결되고 상호 구성하는 요소로 이루어진 생태계에 참여하면서 그 생태계가 허용하는 범위 안에서 인간 활동을 구축하는 순환적 리듬에 맞추며, 구체적인 관계성을 지향하고, 한계를 존중하고, 인간과 비인간 존재 사이의 생명력을 상호 연관된 것으로 여겼다. 그러고는 자신을 잃고 식물이-되고 곤충이-되고 지각불가능하게-되었다. 그렇게 앨리슨은 정돈된 통제에서 벗어나 토양의 끈적임이라는 감각의 세계로 들어갔다. 탈주하는 선이다. 노동이 삶의 유기적인 일부가 되는 본질적으로 대안적인 존재 형태에 대한 욕망. 더 이상 일과 여가(소비)의 틈새에서 가치 절하되거나 고립되지 않는 즐거움과 기쁨으로 대지와 식물 그리고 동물을 돌보고 애정과 관심을 쏟는 일. 따라서 물리적 노동 자체가 즐거움의 일부가 되는 것.

하지만 학교 측 사람들과 대화를 나눈 후 앨리슨의 마음은 바뀌었고, 그녀가 그렸던 가상의 대안 또한 힘을 잃었다. 그들은 앨리슨에게 "그렇게 다 술술 풀리는 것이 아니"라며, "그저 꽃이나 따러 거기 간다고 생각해서는 안 돼요!"라고 말했다. 그들과의 대화 후, 대안적인 삶을 개척한다는 것이 "너무 대단하고 (…) 엄청 힘든 일!"로 느껴졌고, "그러면서 불안해졌다." 농부의 삶의 전반적인 특성과 불확실성에 겁이 덜컥 났다. 날씨가 어떻든 간에 '하루 열 시간씩 밭에서 일하고' 아침 일찍 일어나서 저녁까지 '죽을 것처럼 힘들게' 일하는 것, 그 피로감 등. 게다가 그런 노력이 결국 보상받을 수 있을지에 대한 확신도 없었다. 그런 급진적인 변화는 불안감을 가져오기 마련이고, 이는 앨리슨의 변화를 일부 설명한다. 하지만 이 새로운 삶의 관점이 매력을 잃게 된 더 큰 이유는 학교 측 사람들이 보여주었듯이, 바이오 다이내믹 농법이 자본주의적인 방식으로 자연과 노동을 이해하도록 재영토화되었기 때문일 것이다. 일은 충족감을 주는 다른 활동을 할 시간과 에너지를 빼앗는 고된 활동이 되었고, 일-자연은 여가-자연으로부터 이분화되어 버렸다. 사실 그 사람들과 대화를 나눈 후 앨리슨은 자신이 자연 속에 있는 것을 좋아하지만 산책하러 나가는 것처럼 그녀가 평소 하던 대로 자연 속에 있는 것과 밭에서 일하는 것 사이에는 큰 차이가 있다는 사실을 '깨달았다.' 자연은 다시 한번 '다른 것'으로 대상화되어 소비될 때만 즐길 수 있는 것이 되었다. 앨리슨의 자아에서 환경은 다시 배경으로 잘 설정되었다.

그래서 에코르나투라시로부터 사무실 관리자 인턴십을 제안받았을 때 앨리슨은 확신에 찬 발걸음으로 그곳에 갔다. 이제 앨리슨은 매일 아침 6시에 일어나서 7시에 새로 산 차를 타고 "깨어 있기 위해" 대중

음악을 크게 틀고는 (총 70킬로미터를) 운전해서 일터에 간다. 업무를 하고, 구내식당에서 점심을 먹고, 저녁 6시가 되면 사무실을 떠난다. 그런 다음 자기 말을 보러 가거나 아니면 바로 깨끗하게 정돈된 집으로 돌아간다. 우리가 현장 연구를 했던 날 앨리슨은 곧 남부 이탈리아의 사르데냐에서 휴가를 보내기 위해 비행기를 탈 거라며 들떠 있었다. (부분적인) 재영토화였다. 하지만 에린의 삶의 경로와 비교할 때 앨리슨의 경우는 그녀를 탈물질주의적 번영이라는 탈영토화의 움직임으로 이끈 새로운 만남이나 그녀 자신의 투자가 새로운 물질-기호적인 배치의 전에 없던 민감성(예를 들어, 낭비에 대한 반감) 안에서 '직조되면서'[64] 더 구체적으로 나타났다. 예를 들어, 이제 앨리슨은 불필요한 모든 것을 피하기로 결심했기 때문에 "훨씬 적게 구매"하는데, 특히 옷이나 장신구를 덜 샀다.

> 옷장을 열고 나 자신에게 물었어요. 정말 더 많은 옷이 필요한 거야? 그러니까, 옷은 이미 충분히 많았거든요… 내 말은, 물론 아마도 내가 다 좋아하는 물건이었겠지만요. '와, 이 티셔츠 정말 너무 괜찮네. 꼭 반드시 가져야겠어!' 이렇게 생각했던 건 아니거든요. 글쎄요… 예전에는 좀 그랬던 것 같기도 해요. 그러니까, 예전이라면 '이게 좋아? 그럼 사지 뭐. 무슨 상관이야'라고 했을 거예요. 반면에 지금은, 그러니까 뭔가를 사기 전에 자신에게 이렇게 물어요. 정말 필요한 거야? 음… 정말로 내가 더 괜찮은 사람이라고 느끼기 위해서 이런 게 필요한 거야?

앨리슨은 여기서 다소 뚜렷한 어떤 전환을 설명하고 있었다. 그러니까, 전환이 이루어지기 '이전'에 상품은 앨리슨의 몸에 거의 저항 불가능한 힘을 행사했다. 그래서 그녀는 리비도적 흐름에 따라 새로운 것, 감각적인 것, 눈에 띄는 것이라면 무엇이든 거의 어떤 통제도 없이 사 모았다. 전환 '이후'인 지금은 물건을 쫓는 앨리슨의 마음이 힘을 잃었다.

어떤 면에서 이런 변화가 그리 명확하기만 한 것은 아니다. 앨리슨과 함께 하루를 보낸 날, 나는 그녀가 가게를 돌아다니며 새로운 옷을 만져보고 최신 패션 유행을 알아보는 일에 약간 신나 한다고 느꼈고, 이는 소비에 대한 리비도적 이끌림이 앨리슨 안에서 계속되고 있다는 징후로 보였다. 이는 앨리슨이 새로 산 샌들에 대해 내게 몇 번을 얘기한 후 가족의 모든 신발이 깔끔하게 정리된 옷장으로 나를 데려갔을 때도 명백하게 나타났다. 앨리슨은 거의 어린아이가 새 장난감을 보여주듯이 나에게 신발을 보여주었다. 앨리슨도 에린과 비슷하게 말했다. "내 자신이 외적으로 괜찮게 느껴져야 해요. 어떤 상황에서도요." 몸과 아름다움에 대한 관심은 앨리슨의 일상에서 반복적으로 나타났고, 이 때문에 그녀가 자기 돌봄을 중요하게 생각한다는 점을 알 수 있었다. 이 두 여성은 실제로 작은 제스처, 말하는 방식, 어떤 물건에 대한 거부, 거울 앞에 자신을 마주하는 의식, 집에서도 너무 대충 하고 있지 않으려는 (머리핀으로 상징되는) 의지, 자신이 별로라고 느낄 때 나타나는 '충격', 그렇기 때문에 자기를 계속해서 돌보는 일에 마음을 쏟는 것까지 정말 많은 것을 공유했다. 자기를 가꾸는 것은 필요하지만 힘든 일, 에린이 '시간 낭비'라고 정의한 행동이었다.

그러나 두 사람 사이에는 중요한 차이도 있다. 앨리슨의 경우 지속

가능성과 낭비하지 않는 생활에 대한 약속이 자기 몸을 돌보는 일을 상대적으로 덜 중요하게 만들었다. 따라서 그녀의 욕망은 소비하고 (눈에 띄게) 좋은 몸매를 유지해야 한다는 물적 명령에 그렇게 많이 사로잡히지는 않았다. 다시 말해 비인간 존재인 자연을 존중하려는 앨리슨의 노력이 어떤 긴장을 유발해 (비록 부분적일지라도) **비판의 힘**을 행동으로 나타나게 한 것이었다. 푸코의 표현을 빌리자면, 앨리슨은 "**그와 같이 욕망하기를**" 거부했다.[65] 그러나 새롭게 확립된 그녀의 검소함은 의식적이고 자주적인 통제의 결과라기보다는,[66] 그 자체로 집단적인 선과 욕망하는 기계의 산물이다. 지속가능성은 상품으로 향하는 리비도의 흐름을 끊어내고 이를 시간과 돈을 신중하게 쓰는 자기 절제와 검소로 이끌었다. 그런데 이 새로운 흐름은 덜 욕망하는 것도 아니고, 덜 리비도적이지도 않으며, 심지어 덜 물질적인 것도 아니다. 새로운 리비도적 흐름이 생성하는 제스처와 사물을 조작하는 창의적인 방법, 그리고 그 흐름에 기반한 해석은 덜 물질주의적임에도 불구하고 즐거운 것이 아니라 바로 덜 물질주의적이기 때문에 즐겁고 충만했다. 예를 들어 앨리슨은 길고 풍성한 머리를 자원의 낭비 없이 감을 수 있는 방법을 내게 알려주면서 은근한 자부심과 즐거움을 내비쳤다. 그녀는 아주 적은 양의 샴푸를 작은 플라스틱병에 부어 물과 섞은 후 사용한다. 그렇게 하면 거품이 더 많이 나고 샴푸를 머리카락에 좀 더 고르게 도포할 수 있기 때문에 적은 양으로도 충분하다. 앨리슨은 그렇게 하는 것이 물질과 돈을 모두 절약하게 해준다고 설명했다.

물론 앨리슨이 이처럼 "조금 절약하는 사람"이 된 것은 북동부의 경제적 번영에 일부 기여한 기업가적 성향이 부분적으로 나타난 것이라

2장. 삶의 자본주의적 조직화

고 볼 수 있고, 이는 그 자체로 자아를 형성하는 "얼굴성 기계"에 기여하는 면이 있다. 즉 돈을 절약하고, 일하고, 가치를 높이는 등 자본의 선을 따라 재영토화가 나타나는 것이며, 이는 '프로테스탄트적 윤리'를 연상시킨다. 하지만 그녀의 절약에는 적어도 어느 정도는 좀 다른 작용이 있는 듯하다. 절약 그 자체를 위한 절약이 아닌 "나를 더 만족시키는 무언가를 하기 위한" 절약이기 때문이다. 예를 들면, 앨리슨은 (친구를 만나는 것처럼) 사교 생활을 위한 지출을 중요하게 생각하고, 책을 읽거나 산책하는 일에 시간을 쓰려고 한다. 반면에 "사탕 두 봉지"를 사거나 "TV 앞에서 시간을 낭비하는 일"은 무의미하다고 느낀다. 따라서 절약과 검소는 명령이 아닌 삶의 만족을 위한 수단이 되며, 한계의 설정 또한 욕망을 위한 공간과 에너지를 남겨두는 효과를 가져온다. 예를 들어, 앨리슨은 정리 전문가 곤도 마리에^{Marie Kondo}가 쓴 《정리의 힘》(웅진지식하우스, 2020)이라는 책을 읽은 후에 자신이 물건을 없애면서 느낀 해방감에 대해 이야기했다. 앨리슨의 삶의 공간을 문자 그대로 점령하면서 그녀의 욕망을 무겁고 부담스러운 과거에 묶어둔 수많은 물건이 사라졌다. 이렇게 물건을 덜어냄으로써 앨리슨은 더 적은 물건, 더 많은 실험, 새로운 관계, 그리고 신선한 공기로 이루어진 욕망의 공간을 열 수 있었다.

금융 위기는 앨리슨의 가족에게 심각한 영향을 미치지는 않았다. 하지만 위기에 처했다는 "정서적 분위기"는[67] 앨리슨의 변화에 결정적이었다.

낭비하지 않고, 버리지 않는 거요… 그러니까, 여전히 쓸 수 있는 물건을 내다 버리지 않는 것 말이죠. 결국 필요하지 않은 물건을 사지 않는 거죠. 물건을 쌓아두고 필요하지도 않은 것들로 자기를 채우는 일에는요… 제 말은 이런 것에 부분적으로 모두 경제적 측면이나 환경 오염, 지속가능성에 관한 측면이 있어요… 이 모든 문제들이요… 그러니까, 가능한 한 영향을 적게 미치는 생활 방식을 갖는 거죠… 이런 건 정말이지 가장 작은 일이지만, 그것만으로도 벌써 큰 차이가 만들어지거든요. 자기가 만드는 환경 발자국을 조금 줄이는 거예요. 맞아요. 그거예요. 이런 시도가 어느 정도 다른 모든 것과 연결되어 있어요. 모두 연결되어 있죠. 정말로요.

앨리슨은 금융 위기를 언급할 때 경제 문제와 환경 문제를 아주 밀접하게 연결해서 이야기했다. 그녀가 환경 파괴의 주원인으로 자본주의 경제를 대놓고 지목한 것은 아니었지만 경제적 불안정성은 앨리슨에게 소비를 줄여야 할 필요로 다가왔고, 이는 그녀가 현 체제를 신뢰하지 않는다는 사실을, 즉 현 경제 체제에는 두 위기를 극복할 역량이 없다는 앨리슨의 생각을 보여주었다. 앨리슨은 한정된 자원 문제와 생태적인 취약성을 돈의 부족과 연결해 이야기했는데, 이는 자기 영속성이 있고 의심의 여지가 없는 전지전능한 자본에 대한 구조적인 도전의 표현이라고 볼 수 있다. 위기가 드러낸 취약성은 자본주의적 장치가 일상의 배치를 구성하는 데 그다지 효과적이지 못하다는 점을 명백하게 드러냈다. 이는 위기가 전환과 변화를 앞당기는 '가속기'가 될 수도 있음을 의미한다.

물론 앨리슨이 보여준 '유연한 선분성'supple segmentarity*은 농부가 되고자 한 그녀의 탈주선이 보여줬던 것과는 달리, "상대적인 탈영토화에 의해 작동되며, 경직된 선과 막힘으로 복귀하는 재영토화를 허용하기 때문에 일종의 타협일 뿐"이라고 볼 수도 있다.[68] 그러나 이것이 반드시 원치 않는 결과라고 단정해서는 안 된다. 오히려 너무 빠른 탈영토화는 욕망의 소멸로 이끌 수 있고, 따라서 그 자체로 위험할 수 있기 때문이다.[69] 탈영토화 움직임에는 대안적 영토가 필요하다. 이런 의미에서 '친환경 소비'라는 주류적 배치를 통한 재영토화는 앨리슨에게 실험과 욕망을 지속할 수 있는 편안한 공간처럼 작동한다. 마치 '물'** 같다. "강에 다리를 넣고, 물살이 다른 방향으로 흐르는 걸 느낄 때, 그 물살을 가로지르는 거죠. (…) 그렇게 할 힘을 가지고 있고요." 이렇게 할 수 있는지 여부는 "방향을 바꾸고 물살과 함께 가며 물의 저항을 느끼고, 자기 나

●   [옮긴이] 들뢰즈와 가타리가 《천 개의 고원》에서 설명한 '선분성'(segmentarity)은 욕망의 흐름을 정해진 끝점, 즉 경계로 차단해 통제하는 현상을 나타내는 개념이다. 여기서는 앨리슨이 보여준 선분성이 약간의 탈영토적 움직임을 보이지만 기존의 질서로 복귀하며 재영토화하기 때문에 '유연한' 선분성이라고 표현했다.

●●   에린, 앨리슨, 그리고 책의 뒤에서 나올 클레어에 이르기까지, 세 여성의 에너지에 대한 이야기에서 모두 물이 반복적으로 나온다는 사실은 아주 흥미롭다. 세 사람 모두에게 물은 자연스럽고 제약이 없는, 즉 인간이 통제하고 사용하고 소비할 수 있는 요소를 뜻한다. 흥미롭게도 클레어와 앨리슨 둘 다 물이 지속 가능한 에너지원으로 사용될 수 있다고 말했다. 이는 이 두 여성의 에너지 배치가 자원 고갈과 환경 위기에 대한 우려로 인해 더욱 선명하게 형성되었음을 보여준다. 살레(Salleh 2017: 210)가 지적하는 대로 "실증주의의 시간의 흐름에서 여성성과 물은 많은 차원에서 연결되어 있다." 따라서 세 사람이 에너지와 물을 연결해 언급한 것은 이들 모두가 '비주류'라는 주체적 위치에 암묵적으로 거주하고 있음을 보여준다.

름의 방식으로 편안히 물살을 거스를 수 있는" 그 순간에 달린 것이다.

앨리슨은 타협이 있는 편안한 공간의 자신이 설정한 한계 내에서 지속가능성을 실현할 수 있었다. 욕망을 존중하면서 동시에 그 욕망을 새롭고 감당할 수 있는 방향으로 밀어넣은 것이다. 미래를 생각할 때 앨리슨은 독립적인 삶을 그렸고, 그러다 누군가와 함께 있고 싶어지면 집을 공유하는 삶을 상상했다. 앨리슨은 차로 꽉 막힌 도로에서 멀리 떨어진 시골에서 살고 싶어 한다. 그녀는 차 대신 자전거를 더 많이 타고 더 많이 걷는 등 "덜 게으른" 삶을 계획한다. 앨리슨은 자기가 아직은 그런 삶을 실천하지 못하고 있다고 말했는데, 마치 자동차를 완전히 포기할 준비가 될 때까지 시간을 갖는 것처럼 보였다. 그렇게 되기 전까지 불필요한 자동차 사용은 줄이려고 애쓴다. 그녀는 말과의 관계도 바꾸고 싶어 한다. 그녀가 원하는 건 장애물 뛰어넘기를 하는 대신 단순한 삶을 살면서 함께 산책이나 다닐 수 있는 새로운 말이다. 하지만 이런 변화에는 기다림이 필요하다. 다른 경험을 가진 앨리슨의 말의 몸이 아직 거기에 있고 돌봄을 요구하며 버려질 수 없기 때문이다. 앨리슨이 그리는 변화에는 "사람들을 더 자주 초대하는 더 즐거운 삶"도 있기에 그녀는 사회성을 키우고 나눔을 실천하려고 한다. 여기서 (사교성이라는) 잠재적으로 급진적이지만 자유주의적인 담론이 이미 그녀 생애의 일부였던 배치(앨리슨의 부모님이 친구들을 초대했던 식사 모임) 안에서 다시 굴절되더라도, 이러한 열림은 반복 속의 차이를 만들어내고, 따라서 새로운 관계성이 나타나는 시작점이 될 수 있다. 이런 삶은 자신의 욕망이 특정 가치 체계로 환원될 수 없을 때조차 그 욕망을 존중하는 과정이다. 즉 욕망의 복잡성을 받아들이는 것이다.

2장. 삶의 자본주의적 조직화

앨리슨의 사례를 오누르비오나 에린의 사례와 비교해 보면, 욕망이 탈주선을 따라 재영토화될 때 좀 더 생산적인 결과가 나타나는 듯하다. 앨리슨에게 재영토화가 나타날 수 있었던 것은 그녀가 한계, 탈물질주의적 번영, 생태계 존중 등의 대안적인 사회 담론에 좀 더 강렬하게 끌렸기 때문이다. 앨리슨의 어린 나이, 욕망의 선의 유연함, 금융 및 환경 위기와 지속가능성을 둘러싼 사회적 담론의 증가, 사회-생태적 대사 작용에 관한 지식을 얻게 한 대학의 교육 과정 등 이 모두가 함께 작용하면서 이런 결과를 가져왔을 것이다. 앨리슨도 오누르비오처럼 환경 관련 행동에서 "내 몫을 한다"고 이야기했다. 그러나 앨리슨의 경우에는 그 개인의 노력이 희망과 믿음의 논리에 더 깊이 뿌리를 내리고 있었다. 또 개인의 노력은 거꾸로 변화에 대한 집단적 상상력이 (그리고 그 가능성의 범위가) 존재한다고 느껴질 때 그와 함께 나타나는 것이며, 그렇게 되어야 대안적이며 좀 더 생태적인 배치로 향하는 실천이 계속해서 나타나게 된다. 그런 배치에서는 개인적으로나 생태적으로 삶을 지속하게 하는 실천에 있어 자아의 중요성은 점점 배경으로 사라지며, 강렬한 사회-생태적 관계성이 더욱 중요하게 여겨진다.

3장.

삶의 물질, 흐름, 그리고 존재들

: 삶을 열정적으로 만드는 '감정의 풍부함'

이 장에서는 물질, 에너지, 그리고 인간-외-동물 등 비인간 존재가
일상 생태계를 재구성하는 데 있어 어떤 힘을 발휘하는지를 살펴본
다. 현대 사회의 지식, 권력 및 존재의 구조를 형성하는 '초월적 형이상
학'metaphysics of transcendence은 위계적 이분법을 통해 비인간 존재를 하위
의 착취 가능한 위치로 밀어넣었다. 에코페미니즘의 역사적 유물론 연
구와[1] 제이슨 무어 같은 신마르크스주의자의 연구가[2] 보여준 것처럼,
이러한 위계적 이분법은 전 지구적인 가부장적 자본주의라는 매우 구
체적인 지배, 수용, 착취 프로젝트의 결과로 나타났다. 이는 또한 가부
장적 자본주의의 식민지 프로젝트나 제국주의 프로젝트와도 떼려야 뗄
수 없는 관계에 있다. 이 맥락에서 자연은 인간과 구별되는 별개의 존
재로 설정된다. "계급 프로젝트"의[3] 틀 안에서 소유주인 자본가 계급은
자연을 생명이 없고, 버릴 수 있으며, 마음대로 이용하고 착취할 수 있

167

는 대상으로 여긴다.[4] 여성의 몸과 인종화된 주체의 몸 또한 자연의 일부로 간주되어 거리낌 없이 착취된다. 이들이 제공하는 보이지 않지만 필수적인 노동은 (마르크스가 직관한 대로) 생산적 노동뿐 아니라 이익과 자본의 축적을 뒷받침한다.[5] 반면 이렇게 저평가된 몸은 '상위'의 기능, 즉 사고, 생산적이며 창조적인 작업, 문명의 발전과 그 지배력 등에 연결된 백인 남성에 의해 착취될 수 있다. 이처럼 세계를 이분화해서 보는 구조는 사물, 식물, 그리고 비인간 동물에게 더 명확하게 투영된다. 이들은 도구화된 존재이며 착취될 수 있고 버려질 수 있는 존재다. 이런 형태의 형이상학이 세계 체제의 현실 및 일상생활 모두에 구조를 제공했고, 거시 정치부터 미시 정치에 이르기까지 착취 및 전유의 질서를 정당화하고 지원했다.

신유물론은 물질과 사고, 사물과 상징이 하나의 존재론적 평면에 속한다는 내재주의 철학immanentist philosophy을 제시함으로써 이러한 지배적 장치를 해체하려 했다.[6] 이는 하나의 층위가 다른 층위로 축소될 수 있다는 뜻이 아니라 한쪽이 다른 한쪽보다 더 '진짜'이고 더 설명력이 있는 것은 아니라는 의미다. 따라서 인간, 사회, 언어 등은 세계의 나머지 부분과 분리되어 (더 나쁘게는 그 위에) 존재하는 것이 아니며, 존재론적으로 일관된 실재가 아닌 집합이라는 과정의 관계적 결과로 나타난다. 이 관점은 인간이 자연의 나머지 부분과 별개이며 나머지보다 우월하다고 간주하는 인간중심적인 "인간 예외론"human exceptionalism에[7] 반기를 든다. 나아가 물질과 자연을 인간의 초월적 '마음'이 작동되는 대상으로만 여겨 정신을 박탈하는 대신 그 자체로 활력을 가진 존재, 즉 인간이 조작하는 무력한 기저층이 아닌 활발하고 창조적인 힘이 관통

3장. 삶의 물질, 흐름, 그리고 존재들

되는 영역으로 여긴다.[8] 또 세계가 (초월적) 본질로 구성되는 것이 아니라면 관계적으로 존재하는 것이라는 관점이 나타났다.[9] 따라서 "생태 시대를 다루기에 적절한 단위"의[10] "생태 비평적" 접근에는 관계적인 사회과학이 요구되며, 분석과 조사의 "최소 실제 단위"가 이 한 사람 혹은 저 한 사람의 개인이나 기술, 지식, '장소', 집 등이 아닌 그들이 형성하는 "물리적·생물학적·심리적·사회적·언어적" 몸의 배치로 설정된다.[11]

이 장은 인간 이상의more-than-human 배치, 즉 인간이 아닌 모든 존재에 주목하면서 일상 생태계를 형성하는 비인간 존재의 힘을 살펴본다. 환경파괴와 기후변화의 영향으로 세상의 온갖 물질적 측면에 대한 관심이 긴급히 요구되고 동시에 인간 통제의 한계가 여실히 드러난 현시점에, 이런 관점은 시대적 요구에 걸맞은 분석의 민감성을 키울 수 있도록 해준다.[12] 사회경제적 과정에 대한 유물론적 분석의 필요성은 반복해서 제기되어 왔다.[13] 이는 세상을 (살아 있는) 물질로 재구성하고[14] 우리의 몸을 정동적이고 관계적인 실재로 인식하는 것이다.[15] 몸, 상징, 사물이 어떻게 실질적으로 상호 맞물려 작동하는지에 주목함으로써 추상적 이성을 선호해 온 형이상학에 대한 해방적 비판을 촉진할 수 있다. (사회적) 실재를 기호 체계와 물질적 행태지원성, 에너지 흐름의 역동적이고 '평평한' 섞임으로 이해하면, 연구자의 감각은 실재의 복잡성을 읽어낼 수 있다. 관계성에 대한 이러한 '감각'이 주체(그리고 다른 존재)를 자기 폐쇄적이고 자율적인 존재로 보는 가부장적 현대 자본주의의 해석을 대체할 수 있도록 돕는다. 자기 폐쇄적이며 자율적인 주체는 그 자체로 삶의 재생산의 핵심에 놓인 상호의존성과 그 구체적 관계를 가려버리는 가부장적 자유주의의 결과다. 그러나 여성/자연의 관점에

서 볼 때, 삶은 그 무엇보다도 상호의존성과 취약성, 그리고 관계의 문제가 된다.[16]

에너지

일상에서 나타나는 지속 가능한 전환을 그려낼 때, 에너지는 여러 이유로 핵심적인 위치를 차지한다. 기후 위기 및 기타 환경 문제에 있어 에너지의 중요성에 대한 인식이 특히 높아진 것은 무엇보다 공공 담론이 기후변화, 즉 탄소 배출 문제에 집중했기 때문이다. 내가 관찰한 바로는 화석연료와 바이오연료의 차이가 특히 중요한 문제로 떠올랐는데, 이는 단지 에너지의 물질적 근원이나 사용된 기술처럼 '기술적' 측면 때문이 아니라 에너지 시스템이 사회 조직, 특히 방금 논의한 노동 조직과 밀접하게 연결되어 있다는 인식이 어느 정도 명확해졌기 때문이다.

인터뷰 중에 나는 참가자들에게 에너지가 자신에게 무엇인지 자유롭게 연상해 보라고 한 후 그들이 생각할 때 '에너지'를 대표하는 이미지 몇 장을 내게 보내거나 가져와 달라고 요청했다. 나는 이 요청을 의도적으로 열린 질문으로 남겨두었는데, 이는 참가자들이 에너지라는 주제를 창의적으로 해석할 여지를 최대한 주고 싶었기 때문이다. 인터뷰를 더 풍부하게 하고 다양한 종류의 데이터를 생성하는 사진-연상[17] 및 사진-제작에[18] 해당하는 방법을 사용한 것이다. 사진은 인터뷰의 시작점이 되었고, 참가자들이 인터뷰 주제를 독자적으로 구체화할 수 있게 해주었으며, 참가자의 관점과 상상력, 도덕성, 의미로 초점을 전환해 대화를 좀 더 균형 있게 만드는 데 도움을 주었다.[19] 이미지를 통해 물질적 요소와 담론적 요소가 "그물망 안에서 하나가" 되었고, 경험의 맥락성과 감각성이 강조되었다. 또 "언어 제국주의" 때문에 나타나지 못할 뻔한 비기표적인 요소들이 중심으로 오게 되었다.[20] 이미지는 과거나 미래의 대상과 사건처럼[21] 현재에 존재하지 않는 것들을 불러오기도 했다. 그런 대화는 이미지의 모호하고 다의적인 성격, 즉 현실의 비-마감성un-closure을 드러냈다. 이미지는 예상치 못한 것을 불러오고 탈영토화하는 배치를 불러왔다.[22]

이 장의 뒷부분에서 그 의미가 더 명확해질 테지만, 이미지를 사용한 것은 실로 나에게 탈영토화를 경험하는 중대한 기회가 되었고, 내가 에너지를 어떻게 정의하고 이해하는지에 영향을 미쳤다. 특히 놀라웠던 점은 '에너지'에 대한 이미지와 설명에서 가장 반복적으로 나타나고 참가자들이 가장 먼저 생각해 낸 주제가 '신체 에너지'나 '물리적 에너지' 또는 '개인의 에너지'였다는 사실이다. 이런 일은 생활 전반이 전기화되고, 교통수단과 난방에서 화석연료가 주로 사용되며, 재생 가능 에너지원과 신기술을 기반으로 한 '에너지 전환'에 관한 논의가 반복해 드러나는 상황에서도 나타났다. 이에 따라 나는 삶이 어떻게 나름의 정치적 우선순위와 표현적 욕망을 생성하는지를 깊이 인식하게 되었다. 실제로 일상은 우리에게 잘 산다는 의미와 관련된 요구를 부과하고, 우리가 타인과의 관계 속에서 자기 몸 안에 편안하게 거주할 것을 요구한다. 들뢰즈의 "몸이 할 수 있는 것"what a body can do이라는 개념이 나타내듯,[23] 몸은 그 자체의 움직임과 역동성을 통해 환경을 이해하며, 분리되기보다는 연결하고, 물리적 흐름에 대한 깊은 이해와 능숙한 상호작용을 가능하게 한다.[24] 어떤 면에서 신체 에너지에 대한 이러한 강조는 분명 생산 노동과 재생산 노동 둘 다를 기반으로 하는 경제 체제에서 '기능하는' 몸이 필요하다는 표현일 것이다. 예를 들면 메리는 에너지가 자신에게 무엇을 의미하는지에 대한 나의 질문에 다음과 같이 답했다.

> 에너지에 관한 얘기라면요… 내 머릿속에 떠오르는 건 빛의 에너지라든가, 그러니까 냉장고나 이런 것의 에너지, 세탁기의 에너지 같은 건 아니에요… 사람의 에너지[가 마음에 떠올라요]. 힘을 가지고 있다든가, 의지가 있다든가 아니면… 의지가 없다든가 하는 거요. 그러니까 그냥 힘이, 일을 할 에너지가 있다는 게 떠오르네요.

그녀가 에너지를 이렇게 설명한 이유는 분명 그녀가 살아온 길에서 찾을 수 있을 것이다. 메리의 일생을 통틀어 엄청나게 많은 에너지가 필요했기 때문이다. 메리와 윌리엄은 오랜 시간을 일했고, 아이들을 돌봐줄 다른 사람이나 사회적 돌봄이 부재한 상황에서 교대로 육아를 책임졌다. 하지만 메리가 우리를 향해 다가오던 자기 반려견을 보면서 "이 작은 개가 가진 에너지"라고 말했던 것처럼, 참가자들이 신체 에너지에 대해 얘기할 때면 늘 어떤 살아 있음의 느낌이 있었다.

신체 에너지를 지속 가능한 삶을 위한 수단으로 사용하는 것은 호미카의 일상에서 특히 두드러졌다. 호미카는 자신의 일상에서 에너지를 절약하는 노력을 지속했고, 이것은 그와 자전거의 관계를 통해 잘 드러난다. 자전거는 호미카의 일상, 대화, 그리고 공간에 깊이 녹아 있다. 그는 수많은 중고 자전거를 모아두었는데, 이는 잠재력의 원천과도 같다. "언젠가 그중 일부가 필요할 거라는 걸 알고 있어요. 문제는 어떤 게 필요할지 지금은 모른다는 거죠. 그래서 전부 갖고 있는 거예요!" 자전거는 친환경적이고 민주적이며, 빠르면서도 천천히 움직인다. 또 효율적이다. 그리고 무엇보다 가장 쉽게 이용할 수 있는 재생에너지인 몸 에너지로 움직인다.[25] 자전거는 또 어릴 때부터 호미카가 항상 느꼈던, 몸에 있는 충분한 에너지를 사용해 "몸을 움직일 필요성"을 만족시킨다. (오누르비오처럼) 오락이나 스포츠를 통해 몸 에너지를 방출하는 대신, 호미카는 장소 간 이동, 통근, 무언가를 만드는 등의 활동에 자신의 몸 에너지를 사용한다. 예를 들면, 그는 달리기를 좋아하지만 "무작정 달리기보다는 목적지를 향해 달리는 것이 가장 좋다"라고 생각한다. 따라서 호미카는 자신의 (몸) 에너지를 생산적인 일을 위해 쓰려 하지만, 이는 동시에 소비에 저항하고 낭비에 저항하는 치유적 측면을 갖는다.

이러한 활동에 참여하고 에너지 효율적인 운송 수단을 선택할 때, 호미카는 환경에 대한 걱정 때문에 의식적으로 에너지와 제품의 소비를 줄인다. 이를 단순히 욕망을 '억압'하는 선택으로 보거나 추상적인 개념에 기반한 어떤 헌신으로 해석한다면 잘못이다. 호미카의 행동은 '자연'을 존중하려는 동기(자연을 '보호'하거나 '복원'하려는 동기는 말할 것도 없고) 대신 오히려 심오하고 강렬한 에너지 경험을 갖고자 하는 욕망에서 비롯된 것으로 보인다.

이는 나를 들뢰즈와 가타리의 욕망 개념으로 다시 돌아가게 한다. 이들의 욕망 개념을 좀 더 면밀하게 들여다볼 필요가 있다. 들뢰즈와 가타리에게 욕망은 정신분석학에서처럼 결핍에 의해 생기는 주관적이며 인간적인 갈망이 아니다. 정신분석학적으로 말하면 나는 나의 불완전함과 결핍으로 인해 욕망을 품는다. 나는 다른 주체나 대상과의 만남을 통해 이 공허함을 극복하려고 노력하지만, 그런 노력은 언제나 좌절로 이어진다.[26] 그러나 들뢰즈와 가타리에 따르면, 욕망은 인간중심적이지 않은 힘으로 세계 자체와 세계의 물질적 구성에 깊숙이 내재해 있다. 이 힘은 부족함이나 결핍에 기반한 것이 아니라 오히려 긍정적인 창조성과 생산성을 중심으로 하는 활기차고도 생성적인 힘으로 특징지어진다. 욕망은 더 깊고 무의식적인 실재를 나타내거나, 상징적이고 심리적인 상상의 영역에서 작동하는 것이 아니다. 오히려 욕망은 물질, 담화, 체화된 정서 등으로 구성된 (물질적이고 실질적인) 배치를 만들어낸다. 욕망의 생산적인 특성은 오이디푸스의 삼각형*과 같이 미리 정해진 틀이나 구조로 환원될 수 없고, 과거의 경험이나 트라우마의 반복으로 나타나는 것도 아니다. 욕망은 현행적이며,[27] 단어, 부분-객체, 신체-부위, 소리, 이미지에 이르기까지 실재의 다양한 요소를 연결하고 분리하는 기계로 작동한다. 또 욕망의 생산성은 정치적이고 혁명적인데, 이는 욕망이 실재에 안정과 질서를 부여하려는 시도를 어렵게 만들기 때문이다.[28] 욕망은 사회적 구조나 특정하고 편향된 방식으로 그 방향을 형성하려는 '장치'에[29] 의해 정의되거나 제한될 수 없다.** 이는 욕망이

●   [옮긴이] 자크 라캉이 최초로 사용한 개념이며, 인간의 욕망을 가족으로 구성된 폐쇄적 관계 안에 가두고 설명하는 정신분석학적 접근을 가리킨다. 들뢰즈와 가타리는 《안티 오이디푸스》(민음사, 2014)에서 이런 관점을 비판하고, 욕망을 오이디푸스 콤플렉스에서 해방시키며, 욕망의 혁명적 측면을 강조했다.

●●   이런 관점과 푸코의 권력이론 사이의 유사점은 디 마소와 딕슨의 2015년 연구(Di Masso & Dixon 2015)를 참조하라.

3장. 삶의 물질, 흐름, 그리고 존재들

완전히 자유롭게 흐르고 자기 결정적이라는 뜻은 아니다. 실제로 사회 구조도 욕망에 의해 생성된다. 그러나 체제의 안정을 유지하기 위해 욕망의 생산적 힘은 사회적 삶을 통해 통제된다.

호미카는 문명(특히 우리 시대의 문명)이 인간에게 옷, 집, 차 등으로 자기 몸과 세계 사이에 일련의 '에워쌈'wrappings을 세우는 것을 피할 수 없게 한다고 한탄했다. 에워쌈은 우리와 나머지 세상 사이를 중재하며 경험이 선사하는 앎의 강렬함을 앗아간다. 에워쌈은 욕망의 방향을 조정하고 그 힘을 약하게 만든다. 이는 화석연료 에너지와 관련이 있다. 호미카가 말했듯이 자동차는 그 대표적 예다.

자동차는 우리 몸이 할 수 있는 것에 대한 감각과 한 곳에서 다른 곳으로 이동하는 데 필요한 움직임이라는 몸의 경험을 빼앗는다. 또 "특정한 관점에서 그리고 합리적인 한계 내에서 좋은 느낌을 줄 수 있는 피로"와 같은 어떤 정서의 경험을 앗아간다. 호미카에게 일상의 에너지와 다른 관계를 만드는 일은 에워쌈에서 벗어나는 것을 의미한다. 즉 물질적으로 덜 중재된 방식으로 살면서 좋고 나쁜, 위험하고 편안한, 덥고 추운, 그 모든 영향을 몸이 받게 하려는 욕망에 따르는 것이다. 경험을 더욱 강렬하게 만들기 위해 특정한 물질-에너지에 제한을 두는 것도 바로 욕망 그 자체다.

이는 더 지속 가능한 삶의 방식과 일치한다, 현대 문명이 '필요'라는 이름으로 만들고 영토화한 에워쌈은 모든 곳에 있고 계속해서 증가하지만, 이는 필연적으로 지속 불가능한 에너지와 자원의 사용을 가져온다. 또 이런 에워쌈에는 정서의 희석이 수반되므로 늘 새로운 도구와 흥분을 추구하지만 생태적으로는 파괴적인 삶이 나타나게 한다. "이게 바로 핵심이에요. 이런 사회는 아주 신나는 곳이고 또 사람들을 흥분시키지만, 내 말은… 그러니까 너무 큰 대가를 치르게 된다는 거죠!" 신체 에너지와 생명 에너지에 다시 연결된다는 것은 맨살로 살아가며 삶의 우발성을 있는 그대로 받아들이고, 소비로 모든 것을 소진하지 않고도 삶의 황홀감을 (되)찾음을 의미한다. 예를 들어, 호미카는 자신의 침실에 난방을 켜지 않는데, 때로는 방의 온도가 11°C까지 내려갔지만 "침대에 들어갈 때마다 떨림, 즉 '으슬으슬함'●을 느끼기 위해" 일부러 그렇게 했다! 그가 했던 극한의 자전거 여행과 마찬가지로 "어떤 기억은 수년이 지나고 많은 것이 사라진 후에도 계속 남아" 있다. 예를 들어, 호미카는 매우 적은 양의 음식만 먹고 자전거로 수십, 수백 킬로를 달려 이탈리아의 최북단까지 갔다가 별다른 기별 없이 정확히 저녁 식사 시간에 맞춰 집에 도착한 날을 기억한다. 아내가 친구들 몇 명과 함께 있었고 호박 뇨끼 요리를 만들었던 날이다. 호미카는 지금도 그날을 기억한다.

음식에 대한 강렬한 경험은 피로로 인해 더욱 증폭되었다. 이는 균형과 불균형의 경계를 경험하는 일종의 게임이었으며, 에너지의 극한을 체험하고 실패의 위험을 감수하며 균형을 다시 회복하려는 시도였다. 불편한 감정, 그리고 삶이 항상 행복하고 편한 것은 아니라는 느낌이 있었다. 하지만 바로 여기에 힘이 있다. 삶을 열정적으로 만드는 정서의 풍부함을 경험하는 일, 이는 어디에나 있는 에워쌈에서 벗어나려

●　　[옮긴이] 원문에서는 피부와 접촉하는 차가운 떨림을 뜻하는 구어적이면서 거의 다정한 투의 이탈리아어 방언인 'sbrisoin'이란 단어를 썼다고 각주로 밝혔으나, 한국어에 상응하는 표현이 없어 이와 같이 대체했다.

176　　　　　　　　　　　　　　3장. 삶의 물질, 흐름, 그리고 존재들

는 시도였다. 왜냐하면 그 에워쌈이 "당신의 삶을 고갈시키기에!" 따라서 호미카에게 지속가능성은 권력 의지에서 비롯되었다. 편안함이 삶을 고갈하도록 두지 않고, 반대로 지구를 고갈시키지 않는 일. 이는 일상의 몰락과 글로벌 생태계의 파멸 사이에 체화된 연결이 있음을 의미했다. 생명력을 키우는 것은 항상 관계적으로 경험되기 때문에 초-인간적trans-human이며, 우리가 인간으로서 느끼는 번영과 황홀은 물건, 다른 사람, 동물의 존재를 넘어 나타나는 것이 아니라 그들과 함께 경험되는 것이다. 지속가능성을 주도하는 것은 자기 보존의 힘이 아닌 파멸에 저항하는 생명의 힘이다. 이것이 호미카가 신체 에너지와 긴밀한 관계를 맺는 것의 의미다.

다른 참가자들처럼 호미카도 몸 에너지에 관심을 가지면서 동시에 일상에서는 난방이나 요리를 위해 바이오 에너지인 나무를 사용했다. 이 둘은 연결된 것처럼 보인다. 바이오 에너지, 즉 나무를 사용한다는 것은 종종 '열'을 경험한다는 뜻인데, 나무를 베거나 운반하거나 태우는 일에 육체노동과 몸의 참여가 요구된다는 점에서 그렇다.[30] 바이오 에너지와 몸 에너지는 둘 다 개인적이고 구체적인 참여를 요구하는 면에서 본질적으로 동일한 특성을 가진 것으로 인식되는 것 같았다. 이는 화석연료와의 관계에서는 나타나지 않는 특성이다. 바이오 에너지는 몸의 경험과 정서를 강렬하게 만든다. 이 점은 메리와 윌리엄이 나무 화로를 사용할 때도 분명하게 드러났다. 메리는 '에너지'가 자신에게 "사람의 에너지"를 의미한다고 말한 후, 비록 내게 줄 '에너지' 사진을 찍지는 않았지만 내 요청을 듣고 불을 떠올렸다고 말했다. "어제저녁 그릴을 만들었을 때가 떠올랐어요. 발레리오가 그릴을 만드는 걸 사

〈그림 3.1〉 출처: 저자

진으로 찍을 수도 있었을 텐데!" 이와 비슷하게 메리는 인터뷰가 끝나고 집에 돌아오는 길에 나에게 에너지 이미지로 화로의 불 사진을 찍으라고 권했다(〈그림 3.1〉).

메리는 바이오 에너지를 예전 집에서 쓰던 중앙난방과 비교했다. 당시 난방에 연간 2,000유로를 썼으니 난방비가 훨씬 많이 들었다. 지금은 아마 더 비쌀 것이다. 나무에 대해서라면, 윌리엄은 예전에 다니던 언덕 위에 있는 회사에서 여전히 파트타임 일하고 있는데, 회사 사장과 잘 얘기해서 집에서 쓸 나무를 그곳에서 자를 수 있게 되었다. 윌리엄은 그렇게 자른 나무를 자신의 작은 차에 연결된 소형 트레일러에 싣고 집으로 온다. 이런 방식으로 지금은 나뭇값으로 연간 200유로를 지출한다. 하지만 중요한 차이는 단지 돈의 문제가 아니었다. 메리가 내게 말했듯, 산 반데미아노에 살 때는 돈이 엄청 많이 들었지만 "그 집은 그렇게 따뜻하지도 않았다." 여기서는 반대로 "지난밤에 그랬던 것처럼 추울 때면, 그리고 허리가 아프면, 21도라면… 나는…" 그리고 그녀는 충만한 표정을 지었다. 비용 절감보다는 몸과 편안함의 느낌을 얘기하는 거였다. 메리는 반복해서 내게 말했다. "추우면 화로가 몸을 덥혀줘요." 몸을 '적당하게' 덥히는 데서 오는 이 특별한 즐거움은 가스 난방으로는 누릴 수 없는 것이었다. 이런 즐거움과 만나면서 통증이 있는 그녀의 몸은 다시 활력을 얻고 재충전되었다.

마찬가지로 12월의 어느 추운 날 내가 하루를 함께 보내기 위해 아침 일찍 사라의 집을 방문했을 때 나는 그 집에서 작고 효율적인 땔감 화로를 발견했다. 화로는 사라의 몸을 덥혀주는 친구였고 음식을 조리하거나 다시 데우는 걸 도왔으며, 보살핌과 연료 공급을 요구하는 동시에 그녀를 독립적인 기분이 들게 만드는 등의 존재였다. 사라는 이 화로를 자랑스러워했다. 화로는 단순하고 경제적이면서도 애정과 (물질적·정신적) 따뜻함으로 가득했다. 배치로서의 화로는 단순히 지속 가능하고 경제적인 난방 수단이 아니었다. 사라는 화로와의 아주 깊고 체화된, 의미와 정서로 충만한 관계를 즐기고 있었다. 이는 난방이라는 기능적 측면만으로는 설명할 수 없는 것이다. 우리가 나무를 쪼개고 불을 지피기 위해 작은 나무막대기를 준비하고 불을 피우고 마침내 사라가 다른 어떤 것과도 비교할 수 없는 따뜻함을 느꼈을 때, 마치 활기찬 에너지의 흐름이 그녀의 몸을 관통하는 것만 같았다. 화로는 그녀의 몸, 아들과 아들 친구들의 몸, 그리고 자신의 작은 개의 몸이 회복과 즐거움을 찾는 강렬한 순환의 지점이 되었다. 따라서 화로를 쓰는 일은 힘든 일이 아니었고 그녀의 어려운 재정 상태로 인한 불가피한 선택도 아니었다. 사라에게 나무를 쓴다는 것은 그녀가 무언가를 잘 다룰 수 있음을, 에너지 문제에 신경 쓰고 다른 사람들을 돌보고 있고 그녀 삶의 원천과 중요한 관계를 맺고 있음을 의미했다. 이는 좋은 삶을 산다는 의미의 일부이기도 했다.[31] 지속 가능한 삶을 아들에게 가르쳤던 것처럼, 매일 재생산 노동을 수행하는 여성으로서의 주체적 위치가 사라에게 생태학적 배태성과 관계성을 중요시하고 일상적이고 '조용하게' 환경을 돌보는 일에 관심을 두게 만들었다.[32]

화로, 특히 요리용 화로의 다용도성과 멀티태스킹 능력에는 에너지를 절약하는 측면도 있다. 요리용 화로를 지칭하는 이탈리아어 단어와 윌리엄의 설명에서 그 특성이 잘 드러난다. "이런 화로를 스투파 이코

노미카^{stufa economica}라고 부르거든요! 왜냐하면 요리도 하고, 난방도 하고, 로스팅도 할 수 있으니까요… 모두 한꺼번에요! 겨울 동안은 난로가 모든 걸 다 하죠." 나는 방을 따뜻하게 하면서 화로의 난방열을 이용해 빵을 데우거나 국이나 스튜를 천천히 요리하는 것을 많이 봤다. 불의 따뜻한 속성에 기인한 화로의 이런 요리 능력은 인터뷰 중에도 여러 차례 나타났다. 불로 요리하면 감각적으로 즐거워지고 음식의 맛도 깊어진다. 나는 사람들의 몸이 냄새와 맛있는 음식 그리고 따뜻함에 이끌려 화로와 그릴 주변으로 기우는 것을 반복해서 관찰했는데, 이는 가스 난방을 할 때는 볼 수 없는 장면이었다. 호미카와 그의 가족은 나무 화로에 요리하면 맛도 다르고 여러 가지 기능이 있다고 말했다. 메리와 윌리엄은 나무 화로의 이런 특성을 가장 강조하는 사람들인데, 그들은 심지어 단순한 스튜조차 가스레인지가 아닌 화로 불에 요리하면 더 맛있다는 걸 알고 있었다. 요리는 메리 담당이었지만 윌리엄 역시 화로의-강렬함에 이끌리기 때문에 이 주제로 이야기하는 것을 좋아한다. 윌리엄은 "화로가 더 낫죠, 어떻게 사용하는지 안다면"이라고 하면서 여러 가지 이유를 들었다. 먼저 가스 보일러는 난방 양이 적더라도 늘 조금이라도 항상 가동해야 하지만 화로는 "여기나 저기에 냄비를 놓을 수 있어요, 필요에 따라서(불 위는 더 뜨겁고 옆면은 덜 뜨겁다)요." 그리고 "외출하고 나서 화롯불은 십 분 후면 저절로 꺼지지만 가스는 끄지 않으면 계속 연소하죠."

다양한 형태의 바이오 에너지 간의 상호작용은 몸과 주변 환경 사

● 말 그대로, '경제적인 화로'라는 뜻이다.

이의 연결을 재확립하는 지속 가능한 배치의 중요성을 강조한다. 바이오 에너지는 물질적 능력과 지식을 결합하는데, 그 능력과 지식이 과거에는 농촌의 가난에서 비롯되었다면 오늘날에는 에너지 전환과 부족이라는 현대적 맥락에서 과거의 배치를 특징짓던 본질적인 효율성의 정신과 함께 다시 나타난다. 하지만 에너지 접근이라는 더 큰 맥락 안에서 바이오 에너지의 편리성을 평가하는 것이 중요하다. 사라의 화로는 이런 의미에서 주목할 만하다. 난로를 쓰는 일이 자립성과 독립성 차원에서, 그리고 대안 경제 내의 관계를 증진하는 면에서는 즐거운 노력이 될 수 있다지만, 이를 탄력성의 원천으로 무비판적으로 칭찬해선 안 된다. 사라는 그녀의 난로를 소중히 여기지만, 집 안에서 난로를 쓰는 일에는 오직 즐거움만 따르는 것은 아니다. 중앙난방을 감당할 수 없어서 집의 다른 방은 사용할 수 없다는 그녀의 한탄에서 난로가 에너지 빈곤의 문제이기도 하다는 사실이 잘 드러난다. 따라서 현대 사회를 특징짓는 불평등한 자원 분배를 비판하거나 연구의 대상으로 삼지 않기 위한 일종의 변명으로 난로의 능력을 칭찬한다면, 빈곤에 대한 해결책으로 바이오 에너지에 의존하는 잘못된 결과로 이어질 수 있다.[33]

바이오 에너지가 일상의 생태에서 담당하는 강렬한 역할에도 불구하고 내가 관찰한 바로는 일상생활은 대부분 화석연료 사용을 중심으로 구성되며, 이는 주체성, 욕망, 그리고 '정상'이 무엇인지를 정의하는 데 영향을 미친다. 교통수단은 아마도 가장 명백한 예일 것이다. 화석연료가 제공하는 기회에 맞추어 어떤 형태의 노동, 오락, 발견, 정체성이 가능한지가 정해진다. 공간의 규모에 따라 자동차, 버스, 기차, 비행

3장. 삶의 물질, 흐름, 그리고 존재들

기가 한 장소에서 다른 장소로 이동하기 위한 당연한 수단으로 여겨진다. 호미카를 제외한 모든 참가자는 화석연료 기반의 교통수단이 일상의 필수적인 부분이라고 여기는 경향이 있었다. 호미카도 자동차나 대중교통을 이용하지만, 그는 그러한 교통수단이 제공하는 기능과 의미, 영향에 대해 계속해서 질문을 던졌다. 메리나 윌리엄처럼 일부 참가자들은 화석연료 기반의 이동을 줄이려는 노력에 '조용히' 동참했는데, 이는 탄소 배출을 줄이기 위한 노력이라기보다는 충분성의 문제로 이해할 수 있다. 메리와 윌리엄은 오토바이, 기차, 자동차로 하던 여행을 대부분 그만두었는데, 이제 집에 머무르는 편이 더 행복하다고 느끼고 집에 있는 걸 선호하기 때문이다. "여기에 부족한 건 아무것도 없어요." 윌리엄이 말했다. 앞서 보았듯이, 다른 참가자 중에는 사라처럼 경제적 제약을 이유로 이동을 줄이는 이들도 있었다. 참가자 중 일부는 실제로 화석연료 교통수단을 사용하지 않으려고 자전거를 타거나 걷기도 했지만, 집에서 수 킬로미터를 운전해서 일터나 스포츠 경기장에 가거나 아이를 데리러 학교에 가는 것은 그저 '정상'으로 간주했다.

자가용 승용차의 사용은 시간과 공간의 물질과 인프라 구성에 따라 어느 정도 결정된다. 예를 들면, 도심에서 벗어난 외곽 마을에 살면 대부분 자동차를 이용할 수밖에 없다. 대중교통이 미흡하거나 자전거를 타기 힘들거나(이 지역은 여기저기 언덕이 많다) 혹은 위험할 수 있기 때문이다. 자전거로 이동하기에는 근무지가 너무 멀 수도 있다. 사회 실천 이론에 따르면, 에너지 사용과 관련한 행동의 방향은 대부분 독립적인 판단보다는 상호 맞물린 사회-기술적 시스템에 의해 결정된다. 소비는 구매와 선택이라는 제한된 행동 영역을 훨씬 넘어서며 일상생활을 구성하는 다양한 행위에 포함되는 지속적이고 반복적인 행동이다. 실제로 "대부분의 행동에는 소비가 필요하며 수반된다."[34] 이런 관점은 일상의 생태학을 이해하는 데 도움이 된다. 눈에 보이게 소비하고 자기 정체성을 표현하는 행위, 사회적 비교, 주관적 의미와 같은 소비의 상징적 측면에만 중점을 둔 것이 아니라, 자동차를 일상에서 이용하는 것처럼 평범하고 이목을 끌지 않는 기능성의 측면, 즉 사물과 서비스의 더 평범하며 눈에 띄지 않지만 지속적인 사용 및 평가와 관련된 측면에 주목하기 때문이다.[35] 사회 실천 이론 전통의 학자들은 냉장고 사용이나[36] 매일 하는 샤워[37] 같이 특정한 행동이 어떻게 역사적으로 정상적인 생활의 일부가 되었는지, 그리고 그것을 지원하는 인프라가 어떤 것인지에 대해 질문했다. 내가 참가자들을 관찰한 바로는, 자동차 이용은 대부분 '정상적'이라 여겨지는 일상생활이 사회적으로 어떻게 구성되는지에 크게 의존한다. 일터가 집에서 멀리 떨어져 있거나 도시 서비스에 접근할 수 있다는 것이 '잘살고 있다'를 가늠하는 데에 아주 중요한 부분일 수 있으며, 이동성 자체가 개인적이고 주체적인 발전에서 핵심이 될 수 있다.

그러나 이동성과 그것을 가능하게 하는 기술에 거의 과도한 의미가 부여되는 것을 관찰할 수 있었다. 이를 이해하기 위해서는 심리사회적 접근법이 유용하다. 이동성에 강한 의미를 부여하는 것은 내가 보기엔 현대적 삶의 근본적인 리비도의 구조를, 특히 지구를 발견하고 지배하며 타자를 착취하려는 의식적이거나 무의식적인 투자를 나타낸다. 이와 관련해 또 다른 참가자인 발레리오Valerio의 사례는 특히 주목할 만하다. 내가 발레리오를 만났을 때 그의 나이는 거의 일흔에 가까웠는데, 그보다 젊어 보였다. 발레리오는 지질학자이자 예술가이며, 호숫가 집에서 혼자 살았다. 그는 자본주의 조직과 관련된 사회 및 환경 문제에 대해 상당히 의식적이었으며, 일상적 실천을 통해서 지역 경제와 공정 무역 및 유기농 식품 생산을 적극 지원했다(예를 들어, 발레리오는 GAS•라고 불리는 소비자 연대 그룹에 참여했다). 집에서는 난방을 아주 낮게 틀어서 에너지를 절약했다. 발레리오는 아주 조용하고 평화로운 환경에 살면서 집 앞 호수의 아름다움과 다양한 빛이 호수를 비추면서 변하는 색을 가만히 바라보며 감상할 수 있다는 사실에 만족했다. 그는 자연의 미적 힘이 필요라는 주관성을 물러나게 할 수 있다는 것을 내게 깨닫게 해주며 거의 황홀경에 찬 태도로 말했다. "그러니까, 호수가 내 팔레트고 바람이 나의 붓이죠. 내가 하는 건 아무것도 없어요"(〈그림 3.2〉).

하지만 나는 발레리오의 일상이 계속해서 다음 여행, 다음 탐험에 몰두하는 것으로 꾸려져 있다는 점을 알 수 있었다. 발레리오는 자신이 여행한 세계 각지를 자주 언급했다. 여러 차례 방문한 중국을 비롯해 브라질, 대만, 미국 등이었다. 또 자동차 운전은 그의 일상 배치에 상당한 영향을 미쳤다. 발레리오가 자신의 집을 좋아하는 이유에는 호수뿐만 아니라 "고속도로와 가까운" 위치도 포함되어 있었다. 그는 지질학자로 일하면서 이탈리아 전역을 차로 누비며 긴 여행을 한 이야기나 친구들을 방문한 경험을 즐겨 얘기했다. 발레리오는 또 자신의 (빠른) 운전 기술에 자부심이 있고, 차 자체에 아주 감각적이고 신체적으로 끌렸

• [옮긴이] 연대적 구매 그룹이라는 뜻을 담은 이탈리아어 'Gruppi di Acquisto Solidale'의 약자.

〈그림 3.2〉 출처: 저자

다. 그가 빙판길에서 어려운 조작을 했을 때 나는 이 점을 목격할 수 있었다. 차에 대한 발레리오의 이런 애착에는 뭔가 리비도적인 과도함이 있다. "고속도로에서 시속 200-260킬로미터로 달리곤 했는데, 그게 내 차의 최고 속도였기 때문이죠!"라고 그가 내게 말했을 때 나타난 것처럼, 이 욕망의 과도함은 '그만의 것'이 아니었다. 자동차는 리비도적 선 libidinal lines 의 사회적으로 구성된 '포획'의 지점이고, 가속, 힘, 석유, 거대 기업, 빠른 속도, 고속도로의 불빛 등과 같은 모더니즘의 정신을 집약한 '기계'다. 그리고 발레리오에게 이는 높은 에너지를 특징으로 하는 상상을 만들어내며 미래를 향해 확장되었다. 그가 상상한 것은 이동성을 향한 그의 욕망을 충족시켜 줄 '휘발유'로 가는 '비행 자동차'였다. 물론 자신이 꿈꾸는 화려한 미래형 비행 자동차가 자연을 오염시킬 수 있다는 것을 알고 있지만, 그런 차가 실제로 존재한다면 발레리오는 그것을 포기하고 싶지 않다. 그에게 이동의 욕망은 "자아의 일부"며 "자연스러운 것"이기 때문이다.

하지만 이 자연스러움의 '자연'은 실제로는 제2의 자연으로, 수 세기 동안 축적된 문화적 층위에 뿌리를 둔 현대성이 그려낸 (에너지에 대한) 상상력의 결과다. 발레리오의 사례로 인해 나는 에너지와 관련된 이런 사회문화적 형성에 대해 깊이 인식하게 되었다. 발레리오와 함께 시간을 보냈을 때, 나는 난방이 되지 않은 그의 집에서 추위에 떨곤 했다. 2월의 수줍은 태양이 아직 강렬한 광선을 비추지 않을 무렵, 눈으로 둘러싸인 숲길을 아침 일찍 걷고 온 후에는 특히 더 추웠다. 그의 집 근처에서 시간을 보낼 때면 나는 종일 코트를 입고 있었지만 그래도 충분하지는 않았다. 이 경험은 매우 힘들었지만, 나는 이를 강렬한 느낌으로 기억한다. 그래서 나는 걷기 인터뷰를 하던 중에 발레리오에게 왜 집을 난방하지 않는지 물었다. 먼저 가스보일러를 사용하는지 물어보았고, 그는 그렇다고 답하면서 농담하듯 "그런데 난방은 하지 않아요… 당신이 본 대로!"라고 덧붙였다. 나는 그의 이런 선택이 경제적 이유인지 환경적 이유인지, 아니면 다른 이유인지 알아보려고 했다. 발레리오의 답변은 예상치 못한 것이었고 동시에 깊은 통찰을 주었다. 물론 돈을 아끼기 위해 난방을 끄는 것도 있었지만, 이런 계산은 금방 뒷전이 되었다. 그의 대답은 에너지 관련 행동의 많은 부분이 합리적 요소로 설명되지 않는다는 점을 보여주었다. "사실 더 큰 이유는… 몸을 강하게 만들기 위해서예요." 추위는 야생의 강렬함을 체험하게 하며 발레리오를 그가 비판하는 문명에서 멀리 떨어져 '자연'에 가깝게 만들었다. 이런 의미에서 발레리오의 행동은 '권력 의지'에서 기인했다. 몸에 활력을 불어넣고자 하는 욕망. 그런데 흥미롭게도 발레리오는 이렇게 덧붙였다. "탐험에 대해 읽는 것… 그걸 좋아하고부터는 항상 이렇게 해왔어요."

탐험은 발레리오에게 강렬한 주제임이 분명했다. 우리가 함께 보낸 그날도 탐험에 대한 이야기가 나왔다. 발레리오는 여행과 모험을 향한 자신의 열정을 언급하며 어디서부터 그런 열정이 시작되었는지는 기억나지 않는다고 했다. 하지만 "탐험에 관한 책을 읽는 것을 무척 좋아했다는 것만큼은 기억합니다"라고 말했다. 그가 열두 살이나 열세 살 소년이었던 무렵, 발레리오는 허먼 멜빌의 탐험 소설을 즐겨 읽었다. 침대 위 이불 속에 숨어 손전등을 켜고 책을 읽었는데, 그렇지 않으면 자지 않는다고 아버지께 꾸중을 들었기 때문이다. "아주 많이 읽었죠…

맞아요. 정말 좋아했으니까요. 전부 탐험에 관한 책이었어요. 북극이나 남극에 관한 이야기나 리빙스턴의 이야기들요… 다른 문화에 대해 알고 싶은 욕구가 거기서 나온 거죠." 이런 탐험은 초기 자본주의 (식민지) 확장과 떼려야 뗄 수 없는 관계에 있다. 이 '근대주의적' 욕망의 선은 발레리오의 일상 에너지 배치를 매우 미묘하게 그러나 강력하게 형성했다. 물론 탐험을 제국주의적 착취와 완전히 동일시할 수는 없다. 탐험에서 비롯된 타자에 대한 지식은 세계의 좀 더 나은 배치를 위한 (탈영토화하는) 수단, 즉 새롭고 예측할 수 없는 것에 대한 개방성과 급진적인 환원 불가능성을 경험하는 기회가 될 수도 있기 때문이다. 실제로 탐험가들(소설에서는 대부분 백인 남성)이 탈주선과 '비자연적인 참여'의 순간으로 이끌리는 극한의 상황을 상상해 볼 수 있다. 이를테면, 야생 돼지-되기, 식물-되기, 빙하-되기, 태풍-되기와 같은. 그럼에도 난방을 하지 않는 행동, 즉 소설에서 영감을 받은 신체적 강화를 향한 발레리오의 관심은 지구 전체를 여행하고자 하는 그의 욕망과도 얽혀 있었다. 이는 모험 소설 속에서 거의 전설적으로 묘사되는 초기 탐험가들의 지구를 착취하는 여정에 의해 부분적으로 홈이 패인 것이고, 자본, 식민지화, 자원 채굴, 토지 착취와 같은 세계 형성 활동으로 항상-이미 포획되고 탈영토화한 것이었다. 그것은 어쩌면 권력 의지였다.

화석연료 교통수단의 에너지 행태지원성은 욕망뿐만 아니라 정체성 형성에도 강력한 영향을 미친다. 세계를 알아가는 것이 '내 본성'이자 '나의 정체성'의 일부가 되는 것이다. 이는 발레리오와 같은 백인 성인 남성에게만 해당하는 것이 아니다. 나는 다른 젊은 참가자들, 마크 Mark 와 엘레오노르Eleonore에게서도 이를 관찰했다. 우리가 만나기 얼마

전, 이 두 사람은 비건이 되었다. 엘레오노르는 동물을 사랑하고 돌보는 것과 음식으로 섭취하고 이용하는 것 사이의 모순을 자아 성찰적으로 인식하는 과정을 통해 비건이 되었고, 마크의 경우 초반에는 엘레오노르를 기쁘게 하기 위해 그리고 나중에는 확신을 가지고 비건이 되었다. 이러한 전환에 대해서는 나중에 다룰 예정이지만, 여기서 내 관심을 끈 것은 그들의 에너지 소비, 특히 비행기에 대한 것과 관련이 있다. 마크와 엘레오노르가 비건이 되면서부터 환경 문제에 대해 강력한 인식을 갖게 되었으며 환경 위기의 심각성을 깨닫게 됐다는 점을 강조할 필요가 있다. 그들은 당연시했던 에너지 습관에 의문을 제기하기 시작했다.[38] 예를 들면, 엘레오노르는 에너지 소비, 특히 재생 불가능한 에너지 소비를 어떻게 의식적으로 줄일 수 있는지에 대해 나에게 설명했다.

확실히 변했어요. 내 말은 이제 모든 것에 조심하게 됐다는 거죠. 방을 나설 때는 불을 꺼요. 엄마가 불을 끄지 않으면 화가 나기도 하죠… 그런 것들 말이에요. 중앙난방도 그렇고요. 예전엔 항상 라디에이터 근처에 있었는데 지금은 추우면 옷을 더 많이 입어야 한다는 걸 깨달았죠! 조금 춥다고 난방을 틀어야 한다고 생각하지는 않아요! 그러니까… 조금이잖아요… 추울 땐 공기를 계속 들어오게 하기보다는 대신 긴 양말을 신죠! (…) 왜냐하면 이런 문제들에 대한 인식이 생겼거든요! 예전엔 얼마나 됐었나… 이런 문제에 대해 별로 생각하지 않았어요. 의심도 안 했고, 질문도 안 했죠. 그런데 비건이 되고부터 많은 것을 알게 되었고… 내 말은, 이런 주제에 대한 인식이 커졌죠.

식단을 바꾸는 것은 단순히 '의식'만 바꾸는 것이 아니라 다른 사람들과의 관계(엄마에게 에너지 절약을 요구하는 것)와 자신의 몸과 감각을 바꾸는 것을 의미했다. 냉기 혹은 따뜻함, 그리고 집안에서 느끼는 편안함에 대한 몸의 감각이 달라졌다.

제한과 검약의 논리가 더 일반적으로는 마크와 엘레오노르의 일상적 (소비) 습관에 큰 영향을 미치게 되었다. 예를 들면, 그들은 자동차와 같은 더 많은 에너지를 사용하는 교통수단 대신 걷거나 아니면 자전거혹은 기차를 이용해 통근하는 것을 매우 행복하고 자랑스럽게 여긴다. 또 집 안에서도 에너지를 덜 사용하고 낭비하지 않기 위해 주의를 기울인다. 사용하지 않는 전등과 전자 기기는 꺼두고, 전기 욕실 히터와 같이 매우 에너지 집약적인 가전 기기의 사용을 피하며, 샤워 시간을 줄인다. 옷과 가전제품을 덜 사고, 재사용하고 재활용하며, 때로는 세제와 같은 필수품을 직접 만들기도 한다. 비건이 되는 것으로 변화의 문턱을 넘은 후로 일상의 습관적인 생각과 행동, 감각의 무의식적 반복에 큰 변화가 나타났다. 이런 변화는 (절약하고 낭비하지 않는 것에 관한) 담론과 물질적 배열(더 긴 양말, 한 벌 더 걸치는 스웨터, 더 서늘한 방)을 통해, 또 그 주위에서 상호관계성과 돌봄이라는 에너지의 새로운 정동적 배치를 만들어냈다.

나는 인터뷰 중 참가자들에게 미래에 대해서도 질문했는데, 이는 그들의 어떤 경향성, 끌림, 관심을 표현하는 시나리오와 상상계imaginaries를 구축하기 위해서였다.[39] 목표는 우화fabulation의 과정, 즉 (새롭고 다른) 사회적 세계와 생태계의 구성을[40] 시작하는 것이었다. 마크와 엘레오노르가 미래에 대한 상상계를 이야기했을 때, 그들은 피요르드에 위

치한 작고 예쁜 농장의 단순한 삶, 많은 동식물과 함께하는 삶을 그려
냈다.

엘레오노르 그리고 나한테 특히 중요한 것 중 하나는, 너[마크]와는
반대로, 내 생각엔 너는 별 관심이 없는 것 같지만, 난 세
상을 보고 싶어. 그러니까 인도에 가고 싶고, 아프리카에
도 가고 싶어… 내 말은, 나는 가능한 한 많은 것을 보고
싶어. 반면… 너는… 내 생각에는, 이런 생각이 너에게 그
다지 매력적이지는 않은 것 같아. 내가 제대로 이해한 거
라면 말이야. 나에게 진짜 여윳돈이 있다면 난 여행에 투
자할 거야. 다른 세상을 보는 거지. 내 말은… 나는 다름을
정말 좋아해. 그러니까 어떤 거리를 걷게 되는 것 같은 생
각 말이야… 모르겠어, 인도일 수 있지. 온갖 향신료나 물
건들… 예전에 말했듯이 난 물건을 관찰하는 게 좋아. 그
래서…

마크 음… 나한테는 그런 게… 얘기조차 하지 않았던 건, 나한
테 그런 건 너무나도 당연한 것 같아서야. '왜냐하면 난
미국, 캐나다, 그린란드, 중국에 가고 싶거든. 근데 내가
중국이라고 할 때, 그건… 음, 베이징에 가고 싶다는 말은
아니야. (…) 그게 아니라 중국이라고 할 때 내가 말하는
건 티베트 같은 곳이지. 그게 내가 말하는 중국이야.

대륙 간 항공편은 탄소 배출의 가장 큰 원인 중 하나로 꼽힌다. 그

러나 자칭 환경주의자인 엘레오노르와 마크는 기회가 있을 때마다 비행기를 타며, 이에 대해서는 별다른 걱정이 없어 보인다. 모든 것을 소비하려는 사회의 무차별적 욕망에 휩싸인 두 사람은 모든 사람이 전 세계를 '보고' 싶어 하며 그렇게 해야 한다는 '명백한' 사실을 의심하지 않는다. 엘레오노르는 KLM 항공사 페이스북 페이지에 '좋아요'를 눌렀다. 다름은 그녀에게 소비의 대상이고, 그녀는 그중에서도 가장 아름답고 광고에 나타난 것을 좋아한다. 타자성에 관한 엘레오노르의 호기심은 '보러 가는' 행위 그 자체로 인해서 이미 동일성으로 다시 기록되었다. "가능한 한 많은 것을 보고 싶어"라고 하는 그녀에게는 만남의 질보다 양이 중요하다. 세상은 관광객의 시선에 적절하게 맞춰야 하는 소비와 여가의 대상이 된다. (거지가 아닌) 향신료로 가득한 이국적인 거리, (쓰레기장이 아닌) 훼손되지 않은 아름다운 산, (빈민가가 아닌) 비밀스럽고 그래서 흥미로운 장소, (오염되고 붐비는 도시가 아닌) 오염되지 않은 풍경 등.

이 같은 강력한 욕망은 비행의 부정적인 영향에 대한 정보나 지식의 부족으로 간단히 설명할 수 없다. 비행기 탑승에 대한 우려는 없는지 내가 물었을 때, 그들은 처음엔 질문의 의도를 이해하지 못했다. "무섭냐고 묻는 건가요?" 내가 다시 탄소 배출과 오염에 대한 얘기라고 말하자, 두 사람 다 (단호하게) **그렇지 않다**고 했다. 마크는 먼저 "비행기는 매우 유용해요"라고 말하고 나서, 교통이 환경 위기에 미치는 영향이 얼마나 적은지를 통계와 숫자로 설명했다. 그는 교통이 농업보다 훨씬 적은 자원을 소비한다고 설명하며, "지금 전 세계 70억의 인구가 교통수단 이용을 중단하더라도 우리는 여전히 심각한 위기에 처해 있을 것"

이라고 주장했다. 마크의 주장은 문화적이며 리비도적인 욕망을 합리적으로 정당한 것으로 탈바꿈하며, 비행 없는 미래를 상상하기 어렵다는 점에 대한 증거를 제시한다. 이런 주장은 집단적인 욕망과 '시각성체제'regimes of visibility, 특히 글로벌 자본주의에서 이동성의 중요성을 강조한다.

주식 시장의 흐름, 여행 잡지와 파라다이스 같은 바다 사진, 이국적인 상품, 유행하는 세계 시민주의, 그리고 멀리 있는 손상되지 않은 땅에 관한 신화가 글로벌 자본주의의 욕망의 경로를 따라갔고, 마크와 엘레오노르는 여기에 휩쓸렸다. 바이오 에너지가 주체를 일정한 한계(신체, 제한된 용량, '노력을 요구하는' 에너지원인 목재) 안에 두는 것이라면, 화석 에너지는 한계 자체의 부정으로 이어지는 추상적·탈배태적 에너지 개념을 바탕으로 지구를 착취하는 특정 방식을 존속하게 하고 지지한다.

기술

기술은 에너지 및 후기 자본주의 사회의 일상 행동 양태와 밀접하게 관련되어 있다. 기술은 주체와 환경 사이의 단순한 '매개체'가 아니라 사회적 담론 및 사회 공급 시스템, 그리고 축적, 가속화, (사람과 상품의) 이동성에 관한 사회적 명령과 깊이 얽혀서 주체의 행동과 욕망의 기본 틀로서 작동한다. 이전 장에서 이미 기술적 장치가 기본 필요를 충족시키고 주체성과 정체성을 표현하면서 동시에 라이프 스타일,

상상력, 그리고 평범한 관행을 형성하는 수단이라는 점을 살펴보았다. 기술은 '지속 가능한 전환'을 위한 모든 제도적 노력의 핵심인데, 이런 노력은 대부분 기술 통치로 분류될 수 있다. 사회-생태적 위기에 대처하기 위한 수단으로 **오로지** 기술적 변화에만 지나치게 의존하는 경향을 보이기 때문이다. 그러나 적어도 1970년대 이후 기술을 통한 지속 가능한 전환은 생태학, 사회 변화, 그리고 더 공정한 사회경제 체제에 관한 논의의 중심에 있었다. 이반 일리치(1973), 그리고 그의 뒤를 이은 앙드레 고르스(1980)는 다른 성격의 '공생적' 기술에 대한 논의를 이끈 선구자들로, 이들은 우리가 무언가를 하는 수단이 단순히 중립적이지 않으며 기존의 가치, 노동, 정치 체제에 대응하고 이에 맞춰 기능한다는 점을 인식했다. 그러므로 민주적이고 생태적이며 공정한 사회를 이루려면 자본주의적 기술을 넘어서는 그 사회의 '도구'로 기능할 기술 개념을 재정립해야만 한다. 그러한 기술을 나타나게 할 방법이 아직 정립된 것은 아니지만, 민주적으로 통제할 수 있고, 분권적이며, 기술을 사용하는 주체의 독립성과 숙련도를 존중하는 등의 몇 가지 특징을 언급할 수는 있다.

현장 조사 동안 나는 참가자와 기술의 관계가 정서를 포함하여 복잡하게 나타나는 것을 여러 번 관찰했는데, 이는 종종 '창의성'이나[41] 일상적 저항의 형태로 나타났다. 자기가 가진 자원을 쓸모 있게 활용하는 기술은 위기를 극복하는 좋은 방법이 될 수 있다. 몸이 욕망하는 방식에 깊게 뿌리를 내린 안락함이라는 감각적 습관은 수입이 줄어드는 상황에서도 포기하기 어려운 법인데, 이를 스스로 충족시켜 '잘 지내는' 법을 찾아가는 방법을 기술이 제공해 주기도 한다. 이는 특히 물질과의 감각적 관계에서 특별한 즐거움을 느끼는 쾌락주의적 성향을 가진 사람들에게서 잘 나타난다. 위기가 과학자-되기, 발명가-되기, 실험가-되기의 움직임을 촉발하여 몸에 깊숙이 뿌리 내린 욕망을 수용하게 하고, 호미카가 말했던 것처럼 '원시적이며' 거의 '동물적인' 새로운 기술을 만들어내는 것이다. 이런 기술이 현대적 기술과 지식 및 감성의 일부를 아예 포함하지 않는다는 의미는 아니다. 기술을 원시적이라고 표현한 것은 기존의 공급, 소비, 사용의 시스템과는 별개로 기계, 메커니즘, 물질과 더 직접적인 관계 맺음이 포함되었기 때문이다. 이러한 기술을 운용할 때 인간은 사물-되기의 움직임에 포획된다. 비인간 세계와의 활기찬 관계가 시작된다. 나는 이를 되기의 선이라고 부르지만, 이는 행위자 네트워크 이론Actor Network Theory, ANT에서처럼 분리된 각각의 요소를 선으로 연결해 네트워크를 만드는 것처럼 이해되어서는 안 된다.[42] 배치의 선은 사이의 공간을 지나가며 그 선이 만나는 사물과 몸을 그들 자신 이외의 것으로 만든다. 이것은 **탈영토화**다.

현장 이야기로 돌아가기 전에 고려해야 할 것이 하나 더 남아 있다. 창조적 변화의 관점에서 '사물-되기'에 관해 이야기하는 것이 마치 물체에 행위주체성agency을 부여하는 것이라고 이해될 수 있다. 많은 신유물론 연구에서 물질에 존엄성을 '돌려주는 것'을 사실상 물질에 행위주체성을 부여하는 것으로 해석한다. 물질이 인간 행동에 반응하거나 '대응 행동'을 한다고 생각하는 것이다. 이런 관점에서는 변화를 초래하는 능력이 어떤 층위에 존재해야 한다고 봐야 하며, 전환이 어떻게 나타나는 것인지에 관한 질문이 새롭게 나타난다. 데란다M. DeLanda에 따르면,[43] 생명력을 강조하는 접근법은 종종 인간에게 일반적으로 부여되는 행위

주체성을 물질 자체로 옮겨온다. 그러나 이렇게 하는 것은 세계를 인간 중심의 범주로 '식민화'하고 축소하는 위험한 일일 수 있다. 다음에 나올 내용에서 현실의 물질 구성에 주의 깊게 접근한다는 것은 연속적인 물질과 에너지의 교환에서 물질의 활력을 적절히 평가한다는 의미이지 인간의 특성을 물질에 부여한다는 뜻은 아니다.[44] 창조와 되기는 물질-대상의 작은 틈 안에서 그리고 몸들의 사이에서 발생하는 것이지 물질이나 몸이 '소유하는' 특징이 아님이 명확하게 드러날 것이다. 행동하는 능력은 특정한 존재의 **내부로** 국한되지 않는다. 변화는 인간을 초월한 마주침encounters 안에서 그리고 그 마주침을 통해 발생한다.[45]

오누르비오의 지속적인 움직임, 즉 그가 계속 자동차를 타고 다닐 때 나타나는, 탱고 무도회장에서의, 온라인에서의, 그리고 새롭고 예측하지 못한 아이디어를 떠올리는 정신적 공간에서의 움직임 등은 모두 다 회복을 요구한다. 에너지 차원에서 휴식과 충전이 필요하다. 특히 그의 발은 이 모든 움직임의 무게와 노력을 지탱하기 때문에 돌봄이 필요하다. 주말마다 탱고 무도회장을 방문하는 이야기를 하면서 오누르비오는 '피곤한 발'에 대해 반복해서 얘기했다. 그래서 오누르비오는 발을 주물러주고 그 능력을 회복시켜 주는 소형 발 마사지기를 마련했다. 현장 연구 첫날, 우리가 사무실에 함께 앉아서 컴퓨터로 오누르비오의 저녁 탱고 수업 준비와 다음 여행 계획, 사진 편집, 재무 및 투자 관련 업무 등 몇 가지 정리 작업을 하는 동안, 나는 그의 책상 아래 발 마사지기 두 개가 놓여 있다는 것을 알았다. 하나는 자동이고 다른 하나는 '수동'이었다. 오누르비오는 의자에 앉을 때마다, 그리고 특히 '(탱고) 마라톤' 이후 집에 돌아왔을 때 발 마사지를 받았다. 혈액 순환에 아주 좋았다. 오누르비오는 신발을 벗고 발 마사지기가 어떻게 작동하는지 보여주었다. "여기, 한번 해보실래요?" 그래서 나도 발 마사지를 받아보았다. 정말 좋았다. 나는 이 에피소드와 그 외의 다른 사건들로 인해서 오누르비오가 에너지를 사용하는 구체적 방식에 주목하게 되었다. 그것은 신체적·지적 즐거움을 찾으려는 그의 노력 그리고 감각적 강렬함에 자신을 내맡기는 일종의 탐닉이었다.

발 마사지기는 그 자체로는 '원시적인' 기술이다. 스파나 마사지숍을 방문하는 것처럼 도드라진 소비 없이 신체적 즐거움을 누리는 방법이기 때문이다. 그것이 원시적인 이유는 약간 구식이면서 놀랍게도 간단하고 효과적이며 주어진 것에서 즐거움을 찾는 방법이기 때문이다. 그러나 나를 가장 놀라게 한 사건은 우리가 메스트레로 여행할 때 나타났다. 우리는 상당히 단순한 피아트 푼토 자동차를 운전하고 있었는데, 고급 차는 아니다. 나는 어릴 때부터 오누르비오를 알고 있었고, 그가 과거에 더 고급 차를 몰았던 것을 기억한다. 그 차는 회사에서 받은 것이었다. 약 17년 전, 오누르비오가 주행 제어 기능이 있는 첫 차를 가져왔을 때 나는 깊은 인상을 받았다. 그래서 지금 몰고 다니는 차에 대해서 그에게 물었다. 오누르비오는 직장을 잃은 후였던 1년 반쯤 전에 새 차를 샀다. 그전에는 회사 차를 몰았다. 회사 차는 "완전 최고라고 할 수는 없어도" 상당히 좋았고, 운전을 더 편안하게 해주는 몇 가지 기능이 있었다. 그런데도 오누르비오는 "원하는 곳으로 데려가주는 것 외에 특별한 건 없었죠…!"라고 말했다. 그래서 회사 차를 반납했을 때 그는 작은 차를 샀다. 오누르비오는 실제로 운전하는 것을 좋아하지만, 모든 면에서 더 큰 비용이 드는 큰 차를 선호하지는 않는다. 에린의 경우처

3장. 삶의 물질, 흐름, 그리고 존재들

럼, 돈을 신중하게 관리할 필요성이 오누르비오로 하여금 욕망을 우선 순위에 맞게 정리하게 했고, 우선순위에서 앞서는 다른 것들 때문에 차 크기를 줄인 것이다. 이는 에너지 절약이라는 결과로 이어졌다.

오누르비오는 차를 바꾸면서 생긴 부족함을 새로운 기술로 보완했다. 그는 "아쉬운 건 자동주행 기능과 주행제어 기능뿐"이라며, 자동차 가 평지에서 시속 140킬로미터로 달릴 수 있도록 적절한 길이로 나무 막대를 잘라 시트와 액셀 사이에 끼웠다. 내리막길을 갈 때는 막대를 약간 기울였다. 그는 이 막대가 특히 탱고 모임이 있는 저녁, 다리와 발 을 쉬게 하고 싶을 때 유용하다고 설명했다. 경제 위기로 인해 오누르 비오의 발이 누리는 즐거움이 줄어들었을 때, 그의 창의성이 '원시적이 지만' 효과적인 해결책을 찾기 위해 동원되었다. 나무 막대는 자동차의 현대적이고 복잡한 유선 컴퓨팅 시스템과 거의 같은 목적으로 사용된 다. 창의적인 사람이 엔지니어의 자리를 차지했고, 기본적이면서 사용 할 수 있는 재료가 고에너지 금속과 기타 희귀 자원을 대체했다. 행태 지원성이 얼마나 적든지 간에 욕망은 나타났다. 실제로 자원이 부족할 수록 더 많은 욕망이 나타나는데, 그것은 자원이 부족한 상태가 만족스 럽거나 편안하지 않기 때문이다.

이런 욕망의 생성은 다른 욕망의 선들이 활성화되는지 여부에 따라 다르게 나타난다. 오누르비오에게는 기술과 혁신에 대한 열정이 있었 고, 이는 어릴 때부터 그의 삶의 일부였다. 어린 오누르비오는 정말 "그 야말로 기계에 빠져 있었다!" 그의 이런 태도는 학업을 통해 발전한 부 분도 있지만, 일부는 가족의 영향이었다. 오누르비오의 일상에서 이제 기술의 역할은 에너지 집약적인 배치 및 세계를 형성하는 힘을 가진 다국적 기업들과 빠져나올 수 없을 만큼 복잡하게 얽혀 있다. 하지만 그의 과학자-되기는 독특한 위치를 계속 차지하고 있는데, 왜냐하면 욕망처럼 과학자와 발명가도 항상 생성하고 있기 때문이다. 차의 주행 제어 기능과 관련한 오누르비오의 발명가-되기는 기술적 발명이라는 지속적인 탈주의 한 예다. 소비자의 배치는 편안함과 편의성을 고도의 기술, 고에너지 및 독특한 제품의 구매로 종속시킨다. 즐거움을 느끼는 기존의 방식을 관통하는 욕망의 기계들은 항상 존재한다. 이러한 기계들이 오누르비오의 '기계 작업을 좋아하는' 욕망처럼 다른 욕망의 선들과 교차하며 과학자-되기, 발명가-되기, 그리고 원시인-되기 과정을 진행시켜 특이하고, 창의적이며, 저소비 및 저에너지적인 배치에서 편안함과 편리함을 제공한다. 오누르비오의 경우 다양한 목적에 맞춰 조정될 수 있는 지렛대 길이에 대한 기본 물리 개념 같은 실용적 지식을 갖추고 있었고, 이 지식과 그의 신체적 지능이 같은 목표를 위해 협력했다.

다음의 사례, 사라의 이야기는 또 다른 형태의 지식도 위기를 극복하는 데 활용될 수 있음을 보여준다. 사라는 좋은 엄마가 되길 원했고 여성으로서 느끼는 즐거움을 찾고 있었다. 그래서 아주 저렴하면서 저에너지 방식으로 행복과 즐거움과 아름다움을 찾을 수 있는 전략이 필요했다. 사라가 나에게 물을 따라줬을 때 그런 전략을 볼 수 있었다. 그녀가 따라준 물은 수돗물이었다. 사라는 내게 말했다, "우리는 물을 사 먹지 않아요, 지금은… 물을 돈 주고 살 여유는 없거든요." 하지만 사라는 수돗물에서 나는 염소 냄새를 좋아하지 않았고, 그래서 고주파 진동

3장. 삶의 물질, 흐름, 그리고 존재들

에너지가 있는 원석(루비나 다른 원석)을 물에 넣었다. 그녀는 이 원석이 물을 '활성화'해 물맛을 좋게 만들어준다고 설명했다. 수돗물에 대한 이 에피소드는 소비 경제력이 부족한 상황에서도 즐거운 일상의 배치를 만들고 유지하기 위한 사라의 노력을 잘 보여준다. 사라는 경제적 상황과 관계없이 간소하고 절제된 삶을 살아가며, 독특한 쾌락주의를 실천한다. 그녀는 물건이나 사물과의 작지만 강렬한 '좋은 만남'을 소중히 여기고 추구한다. 그런 만남이 사라의 몸을 특유의 방식으로 '행복'하게 만들기 때문이다.[46] 나는 요가와 명상, 그리고 레이키라는 치유법을 통해 사라가 발전시킨 그녀의 신체성corporeality을 느낄 수 있었다. 수입이 줄어들자 사라는 예컨대 맛있는 물처럼 예전에 소중히 여기던 작은 즐거움을 더 이상 사지 못하게 되었다. 그래서 그녀의 욕망은 원석으로 활성화된 물처럼, 다른 영적·실용적·지적 지식을 동원한 더 즐거운 배치를 생성했다. 활기차고 생동감 있는 물질의 배치가 그녀의 몸을 더 활기차고 생동감 있게 만든다. 몇 모금의 물, 몇 개의 돌은 에너지의 배치면서 원시적인 기술이다. 정수기의 시대에, 물병 안에 담긴 돌 몇 개가 탄소 필터와 다국적 기업의 이익, 그리고 자원 소비의 복잡함을 단순화시킨다. 이처럼 이국적이고 영적일 뿐 아니라 지역적인 지식과 실천이 삶을 풍요롭게 하는 더 지속 가능하고 다양한 에너지 사용의 방식을 나타나게 한다.

사라가 어떻게 그렇게 하는지를 보여주는 또 다른 예도 물과 관련이 있다. 사라네 집 화장실에서 손을 씻는 동안 나는 흰 가루가 든 작은 유리병을 발견했다. 그것이 뭐냐고 물었더니 탄산 소다라고 설명해 주었다. "이거 써본 적 없으세요? 목욕할 때 넣으면 좋아요. 피부를 부드

〈그림 3.3〉 출처: 저자

럽게 해주죠." 그러고 나서 사라는 이렇게 덧붙였다. "가장 좋은 건 소금을 1킬로그램 넣는 거예요. 히말라야 분홍 소금이면 더 좋고요. 좋아하는 에센셜 오일을 몇 방울 넣어 잘 풀어주면 힘들었던 날에도 편안해지고 통증도 사라져요." 어떻게 보면 이는 월풀과 같은 효과를 주었다. 물론 사라는 월풀을 가질 수 있다면 그 또한 마다하지 않을 것이다! 하지만 사라는 자기만의 목욕에 대해 자랑스럽게 이야기했다. "이런 게 바로 임시변통의 예술이죠. 가진 것만으로 필요한 걸 만드는 거요!" 그녀의 이런 자기 관리는 간단하고 별것 아닌 것처럼 보이지만, 사라가 소중히 여기는 즐거움을 선사한다는 점에서는 결코 작은 일이 아니었다. 그녀는 모든 순간을 온전히 즐기고 있었다. 그 순간 탄산 소다, 원석, 물, 샤워, 물병 등 모든 물체가 연결되어 활기차고 생동감 있는 몸의 즐거운 배치를 만든다. 부모님의 큰 집에서 사는 사라의 삶은 슬픔과 외로움 안에 그녀를 가두려 하지만, 사라의 욕망은 맛있는 한 모금의 수돗물이나 간단한 목욕 후 부드러워진 피부와 같이 작지만 강렬한 움직임을 위해 계속 움직인다. 사라의 욕망은 레이키, 명상 연습, 원석 및 미네랄과 같은 치유 물질에 대한 그녀의 지식 등 여러 자원을 바탕으로 한다.

내가 언급하고 싶은 마지막 기술적 창의성의 예는 위기 상황에서 발휘되는 창의성과는 관련이 없다. 대신 자본주의의 '버리고-늘리기' 경제, 그 낭비적 관계, 그리고 자본 축적을 지배하는 생태적으로 해로운 역학과, 그 역학이 촉진하는 녹색화 수사에 대한 주체의 저항과 관련이 있다(〈그림 3.3〉). 이 사례는 내가 호마카를 관찰한 날에 나왔다.

한편 호미카는 집안의 물건들, 특히 냉장고에 대해 이야기하기 시작했다. 먼저 그는 냉장고를 열 때 나는 '딸깍' 소리를 내게 들려주었다. 호미카는 이 소리를 아주 좋아하는데, 실은 어릴 때 그의 할머니 집 냉장고도 같은 소리를 내서 그 냉장고를 가지고 많이 놀았던 기억이 있다. 이 냉장고는 호미카의 친구가 준 것인데 보증서가 아직도 남아 있어서 제조연도가 1959년이라는 것을 알 수 있었다! 호미카는 빈티지한 물건을 좋아하긴 하지만, 좀 더 둥근 형태의 냉장고를 선호했을 것이다. 그러나 이 냉장고를 찾았기에 그냥 가져왔다. 호미카는 이런 냉장고가 에너지를 많이 소비한다고 사람들이 말하지만 사실은 그렇지 않다는 것이 이런 냉장고의 '좋은 점'이라고 내게 설명했다. 호미카는 시간이 지나면서 마모되는 냉장고의 고무 패킹을 교체했고, 약간 번거롭긴 했지만 냄새 나는 단열재와 전기 회로도 교체했다. 회로는 이 분야의 전문가인 '어떤 남자'가 만들었다. 어쨌든 이 모든 일을 마친 후 호미카는 냉장고가 얼마나 오래 정지 상태로 있었는지, 그리고 얼마나 오랫동안 작동했는지 측정했고, 냉장고의 에너지 소비율이 130W/h임을 알게 되었다. 그래서 그는 그것을 에너지 효율 1등급 냉장고와 비교할 수 있었다(우리는 함께 웃었다). "세상이 어떤지 알려면 이런 일을 해야 한다니까요? 맞죠?!" 실제로 캐럴이라는 가전 수리 회사에서 나온 어떤 사람이 과거에는 110%의 효율로 엔진을 만들어서 100%로 작동시켰지만, 지금은 80%의 효율로 만들어서 100%로 작동시킨다고 설명했다. "그러니까 110%로 작동하는 이 냉장고는 이렇게 여전히 작동하고 있고, 다른 건 그렇지 않다는 것이 명확하네요!" 결론적으로 그는 이 냉장고의 에너지 소비 효율이 "스톱워치로 측정된" 1등급 냉장고와 동일하다고 계산했다! "그러니 60년대에는 오래 지속되고 에너지를 절약하는 냉장고를 만들었던 거예요. 그런데 요즘 우리가 어떤 얘기들을 듣죠?… 이게 내가 궁금한 거예요! 그들은 A등급 냉장고를 팔지만… 스톱워치로 측정되잖아요! 문제없이 10년 동안 쓸 수 있으면 정말 운이 좋았다고 할 수 있죠!" 호미카의 냉장고는 이미 57년 된 것이었다! "분명한 건 사람들이 와서 이런 얘기를 한단 말이죠. 그리고 작동이 멈춰요. 이런 모든 걸 의심해 봐야 해요. 이건 정말이지 너무 의심스러운 거예요… 만약 만들고 일부로 또 언젠가 못쓰게 하고 그런 거라면."

그날 나중에 호미카의 아내가 집으로 돌아왔고, 그들이 저녁을 준비하는 동안 나는 그 냉장고에 대한 이야기를 더 잘 이해하게 되었다. 호미카는 그날 아침 정원에서 딴 라디세(이탈리아 민들레잎)라는 치커리를 냉장고에서 찾았다. 라디세는 베네토 지역의 계절 특산물이다. 그런데 그 치커리는 창문 밖에 놓여 있었다. "아! 깜박 잊어버리고 있었네… 우리 냉장고!" 이런 상황은 호미카에게 그들이 제대로 된 주방이나 냉장고 없이 이 집에서 어떻게 생활했었는지 이야기하게 했다. 겨울에는 음식 재료를 창문 밖에 보관하고 여름에는 그날 필요한 신선한 재료만 구입했었다. 냉장고 없이 생활하던 그 시절이 어땠는지 물었을 때 호미카는 "기본적으로는 같았어요. 아내의 경우는… 글쎄!"라고 웃으며 답했다. 그의 아내는 빠르게 그의 말을 정정했다. "잠깐은… 괜찮았다고도 할 수 있죠. 하지만 어느 순간 제가… 기한을 정했어요. '7월 22일까지 냉장고가 안 오면 내가 SME(현지 백화점)로 가서 냉장고를 사 올 거야!'라고 말했죠." 호미카는 새 가전제품을 산다는 생각과 그가 원하는 특정한 미적 특성을 가진 냉장고를 얻고 싶다는 생각 때문에 이런 상황이 마뜩잖았다. 그가 원하는 특성을 가진 새 냉장고는 드물었다. 그런데 바로 그때 호미카가 중고 물품을 좋아하는 걸 아는 한 친구가 자기 친척이 냉장고를 버리려 한다며 가서 가지고 오는 게 어떠냐고 얘기했다. 결국 아내가 냉장고를 사러 간다고 한 날의 이틀 전에 호미카는 그 냉장고를 가져왔다.

이 냉장고의 배치에는 영토화된 물질, 즉 바로 쓰레기 매립지로 갈 예정이었던 오래된 가전제품이 있다. 또 발화의 영토화된 배치인 현대화와 에너지 효율성에 대한 담론이 있다. 호미카는 냉장고와의 근접성의 지대ᵃ ᶻᵒⁿᵉ ᵒᶠ ᵖʳᵒˣⁱᵐⁱᵗʸ로 들어갔고, 탈주선이 배치를 탈영토화했다. 실험가-되기, 사물-되기. 이 사물은 동시에 무언가 다른 것이 된다. 이는 미시적 저항이자 "만들고 또 언젠가 못쓰게 하는" 세상에 의문을 품는 뚝심의 문제였다. 이런 만남의 중심에는 환경에 대한 고민이 있었다. 이와 관련해 ABC 이론은 호미카가 환경적 가치를 가지고 있었기 때문에 지속 가능한 방식으로 행동하려고 했고, 따라서 오래된 냉장고를 가져다 쓸 선택을 했다는 선형적 해석을 제공할 것이다. 하지만 내 현장 노트를 살펴보면, 실제로는 훨씬 더 복잡한 과정이 있었다. 현장 노트에 적은 내용은 내가 현장에서 어떤 영향을 받았는지를 보여준다. 먼저 **호미카는 냉장고에서 나는 '딸깍' 하는 소리를 내게 들려주고 싶어 했다. 무엇보다 소리와 촉감에 대한 감각적(감성적?)인 애착이 있었다. 딸깍.** 그런 다음 어린 시절의 선이 있고, **냉장고라는 물체와 반복적으로 노는 아이-되기**가 있었다. 냉장고를 사랑하는 것은 실제로 냉장고 그 자체를 사랑하는 것이 아니라 지나간 것(할머니)에 대한 감성적 정서, 손가락의 접

3장. 삶의 물질, 흐름, 그리고 존재들

촉, 그리고 소리와 많은 관련이 있다. 그 소리는 이제는 가전제품에서 나는 소음으로 여겨져 제거해야 하는 불편함이 되었다(요즘 냉장고는 딸깍 소리를 내지 않는다. 그저 조용하다). 그런 다음 친구가 있었는데, 그 친구가 없었다면 호미카는 최신 냉장고를 새로 구입했을 터였다. 그리고 냉장고 자체가 있었다. "그렇게 냉장고가 왔어요." 이는 마치 냉장고가 스스로 찾아올 특별한 능력이라도 있는 듯 말하는 미적 민감성이다. 그 다음 냉장고가 오랫동안 존재해 왔으므로 더 환경친화적이라는 사실이 있다. 하지만 그렇다고 해서 감각적 특성이 중요하다며 선형적 목록의 순서를 바꾸는 것은 잘못일 것이다. 실제로는 무엇이 먼저랄 것도 다음이랄 것도 없다. 몸을 함께 끌어들이는 냉장고는 욕망의 선들의 그물망이고 한 덩어리다. 냉장고의 존재는 이런 공존하는 선들의 나타남이다. 그 선들은 의미를 나타내는 것(지속가능성, 재사용 및 재활용, 지속 가능한 물체 등)과 의미를 나타내지 않는 것(소리, 접촉, 친구, 형태, 할머니) 둘 다를 포함한다.

냉장고의 배치는 생태적이다. 그리고 그 배치는 호미카의 몸을 관통하며 흐르는 미적·윤리적·관계적 즐거움을 향한 욕망에 반응한다(사실상 욕망을 강화한다). 그러나 이는 또한 '지적' 작용을 포함한다. 호미카의 발명가-되기는 일상생활의 일부인 에너지 교환에 그의 (실용적) 지식을 일부 재구성하는 과정에서 나타났다. 이를 통해 호미카는 기존의 표준적 '지식'으로부터 자신을 해방하는 물질과의 배치를 형성할 수 있었다. 냉장고에 대한 '사람들의 말'에 의존하는 대신(이는 항상 권력의 문제이기도 한데, 도착적 경제 체제를 지속하기 위해 도착적 생산과 파괴를 지속할 필요성, 즉 성장과 노동에 대한 절대 명제를 '매우 의심스럽게' 보는 것이다), 호미카는 '그들이' 사용하는 동일한 기준과 측정 방식(스톱워치)을 말 그대로 자기 손안에서 완전히 바꾸어버렸다. 이렇게 함으로써 호미카는 우리가 경제 체제의 절대 명제를 따라 구축된 현실에 종속되어 있음을 일부 효과적으로 보여주었다. 호미카가 그렇게 할 때 그가 구축하는 현실은 '더 진실한' 현실이 아닌 또 다른 현실이지만, 그럼에도 이는 중요한 결과로 이어진다. 냉장고는 쓰레기 매립지에서 구조되었고, 그 집에 거주하는 사람들과 (그리고 나와, 그리고 얼마나 많을지는 몰라도 또 다른 사람들과) 정동적인 관계에 들어갔다. 이는 냉장고에 행위주체성이 부여되었다는 의미가 아니라 존재할 존엄이 있는 강렬한 물질이 되었다는 의미다. 새 냉장고를 만들 필요가 사라지면서 에너지, 금속, 석유가 절약되었고, 냉장고가 내는 소리를 좋아하는 호미카는 그것을 열 때마다 기분이 좋아졌으며, 몇몇 다국적 기업은 아주 조금은 덜 부유하고 덜 강력해졌다. 그의 아내는 자기 남편이 좋아하는 냉장고에 만족했다. 지구를 황폐하게 하는 버리고-늘리기 경제에 작은 균열이 생겼다. 냉장고를 수리함으로써 강력한 구분, 이원론들, 작동하는 물체와 폐기물 사이의 구분, 그리고 그 관계에 엮여 폐기물이 계속 늘어나는 데 강력한 힘을 발휘하는 물체의 위계가 탈영토화되었다.[47]

이런 재구성은 몸과 기술 사이에서 매개 역할을 하며 동시에 가능한 에너지 경험을 전달하는 사물, 정보, 그리고 사회적으로 받아들여진 구조로부터 (부분적으로) 거리를 둔다는 것을 의미한다. 이런 의미에서 낡은 냉장고를 수리하는 과정에서 나타나는 사물-되기는 해체다. '에워쌈'을 제거하고 새로운 것들을 위한 공간을 만들며, '사물을 피부로 다시 가져오는 것', 이는 여백의 창조다. 새로운 냉장고로 채워지지 않은 물리적 공간이 만들어진다. 또 이는 신체적이고 지적으로 더 자유롭게 생각하고 창조하는 공간이기도 하다. 지속가능성은 새로운 발명을 요구하기에. 동시에 이러한 해체는 욕망을 제한하는 것이 아니며 오히려 정확히 그 반대로 욕망을 살아 있게 한다. 냉장고를 새로 사지 않는 것은 창의적으로 낡은 냉장고에 접근하고 그 메커니즘을 이해하며 그 것을 숙련되게 조작하는 것을 의미한다. 또 이는 물질성과 감각성 자체의 부정을 의미하는 것이 아니라 오히려 물질성과 감각성의 강화를 의미한다. 호미카가 냉장고, 진공청소기, 스위치와 같은 낡은 가전제품을 선택할 때 항상 중고품을 선택한 것은 다름 아닌 새것에서 찾을 수 없는 중고품의 미적 특성 때문이며, 중고품의 그런 특징이 호미카가 소중히 여기는 강렬한 감각성을 구현하기 때문이다.[48]

비인간 동물

비인간 동물과의 근접성은 현장 연구에서 반복적으로 나타난 특징이었는데, 이로 인해 참가자들은 기존의 생명 배치를 의심하고 생태계적 배태성과 인간 행동이 생태계에 미치는 영향에 대해 보다 깊고 섬세하게 생각하는 변혁적 경험을 하곤 했다. 동물-되기는 그러한 변혁을 이해하는 핵심 방법이다.

되기는… 역능과 다양성의 분자 수준에서 발생한다. 다시 말해, 동물-되기는 인간을 개체-대-개체로 동물에 직접 연결하는 것이 아니라,

그 대신 동물을 구성하는 역능과 인간이 동물을 마주할 때 느끼는 정서를 연결한다. 바로 이런 의미에서 동물-되기를 기반으로 새로운 정치적 시나리오가 열린다. '되기는 역능이 공동의 운명에 의존하고 있다는 느낌이다.'[49]

이를 나의 동물-되기, 이를테면 '나'와 '고양이' 사이에 나타나는 되기를 바탕으로 이해해 볼 수 있다. 일상에서 우리는 고양이를 종종 반려동물로 경험한다. 고양이가 우리 다리 위에 앉아 있을 때와 우리가 고양이의 등을 쓰다듬을 때처럼, 그들은 '우리' 인간에게 동반자가 되는 존재다. 고양이에 대한 이런 이해는 나와 고양이를 영토화된 위치에서 벗어나게 하는 탈주선의 출발점인 '고양이-되기'와는 매우 다르다. 고양이-되기는 나 자신으로부터 그리고 안정감을 주는 반려동물로서의 고양이로부터 탈주한다.[50] 이는 내가 그 고양이를 흉내 내거나 그 고양이가 된다는, 혹은 반대가 된다는 뜻이 아니다. 고양이와 나는 서로 결합하지도 비슷해지기 위해 서로를 길들이지도 않는다. 되기는 유전자 변형된 초강력 캣우먼 같은 어떤 구체적인 것을 **만들어내는** 것이 아니다! 이미 언급했듯이, 되기는 그 무엇보다도 근접성과 공존성을 반형행화counter-actualize하는 해체의 과정이다.

동물-되기는 식습관 변화의 과정에서도 분명히 나타나는데, 그 예로 비건이나 채식주의자가 되는 과정을 들 수 있다. 나는 비인간 동물과의 "비자연적 참여"unnatural participation 의[51] 순간들이 일상의 확립된 배치를 여러 평면에서 교란하며, 그 구조적 이원론에 균열을 가져온다고 주장한다. 물론 이런 과정에 모호함이 없는 것은 아니다. 엘레오노르와

3장. 삶의 물질, 흐름, 그리고 존재들

마크의 사례에서 이미 언급한 바와 같이, 인간-외 존재와의 관계는 일상에서 당연시되는 관행에 대한 새로운 의식을 불러일으키며, 새로운 형태의 연대와 공존이 나타나도록 돕는다. 이 장에서는 이 근접성의 정동적 차원에 초점을 맞추며, 이것이 생태적 전환에 어떻게 영향을 미치는지 살펴보려고 한다.

엘레오노르와 마크를 관찰한 날 들었던, 엘레오노르가 비건이 된 과정에 대한 이야기부터 시작해 보겠다. 엘레오노르는 항상 동물을 사랑했고 고양이 보호소에서 자원봉사자로 활동하곤 했다. 자원 활동을 마치고 집으로 돌아가던 어느 날, 그녀는 고양이를 도와주는 동시에 소를 먹는 일이 얼마나 '어리석은' 행동인지 문득 깨달았다. "그래서 관련 정보를 찾았고, 그 즉시 채식주의자가 되었죠." 비건이 되는 것은 종종 윤리적이며 논리적인 선택으로 간주된다. 이는 무엇보다 인간과 가까운 동물 종을 다치지 않게 하려는 의도적 선택이며, 그 선택은 점차 지구 전체에 대한 관심으로 옮겨간다.[52] 내 참가자들 또한 많은 경우 자신의 선택을 그렇게 이야기했다. 엘레오노르는 앞서 그녀가 '어리석다'라고 얘기한 행동과 상반되는 자신의 선택을 이성적이라고 여겼다. 하지만 이런 측면과 함께 비건 되기가 서로 다른 몸 사이의 마주침, 근접성, 강렬함의 교차점에서 나타나는 것이라고 조명해 볼 수 있을 것이다. 이는 정동적이고 욕망하는 과정이지만, 엘레오노르의 사례에서처럼 이런 정서와 욕망의 측면은 종종 간과된다. 엘레오노르는 자신이 비건이 된 과정을 깨달음과 일관성을 향한 긴장이 함께 나타난 것으로 이야기했지만, 사실 그 이야기는 아주 갑작스러운 나타남에 관한 것이었다. 어느 날 갑자기 그녀는 자기가 보호소에서 사랑으로 돌봐주던 고양이들과 비슷한 동물을 매일 먹고 있다는 사실을 충격적으로 깨달았다. 이 **사건**은 원인과 결과로 간단히 설명할 수 있는 것이 아니다. 어떤 한계점에 그녀가 도달했고, 그 후로 모든 것이 변해 세상이 이전과는 다르게 느껴졌으며, 기존의 세상에서 자연스러웠던 구분 방식이 더 이상 예전처럼 명확해 보이지 않았다. 사랑하는 반려동물과 소고기, 이 둘 사이의 구분이 불안정해진 것이다. 이것은 명백하게 정동적인 사건이다. 이 사건은 엘레오노르의 몸이 고양이와의 근접성 지대로 들어가 그 동물성의 강렬함에 연결되면서 나타났다. 이러한 마주침에 개방되면서 엘레오노르는 '동물-되기'의 과정을 겪었다. 이는 엘레오노르의 고양이-되기였으며, 반대로 그 고양이 역시 탈영토화되어 무언가 다른 존재가 되어 더 이상 (인간과 명확하게 구분되는 존재라는 의미에서의) '동물'이 아니게 되었다. 더 이상 길들여진 애완동물이 아니었다. 인간과 비인간 사이의 구분 자체가 붕괴하기 시작하고, 근접한 생명체들 사이에 끊임없이 흐르는 정동적 연속성에 반응하는 더 유연한 구분이 나타났다.

마크, 엘레오노르, 그리고 나는 베네치아의 햇볕 가득한 거리와 광장을 걷고 있었다. 한 강당에서 다른 강당으로 이동하던 우리는 아름다운 궁전과 오래된 집들로 둘러싸였다. 발걸음을 조금 재촉하고 있었고, 마크는 우리에게 더 빨리 가자고 했다. 하지만 엘레오노르는 신경 쓰지 않았다. 강의를 드롭박스에서 다운로드받을 수 있다는 것을 알고 있었기 때문이다. 그녀는 주변을 둘러싼 동물과 꽃의 강렬한 느낌에 자신을 내맡기고 싶어 했다.

우리가 발코니에 꽃이 있는 아름다운 고택 옆을 지나갈 때, 엘레오

3장. 삶의 물질, 흐름, 그리고 존재들

노르는 항상 그랬듯이 창문에 앉아 있는 고양이를 가리켰다. 그런 다음 그녀는 붉은 장미로 가득 찬 화단 옆 작은 벽에 나른하게 기대 누워 있는 고양이를 보기 위해 근처의 벤치에 올라갔다. 엘레오노르와 마크는 그 고양이를 잘 알고 있다고 말했다. 마지막으로 본 후로 시간이 좀 지나긴 했지만, 그곳에서 자주 만나는 고양이였다. 그들은 고양이의 이름도 알고 있었다.

엘레오노르의 눈부신 미소, 고양이 털을 스치는 그녀의 애정 가득한 손길, 그리고 이 근접함의 순간에 나타난 마치 시간이 느려지는 것과 같은 느낌. 이 모든 것이 나에게는 동물-되기, 꽃-되기, 태양-되기의 강렬한 리비도적 순간으로 다가왔다. 도시를 걷거나 자전거를 타면서, 그리고 고양이 보호소에서, 엘레오노르의 몸은 계속해서 비인간 세계와 새로운 연결을 형성하는 움직임에 휩싸였다. 따라서 비건이 되는 것은 그녀의 욕망의 배치를 새롭고 조화롭게 만들었다. 그녀의 식습관이 다른 욕망의 선들과 함께 흘러가기 시작했다. "전 항상 동물이 인간의 친구라고 배웠어요." 사랑하는 생명체를 다치게 하고 싶지 않은 욕망이었다. 그녀는 그 친구들을 자기 소화기관으로 밀어넣는 대신 그들과 애정을 나누고 싶었다. 이런 의미에서 엘레오노르의 채식주의는 즐거운 일이었다. 채식주의가 인간을 넘어서는 사랑을 향한 욕망과 함께 나타나 그 욕망을 강화했기 때문이다.

마크의 여동생 클레어도 최근 비건이 되었는데, 클레어 또한 평생 동물을 사랑해 왔다고 말했다. 그녀는 어린 시절을 회상하며 "동물을 너무 좋아했어요. 실제로 우리 엄마는 내가 수의사가 될 줄 알았다고 하시죠!"라고 말했다. 클레어는 자신의 비건주의를 이성적인 것으로 해석하기보다는 동물을 향한 자신의 열정과 정동적 투자, 그리고 돌봄의 관계성에 대한 욕망과 연결했다. 클레어는 동물권에 대한 추상적이고 보편적인 생각과는 거의 관련이 없는, 자신이 느끼는 깊은 정서의 저장소와도 같은 어린 시절에 대해 얘기했다. 반면 마크의 경우는 조금 다르다. 원래 마크는 동물에 크게 관심이 없었지만 새로 사귄 여자 친구를 기쁘게 하기 위해 고기를 먹지 않기 시작했다. 이성에 대한 끌림의 정서 때문에 그런 행동을 시작했으니 그의 경우에도 변화는 정동적이었다. 이 세 사람의 변화를 욕망의 관점에서 다시 조명해 보면, 비건주의를 고기를 먹는 습관 및 (예상되는) 즐거움에 대한 감각적 욕구의 억압이자 자제의 행위로 해석하는 관점이 얼마나 편파적인지가 드러난다.

이와 반대로, 식단을 바꾸는 것은 비건이 된 사람들에게 그들이 사랑하는 비인간 동물과의 덜 폭력적 관계를 만들어 즐거움을 가져다줄 뿐 아니라 새롭고 때로는 확장된 음식의 즐거움, 더 예민해진 미각, 그리고 신체의 건강을 가져다주었다.[53] 비건이 된 후 엘레오노르는 다시 음식에서 즐거움을 찾았다. 이전에 그녀는 고기만 먹었고, 다른 모든 영양은 보충제를 통해 섭취하려 했다. 이제 엘레오노르는 식물 기반의 다양하고 맛있는 음식을 알게 되었고, 이는 건강에도 좋았다. 엘레오노르는 다양한 요리를 시도하는 것을 좋아하고, 마크는 그녀의 비건 요리를 좋아한다. 또 마크는 이전에 미처 알지 못했던 식물 기반 음식의 다양한 가능성을 알게 되었다고 말했다. 사실 마크도 클레어처럼 이전에는 가공육과 치즈를 즐겨 먹었다. 이처럼 영토화된 (그리고 이런 것들이

3장. 삶의 물질, 흐름, 그리고 존재들

베네토 지역의 전형적 음식이라는 뜻에서 지역적인) 음식 취향이 탈영토화하면서, 호기심과 탐구 정신뿐 아니라 새롭게 발견하거나 다시 발견한 맛에 대한 즐거움이 함께 열렸다. 그들은 두부, 쿠스쿠스, 그리고 간단한 샐러드의 맛을 발견했다.

이 식물 기반의 식단은 우리의 일상에서 몸과 에너지의 경험을 통해 명확히 표현되는 삶을 긍정하는 즐거운 특성을 가졌다. 클레어는 인터뷰 중 이와 관련한 얘기를 했는데, 이번에도 욕망의 흐름을 주도하는 강렬한 지점으로 비인간 동물이 부각되었다. 다낭성 난소 증후군을 앓으며 3년 동안 생리가 없었던 클레어는 이 문제를 해결하기 위해 매우 엄격한 생식 식단을 실천했다. 그녀는 현재 생과일과 생야채만 섭취한다. 아침에는 "신선한 오렌지 주스 한 잔"과 "이따금 대추 몇 개"를 먹고, 점심에는 과일을 접시에 가득 담아 먹고, 저녁에는 몇 가지 야채를 생으로 먹는다. 건강 문제가 아직 해결된 것은 아니지만, 클레어는 이런 식습관을 유지하면서 앞으로 나아질 수 있고 더 건강한 몸을 가질 수 있을 거라는 희망을 품었다. 처음 클레어를 만났을 때 나는 내 현장 노트에 그녀의 몸의 "에너지가 낮다"라고 적었다. '클레어'와 '클레어의 몸' 사이에 불편하거나 불안하게 느껴지는 어떤 불일치가 있는 것 같았다. 클레어는 종종 큰 사이즈의 스웨터와 티셔츠를 입어 그녀의 몸매, 특히 두드러진 가슴을 숨기곤 했다. 또 체육 수업 면제를 요청했을 정도로 신체 활동에 어려움을 겪었다. 하지만 그녀는 자기 몸과 몸매에 신경 쓰고 있었다. 클레어의 집에는 스텝머신, 복근 운동용 보드, 아령 등 다양한 운동 기구가 거실과 침실, 다용도실에 흩어져 있었다. 클레어는 또 성 아우구스타 성지까지 걸어가는 것을 좋아한다(성지는 집에서 아주 가까운 곳에서 시작되는 들판, 숲, 언덕을 지나 약 반 시간 정도 걸어가면 나온다). 최근에는 헬스장에 등록해 일주일에 세 번씩 운동한다. 클레어는 눈을 반짝이며 나에게 어린 시절 수영장에서 수영했던 이야기를 했다. 그녀는 수영을 정말 좋아했다. "마치 **작은 물고기**가 된 것 같았어요. 그때는 **날씬했거든요!**" 이처럼 어린 시절의 추억을 회상할 때마다 클레어는 열정적인 되기의 순간으로 이끌린다. 물고기-되기, 물-되기의 순간이다. 클레어의 몸은 움직임이 조화롭게 일어나는 즐거운 배치의 강렬함에 투자된다. 팔은 물과 잘 어우러져 움직이고 다리는 원하는 방향과 속도로 물을 밀어나가며 동물-되기의 과정에서 '그녀'는 자기 정체성의 윤곽을 잃는다.

이러한 되기에는 모호성이 있는데, 그것은 클레어가 현재 충족하지 못하는 사회적 기준에 따라 몸을 가꾸고 있다는 사실이 그녀의 되기 안에 포함되어 있다는 점이다. 따라서 물고기-되기의 특징이었던 역능 의지will-to-potency, 즉 클레어가 즐거운 물의 배치 속에서 자기를 잃는 감각으로 느꼈던 경험은 곧 사회적 기준과 평가에 의해 권력 의지will-to-power로 재영토화되었다. 클레어가 비건이 된 것은 이처럼 복잡한 과정의 강렬함과 떼어놓을 수 없는 듯하다. 첫째, 단순하게 말해 그녀는 생식 채식을 건강을 위한 좋은 선택이자 신체 에너지를 향상하는 식단으로 생각한다. 클레어가 비건이 된 것은 주로 동물권 문제 때문이었다. 그녀는 "건강 문제는 그리 중요하게 생각하지 않아요. 아주 작은 닭고기 한 조각을 먹느니 차라리 감자칩을 한 접시 먹을래요"라고 말했다. 그럼에도 온라인 신문 기사, 페이스북 게시물, 짤막한 글들, 그리고 일상의 대화를 통해 클레어에게 전달된 채식의 건강 효과는 그녀의 비건

3장. 삶의 물질, 흐름, 그리고 존재들

주의에 있어 또 다른, 거의 필수적인 차원이 되었다. 클레어는 동물 단백질이 부족하면 부작용이 있을 거라고 예상했지만 실제로는 몸 상태가 나아졌다고 말했다. 여드름이 줄고, 피부와 머리가 덜 기름지게 되었다. 비건이 된 이후 그녀는 "오히려 초콜릿을 먹고 싶은 것처럼 특정한 욕망을 충족시켜 가면서 특별히 생각하거나 크게 변화를 주지 않으면서도 체중을 줄일 수 있었다." 반면 '보통' 음식을 먹었을 때는 다양한 다이어트를 시도했지만 그 어떤 것도 효과가 없었다.

클레어가 부적절하다고 느끼는 그녀의 몸이 식단 변화 덕분에 개선되면서 비건주의는 물고기-되기 그리고, (다시) 날씬한 몸-되기를 욕망하는 강렬함에 연결되었다. 이는 무력감에 대항하는 역능감이다. 자기 몸에 대한 더 나은 느낌을 갖는 것이 다른 생명체에 대해 불필요하다고 느끼는 잔혹함을 피하는 것, 그리고 클레어의 몸을 (관통하며) 움직이는 욕망을 살아 있게 하는 것과 함께 나타났다. 클레어의 몸은 다른 존재(인간, 동물, 식물 등)에 대항하는 것이 아닌 그 존재들과 **함께** 살아 움직였다. 상호적이고 동적인 움직임 속에서 다른 존재와의 활기찬 근접성이 나타났다. 이는 동물-되기, 즐거움-되기, 다채로움-되기, 그리고 또 **지각불가능하게-되기**였다. 이런 점이 인터뷰를 시작했을 때 클레어가 에너지를 대표하는 사진으로 내게 보여준 벌새 사진(〈그림 3.4〉)*에서도 잘 나타난다. "저는 애한테 완전히 반했어요. 날개를 얼마나 빨리 움직이는지 좀 보세요. 정말 빨라요." 그녀가 말했다. "움직임에는 매력이

---

* 〈그림 3.4〉의 벌새 사진은 클레어가 보여준 사진과 다른 것이다. 그 사진의 저작권을 확인할 수 없어서 클레어가 전달하고자 했던 중요한 측면을 잘 담아낸 비슷한 사진을 인터넷에서 찾아 대체했다.

〈그림 3.4〉 출처: 타이 맥나이트(Ty Mcnight)

있어요. 그건… 상황의 변화를 의미하니까요." 그 움직임은 탈영토화하는 존재의 힘이며 지각불가능하게-되기다.

클레어의 동물-되기는 그녀의 현재 욕망을 현대 사회 이원론의 '하위' 쪽에 위치시킨다. 이는 클레어가 미래를 상상할 때 나타나는 원시-되기의 역할과 유사하다. 클레어는 따뜻한 이국적인 나라에서 살고 싶어 한다. 이 꿈은 자연에 대한 것이고, 또 그녀가 "덜 문명화된" 국가에 있을 것으로 생각하는 더 조화로운 초인간적 관계를 추구하는 삶에 대한 것이다. 클레어는 "자연과 더 깊은 접촉을 원해요"라고 말했는데, 이는 삶을 휘감고 있는 "모든 이런 기술적인 것들과 **거리를 둠**으로써" "어떤 면에서 원시적 방식으로 살아가는 것"을 의미했다. 그녀는 기술이 "세상을 느끼는 능력을 약화한다"고 생각한다. 클레어에게 있어 도시의 삶이란 자연이 어떻게 작동하는지를 모르고, 심지어 "자연의 가장 기본적인 요소들", 예를 들어 자라나는 식물이나 자유롭게 살아가는 동물을 볼 기회조차 없다는 것을 의미한다. 그녀는 이렇게 말했다. "식물, 동물과 함께 살아가면 그들이 실제로 어떻게 살아가는지 이해하게 되고, 그렇게 해서… 말하자면 **현실의 모습**과 더 깊은 접촉을 하게 되죠."

따라서 원시적이고 이국적인 나라에서의 삶을 그리는 클레어의 상상은 저항이면서 거부다. '문명화된' (주류의) 삶의 방식은 능력을 제약한다. 반면 '원시적인' (비주류의) 삶의 방식은 세계와의 구체적이고 실질적인 '접촉'을 가능하게 하고, 더 지속 가능하고 의식적으로 살아갈 기회를 제공한다. 실제로 그곳에서 그녀는 생계나 미래 대비를 위해 필요한 것을 자신이 윤리적이라고 판단하는 방식으로 자체 생산할 수 있다고 상상한다. 클레어의 이야기는 **지식**과 **역능**에 관한 것이다. "현실의 모습"을 더 정확히 이해한다면, 그 현실을 존중하는 그녀의 역량도 높아질 것이기 때문이다. 원시인-되기의 리비도적 강도는 다시 한번 생명을 향한 욕망이며, 지성과 생명력, 그리고 (정치적) 역능을 약화하는 (후기 자본주의의) 배치에 대한 비판이기도 하다. 이를 바탕으로 클레어는 또 기술에 대한 시각을 재구성할 수 있었다. 자연과 가까이 살아가는 것이 반드시 "기술의 완전한 부재"를 의미하는 것은 아니다. 오히려 그녀는 "더 잘 통합되고, 환경의 원시적 측면이 두드러진다면 (…) 더 친환경적인 기술이 있을 수 있죠"라고 말했다.

클레어가 그리는 이런 '원시적 이상'은 명백히 사회적이고도 후기 식민지적인 환상이다. 클레어는 실제로 어렸을 때 디즈니 영화 〈포카혼타스〉를 보고 매혹된 후부터 이국적인 모든 것에 이끌렸고, 이런 이끌림을 자신의 원시적 이상과 연결했다. 그렇지만 이런 그녀의 상상력은 현재의 지속 불가능한 관행을 계속 장려하는 측면도 있다. 오직 그곳에서만 진정으로 지속 가능한 생활을 실천할 수 있다고 생각하기 때문에, 클레어는 지금 여기에서 지역 경제를 지원하거나 자연이나 식품 생산의 실재를 이해하기 위해 무엇을 할 수 있는지를 고민하지 않는다. 이 모든 것은 그녀가 지구 반대편으로 여행할 때까지 미루어진다. 그러나 내가 여기에서 강조하고 싶은 것은 그녀의 이런 상상력이 생명 배치의 리비도적 경제 내에서 어떤 역할을 하는지의 문제다. 클레어의 원시인-되기는 그녀가 인식하는 "제어 불가능한, 즉 복잡하고 글로벌화되고 기득권에 의해 지배되는 세상"의 폭력성과 지속불가능성으로부터의 탈주를 의미한다. 이와 대비해 원시인-되기는 소수자 주체의 위치를 점유하면서, 일상을 지탱하는 생성과 교환이라는 '실재'와의 즐겁고

"직접적인 접촉"을 대안으로 제시한다.

앨리슨 또한 전환을 경험했는데, 이는 그녀가 석사 과정을 이수하는 동안 특히 축산 동물과의 비애에 찬 만남으로 인해 채식주의자가 되기로 한 과정에서 나타났다. 석사 과정에서 들었던 강의들이 앨리슨에게 큰 깨달음을 주었지만, 또 다른 중요한 만남도 있었다. 그것은 "거의 비건"인 한 여성과 친구가 된 경험이다. 이 만남을 통해 앨리슨은 "사실 거의 몰랐던" 채식주의의 세계를 발견했다. 그녀는 이 주제와 관련된 책들을 읽어보고 정보를 얻었고,

> 정말로 명확한 생각을 하게 되었어요… 사실, '정말로 명확하다'는 표현은 약간 과장이네요. 모든 것처럼 제 생각에도 확실히 모순은 있으니까요. 그래도 관련 주제에 대해 읽으며 확신을 얻었고 이런 것들이 나에게 큰 영향을 주었죠. 그리고 그 후로… 갑자기 고기(와 생선) 먹기를 그만두었어요.

대학원 시절의 경험(특히 공장식 축사를 방문한 것 같은 경험)을 통해 앨리슨은 동물 사육의 현실과 감각적이고 물리적으로 접촉했고, 이 때문에 더 강한 확신을 갖게 되었다. 앨리슨은 축사에서 본 것들을 나에게 설명했다. 좁고 냄새나는 축사에 있던 사슬에 묶인 동물들, 불량한 위생 상태, 죽은 송아지들, 그리고 주인을 보자마자 무서워하며 도망치는 돼지들. 이런 경험은 앨리슨에게 극도로 슬픈 정서를 남겼고, 그 결과 동물을 먹지 않는 것은 일상에서 그 슬픔으로부터 멀어지기 위한 방법이 되었다. 다시 말해 앨리슨에게 채식주의는 세계에 대한 감성을 긍

정적으로 변화시키고 확장하는 즐거운 변화였다.

석사 과정을 통해 식품 생산에 대한 앨리슨의 인식이 높아졌고, 채식 식단으로 바꾸면서 음식과 일반적으로 관계를 맺는 방식에도 더 많은 변화가 나타났다. 유기농 식품을 사기 시작했고, 입맛도 천연 식품과 가공이 적게 된 음식을 선호하는 것으로 바뀐 것이다. 이런 변화는 사회적으로 이해되는 '채식'의 배치와도 일치한다. 실제로 동물 사육의 환경적 영향에 대한 지식과 정보는 점점 더 동물 복지나 생태계의 건강 문제와 연결되고 있다.[54] 이런 맥락에서 앨리슨이 참여하는 욕망의 선은 가공된 식품이나 매끈한 용기에 들어 있는 합성 세제를 떠나, 환경과 건강을 위한 채식, 통밀, 친환경 샴푸 등으로 이동하게 되었다. 이런 변화의 역학은 더 넓은 변화에 내재해 있다. 지속가능성과 유기농에 대한 담론과 상품은 점차 더 흔해지고 더 눈에 띄고 보편화되었다. 또 이런 변화는 앨리슨의 전기적 궤적에도 내재한다. 예컨대 앨리슨의 가족이 오랫동안 품질 좋은 유기농 식품을 선호해 왔다는 사실, 그녀의 대학원 공부, 앨리슨이 만난 사람들과의 관계 안에 내재하는 것이다.

클레어와 엘레오노르, 마크의 경우와 마찬가지로 앨리슨의 경우에도 동물-되기의 일부로 받아들여진 채식주의와 비건주의는 기존의 배치로부터 탈주해 생태계 안에서 더 민감한 방식으로 존재하게 하는 탈영토화의 매우 강력한 원천이 될 수 있었다. 채식주의는 식습관, 음식에 대한 취향, 좋은 음식과 나쁜 음식에 대한 기준까지 모조리 바뀌는 변화를 수반했다. 새로운 감수성이 기존의 인간중심적 배치에 도전했다. 마치 당연하게 여기던 모든 것이 갑자기 일시 중단되는 것 같았고, 이는 호기심을 나타나게 하고 인간 및 비인간의 몸, 음식, 다른 종과

3장. 삶의 물질, 흐름, 그리고 존재들

의 관계에 대한 새로운 관찰을 시작하게 만들었다. 이렇게 되면 '전통'의 이름 아래 전해 온 당연하거나 자연스럽다고 여기는 모든 지식을 비판적으로 바라볼 수 있게 된다. 예를 들어, "인간은 항상 그래왔기 때문에" 동물을 먹는 것이 괜찮다는 주장에 대해 마크는 노예제도와 같이 "수 세기 동안 정상"으로 여겨졌지만 결국에는 영구 폐지된 많은 것이 있다며 반박했다. 영토화된 배치(사물, 발화)에 기반한 타자-결정het-ero-determination에 대항하여, 그들은 비폭력과 다른 존재에 대한 존중의 욕망에 더 민감하게 반응할 수 있는 세계를 창조했다. 동물 학대와 억압에 대한 반대의 목소리는 그것의 심각한 생태적 영향, 즉 기후변화를 앞당기고 자원을 고갈하며 과도하게 토지를 사용하는 문제나, 전 지구적 에너지-식량 불공정에 대한 맹렬한 비난의 문제와 점점 더 함께 나타난다. 새로운 식습관 채택에서 이런 문제가 '쏟아져서'[55] "제국주의적 삶의 방식"의[56] 지속불가능성에 관한 더 광범위한 의문을 제기한다. 그리고 인간중심주의에서 벗어나는 배치의 선non-anthropocentric lines of assem-bly이 이미 지구 생태계에 대한 일반적 존중을 향해 열려 있기 때문에, 동물-되기의 역능은 그 과정에서 습득한 지식을 다양한 수준에서 일상 습관에 깊은 변화를 불러오는 방향으로 효과적으로 사용하도록 한다.

동물-되기의 사례는 다른 종과의 관계에서 깊은 변화에 완전히 참여하지 않는 주체에게도 투자되며, 비인간 존재가 주체성을 통해 또는 주체성 안에서 불러일으킬 수 있는 정서의 강력한 힘을 명확하게 드러낸다. 예를 들어, 오누르비오는 슈퍼마켓에서 플라스틱병에 담긴 물 사는 것을 그만두고 시청의 공공 급수기를 사용하기 시작했다고 말했다.

오누르비오는 실직 이후 지출을 더 신경 써서 관리해야 했다. 어느 날 슈퍼마켓에서 그는 물 자체보다 물병 포장에 더 많은 돈을 지불하고 있다는 사실을 깨달았다. 갑자기 그것이 터무니없다고 느껴졌다. 그러나 오누르비오는 물을 디스펜서에서 받아 마시는 새로운 습관을 두고 돈을 절약하는 문제가 아마 가장 중요하지 않은 부분이었을 거라고 강조했다. 돈을 절약하는 것이 그 자체의 목적을 넘어, 소비가 가져오는 자원 낭비와 폐기물 생산에 대한 새로운 감각을 나타나게 했다는 말이었다. 소득 감소가 습관적 행동의 반복에 단절을 만들었고, 그러면서 그 반복된 행동을 의심할 여지가 나타난 것이다.

돈을 아끼는 그런 문제라고 하고 싶진 않아요··· 그런 사진들 있잖아요. 아시죠? 플라스틱이 거북이나 물고기 입 안에 들어가 있다거나 해변에 버려진 플라스틱병이요··· 그런 모든 것들이요.

물고기-되기, 거북이-되기, 해변-되기. 이 근접성 지대에서 오누르비오-동물-플라스틱 배치의 정동적 강도가 일상적으로 물을 사는 행위에서 지속 가능한 변화를 중요한 문제로 만들었다. 페트병 소비의 낭비성이 물고기의 입을 통해 뚜렷하고 구체적인 것으로 물질화되었고, 그러자 산업 시스템의 비합리적인 자원 및 에너지 사용 패턴이 갑자기 눈에 띄게 되었다. 다른 요소도 개입되었는데, 여기에는 사건, 물질적 행태지원성, 담론, 미디어 이미지, 그리고 개인적 전기 궤적 등이 포함된다. 오누르비오는 아내 때문에 플라스틱병 뒤에 있는 PET의 세계(기계, 병뚜껑, 운송, 유통, 폐기 등)에 이미 익숙했다. 아내가 플라스틱병 모형 틀을 생산하는 회사에서 일하기 때문이다. 또 시의회가 플라스틱 물병의 생산/유통을 줄일 목적으로 시민들이 슈퍼마켓에서 물을 사지 않고도 깨끗한 물을 얻을 수 있도록 공공건물에 급수기를 설치한 것도 오누르비오의 배치에 영향을 주었다. 그러나 이런 요소들(어떤 잠재적 가능성을 형성하는 것)은 그 가능성을 더욱 선명하고 정동적으로 관련성 있게 만드는 특정 조건들이 결합할 때까지 어떤 변화도 촉발하지 못한다. 변화가 일어나기 위해서는 슈퍼마켓에서 나타난 한 **사건**, 즉 근접성 지대에서의 통찰, 거북이-되기의 순간이 필요했다.

동시에 공공 급수기를 이용하는 습관을 형성하기 위해서는 특정 조건들이 필요했는데, 그중 하나는 실직 상태였다. "약간 귀찮지만" 2-3주에 한 번씩 물 여섯 병을 얻으러 가는 것은 "그렇게 나쁘지 않았다." 오누르비오는 이 일을 기쁘게 한다. 지금은 그럴 시간이 있기 때문이다. 에너지를 적게 들이는 활동, 예를 들면 급수기가 설치된 공관에 가는 일이나 슈퍼마켓까지 자전거를 타고 가는 일은 **시간**이 있어야 가능한 활동이다. 그는 이런 활동이 자기 몸과 건강에 좋은 운동이 된다고 느낀다. 시간이 있다는 것은 무엇보다 인식, 의식, 그리고 정서의 흐름을 늦출 수 있다는 뜻이었다. 오누르비오는 이런 상황 덕분에 탈인간적 세상으로 더 가까이 다가가 들어갈 수 있었고, 그로 인해 세상을 더욱 강렬하게 느끼게 되었다. 물고기-되기나 거북이-되기는 오누르비오에게 자연의 깊은 힘을 전달했고 자신을 그 일부로 느끼게 했다. 이런 인식 때문에 일상의 습관이 (아무리 사소한 일일지라도) 바뀔 수 있었다. 오누르비오의 '생태계를 위한 행동'이 윤리적 감각과 경제적 합리성으로 움직였던 것도 사실이지만, 결국 그의 변화를 주도한 것은 정서의 강도와 근접성 경험, 예를 들면 인간의 쓰레기로 인해 파괴된 동물들의 모습을 보며 느낀 슬픔이었다. 바로 이런 정서가 현재의 생태적 문제와 정동적으로 (다시) 연결될 가능성을 열어주었다. 이런 경험은 인간이 생태계와 떨어지지 않는 배태성을 가진 존재임을 분명히 함으로써 지속 불가능한 일상의 습관을 깨뜨리고 반복을 통해 차이가 나타나도록 한다.

오누르비오가 보여준 식수 공급 방식에서의 변화는 지속 가능한 행동을 합리적 선택으로 보는 ABC 이론 및 기타 행동주의 이론에 의문을 제기하고, 사회 실천 이론에서 강조하는 사회 인프라와 조직적 측면, 그리고 심리사회학이 강조하는 정동적이고 욕구적인 차원의 중요성을 **동시에** 드러낸다. 심리사회학 이론은 종종 주체가 지속 가능한 전환에 대해 책임이 있거나 책임을 **져야만** 한다고 본다. 그러나 욕망을 인간 이상의 배치를 만드는 탈주체적a-subjective 생명력으로 보는 관점은 내부/외부의 구분을 문제 삼고, 주체가 과연 얼마나 행위주체성을 가지고 행동이나 실천을 의도적이고 합리적으로 변화시킬 수 있는지 의문을 제기한다.[57] 오누르비오의 사례는 지속 가능한 변화가 의지에 기반한 행위나 '내적' 심리의 발전을 통해 이루어질 것이라고 기대해서는 안 된다는 것을 보여준다. 에너지 사용은 사람들을 특정한 실천, 사물, 감각, 리듬 등에 연결하는 선을 따라 패턴화되며, 이는 대부분 의식적 통제를 벗어난다. 변화와 전환은 주체가 탈주선과 근접성 지대를 갑자기 받아들이는 때, 즉 어떤 사건이 발생해서 일상의 흐름, 실천 및 사건을 바꾸는 파열의 순간에 나타난다.[58] 주체화 또한 (집단적) 되기다. 우리가 집단적으로 할 수 있는 일은 변화의 선과 조건이 함께 오는 기회를 높이

　　　　　　　　　　　3장. 삶의 물질, 흐름, 그리고 존재들

는 것이다. 즉 환경 비평을 촉진하고, 일상의 더 느린 리듬을 촉구하며, 지속 가능한 인프라와 돌봄에 관한 담론을 강화하는 것이다.

현장 연구 중 또 다른 깊은 차원에서 기존 삶의 배치에 도전하는 동물-되기의 사례는 야생과의 접촉을 통해 나타났다. 예를 들어 오누르비오는 골프를 치면서 숲과 골프장을 가로질러 달리는 사슴 무리의 모습에 매료되었다. 사슴은 이 세상의 비주류적이고 부드러우며 물질적인 표면이며, 야생의 생명력을 지탱하는 존재다. 그 순간 오누르비오의 자아는 골프장 중앙의 그림자 속으로 이동하며 정체성을 알기 어려운 무언가가 된다. 나무-되기, 이끼-되기, 곤충-되기, 또 사물(날아가 사라지는 골프공 같은)-되기의 과정에서 그의 인간으로서의 특성은 순수한 되기의 힘을 향해 뿌리가 뽑힌다. **감응**의 순간, 지각불가능하게-되기의 순간이다.

비슷한 방식으로, 발레리오와 함께 (다시) 숲을 걸었을 때 비인간 동물과의 근접성 지대가 된 숲이 발레리오가 나를 자신이 구성한 자연 속으로 데려가는 하나의 매개가 되었다.

〈그림 3.5〉. 이곳은 눈에 둘러싸여 있지만 아마 그날 하루 중 내가 추위를 느끼지 않았던 몇 안 되는 순간이었을 것이다. 점심을 먹고 난 후 발레리오와 나는 그의 집에서 15킬로미터 떨어진 이곳까지 차를 타고 갔다. 잠시 호수를 따라가다가 아주 가파르고 구불구불한 길을 올라갔다. 2월이고 주변에는 아무도 없었다. 차의 시동을 끄고 길을 따라 걷기 시작했다. 분명 내가 신고 있던 신발은 눈 덮인 길을 걷기에 적절하지 않았다. 하지만 차 안에서 난방으로 몸이 데워진 후 움직였기 때문에 몸에 약간의 생기와 따스함이 돌았다. 현장 노트에는 이렇게 기

〈그림 3.5〉 출처: 저자

록했다.

우리는 길의 한쪽에서 다른 쪽으로 훌쩍 뛰어가서는 토끼가 남긴 발자국을 보기 위해 멈췄다. 눈 위에서 우리의 발걸음 소리를 들을 수 있었다. (…) 그 후 숲에서 시작해 길을 지그재그로 가로지르고 다시 숲으로 돌아가는 발자국을 발견했다. 우리는 그것이 냄새를 따라가는 사슴 같은 상당히 큰 네발짐승의 발자국이라고 생각했다. 발레리오는 그 발자국의 크기를 재보고 어떤 동물의 것인지 알아보려고 한동안 그곳에 머물렀다. 그는 그 동물의 움직임을 흉내 내기 위해서 자신의 몸을 움직여 보았다. 동물 발자국에 자기 발을 맞추고 동물의 것으로 추정되는 발걸음을 따라갔다. 나는 너무 추워질까 봐 조급해졌다. 거기서 대략 2분 동안 있었다. 발레리오가 그 발자국을 정말 좋아하는 것을 알 수 있었다.

발레리오의 동물-되기. 그가 길을 가로지르는 사슴의 움직임을 흉내 낸 것 때문이 아니다. 이는 또다시 '비자연적 참여'의 문제로, 문명화된 몸과 동물의 몸 사이에 나타나는 비대칭적인 되기의 구간이다. 사람은 사슴의 후각, 빠른 내달림, 그리고 야생의 감각을 획득한다. 그러나 사슴은 이미 다른 것이 되고 있다. 아마도 문학적 상상의 산물인 유니콘이나, 발레리오가 '탐험에 관한' 책에서 읽은 신화적이고 이국적인 동물이 되고 있을 것이다. 흰 피부의 성인 남자의 몸이 문명에서 벗어나 탈주선을 따라가고, 눈의 표면 혹은 우주적 내재성과 순수한 되기의 평면과 같이 미묘하고 바뀔 수 있으며 변화하고 사라지는 표면을 향하고 있었다.

이 작은 에피소드는 발레리오와 '문명'의 관계, 그리고 그가 문명을 어떻게 '자연'과 대조해 이분법적으로 이해하는지를 잘 보여준다. 발레리오는 문명화된 사회의 기존 배치로부터 지속해서 탈주하고 있다. 그는 문명이 삶을 앗아가며 생태계를 파괴한다고 생각한다. 그럼에도 그는 앞서 보았던 것처럼 문명에 깊이 관여하고 있다. 산책을 계속하면서 발레리오는 "우리가 하는 것들이 유전자를 통해 우리 아이들에게 전달된다"라는 주제로 이야기했다. "과거의 황제들"은 이런 이유로 국민을 무지와 가난 속에 가둬두려 했다. 그러나 인간에게 유전은 그렇게 결정적이지는 않다. 왜냐하면 인간의 이성적 뇌rational brain가 우리의 동물적이고 더 깊은 존재를 지배하고 있기 때문이다. 발레리오는 심지어 여자 친구가 떠났다는 이유로 자살하는 남자가 있다면, 그것은 그의 이성이 본능을 지배한 권력 남용의 결과라고 이야기했다. 본능의 명령에 따랐다면 생명을 지속했을 것이기 때문이다. 또 발레리오는 사람들이 행복하지 않은 이유가 대부분 섹스를 제대로 하지 못하기 때문이라고 덧붙이면서, 이것이 가족과 사회-종교적 도덕의 결과라고 말했다. 동물, 황제, 원시인, 문명인, 성직자, 염색체 등 발레리오의 세계는 중국인, 주술사, 야만인, 로마인, 세균, 연금술사, 농부, 다국적 기업, 바위, 예술가 친구, 천재 과학자, 나무, 채소, 디지털카메라, 자동차, 빅토리아 시대의 책, 환상적 동물, 탐험가, 갤러리 주인, 사서, 두 채의 집, 이국적 음식, 멀리 사는 친구, 그리고 두 명의 아이로 채워져 있다. 이들은 대체로 대립적 이원론으로 구분하며, 특히 강력한(부유한)/불행한(가난한) 그리고 문화(논리·문명·인간)/자연(본능·동물·원시인)으로 나뉜다.

3장. 삶의 물질, 흐름, 그리고 존재들

눈 덮인 숲의 배치에서 그의 욕망은 이 이원론 가운데 본능, 동물, 더 심오한 존재, 성적인 힘, 생명의 보존처럼 동물적-원시적이며 비주류적 측면에 투자되고 있었다. 클레어의 경우에서처럼 발레리오에게도 동물적-원시적인 것은 (다시 말하지만, 그 식민주의적 특성에도 불구하고) 이 숲에서 그의 몸이 자신과 주변 세계와 맺는 더 직접적이고 풍성하며 활기찬, 그리고 더 강렬한 관계의 원천이다. 그것은 정동적인 역능이다. 발레리오의 시각에서 문명과 그 문명의 도덕성은 인간을 자신의 본성으로부터 슬프게 분리하는 원인이다. 문명화된 "이성적 뇌"의 헤게모니는 몸의 능력을 줄이고, 이는 궁극적으로 인간을 파멸(자살)로 이끈다. 이 과정은 권력을 가진 자들에 의해 주도되며 권력자들에게 이롭다. 약한 몸은 노예, 즉 복종하는 존재를 의미하기 때문이다. 발레리오에게 동물-되기는 문명화된 "역겨운 사회"로부터 벗어나는 방법, 즉 몸의 능력을 제한하고 계급과 권력 구조를 유지하기 위해 '자연'을 왜곡하는 문명사회로부터 탈주하는 방법이다. 그의 이 독특한 자연을 향한 사랑은 낯설고 때로는 대립적 가능성을 열어준다.

이는 부분적으로 지속 가능한 변화를 위한 기회를 제공한다. 발레리오는 문명이 "자연의 활력"(이라 추정되는 것)을 앗아가고, 그 문명이 또한 생태적 퇴보를 만들며 그 퇴보를 기반으로 작동한다고 생각한다. 그는 그러한 생태적 퇴보의 예로 지하수 오염, 핵 오염, 원유 유출, 암, 전쟁, 산불, 그리고 연발 소총을 이용한 사냥 등을 언급했다. 문명(특히 **현대** 문명)은 자연 생태계와 인간의 생명력을 동시에 위협한다. 동물-되기는 따라서 억압받는 문명의 비주류적 집합체(인간의 몸, 성적 욕구, 동물, 취약한 생태계, 지하수, 숲, 인종화된 존재 등)가 그들 사이에 공존하는 해방적 번영의 추구를 기반으로 동맹을 만드는 방법이다. 이 생명, 역능, 그리고 자유에 대한 욕망이 그의 젊은 시절 녹색당 활동부터 현재 윤리적 소비 그룹에 참여하고 현지에서 생산된 제품을 구매하며 식재료를 직접 재배하는 것에 이르기까지, 발레리오의 전기적 궤적을 만든 수많은 생태적 배치로 이끌었다. 그는 이를 윤리적 실천이 아닌 "개인적 일"로 이해했고, 그것이 자신의 '기질' 및 '좋은 삶'에 관한 생각과 잘 맞는다고 말했다. 발레리오는 자신이 "탄젠토폴리● 시대에⋯ 엄청나게 많은 돈을 벌 수도 있었지만 밤에 잠을 못 잘 것 같아서 가난해지는 선택을 했다"라고 했다. 에린의 말처럼 약간 덜 부유하더라도 밤에 잠을 이룰 수 있다면 그게 더 좋다는 것이다. 두 사람에게 돈은 자연의 리듬을 계속해서 교란하는 방식으로 **몸에** 매우 구체적 영향을 미쳤다. 생태계를 존중하는 길을 선택한 것은 바로 그 몸 자체였다. 몸의 느낌, 정서, 밀어내는 힘, 동물-되기. 돈의 추상적이고 치명적인 힘과 반대로 몸은 구체적으로 활력 있는 수면과 생기 넘치는 생태계를 요구한다.

　이 점은 발레리오가 유기농 식품을 받아들인 과정에서 특히 잘 나타났다. 바이오, 바이오, 바이오.●● 그는 종일 이 말을 반복했다. 그에게 바이오는 "그 무엇보다 독성물질을 섭취하지 않고" 자기 몸의 활력을 증진하려는 방법이지만, 또 동시에 결과도 생각하지 않고 "이익을 위해 지하수를 오염시키는" 것처럼 생태계를 해치는 파괴적 경제에 저항하

● 1980년대 말부터 1990년대 초에 있었던 이탈리아 정치의 역사적 전환점으로, 이 기간 이탈리아의 공공 행정과 정치에 부패가 만연했음이 명확히 드러났다. 여기서 발레리오는 탄젠토폴리 이전에 그가 이익을 위해 불법 프로젝트를 추진하는 회사와 거의 협력할 뻔했다는 사실을 언급했다.

●● 이탈리아어로 '유기농'[바이올로지코(biologico)]을 줄여서 말한 것이다.

는 방법이기도 하다. 생태학적이며 정치적인 실천이 "경제를 바꾸기 위해" 함께 등장했다. 발레리오는 매우 구체적인 한 사건으로 인해 유기농 식품으로 '전환'했다. 아이들이 아직 어렸던 20여 년 전 어느 날 저녁, 그의 아내가 요리를 하고 있었다. 그런데 어떤 특이한 냄새가 났고, 스테이크 크기가 줄어드는 게 분명하게 보였다. 늘 같은 곳에서 구매하던 고기였다. 발레리오는 이 사건 이후 친구가 된, 한 목축업자에게 물었다. 친구는 그것이 소에게 먹이는 항생제나 다른 보조제로 인해 육질에 수분이 더 많아졌기 때문이라고 설명했다. 그 순간부터 발레리오는 그 고기를 산 정육점에 다시는 가지 않았다. 모든 것은 우연히 시작되었다. 발레리오는 이렇게 말했다. "글쎄, 예전에는 코카콜라도 마셨거든요." 동물 사육의 비자연적 측면과 끔찍한 조건을 인식하면서 발레리오에게 생태적이고 정치적인 변화가 시작되었다. 이는 명백하게 도덕적 과정이라기보다는 발레리오의 감각(후각 수용체, 눈, 뇌)과 프라이팬 안 스테이크 사이의 구체적 만남으로부터 나타난 감각적이고 정동적인 작용이었다. 이는 파열의 순간이었고, (매일의 일상과 소화기관이 글로벌 다국적 기업의 제품으로 가득 차 있는) 문명인의 일상적 정상성과 발레리오 자신의 말로 어떤 면에서 "약간 이상한" 식사를 하는 사람 사이의 경계선을 지나게 만든 사건이었다. 익숙하지 않은 감각, 이상한 냄새, 그리고 다시 동물-되기. 고기, 물, 높아진 후각과 시각 능력. 매일 같은 루틴(항상 같은 고기, 같은 정육점)이 반복되는 상황에서 이 갑작스럽고 설명할 수 없는 사건이 변화와 차이, 그리고 더 지속 가능한 식사로의 전환을 촉발했다.

발레리오의 다양한 이야기를 듣던 중 나는 어느 순간 그에게 채식주의자인지 물었다. 그는 아니라고 답했다. 발레리오는 채식주의가 조금 과하게 느껴졌다. 그는 중국에서는 모든 것을 먹는 것이 좋다고 권장한다며, 인대에 문제가 있을 때 인대를 먹는 것이 도움이 될 것이라는 생각이 자연스럽다고 말했다. 옛날에는 사람들이 적의 심장이나 뇌를 먹기도 했다! 발레리오는 채식주의를 "어리석은 짓"이라고 부른다. 뒷마당에 동물이 있다면 그들에게 애정을 느끼는 것은 당연하지만, 식물도 마찬가지라는 것이다. 그는 식물도 "애정을 가지고 만질 수 있다"며, 광물에 대해서는 "지질학자로서 말하자면, 광물이 태어나고 성장하고 죽는 것도 볼 수 있어요"라고 말했다. 모든 것이 동일하다는 이야기였다.

왜냐하면 생명의 근원은… 바로 에너지예요. 비슷하거나 다른 에너지죠. 무엇이든 그렇습니다. 그런데 이런 에너지가 결합해 물질을 형성해요. 그리고 그 관점에서 모든 물질은 동일하죠. 에너지는 끌림을 통해 동식물을 동일한 방식으로 형성하죠. 모든 것은 이렇게 작동합니다. 모든 생명체는 생명을 유지하기 위해 주변 생명체와 투쟁하는 거예요.

발레리오에게는 한 친구가 있는데, 그는 지역에서 처음으로 채식주의자가 된 사람 중 하나였다. 그 친구는 피부가 아주 희다(발레리오의 말에 따르면 '새하얗다'). 발레리오는 그 친구가 태어날 때부터 알비노인지 아니면 채식주의 때문에 피부가 희게 된 것인지는 잘 모른다고 했다. 발레리오에게 친구의 채식주의는 좀 이해하기 어려운 것이었다. "내가 듣기로, 그 친구 부부는 성생활 쪽으로… 별로 활발하지 않다고 했어

3장. 삶의 물질, 흐름, 그리고 존재들

요… 그건 욕구가 부족하기 때문이라고요!"

　발레리오의 리비도적 경제 안에서는 채식주의가 문명과 '도덕'의 측면으로 인식되기 때문에, 그것은 더 강렬하고 원시적이며 자연스럽고 건강한 식사 방식에 대한 왜곡이 될 수밖에 없다. 그리하여 채식은 몸의 능력을 감소시키고 질병을 유발하며 성적 욕구를 줄이고 피부색까지 변화시킨다. 따라서 고기를 먹는 행위는 동물-되기, 즉 '자연'에 대한 긍정의 장면으로 설정되고, 생명 억압적 문명 도덕주의에 대한 저항이 된다. 이런 관점이 반드시 인간중심적인 것은 아니다. 사실 발레리오에게 육식의 정당성은 다른 종을 인간이 마음대로 다룰 수 있다는 생각에 기반한 것이 아니라 에너지가 내재성의 평면을 형성하며 모든 존재(바위, 식물, 동물)를 동일한 자연의 평면에 놓는다는, 물질에 대한 생명주의 관점에 근거한 것이다. 이 평면적 존재론은 자연/문화, 유기물/무기물, 동물/식물 등의 문명화된 구분을 거부하며, 끊임없는 되기의 긴장 속에 있는 세계의 유연한 구분을 지지한다.

　하지만 여기서 발레리오의 세계관에서 더 모호하고 애매한 부분이 생태적 관점에서 점차 드러난다. 그는 자연은 모두 동일하다고 믿으며, "모든 것은 이렇게 작동합니다. 모든 생명체는 생명을 유지하기 위해 주변 생명체와 투쟁하는 거예요"라고 말했다. 그러나 이런 생각은 바로 근대성의 가장 기본 전제, 즉 문명과 대비되는 자연은 모든 것에 대한 모든 것의 투쟁 영역이라는 가정과 일치한다. 마치 자본주의-자유시장의 원칙이 자연으로 옮겨간 것처럼 보인다. 그로 인해 생명에 관한 허무주의적 인식이 생긴다. 이렇게 근대적 자연론의 관점에서 발레리오의 '동물-되기'는 자기중심적 욕구로 기울어진다. 이는 또 에너지에 대한 그의 냉소적 관점에 영향을 미친다. 생명에 대한 관심이 인간 생명을 긍정하기 위해 동물을 희생하는 것으로 바뀐다. 동물은 **인간**의 건강한 뼈와 즐거운 섹스를 위해 처분 가능해진다. 여기에는 어떤 위험이 늘 도사리는데, 그것은 생명론적이며 즐거운 역능 의지가 개인의 자아 확증 이상이 될 수 없는 **권력** 의지로 변질될 수 있다는 점이다. 몰성에 저항하는 분자성이 다시 몰성으로 은밀하게 **빠진**다. 이런 생명론은 위험하다. 자연과 문명 사이의, 그리고 인간과 동물 사이의 차이를 단순하고도 모호하게 부정하는 것으로 기존의 이원론에 **잘못** 대항하며, 동시에 세상이 무엇인지에 관한 특정한 담론에 종속된다. 이는 결국 현대의 자본주의적 상상력과 사회 조직에 의해 '자연'이 식민화되는 메타물리학적 관점으로 바뀐다.

쓰레기

아르미에로M. Armiero가 주장한 것처럼,[59] 자본주의 사회에서 쓰레기 문제는 단순히 물질적 문제만이 아니라 본질적으로 관계에 대한 문제다. 바다에 버려진 대량의 플라스틱, 거대한 쓰레기 더미, 수확 비용 때문에 밭에 버려진 농작물, 품질 문제로 생산 과정에서 폐기되는 식품. 그뿐만 아니라 자본주의 운영의 핵심인 개체, 객체, 영토의 폐기 등도 이 문제에 포함된다. 가치 생산 과정에는 그 반대의 과정, 즉 가치 절하와 폐기가 필요하다. 생산의 부산물은 더 약하거나 덜 강한 몸과 영토에 넘겨진다. 이러한 폐기 가능성은 신식민지주의적 폐기물 관리의 중

3장. 삶의 물질, 흐름, 그리고 존재들

심이 되며, 독성물질의 저장 장소 결정, 저비용 생산의 외주화, 이주민에게 부과된 과도한 노동 등에 중요한 영향을 미친다. 세계화된 경제에서 과잉 및 낭비적 생산은 식품과 다른 상품의 가격 결정에도 큰 영향을 미친다. 생태 위기는 무엇보다 자본주의적 "에코 시스템"의[60] 결과로 볼 수 있다. 자본주의의 과도한 축적은 생태계의 재생능력이나 소위 '동기화' 능력sync capacities이라 부르는 것과 상관없이 작동하며, 따라서 폐기물 생산은 불가피하다. '생태모방'biomimicry을[61] 기반으로 한 순환적이며 생물 기반인 경제는 생태 위기에 대한 자본주의의 대응 중 하나로, 이는 폐기물을 물질로서 제거하려는 발상에 근거한다. 하지만 그것이 설령 녹색 자본주의라 할지라도, 자본주의 사회의 존속은 폐기의 문제를 그 핵심 작동 원리에 포함시키지 않는 한 불확실하다. 따라서 현대적 삶에 근본적으로 내재한 '낭비적 관계'에 관한 분석과 질문은 사회적·생태적으로 정의로운 전환의 기반이 된다.

이번 장에서는 현장 연구 중 폐기물 관념에 도전한 몇몇 사례에 집중하려고 한다. 참가자들은 자본주의의 일상에서 광범위하게 나타나는 낭비의 논리를 뒤흔들면서, 보통은 쓰레기로 분류되는 물질이나 존재가 일상 경제 내에서 새롭고 유기적 역할을 하는 새로운 사회-생태적 관계를 상상했다. 호미카의 냉장고도 그런 사례 중 하나지만, 그것은 그가 물건과 맺고 있는 더 광범위한 관계의 단지 일부에 불과하다. 사실 호미카는 새로운 물건을 구입하는 데 있어서는 금욕주의자에 가까웠지만, 오래된 물건을 축적하는 문제에서는 바로크주의자였다. 실험실 겸 창고로 사용되는 호미카의 두 번째 집으로 방문했을 때 나는 현장 노트에 다음과 같이 기록했다.

"여기 좀 보세요, 이것저것 정말 많죠!" 호미카가 주위를 가리키며 내게 대략 보여준다. (전부 볼 수는 없었지만) 진공청소기, "여름에 사용하는" 약간 낡은 선풍기, 테니스 라켓, 탬버린, 완성되지 않은 미술용 책상,• (당연히) 자전거 부품들, 저울, 연삭기, 그리고 아들의 오래된 자전거. "내 잡동사니들이에요! 이런 물건들이 참 많죠. 다 모아놓았어요. 그리고 이런 것들 대부분이 쓰레기로 버려질 물건이죠… 하지만 이 물건들은 쓰레기가 되지 않고 여기로 왔어요!" 호미카는 웃으며 오래된 프린터를 보여준다. 호미카와 그의 아들이 그 프린터를 분해해서 필요한 부품을 사용하고 있다. 그는 "정말 큰 문제죠, 진짜 문제예요"라고 말한다. 나는 그에게 왜 그렇게 많은 물건을 축적하는지 물었다. "문제긴 하죠. 하지만 이런 물건들이 내게 자극을 줍니다. 자극을요… 여기가내 '생각의 방'이에요." 그는 작은 의자에 앉아 오래된 램프를 손에 들고 이렇게 말했다. 다른 사람들은 이렇게 작고 물건으로 가득 찬 방에서는 생각하지 않을 것이다. 그 방은 정말이지 뇌가 숨 쉴 수 있는 공간이라고는 전혀 없는 곳 같았으니까. (…) 그는 '생각의 방'의 작동 방식을 설명해 주었다. "이곳은 '생각의 방'이니까요. 가끔 이런 물건을 들기도 하죠. 이걸로 한번 딸각 해보세요." 그는 그 방식으로 어떻게 생각하는지 보여주었다. 오래된 램프의 스위치는 정말로 멋있게 움직였다. 나는 "정말로 감각적인 즐거움이 있네요"라고 답했다. 그는, "그렇죠, 정말

• 이는 호미카가 아들을 위해 제작 중인 작은 책상으로, 공부나 그림 그리기뿐만 아니라 목공예와 같은 다른 실용적 활동에도 활용할 수 있다. 책상의 독창적이면서도 유연하게 적용할 수 있는 디자인은 호미카 자신이 '발명'한 것이다. 이 책상은 손으로 하는 노동과 지적 노동이라는 현대 자본주의의 확고한 이원론에 도전한다는 점에서 주목할 만하다.

3장. 삶의 물질, 흐름, 그리고 존재들

로요! 그런데 이런 물건들은… 음… 내 말은", 그런 다음 그는 더 많은 물
건을 보여주며 계속 설명했다.

호미카는 '버려진 물건들'에 둘러싸여 살면서 그것들을 사고의 재료
로 활용했다. 그는 이런 행동으로 물건의 계획된 짧은 수명, 새로운 것
에 대한 추구, 그리고 정신노동과 육체노동 사이의 명확한 구분이라는
현대적 폐기의 논리에 도전했다. 호미카는 물질과 물체에 "잠재적 에너
지"가 있다고 봤는데, 단순히 물건을 재사용하는 측면에서만 그런 것
이 아니라 물체와의 감각적 연결, 그것과의 근접한 상호작용을 통해 끊
임없는 느끼게 되는 창조와 재창조의 기쁨, 그리고 버려진 물건에 대한
치유적 관심의 측면에서 그렇다. 그렇게 해서 호미카는 죽음과 생명 사
이의 분명한 구분이라는 일반적 개념을 뒤흔들었다. 우리의 일상을 구
성하는 물건들이 단순한 무생물이 아닌 생동감 있고 중요한 잠재력을
지닌 존재로 변모했다.[62] 이는 물건이 행위주체성을 지녔다는 뜻이 아
니라, 물건이 세상을 **형성**하는 데 있어 중요한 역할을 한다는 것을 의미
한다. 그 결과 이런 물건이 단순히 버려지지 않고 일상 생태계에서 가
치 있는 동반자로 자리 잡는다.

　일상생활의 전반적 경제에서 '폐기될' 위치에 처한 것은 물건만이
아니다. 다른 존재들도 폐기될 관계 속에 놓이며, 후기 자본주의의 문
명화된 공간에서 주변적 존재가 된다. 내 현장 연구 중 발레리오의 사
례는 인간과 박테리아 사이의 '폐기' 관계에 도전하는데, 그 도전의 시
작점은 또다시 물건의 창의적 재사용에서 찾을 수 있었다. 현대 사회에
서 박테리아는 소수자적 위치를 점하는 집합이다. 물론 여기서 소수자

〈그림 3.6〉 출처: 저자

는 수가 적다는 의미는 아니다. 자가 증식하고 통제 불능인 박테리아를 통제하거나 제거하기 위해 여러 제품과 장치들, 예를 들면 세탁 세제, 항균 손 세정제, 핸드 젤, 과일 및 야채의 소독액, 항생제, 백신 등이 계속해서 사용되고 있다. 박테리아-되기의 과정에는 생명을 "사회적 기대치에 맞는 물질적 세계"로 축소해 살균하고 통제하려는 사회의 무력화 시도에 대한 특별한 생기 있는 저항성이 내재되어 있다.[63]

발레리오의 집 안으로 들어갔을 때, 나는 테이블 위에 달린 천장 등을 발견했다. 그 등의 전등갓은 흰색으로 페인트칠한 거꾸로 놓인 양동이였다. 나는 그 천장 등의 시각적 매끈함과 그 명백한 재활용 방식에 크게 감탄했다.

이후 발레리오는 그 전등갓이 그가 어릴 적에 부모님이 자기를 씻기는 데 사용한 양동이라고 설명해 주었다. 그는 호수 반대편에서 부모님 그리고 여동생과 함께 살았다. 그때는 집 안에 화장실이 없어서 밖에서 목욕해야 했다. 그래서 발레리오의 어머니는 목욕물을 데우고 아이들을 양동이에 앉힌 후 물을 부어 씻겨주곤 했다. 바로 그 양동이를 전등갓으로 활용한 것이다. 그러므로 그 천장 등은 발레리오가 이 집으로 이사 오면서 느낀 '근원'으로의 회귀를 표상했다. 발레리오는 호수 옆 이 집으로 이사 온 것을 종종 '재발견'이라고 표현하는데, 이는 반복과 창조를 뜻하기도 했다.

다소 흥분된 톤으로 이런 이야기를 하던 발레리오는 마치 어딘가 다른 공간에서 아이가-되어 그 순간을 회상하는 것 같았다. 그가 그 순

●　　　[옮긴이] 들뢰즈와 가타리의 용어로 '비주류'를 뜻한다.

간 재현하고 있던 것은 단순히 도시화와 농촌 지역의 현대화, 그리고 수자원 공급과 상하수도 시스템의 합리화로 인해 지금은 사라진 어린 시절의 일상적 경험이 아니었다. 그것은 일상의 소소한 순간마다 마법 같은 감동과 몸의 전율이 느껴지는, 더 감각적인 삶의 깊은 강도를 의미했다. 그의 몸과 물건 사이의 거리가 가까워졌고, 그 물건들이 마치 생명을 가진 것처럼 느껴졌다. 그런 이야기를 할 때, 발레리오는 그때 는 "아무것도 낭비되지 않았어요"라고 강조했다. 외부의 화장실에서 발 생한 폐수는 모아서 채소밭에 뿌렸다. 그는 그 방법에 대해 부정적으로 생각하지 않았고, 오히려 "현대의 하수도 시스템이 훨씬 더 오염을 일 으키죠"라고 언급했고, 이제는 예전처럼 할 수 없음에 아쉬움을 표현했 다. 발레리오는 냄새 나고, 따뜻하고, 색다르고, 습한 물체와의 밀접한 정동적 연결이 사라진 것을 아쉬워했다. 그는 호미카처럼 물건과 폐기 물 사이의 엄격한 구분에 도전하면서 모든 종류의 물질, 심지어 화장실 폐수마저도 산골 농촌 생활의 (순환) 경제 내에서 가치를 찾았던 그 시 절을 추억하며 칭찬했다.

발레리오가 이처럼 "위생적이지 않은" 과거에 리비도적으로 이끌 리는 것은 놀라운 일이었다. 그가 종종 오염과 질병의 위험에 집착하는 모습을 보였기 때문이다. 예를 들어, 발레리오는 지역 생산품인 밀가루 를 반드시 냉동고에 보관한다고 말했다. 그렇게 하지 않으면 대장암을 유발할 수 있는 세균이 증식하기 때문이라고 했다. 어린 시절을 보낸 이곳으로 (돌아)오게 되면서, 문명화된 발레리오의 현재와 오래된 화장 실이 있는 발레리오의 과거 사이에 근접성의 지대가 생겼다. 오래된 그 화장실에서 박테리아는 적이 아니라 생태계에서 기능을 담당하는 공존의 일원이었다. 이 근접성의 지대에서 발레리오는 자기 보존과 자아 확증에 대한 어떤 염려에서 벗어나 보이지않게-되기, 다중-되기(박테리아는 항상 다중이다), 지각불가능하게-되기로 향했다. 사실 우리가 발레리오의 창고(오래되고 버려진 호텔을 그가 재-사용해, 비-폐기한 곳) 안을 거니는 동안 생명과 죽음이라는 주제는 그의 생각, 연구, 그리고 예술 작품에서 되풀이되는 주제로 돌아오곤 했다. 창고 한쪽에는 유리로 만든 작품이 있었는데, 안에 여러 색의 비닐 랩으로 만든 띠가 들어 있었다. 모양도 제각각이었다. 발레리오는 "내가 어째서 실제로 살아 있지도 않은 틀에 생명을 불어넣기 위해 이렇게 큰 노력을 기울이고 있을까?"라는 의문을 품게 되었고, 그 결과 자기 작품에 박테리아를 넣는 아이디어를 생각해 냈다. 그는 전 세계에서 박테리아를 찾아냈다. "여기 있어요, 이렇게 해서 난 진짜로 **살아 있는 그림**을 만들었어요. 아니, 더 나아가 인간이 사라질 때까지도 살아 있을 불멸의 그림을 만든 거죠." 박테리아를 수집하고 박테리아와 협력함으로써 발레리오 자신과 그의 예술 작품이 생성하고 (무한히) 살아 있을 수 있는 "불멸의 공간"이 만들어졌다.

발레리오가 박테리아와의 동맹을 생명의 위협이 아니라 생명을 긍정하는 문제로 경험한다는 사실은 우리가 함께 보낸 날 있었던 사소한 사건에서도 분명하게 드러났다. 오전에 잠시 쉬는 동안 우리는 그가 집 근처 숲에서 가을에 주워 온 말린 밤을 함께 먹기로 했다. 어느 순간 내가 밤 한 알을 떨어뜨렸다. 내가 무심코 그 밤을 다시 주워 먹자 그는 반은 놀라고 반은 진심으로 경탄하는 눈빛으로 나를 쳐다보았다. 그는 이렇게 땅에 떨어진 음식을 먹는 사람을 오랫동안 보지 못했다고 말했다! 요즘 사람들은 박테리아 걱정 때문에 떨어진 음식을 그냥 버린다는 것이다. 바닥에 떨어진 것을 그냥 먹는 나의 '야만스러움'을 본 그는 기뻐했고 감동했다. 사실 발레리오가 그 후에 차롱반이라는 열매의 반을 내게 주었을 때, 그는 그것을 씻어서 줬다. 하지만 보통은 씻지 않고 먹는다고 했다. 박테리아를 먹는 것이 몸에 좋고, 그렇게 하지 않으면 몸이 더 약해질 수 있다는 설명이었다. 발레리오는 건강한 몸은 "모든 걸 소멸시킬 수 있어요"라고 말했다.

나는 이 생명력의 강도가, 이 박테리아-되기와 눈에 띄지 않게-불멸-되기, 젊고-건강하게-되기가 그를 어린 시절의 그 호수로 돌아가게 한 것이라고 생각했다. 흥미롭게도 그렇게 함으로써 발레리오는 땅과의 정동적 연속성을 (다시) 찾아갔는데, 이때의 땅은 영토가 아닌 비옥한 토양을 의미한다. 그가 유기농(살아 있고 박테리아와 함께 자라는) 식품과 윤리적 식품 구매를 선호한다는 점은 이미 언급했다. 그러나 시골에 있다는 단순한 사실 덕분에 부분적으로 자급자족도 할 수 있었다. 예를 들면, 치커리 같은 것들을 직접 수확했고, 지난해 여름 동안 그리고 9월까지 샐러드를 거의 사지 않고 집 앞에서 자란 치커리를 먹었다. 그는 또 스스로 식물을 재배하는데, 여기에는 독특한 협력관계도 포함된다. 여기 알파고 지역에서는 많은 사람이, 사실 거의 모두가 작은 자기 소유의 땅에서 식재료를 재배한다. 지난해 발레리오도 처음으로 감자를 심었다. 빈첸자에서 온 한 친구가 화학비료 대신 사용할 수 있는 어떤 박테리아가 자연적인 방법으로 땅을 더 비옥하게 만든다고 얘기했을 때, 발레리오는 큰 관심을 가졌다. 그 친구와 그의 팀은 이 박테리아를 활용한 실험 프로젝트를 시작했고, 박테리아를 시장에 내놓으려 했다. 그들은 발레리오에게 박테리아와 함께 채소를 재배할 수 있도록 작

3장. 삶의 물질, 흐름, 그리고 존재들

은 온실을 만들어달라고 부탁했다. 온실의 유무에 따라, 그리고 박테리아의 유무에 따라 결과가 어떻게 달라지는지를 실험했다. 발레리오는 이처럼 다른 조건 사이의 차이를 보기 위해 매일 사진을 찍었다. 이 모든 일은 발레리오에게 다소 우연히 시작되었다. 샐러드용 채소, 양파, 파 등을 심어 관찰했다. 샐러드와 양파는 한 개씩 심어야 했다. 콩도 심었는데 오래된 품종의 콩이었다. 워낙 잘 자라나서 발레리오가 지금까지 먹고 있는 옥수수도 있다. 발레리오는 이 옥수수로 중국식 수프를 만든다.

알파고로 이주함으로써 발레리오는 어린 시절의 박테리아-되기를 반복했지만, 반복에는 항상 새로운 차이가 있었다. 그리고 그의 이 반복은 지역의 생태계와 경제 그리고 문화에 긍정적 영향을 미쳤다. 기존의 전통적 채소밭은 이제 실험적 농업 프로젝트로 변모했고, 몇십 년 동안 잊혔던 오래된 지역의 콩 품종이 새로운 방식으로 재배되기 시작했다. 옥수수는 전통 이탈리아 음식인 폴렌타에서 탈영토화해 중국 수프로 재해석되었다. 흥미로운 점은 집 밖의 오래된 화장실에서 나오는 폐수가 더는 비료로 사용되지 않지만 여전히 박테리아는 그곳에 존재한다는 사실이다. 그리고 발레리오는 여전히 놀라움을 느꼈다. "정말로 마법 같아요… 흙을 긁어내고 그 아래 그 많은 감자가 자라는 것을 보면… 그렇게… 정말 기적 같죠!" 이는 생명이 다른 생명을 창조하는 모습 앞에서 느끼는 감탄이었다.

이런 자급자족 능력은 그 긍정적인 생태적 함의를 넘어 발레리오의 가치관, 특히 타인의 결정으로부터 자유와 독립을 갈망하는 그의 열망과 일치한다. 발레리오는 생존에 필요한 에너지처럼 기본적인 요소에서 독립성의 추구가 시작된다고 생각한다. 그는 상품화, 금전적 교환 및 복잡한 공급 체계에 기반한 경제 체제에서 자율성이 제한된다는 사실에 대해 큰 걱정을 했다.

> 이렇게 생각해 보세요. 화로와 약간의 현금, 그리고 땔감용 나무와 채소밭만 있다면… 아무도 당신을 지배하지 못해요. 원하는 만큼 땔감을 태우고, 밭에서 직접 먹을 것을 구할 수 있어요. 필요하면 감자도 먹을 수 있죠… 그렇게 생활하는 거죠. 하지만 가스나 목재 칩을 사용하는 스토브 등 다른 것을 사용한다면, 다른 이들의 **지배를 받게 됩니다.** 직불카드가 필요하고, 슈퍼마켓에 가야 하고… 누군가 전원을 꺼버리면 당신은 끝이에요.

이렇게 먹거리를 자급자족하는 것은 따라서 '지배당하는' 세상에서 벗어나 탈주선을 구체화하는 방법이다. 이런 측면에서 볼 때, 이는 주로 소수의 이익만을 위해 움직이고 생태적·사회적·경제적·정치적으로 '통제 불가능해진' 글로벌 경제에 맞서 저항하고, 방해하고, 반동하는 수단이기도 하다.

이런 전환 과정이 반드시 지속 가능하거나 정치적으로 일관된 선택을 의미하는 것은 아니다. 발레리오의 사례에서도 생태적 관심, 자기 확증, 고에너지 자원 사용에 대한 그의 이중성이 드러났다. 그가 자급적 삶을 추구하는 방식은 분명 부분적이며, 변혁적 실천에 열려 있기보다는 어쨌든 자기 보존과 폐쇄의 느낌이 있었다. 발레리오가 자신이 그토록 비판하는 경제와 사회의 유지에 얼마나 기여하고 있는지를 인식

3장. 삶의 물질, 흐름, 그리고 존재들

하지 못하는 것은, 그가 약함과 강함, 지배와 피지배, 빈곤과 부유 등으로 나뉘는 이원론적 사고를 기반으로 이 세상을 이해하고 있기 때문일 수 있다. 이는 세상을 분열과 투사로 이루어졌다고 보는 '편집증적' 관점으로, 이런 관점에서는 환경 파괴의 책임이 주로 강력한 **그들**에게 돌아가게 된다. 사라의 경우에서도 볼 수 있듯, 이런 현상은 단지 심리적인 것이 아니라 이미 그리고 언제나 사회적인 것이다. 이는 민주주의의 허울 아래 책임과 정치적 행위주체성을 개인으로부터 강력한 엘리트 집단에게로 전가하는 특정한 시스템과 (리비도적) 경제의 결과다. 그러나 (호수의 다른 편에서 본) 그의 특별하고 매우 독특한 재영토화는 착취적이고 지속 불가능한 배치로부터 발레리오를 탈주시키는 (비)자연과의 강렬한 만남의 경험을 제공했다. 박테리아-되기의 과정에서, 발레리오의 주체성과 권력 의지는 그가 사는 지역 및 글로벌 생태계에 거주하는 다른 존재들과의 연합을 통해 부분적으로 지각불가능하게-되기로 대체되었다. 들뢰즈와 가타리의 말처럼,[64] "복잡한 집합체가 존재한다. 인간의 동물-되기, 동물 무리, 코끼리와 쥐, 바람과 폭풍, 감염을 일으키는 박테리아의 힘. 이는 하나의 **광란**이다."

4장.

대안

: 확장하거나 축적하지 않고
살아가기에 '충분한' 만큼만 갖기

🌢

    기후 및 환경 위기가 최근 환경 사회 운동의 영향으로 다시 주목받고 있다. 2018년 시작된 '미래를 위한 금요일 운동'Fridays for Future movements과 '멸종 반란 운동'Extinction Rebellion은 거리와 광장을 메우며 정부 및 사회 기관을 향해 환경 변화와 기후 정의를 촉구했다. 한편 물질적이고 경제적인 생산의 증가가 '(일상의) 좋은 삶'의 원천은 아니라는 인식이 확산되었고, 소비주의에서 벗어나 생태적으로 좀 더 건전한 삶의 방식을 추구하는 움직임이 활발히 일어났다.[1] 지금-여기here-and-now에서 지속가능성을 추구하자는 집단적 이니셔티브와 사회운동이 새롭게 주목받으며, 연대의 경제solidarity economy, 대안 식품 네트워크, 업사이클링 및 리사이클링 센터, 에너지 공동체 등 다양한 움직임이 펼쳐졌다. 이러한 집단의 경험은 일상과 사회-생태적 재생산을 좀 더 정의롭고 생태적인 방향으로 바꾸려는 노력의 핵심이 되었고 일상의 물질적 흐름

을 구체적으로 바꾸어나갔다.[2]

슈로스버그D. Schlosberg와 콜스R. Coles의 정의에 따르면,[3] "일상의 신환
경주의"는 개인 차원의 필요라고 여겨지는 것들을 충족시킬 집단의 대
안을 제시하는 운동이다. 풀뿌리 운동은 먹고 입고 교통수단을 이용하
고 에너지를 쓰는 것처럼, 지극히 일상적으로 여겨지는 개인 활동의 근
간에 있는 물질의 흐름을 드러내고 이를 정치화해, 자본주의 경제의 지
배적 흐름에서 벗어난 삶을 구축하고자 한다. 이런 관점에서 "지속 가
능한 물질주의" 운동은 환경운동을 삶의 기본적 필요가 충족된 후에야
일상의 영역으로 들어갈 수 있는 이차적이며 "탈물질주의적"인 고차원
의 윤리 문제로 보는 시각에 반대한다.[4] 또 생태와 지속가능성이 그 무
엇보다도 삶의 근본이며 재생산의 원천이라는 점을 강조한다.[5] 대립적
이거나 분쟁적인 접근법의 운동과 달리 이러한 운동은 원하는 변화를
현재에서 구현하려는 "미리 보여주기식" 접근법을 택한다.[6] 그러나 환
경 문제에 대한 이 두 접근법은 상호 대립하는 대안이 아니라 현대 환
경주의의 복잡한 사회 참여의 장을 직조하는 일부분이라고 볼 수 있다.
환경적 전환을 주도하는 주요 원칙으로는 생태적 충분성과 공생,[7] 탈성
장,[8] 생태-사회주의,[9] 그리고 사회-생태학이[10] 있다. 이러한 원칙은 모두
지역적이면서도 점진적인 과정의 중요성을 강조하며, 현재의 지속 불
가능한 에너지와 물질 흐름에 대한 의존성을 줄이고 지속 가능한 방법
을 창의적으로 채택함으로써 더욱 광범위하고 지속적인 변화를 끌어낼
수 있다는 생각을 공유한다. 이러한 원칙은 환경적·사회적·생태적으로
해로운 작금의 글로벌 경제 논리에 대항하는 많은 사람에게 희망의 메
시지로 작동한다.[11]

이 책은 사회운동 자체보다는 삶의 과정에서 나타나는 변화와 전환의 경험에 주목하지만, 그럼에도 지속 가능한 물질주의 연구는 (후기) 산업사회의 성취를 기반으로 한 '좋은 삶'의 근본적 전제를 비판하는 데 도움을 준다. 탈물질주의 시각에서 복지란 자본주의의 발전에 의해 보장되는 것이며, 이에 따라 환경 보존처럼 비물질적 가치를 추구하는 윤리적 노력의 여지가 생겨난다. 그러나 신물질주의의 접근은 주체가 물질 및 삶과의 관계를 새롭게 정립해야 할 필요에 주목하며, 이러한 관계가 (돈과 구매력으로 측정되는) 경제적 풍요보다는 음식이나 에너지, 영토 등 삶을 지탱하는 요소와의 더 깊고 의미 있는 연결에 기반해야 한다고 주장한다. 또 이러한 관점은 생태적 대사 작용이 모든 인간 존재의 기본적인 부분이며, 공존 윤리는 추상적 도덕이나 가치의 문제가 아닌 그 무엇보다 구체적이고 실제적인 것임을 강조한다. 따라서 일상 생태학을 '지속가능성'이라는 제도화된 이상의 개념적 렌즈를 통해서가 아닌 안으로부터의, 즉 '내부자적'이며[12] 개방적인 관점에서 바라보는 것이 중요하다고 주장한다. 환경 정의 운동 및 일상에 관한 연구에서 나타났듯이 가장 변혁적이고 생태적인 실천은 대부분 공개적 선언보다는 주체적 경험과 환경에 대한 직접적 경험, 깊이 자리 잡은 습관, 그리고 내재화된 존재론에서 비롯된다. 환경주의는 대체로 "가난한 자들의 것"이며,[13] 일상에서 지속 가능한 실천은 '조용히' 나타난다.[14] 위기의 시대에 지속 가능한 물질주의 운동이 활발해지는 것은 우연이 아니다. 인구의 대부분이 좋은 음식, 깨끗한 에너지와 이동 수단, 고품질의 의복 등의 필수품을 점차 더 쉽게 얻을 수 없게 되고, 이에 따라 주체가 "직접적인 사회적 행동"을 통해[15] 대안적이고 독립적인 공급 시스템을 구축하게 되는 것이다.

사회운동 연구에서 일상의 연구로, 특히 일상에서 지속가능성이 어떻게 나타나는지에 관한 연구로 문제를 옮겨가면 그 양상은 더욱 복잡해진다. 환경 변화를 위한 노력은 제도적 담론, 특히 개인의 책임을 강조하는 신자유주의 프로젝트의 많은 영향을 받았다. 그러나 일상 생태학을 나타나게 하는 영감은 항상 운동의 수사적이고rhetoric 실현적인 praxis 부분과도 연결되어 있다. 수사와 실천에서 나타나는 욕망하는 역능은 비록 대부분 주류 거버넌스의 틀 안으로 흡수된다고 할지라도 사회 전반에 퍼진다. 어떤 경우 주체가 집단행동에 참여하지 않으면서도 운동의 레퍼토리에 속하는 생태적 전략을 적용하기도 한다. 지속가능성은 명백하게 드러나는 것이 아니라 다양한 삶의 우선순위와 의미 속에서 그 일부분으로 '조용하게' 실천되기도 한다.[16] 급진성과 명시성의 정도가 다를지라도 이러한 실천은 모두 현재의 파괴적인 사회-생태적 구조에 대한 대안적 저항의 형태를 띤다. 이 장에서는 참가자 관찰과 인터뷰에서 나타난 새롭고 다양한 환경적 실천의 추세를 조명하면서, 이런 변화가 더 거시적인 흐름과 어떻게 상호작용하고 동시에 개인의 생애 과정에서 어떻게 독특하게 발생하는지를 살펴본다.

충분성

내가 경험한 자기성찰적 순간에 관한 이야기부터 시작하겠다. 메리와 윌리엄과 함께 보낸 날, 그들이 보르고 마이올라에서의 삶과 그곳에 정착한 과정에 대해 많은 이야기를 했음에도 나는 메리가 금융 위기로 직장을 잃었다는 사실을 깨닫지 못했다. 인터뷰 중 순진하게도 메리에게 "위기에 대해 얘기하면서 크게 영향을 받지 않았다고 했던 것 같은데요"라고 물었고, 그녀는 "아니에요, 저도 영향을 받았어요. 직장을 잃었으니까요."라고 말했다. 그녀의 대답에 놀랐다기보다 내가 상황을 잘못 이해했다는 점에 놀랐다. 인터뷰가 계속됨에 따라 그 상황을 좀 더 잘 이해할 수 있었다. 이전에는 두 사람의 소득이 있었지만 실직 이후에는 생활의 규모를 줄여야 했다. 부부는 물론 경제적으로 어느 정도 안정되어 있었지만 그럼에도 큰 변화를 겪었다. 메리는 그 변화가 주로 이곳으로 이사 온 뒤 '자연스럽게' 일어났다고 말했다. 일상의 습관이 **실제로** 크게 달라졌는데, 이는 불안정성보다는 주변 환경의 변화와 더 관련이 있었다. 그녀는 "둘 다 월급을 받았다면 은행에 더 많은 돈을 저축할 수 있었겠죠!"라고 했다. 변화가 자연스럽게 느껴졌다는 것에는 두 가지 상호 연결된 의미가 있다. 첫째, 메리와 윌리엄은 이곳에서의 생활을 매우 즐겼기 때문에 외식이나 여행, 쇼핑 같은 소비 활동을 할 필요를 느끼지 않았다. 둘째, 이곳에서 그들은 과거에 갖고 있던 검소한 삶의 감성과 실천, 지식을 새로운 방식으로 재창조할 수 있었다.

그들과 시간을 보내면서 이런 점들을 관찰할 수 있었다. 메리와 윌리엄은 환경과 관련한 약속을 가장 적게 언급하는 참가자에 속했지만 '지속 가능한' 일상적 행동에 꾸준히 참여했다. 그들은 경제 상황을 고려해, 또 물건을 더 오래 보존하고 오래 쓰기 위해 지속 가능한 행동을 했다.[17] 재사용, 재활용, 그리고 물건을 오래 사용하는 것은 그들과의 대화 주제 중 하나였으며, 이에 대한 메리와 윌리엄의 노력은 자부심과 강한 리비도적 강도로 가득 차 있었다. 메리는 자기 집에 있는 가구가 모두 재활용된 것이라고 자랑스럽게 얘기했다. 처음에는 아무것도 없던 집을 여기저기서 가져온 물건들로 채웠다. 흰색 찬장은 부엌을 리모델링한 친구의 것이었고, 화로와 다른 방의 부엌 역시 재활용했다. 사람들이 필요 없는 물건을 버릴 때면 메리와 윌리엄은 "여기로 가져와요!"라고 제안했다. "이 식탁 좀 보세요. 정말 근사하지 않아요? 윌리엄이 쓰레기장에서 찾은 거예요. 누군가 버렸죠." 메리는 이해할 수 없다는 듯 이 말을 두 번 반복했다. 윌리엄이 처음 가져왔을 때 그 식탁은 메리도 놀랐을 정도로 '얼룩투성이'였다. 하지만 윌리엄이 잘 수리했고 결국 아주 멋지게 변신했다. 냉동고도 친구네 집에서 가져온 재활용품이었다. 윌리엄은 실용적 지식을 활용해 식탁처럼 오래된 물건을 수리하거나 오래된 침대 스프링으로 가축 울타리를 만드는 것처럼 창의적으로 물건을 재활용했다. 부부는 빵 봉지를 모아서 과일과 채소를 보관하는 데 사용했고, 메리는 요거트 용기를 냉동 보관 용기로 재활용했다. 또 음식 쓰레기는 퇴비로 만들었다. 메리와 윌리엄이 결혼하고 38년 동안 메리는 세탁기를 단 두 대만 사용했는데, 특히 첫 번째 세탁기는 무려 25년을 사용했다. 작년에 지금도 사용하는 두 번째 세탁기가 막혀서 안을 확인해야 했는데, 메리는 코일이 특이한 모양으로 꼬여 있긴 했지만 내부는 완벽하게 깨끗했다고 자랑스럽게 말했다. 기술자는 메리에게 석회 방지 제품을 사용하는지 물었다. 그녀는 "아니요, 항상 식초만 사용해요. 그들이 권장하는 칼포트 사의 제품은 너무 비싸다고 생각해요. 그냥 판매를 위한 마케팅일 뿐이죠"라고 말했다. 자연적인 석회 제거 방법을 사용하여 메리는 돈을 절약하고 환경도 보호했다. 부부는 음식에 대해서도 반소비적 태도를 보였으며, 직접 재배하고 수확하여 슈퍼마켓과 가공식품에 대한 의존도를 줄였다.

이는 분명 돈을 아껴야 하는 필요에 따라 나타난 행동이지만, 무분별한 낭비와 쓰레기에 대해 그들이 느끼는 뿌리 깊고 거의 몸에 밴 거부감의 발현이기도 했다. 여전히 목적에 부합하는 물건은 버릴 이유가 없다는 생각과 물건의 가치를 절하하기보다는 그 가치를 존중해야 한다는 태도였다. 이렇게 검소함을 실천하면서 메리는 돈뿐만 아니라 에너지와 자원도 절약했다. 메리 자신도 이 사실을 잘 알고 있기에 "이렇게 하면 에너지 절약도 되죠"라고 말했다. 두 사람에게는 처음부터 오래 쓸 수 있는 물건을 사거나, 물건을 고치고 수리하고 재사용하고 재활용하는 것이 너무나도 당연한 일이었다. 메리가 "우린 항상 이렇게 해왔어요. DNA에 탑재된 거죠!"라고 했을 때, 그녀가 말한 DNA는 자신의 역사를 의미했다. 메리는 지금 살고 있는 마을 바로 아래 계곡 마을에서 노동자 계급 부모의 딸로 태어났다. 아버지는 심장에 문제가 생겨서 일할 수 없었고 어머니는 근처 공장에서 일했기 때문에 메리의 삶은 확실히 부유하지는 않았다. 메리는 대체로 자신의 어린 시절을 부족했던 시기로 기억하며, 이때를 특히 시골 사람들이 결핍을 겪었던 시절로 회상했다. 이런 부족함은 한편으로는 지역의 자원을 더 현명하게 사용하는 것을 의미했지만, 다른 한편으로 경쟁, 빈곤, 피로감을 의미하기도 했다. 지금 이 주변을 둘러싼 숲이 그때는 동물의 목초지였다. 메리의 할머니와 이모를 포함해 사람들은 그 목초지에서 최대한 많은 이익을 얻기 위해 수작업으로 땀 흘려 일했다. "다들 낫으로 풀을 자르곤 했어요!… 할머니와 이모는 한 줌의 풀 때문에 싸우기까지 했죠!"

1960년대에 들어 이 모든 것이 완전히 바뀌었다. 산업 발전과 호황이 이탈리아 북동부 지역의 삶을 재편했다. 더 많은 사람이 산업과 서비스 부문의 임금 노동직으로 가게 되었다. 공장이 더 안정적인 수입을 보장하게 되면서 시골은 점차 버려졌고, 시장에 대한 생계 의존도는 점점 커졌다. 동시에 산업화는 더 많은 사람에게 더 많은 양의 (저렴한) 상품을 가져다주었다. 메리는 이런 변화를 전혀 비판하지 않았다. 그녀역시 '진보'를 산업이 주도하는 물질적 풍요와 동일시하는 이러한 배치에 참여했다. 메리에게 있어 과거와 현재 사이에서 가장 긍정적인 변화중 하나는 다음과 같다.

> **메리** 여러 가지 면에서 잘살게 된 거죠! 아… 그 모든… 기술 말이에요! 이건 부정할 수 없어요… 예전에는 한 가족당 자동차 한 대가 있었다면, 지금은 내 차 하나, 아들 차 하나, 남편 차 하나죠… 그래요. 잘살게 된 거죠… 텔레비전도 있고… 물론 한계도 있지만요.
>
> **나** 그런 것들이 일상생활에 도움이 된다고 생각하세요?
>
> **메리** 물론이죠. 내 말은, 우리 어머니의 경우만 봐도 세탁기를 사고나서는 더 이상 그 우물에서 손을 다치며 빨래할 필요가 없어졌으니까요. 그러니… 객관적으로 봐요죠!

분명히 메리의 이야기를 이끄는 것은 부의 대중화를 나타내는 사물이었다. 기술을 통해 노동자 계층이 소비 사회로 통합되기 시작했고, 이 과정은 부자와 가난한 사람 사이의 명확한 구분을 점점 더 흐리게 만들었다. 또 더 많은 사람이 대중적 생활 습관과 행동에 접근할 수 있게 되었으며, 상품을 '삶의 질 향상'을 위한 수단으로 더욱 많이 소비하기 시작했다. 이런 배치의 힘은 저렴한 기술의 혜택을 인정하는 것이 객관적이라는 말에서도 잘 나타난다. 메리와 윌리엄이 산 벤데미아노의 현대적인 아파트에서 지냈던 시절도 이런 배치의 일부였다. 그곳에는 생활을 편하게 해주는 가스보일러, 세탁기, 가스레인지, 전기오븐, 그리고 에어컨과 같은 에너지 집약적 기기들이 있었다. 또 상점과 바와 같은 모든 편의 시설이 바로 문 앞에 있어 편리했다.

부르주아화 과정은[18] 노동자 계층이 (후기) 산업사회의 풍요와 삶의 질의 배치에 포함되었음을 의미한다. 이런 배치는 소비, 그리고 생산과 유통의 나선적 확장을 초래할 수 있고, 그런 만큼 환경에 해를 입힌다. 그러나 메리와 윌리엄의 인생 궤적을 단순하고 단선적인 개념으로만 해석하는 것은 부적절하다. 그들의 절제, 검소함, 그리고 회복력은 노동자 계층 출신이라는 배경에서 비롯된 특성으로 보이며, 이런 가치관이 그들이 생각하는 좋은 삶의 이상에 계속 영향을 주고 있다. 인터뷰 도중 메리의 발언에서도 이 점이 확연히 드러났다. 그녀는 자신이 말한 좋은 삶의 의미가 **지금** 대다수 사람이 생각하는 것과는 다르다고 강조했다. 특히 그녀는 "어떤 젊은이들은 (…) 위기 상황을 더 힘들게 겪어요"라고 말하며, 그 이유를 다음과 같이 설명했다.

그 애들은 일상적으로 사용하는 것들, 컴퓨터나 휴대전화 같은 물건에 너무 익숙해져 있어요. 하나로는 충분하지 않아서 때로는 두 대의 기기가 필요하다고 느끼죠. 큰 차를 타길 원하고, 명품 옷을 입고 싶어 하고, 칵테일을 마시러 나가야 하죠… 그래야만 되니까요. 내 말은 이런 것들이 이제는 가끔 있는 일이 아니라 일상적 습관이라는 거죠! 견딜 수가 없어진 거예요… 그러니까, 위기 상황을 마주했을 때 어떻게 대처해야 할지 몰라요. 나 역시 가끔 커피를 마시러 가거나 칵테일을 즐기지만, 그들에겐 이런 게 매일의 일이에요! 그러니 이제 그런 것 없이는 살 수가 없어진 것 같아요. 이런 젊은이들은 사실 모든 걸 가졌어요, 정말로 모든 것! 모든 것 말이에요! 우리 세대는 무언가를 두려워했죠. 그게 뭔지도 모르면서요. 그 두려움도 잘못된 거였고요!

여기에 '올바른' 소비의 정의를 구축하는 다양한 선들이 교차하고 있다. 한편으로는 자기의 욕망이나 즐거움을 희생하는 것 자체가 반드시 옳은 것은 아니며, 소비의 행위나 대상을 본질적으로 '좋다' 혹은 '나쁘다'로 나누지 않는다. 도덕적 기준을 적용하지 않는 것이다. 예컨대 휴대전화를 소유하거나 칵테일을 마시러 가는 일이 그 자체로 나쁜 건 아니다. 실제로 메리는 이런 행위의 긍정적이고 즐거운 면모를 인정한다. 그러나 다른 한편으로 그녀는 젊은 세대가 끝없이 소비하고 즐기도록 거의 강요받는 것처럼 묘사하며, 그들이 가져야만 하는 물건의 긴 목록을 나열한다. 마치 상품이 인간의 몸에 너무 큰 힘을 행사해서 몸을 지배하고 노예화하는 것처럼 느껴진다. 메리는 이런 상황을 부정적으로 평가하며, 이런 세태가 그녀 세대의 잘못된 판단에서 시작되었다고 생각한다. 메리의 세대는 풍요로움이라는 기계에 정확하게 편입되었고, 아이들이 자신들이 겪었던 물질적 결핍을 겪게 될까 봐 두려워했다. 현세대에 대한 메리의 평가는 도덕적이기보다는 실용적인 관점의 것이었다. 끊임없는 소비 충동으로 젊은이들이 위기의 상황에서 더 많은 **고통을 겪게** 되기에. 그들은 물질적인 부분을 줄여야 하는 상황에 대처할 능력이 부족하며 회복력도 없다. 성장이라는 "잔인한 낙관주의"[19] 때문에 젊은이들은 계속해서 소비해 왔다. 돈을 소비하고, 자원을 소비하고, 욕망를 소비했다.

따라서 메리에게 있어 좋은 소비와 나쁜 소비의 경계는 소비를 멈출 수 있는 능력에 있다. 그녀는 특정한 한계 내에서 키워나가는 욕망의 자율성을 중요하게 여기며, 소소한 소비 행위를 정동적으로 풍부하고 특별한 선물처럼 여기는 능력을 가치 있게 생각한다. 메리는 자기 가족이 "어떤 부족함도 느껴본 적이 없다"라고 종종 이야기했는데, 이는 무한한 소유의 욕망과는 다르다. 이 말은 무언가를 무분별하게 축적하는 것이 아니라 충분한 삶을 위해 필요한 것을 가졌다는 뜻이며, 동시에 단순한 것을 깊게 체험하며 불필요한 물건을 계속 추구하는 삶에서 멀어진다는 뜻이다. 메리는 소비의 패턴을 (그리고 소비를 향한 욕망을) 그 결과와 기능에 따라 평가하면서, 검소하면서도 회복력 있는 삶을 이상으로 삼았다. 그 이상은 메리의 일상을 관통하는 배치에서 소비주의적 욕망의 선을 제한한다. 메리와 윌리엄은 자신들이 결코 부족함 없이 살아왔다고 반복해서 말했지만, 그들의 소비와 즐거움의 배치는 생계를 보장하기 위한 한계와 검소함의 원칙에 따라 작동해 왔다. 즉 그들은 한정된 자원을 지혜롭게 관리했고, 그 결과 경제적 안정을 얻었다. 예를 들어, 메리는 자기들이 산 벤데미아노에 아파트를 보유하고 있으며, "두 사람 모두 노동자"인 상황에서도 보르고 마이올라의 이 집을 살 수 있었다는 사실을 자랑스럽게 언급했다. "우리는 결코 부족한 게 없었어요. 가끔 어떻게 그렇게 해냈을까 나 자신에게 물어요. 하지만 절약하고, 매달, 그리고 매년 연말에 재무 상태를 확인하면 돈은 모이게 되죠. 큰 희생 없이도 작은 것들을 신경 쓰면 얼마나 많이 모이는지 연말에 그 결과를 볼 수 있어요!"

메리의 유년기로부터 재구성된 이 검소함과 한계 및 절약이라는 기계는 아직 '성장'이라는 가치에 압도되지 않은 노동 계급 문화의 영향을 받으며 계속 작동하고 있다. 따라서 메리에게 그런 기계의 작동이 자연스럽다. 이는 풍요의 결과로 '비주류'가 된 욕망의 재발견이며, 그 욕망은 두 사람이 현재 세계 경제에 드리운 변화에 잘 대처하도록 도움을 준다. 풍요의 대중화와 경제 붐이 나타나기 이전, 메리의 세대는 불안정감을 느꼈기에 저축을 했고 메리가 가득 찬 냉동고를 가리키며 표현한 것처럼 자기만의 "작은 저장소"를 만들었다.[20] 지금의 경제 위기는 과거의 불확실성을 다시 현실로 불러오며, 이 세상이 영원히 풍족하지는 않을 것이라는 생각이 나타나게 한다. 그렇기에 젊은 세대를 '망쳐버린' 것은 성장의 잔인한 낙관주의를 믿었던 메리 세대의 잘못이다. 하지만 메리의 경우에는 그런 인식이 절망으로 이어지지는 않았다. 왜냐하면 그녀가 아들에게도 물려준, 특별한 즐거움을 찾는 절약이라는 자기만의 대처법이 있기 때문이다.

이런 의미에서 위기의 시기에 보르고 마이올라로 돌아온 것은 어떤 면에서 "집으로의 귀환"이었다. 이는 소비 자본주의라는 욕망의 강도를 약화시켰고, 검소하면서도 (그리고 더 지속 가능하면서도) 회복력 있고 기쁨이 가득한 욕망의 배치를 강화했다. 이것이 경제 규모를 줄이는 변화가 '자연스럽게' 나타났다는 말의 두 번째 의미다. 현대 도시 생활의 지배적 배치로부터 탈주하면서 메리와 윌리엄은 시골의 삶에서 검소한 즐거움을 느끼는 것이 가능하고 실현될 수 있음을 발견했다. '메타-산업 노동'을 통해 스스로의 필요를 충족하고 "충분한 공급"이라는[21] 삶의 형태를 취하며, 그들은 자본주의 시장 경제에 완전히 의존하지 않고도 풍족한 삶을 영위할 수 있었다. 이런 반복과 그와 함께 필연적으로 나타나는 차이는 부부의 삶에 자연스럽고 고통 없이 나타났는데, 이는 시골 생활의 배치의 물질적 특성과 서로 얽혀 있는 욕망의 다양한 선들 때문이다. 시골의 환경은 삶의 느린 속도, 자급자족의 식량 생산과 채집, 저렴한 난방과 같은 요소로 구성된 작은 생태계를 나타나게 한다. 도시에서는 이렇게 구성된 생태계를 이룰 수 없다. 물건, 사람, 식물, 동물, 그리고 다른 물체들이 어우러져 생태계를 형성하며, 집은 기쁨을 주는 작은 우주로 변하고, 산과 꽃, 나무, 일몰이 그림을 완성한다. 교육과 인생의 여정, 세계 경제의 변동, 그리고 개와 작은 키스까지 모든 것이 어우러진다. 위기의 맥락에서는 이런 절약의 배치가 새로운 그리고 더 강렬한 강도를 가진다. 이 배치는 그저 자연스러울 뿐만 아니라 메리와 윌리엄 두 사람을 더욱 강하고 회복력 있게 만들어준다.

이제 메리는 주방 식탁 의자에 앉아 창문을 바라보는 것을 좋아한다. "이런 게 좋은 삶이죠…! 블라인드를 올리고 비센틴*의 풍경을 보는 거예요! 식사하면서 이런 경치를 감상하는 거죠! 다른 걸 찾아볼 필요가 없어요. 아파트에 사는 사람들에게는 정말 미안한 말이지만요." 그녀는 상점이나 편의점이 아닌 그저 단순하면서도 극도로 강렬한 산의 풍경을 즐기고 있었다. 예전에 부부는 자주 외식했고, 그 지역의 "모든 식당

●　　　메리와 윌리엄 집 앞에 있는 산 이름.

을” 다 가봤었다. 그런데 이제 메리는 외출하고 돈을 쓰고 “게다가 맛도 그저 그런 음식을 먹는 것!”에서 의미를 찾지 못한다. “커피 한 잔을 마시러” 나가고 싶으면 자동차가 필요한 것은 사실이다. 하지만 바로 그 이유로 그녀는 집에 더 자주 있게 되었다. 얼마 전 친구가 늦은 저녁에 함께 외출하자고 제안했을 때 메리는 “괜찮아, 그냥 집에 있는 게 행복해!”라고 답했다. 메리의 집은 친목의 장소로도 훌륭했다. 사람들이 와서 함께 시간을 보낸다. 예를 들면, 메리는 며칠 후 사촌의 아내가 크로스톨리*를 만들러 올 것이고, 그때 그들이 여기 머무를 것이라고 말했다. “왜 밖으로 나가야 하죠… 그러고 싶은 마음이 전혀 없어요!” 메리와 윌리엄은 서로 함께 있는 것을 좋아하고, 동물, 식물, 그리고 경치, 숲에서 주워 온 버섯을 즐기는데, 버섯은 나 같은 손님이 올 경우를 위해서 냉동고에 보관한다. 부부는 집 근처 숲에서 개와 산책하면서 그 작은 개가 자유롭게 뛰노는 것을 본다. “이게 바로 우리의 행복이에요!” 그들은 이곳에 있으면서 개의 생기 넘치는 에너지를 함께 느낀다.

물론 이러한 삶의 배치에서 체화되어 나타난 ‘검소한 회복력’과 메리와 윌리엄이 보여준 지속 가능한 전환의 ‘자연스러움’이 오로지 생태적이고 사회적 모순이라고는 없는 이상적 삶의 방식으로 미화되어서는 안 된다. 자동차, 냉장고와 냉동고, 슈퍼마켓과 그곳의 공산품, 육식 등과 같은 산업적 풍요의 인프라가 메리와 윌리엄을 그들이 문제 삼지 않는 생태적으로 해로운 배치에 계속해서 연결하고 있다. 두 사람도 상품, 텔레비전 프로그램, ‘잘 사는 삶’의 욕망하는 흐름에 투자되어 있다.

● 이탈리아 베네토 지방에서 축제 기간에 만드는 달콤한 전통 과자.

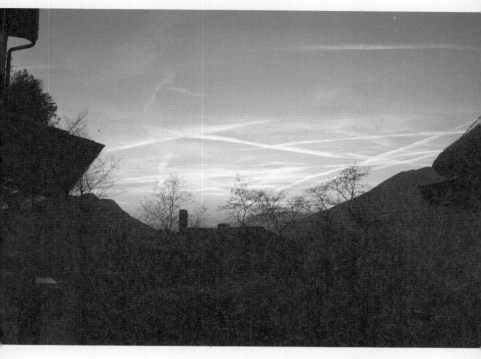

〈그림 4.1〉 출처: 저자

개인의 회복력을 강조할 때 나타나는 또 다른 문제는 시스템의 위기와 붕괴에 대한 개인화된 대응을 촉구하게 되고, 그렇게 해서 보르고 마이놀라의 서사를 정치화할 가능성과 과거와 현재의 '비주류적' 지식과 감성을 재구성할 가능성을 차단한다는 점이다. 나는 메리와 윌리엄이 매일 실천하는 즐거운 충분성이 회복력을 강조하기보다는 시장의 상품화가 아닌 공존이라는 체화된 정서를 통해 나타나는 "가치 평가"의[22] 대안적 방식이자 강렬한 검소함의 사례로 나타난다고 생각한다. 우리는 경치를 바라보기 위해 잠시 멈췄다. "여기에 와서 생각하죠! 그래 여기서 너 잘 살고 있어! (…) 여기, 밤에, 일몰과 함께요… 정말 멋져요"(〈그림 4.1〉).

경제의 지역화

지금까지의 논의에서 엿볼 수 있듯이, 사회적이고 환경적으로 공정한 사회로의 전면적이고 집단적인 전환이 나타나려면 이러한 개인적 경로가 물자 공급 체계, 문화, 그리고 인간을 넘어선 관계 등의 좀 더 거시적 변화와 통합되어야 한다. "일상의 신환경주의"environmentalism of everyday life의 주요 특성은 바로 "다양한 경제"diverse economies를[23] 구축하려는 움직임이다. 이는 재-지역화, 생산자와 소비자 사이의 직접적 접촉, 신뢰를 바탕으로 한 관계, 그리고 자본주의 시장을 벗어난 교환 등을 기반으로 한다. 이런 움직임이 없다면, 일상의 자립성과 충분성은 부분적일 수밖에 없으며 자본주의 공급 시스템에 의존하게 된다. 물론 대안적 경제에 참여한다고 해서 이런 의존성이 완전히 해소되는 것은 아니지만, 이는 자본주의의 전반적 작동에 "작은 틈새"를[24] 만들 수 있으며, 이미 언급했듯이 후기 자본주의의 미래를 앞서 그려낼 수 있다. 나는 현장 조사 동안 이런 대안들이 일상에 어떻게 적용되는지 여러 사례를 통해 파악했는데, 그중 가장 주요한 사례는 발레리오와 로라의 경우며 이에 대해서는 뒤에서 자세히 소개하겠다.

앞서 언급했듯이, 자신이 태어난 호수의 반대편에서 살아가는 일은 발레리오에게 창조적 반복이었다. 그곳으로 이사한 것에 대해 이야기할 때 발레리오는 '재발견'이라는 단어를 계속 사용했다. 발레리오는 다르게 먹고 자연스럽게 먹는 방식을 재발견했다고 말했다. 식재료를 주변 지역 농부들에게서 사려고 노력한 덕분에 발레리오의 식단은 이 지역의 전통 음식과 더 비슷해졌다. 예를 들어, 지역 농부에게 직거래로 살 수 있는 아주 질 좋은 옥수숫가루를 찾은 후부터 발레리오는 폴렌타를 다시 먹기 시작했다. 우리가 함께 있던 날, 발레리오는 주로 지역에서 생산된 곡물가루를 섞어서 빵을 만들었다. 이 지역에서 재배된 (매우 전통적인 품종의) 밀과 옥수수를 생산자에게 직접 구매해 냉장고에 보관했고, 이를 지역 제분소에서 빻았다. 발레리오에게는 목축업이나 낙농업을 하는 친구들도 있었는데, 그들로부터 가끔 수제 소시지나 치즈를 선물 받았다. 소에게 주는 항생제와 보조제에 대해 알려준 목축업자 친구는 우유 생산량을 증가시키기 위해 소에게 주입하는 호르몬에 대해서도 말해 주었다. 그 친구는 발레리오에게 트렌티노에서 송아지를 몇 마리 사고 "풀을 주어" 직접 키우라고 제안했다. "그때부터예요. 다시 발견하기 시작한 거죠…." 그는 잊었던 맛과 습관을 찾아냈다. 예컨대 소의 뼈를 개에게 주어 아무것도 낭비하지 않는 것, 또는 그 뼈로 육수를 만들어보고 그것이 '정말 맛있다'는 것을 깨달은 것처럼. 과거에는 물질적 부족으로 인해 지역 물자를 활용하고, 동물의 모든 부분을 사용하며, 낭비를 최소화하는 것이 자연스러운 일상의 습관이었다. 그러나 지금은 이런 것들이 '더 자연스러운' 식사 방법을 (다시) 가치 있게 여기게 된 일부 소비자와 생산자 들의 성찰을 바탕으로 한 선택의 문제가 되었다.

앞서 발레리오의 스테이크 에피소드를 언급했을 때, 나는 발레리오와 가족의 식습관을 변하게 만든 사건의 우연성을 강조했다. 그러나 이런 사건이 오직 특정 조건에서만 일어날 수 있다는 점을 이해하는 것도 중요하다. 거주하는 지역에 (여전히) 농축산업 문화가 존재하는지 여부는 중요한 조건이었다. 발레리오가 만난 목축업자 친구는 그에게 쉽게 알 수 없는 식품 생산에 관한 지식과 통찰을 제공했고, 이런 "좋은 만남" 덕분에 발레리오는 육류 생산의 실상을 더 잘 알게 되었다. 이런 만남은 발레리오가 사는 마을이 산과 초지, 강과 밭이 어우러진 자연환경에 둘러싸였기 때문에 가능했다. 이 지역의 전통인 목축업과 소규모 농업은 후에 발레리오와 친구가 된 목축업자의 지식과 기술, 그리고 대규모 농축산업에 대한 그의 비판적 태도에 큰 영향을 미쳤다. 식품 공급이 산업화됨에 따라 시골의 전통은 분명 큰 변화를 겪으며 사라지기 시작했고, 사람들의 일상 습관에도 많은 영향을 미쳤다. 그럼에도 발레리오의 사례는 산업화된 식품이 일상과 주방으로 서서히 침투하고 그곳에서 영토화할 때, 바로 그 본질적 물질성에 따라, 이내 발레리오가 스테이크에 의문을 품은 것처럼 다양한 탈영토화가 일어난다는 것을 보여주었다. 이런 탈영토화는 다시 지식, 전통, 그리고 음식의 배치가 남아 있는 지역 경제의 재영토화에 의존한다.

발레리오가 지역의 대안 경제에 참여하는 또 다른 방법은 재능 기부다. 그의 (집 근처) 아틀리에에는 그림, 이국적인 물건, 향신료, 도구, 식물, 의자, 탁자, 재활용하려는 재료 등 무수히 많은 물건이 가득하다. 그 방은 수많은 물건과 다양한 예술품으로 가득 차 있다. 특히 한자로 그려진 중국 스타일의 그림이 눈에 띈다. 발레리오는 중국인들에게 이런 종류의 작품을 만드는 법을 가르치고 있다고 말했다. 그의 목표는 중국인들이 자기들의 전통을 재현하면서도 '유럽 스타일'에 맞고 지역 주민에게도 인기 있는 물건을 만들게 하는 것이다. 이 일에는 학생들의 창의성을 키우는 것도 포함된다. 하지만 발레리오는 수업료를 받지 않는다. 그는 "열정을 돈을 주고 파는 건 절대 안 돼요. 그럼 노예가 되는 거예요"라고 말했다. 발레리오는 중국 젊은이들이 이 사회에 잘 통합되면서도 동시에 맹목적으로 사회에 순응하지는 않도록 도왔다.

발레리오는 경제적 성공을 통한 사회 적응이라는 개념에 반대한다. 그는 젊은이들의 창의력을 높이려고 노력했다. 그들이 지구 반대편에서 베네토로 가져온 오랜 전통의 예술과 노하우를 (다시, 다른 방식으로) 되살리려고 노력했다. 또 발레리오는 기술과 열정을 자본화하는 일반적 시각으로부터 탈주하면서, 자기에게 흐르는 강렬함을 팔지 않기로 결심했다. 그 결과 발레리오는 상품화되지 않은 비공식적 교환과 상호 도움을 중심으로 새로운 경제 체제를 창출했다. 예를 들면, 그의 중국 친구들은 스시 레스토랑을 운영하는데, 발레리오는 그 레스토랑 설립에도 도움을 주었다. 발레리오는 자신이 많은 레스토랑에 호의를 베풀었기 때문에 원하면 언제든 무료로 외식을 할 수 있다고 말했다. 결국 발레리오의 자급자족 활동, 그가 고기를 목축업자에게 직접 구매하거나 윤리적 소비 단체에 참여한 일, 그의 재능 기부 등이 모두 다양한 경제 활동을 촉진했다. 그렇게 발레리오의 원시인-되기, 세균-되기, 지각불가능하게-되기는 이익이나 축적의 논리가 아닌 기부와 공정한 교환의 논리, 연대와 지지의 논리를 따랐으며, 인간과 환경 둘 다를 아우르는 대안 경제를 구축했다.

미래를 향해 과거의 경로를 재구성하고 지역적 실천으로 더 나은 경제와 생태계를 구축하려는 긴장감은 로라의 사례에서도 나타났다. 로라는 호미카가 사는 계곡 마을의 작은 식료품점에서 일한다. 이 식료품점은 지역의 치즈 생산 협동조합의 회원들이 두 해 전에 합심해서 설립했다. 점포는 작은 시골 마을 외곽에 있는데, 점포가 있는 건물에는 유제품을 생산하고 파는 다른 가게도 있다. 그곳을 방문하기 전, 나는 로라의 집에서 그녀의 가족 모두를 만났다. 나는 로라가 아이들을 깨우고 침대에서 일으키는 것을 도왔다. 우리는 커피를 마시고 아이들은 아침을 먹었다. 그런 다음 로라는 아이들을 할머니 집(로라의 시부모님 댁)에 데려다주고 일터로 갔다. 그리고 조금 후 나도 그곳에 도착했다. 가게는 조용했다. 건물 하단은 빨간색이었고 중앙에는 큰 검정색 글씨로 협동조합의 이름이 적혀 있었다. 그 위에는 지역 치즈 생산자들의 생활과 일을 묘사하는 벽화가 그려져 있었는데, 목가적 느낌의 이상적인 과거의 모습과 시골 마을의 현재 모습이 어우러진 그림이었다. 건물은 길가에 있고 앞쪽에는 큰 주차장이 있었다. 어릴 때부터 자주 지나다녔던 곳이기에 내게는 익숙했다. 이곳은 내 유년 시절을 떠올리게 했고, 미처 알아차리지 못하는 사이 나타난 변화를 생각하게 했다. 로라가 열정적으로 운영하는 이 가게는 유제품 가게 출입문 바로 옆, 건물의 가장 오른쪽 끝에 있었다. 문에는 '로바 드 까사 노스트라'•라는 문구와 그 주변에 다채로운 과일과 채소 그림이 그려져 있어서, 소비자들에게 이곳의 지역 특산품을 보여주었다. 주차장에서 로라를 발견했는데, 그녀는 진녹색의 미니 밴 옆에서 한 남자와 이야기하며 상자 몇 개를 옮기고 있었다. 이야기가 끝나자 로라는 가게로 향했고, 나도 따라 들어갔다. 가게는 상당히 좁고 긴 편이었고, 큰 창문으로 햇빛이 충분히 들어왔다. 가게 내부는 깨끗하게 잘 정돈되어 있었는데, 지역산 물품을 판매하는 곳 중에서 이렇게 깔끔한 곳은 드물다.

가게 안에는 다양한 시간과 공간에서 온 요소들이 함께 어우러져 있었다. 자연스러우면서도 심플한 현대적 취향의 가구, 과거 농촌 생활의 흔적들(매달아 둔 옥수수나 대나무 바구니), 디지털 계산대, 손 글씨로 쓴 표지판, 인근 산맥 지역 협동조합에서 만든 잼과 주스, 그리고 치키타 바나나까지. 대부분의 채소는 열여섯 명의 협동조합원으로부터 가져오지만 가끔은 다른 믿을 만한 생산자들의 제품도 추가한다. 예컨대 폴세니고 출신의 남자나 이 지역의 다른 과일 생산자들의 제품, 폴레시네의 쌀, 그리고 풀리아의 파스타 등이다. 내가 가게를 칭찬하자 로라는 진심으로 기뻐했다. 로라의 눈빛에는 겸손과 함께 자기 일에 대한 확신이 넘쳐났다. 그녀는 미소를 지으며 "오늘은 완벽하게 정돈되어 있지는 않아요. 우선 표지판을 더 만들어야 하거든요"라고 덧붙였다. 상

•   Roba de casa nostra. 지역 방언으로, '집에서 만든 제품'이란 뜻이다.

품이 바뀌고 가격이 변하기 때문에 그녀는 매일 새로운 표지판을 작성한다. 이 가게의 중심 철학은 바로 이런 것이다. 지역산, 유기농, 고품질의 농산물을 생산자에게서 가져와 거의 직거래로 소비자에게 신선하게 판매하는 것.

이 가게의 존재는 경기 침체 및 최근에 나타난 생산-소비 패턴의 변화와 깊은 관련이 있다. 치즈 판매는 안정성과 수익이 줄어들고 있고, 저렴한 산업용 제품(대개는 수입품)들의 경쟁 압박 때문에 어려움을 겪고 있다. 이런 상황에서 협동조합 사람들은 원칙을 포기하지 않으면서도 살아남을 수 있는 틈새시장을 찾고자 노력한다. 그 노력의 일환이 바로 이 가게를 설립하는 것이었다. 이곳은 소비자에게 더 많은 가치를 제공하고 유제품 사업의 중요성을 강조하기 위해 설립되었다. 로라는 조합원들이 몇 년간 자기들의 제품 외에 다른 제품도 함께 판매할 가게를 설립하는 아이디어를 논의해 왔다고 말했다. 원래는 고기도 판매하려고 했지만 관련 규정이 너무 복잡했다. 더욱이 육류 사업이 크게 성공할 것 같지는 않았다. 육류 소비는 감소하는 반면 비건 식단이나 과일과 채소에 대한 관심은 늘어나고 있다. 품질과 지역산 농산물에 민감한 다양한 연령층의 비건주의자들이 로라의 가게를 찾아온다.

그렇게 이 가게의 존재는 경제 위기와 더불어 식물 기반 식단으로의 전환, 그리고 그와 관련된 사회-문화적 변화, 건강과 지속가능성에 관한 (세계적으로) 변화하는 배치, 그리고 공장식 축산의 환경적 및 신체적 부작용에 대한 과학적 논의에 의해 형성되었다. 이런 변화는 지역의 음식 문화를 부분적으로 탈영토화한다. 제2차 세계대전 이후부터는 치즈와 '값싼' 부위의 고기나 절인 돼지고기 등이 이 지역 음식 문화의 주를 이루었다. 흥미로운 점은, 기존의 식습관을 흔들어놓는 식물 기반의 배치가 '지역적이며 신선한' 식품에 대한 욕망을 재영토화하는 역설적 효과를 가져왔다는 것이다. 토지의 자급자족 가능성, 계절과 날씨 및 지역적 특성을 반영한 식단, 비표준화된 식물 품종의 독특함에 대한 미적 인식 등. 이는 모두 세계 시장 경제와 대규모 농업/유통이 발전하고 겉모습만 완벽하고 맛은 없는 제품들이 슈퍼마켓을 가득 채우게 되면서 잊힌 것들이다. 그러나 이제 지역 식품과 식문화가 "다시 돌아오고 있다." 이는 앞서 발레리오의 사례에서 언급했던 것과도 유사하다. 그리고 모든 반복이 그렇듯 여기에도 차이가 있다. (장거리 운송이 일반적이지 않았던) 예전에는 지역산 제품을 살 수밖에 없었지만 이제 협동조합의 가게를 방문하는 것은 대부분 선택의 문제로 바뀌었다. 로라는 사람들이 "지역 제품을 사려고" 가게를 방문한다고 말했다. 실제로 현지 주민들은 이곳을 자주 방문하지는 않는데, 로라는 "이 지역 사람은 대부분 자기 소유의 텃밭이 있기 때문"이고 그래서 특히 여름에는 지역 주민의 방문이 드물다고 말했다. 때로는 지역산 제품을 사기 위해 멀리서 운전해 오는 고객도 있는데, 한 예로 내가 본 어떤 사람은 (45킬로미터 떨어진) 포르데노네에서 왔었다. 이는 생산자와 지역 전체에 중요한 사회경제적 영향을 미친다. 바로 이 점이 이 가게에 대해 로라가 신념을 갖는 이유이자 이 장소가 로라에게 리비도적으로 특별히 강렬한 이유다.

이 점을 제대로 파악하려면 로라의 집을 둘러봐야 한다. 그녀의 집은 이 지역에서 흔히 볼 수 있는 전형적인 시골 돌집이다. 로라는 이 집에서도 1960년대에 지어진 공간에서 사는데 건물의 외관은 회색이고

〈그림 4.2〉 출처: 저자.

조금 우울하게 보인다. 집은 그리 크지 않다. 로라의 부모님은 바로 옆, 좀 더 오래전에 지어진 공간에 거주하며, 부모님의 거주 공간은 계곡을 향해 있다. 넓은 자갈 마당이 있고, 그 뒤로 논밭이 이어진다. 꽃과 농작업 도구, 작은 돌집도 보인다. 농사는 로라 가족의 일상에서 분리될 수 없지만, 나는 예기치 않은 상황 덕분에 그 중요성을 깨달았다. 로라와 아이들이 함께 집에서 아침을 먹고 있을 때 화물차가 들어오는 소리가 들렸다. "저건 우유차예요." 로라가 말했다. 나는 처음에는 그 말의 의미를 제대로 파악하지 못하고 그저 우유를 배달하러 온 차라고만 생각했다. 로라는 내 차를 "약간 더 멀리" 옮기지 않으면 그 차가 지나갈 수 없다고 말했다. 나가서 차를 옮기면서 보니 실제로 거기에 도착한 건 우유를 운반하는 대형 탱크가 달린 화물차였다. 그제야 주변을 더 자세히 보니, 로라 부모님의 오래된 집 옆 외양간에서 흰 소와 붉은 소가 머리를 내밀고 있었다. 그때야 눈치챘다. 그 화물차는 우유를 배달하러 온 것이 아니라 **가져가려고** 온 것이었다(〈그림 4.2〉).

나는 이 지역을 잘 알고 있고 로라의 부모님이 농축산업을 한다는 사실도 알았지만, 그럼에도 로라 집에 가축이 있을 거라고는 예상하지 못했다. 사람 집에 소가 사는 건 옛날이야기라고만 생각했다. 로라와 대화를 나누던 중 그녀의 부모님이 현재 그녀가 속한 협동조합의 창립 멤버라는 것을 알게 되었다. 목축과 채소 농사는 로라의 부모님이 일생 해온 일이었다. 고아였던 로라의 아버지는 재능이 뛰어난 화가였지만 재정적 지원을 받지 못해 이 계곡을 떠나지 못했다. 게다가 아버지의 이모들이 집과 땅을 맡기면서 자기들을 돌봐달라는 조건을 제시했다. 이런 상황 때문에 로라의 아버지는 언덕으로 둘러싸인 이 집에 머물게 되었다. 그래서 외양간과 채소밭을 돌봤다. 과거에는 더 많은 소를 키웠다. 지금은 외양간에 대략 열 마리의 소가 있다. 일 년 전까지는 고기용으로 방목하던 소도 몇 마리 있었지만 관리하기가 힘들어서 포기했다. 로라의 부모님은 우유 생산도 그만두고 싶어 한다. 현재 우유에서 얻는 수익이 극히 적기 때문이다. 기후변화로 풀의 품질이 저하되면서 우유 생산량도 줄어들었는데, 이는 이 지역의 낙농업자 모두가 겪는 문제다. 게다가 우유 가격은 리터당 고작 35센트로 지나치게 낮다. 많은 낙농업자가 낙농업이 더는 경제적으로 가치가 없다고 판단해 점차 일을 그만두고 있다.

로라의 부모님에게 소규모 목축과 농사는 늘 매우 어려운 사업이었다. 아버지와 어머니 둘 다 밭에서 일했지만 그 수입만으로는 가족 전체를 부양하기 힘들었다. 로라는 국가가 이런 소규모 농부들에게는 그어떤 도움도 주지 않으면서 양으로 경쟁하고 가격을 낮추는 해외 생산자들을 지원한다고 한탄했다. 그녀는 자주 이렇게 말했다. "우리 어머니는 정말 많이 일했어요. 어머니에 비하면 난 아무것도 하지 않는 거나 마찬가지예요." 로라의 어머니는 낮에는 수작업으로 건초더미를 만들었고, 저녁에는 근처 식당에서 설거지를 했다. 하지만 로라는 이렇게 읊조렸다. "지금 내 부모님의 상태를 보세요. 완전히 무너졌어요. 두 분은 가진 모든 것을 자식들에게 내주셨죠. 그런데도 여전히 힘들게 살고 계세요." 로라의 부모님은 그렇게 늙지도 않았는데 에너지가 점점 줄어들고 있다. 로라가 협동조합 가게에 투자하는 열정의 강도는 이러한 가족의 역사, (거의 생존 수준의) 소규모 농사에 필요한 노력에 대한 그녀의 직접적 지식, 그리고 땅에 대한 애착의 선으로부터 분리될 수 없다.

그녀는 직접 경험을 통해 알고 있다. "대형 슈퍼마켓에 팔면 남는 게 전혀 없어요." 게다가 그들의 제품은 대부분 슈퍼마켓에서 요구하는 크기나 미적 기준에 맞지 않아 대규모 소매 시장에 적합하지도 않을 것이다.

로라의 가게는 그녀의 부모님 같은 사람들이 우리의 먹거리를 생산하기 위해 일상에서 겪는 고된 노력을 물질적·사회-문화적으로 인정하고, 그들에게 공정한 보상과 존경받는 삶의 기회를 제공한다. 이런 점 때문에, 그리고 부모님이 소중히 여겨온 지역 생태계를 보호하고 존중하는 일을 이어나갈 수 있다는 점 때문에 로라는 그곳에서 일하는 것을 '행운'이라고 느낀다. "나를 보면 어떤 특징들이 보일 거예요. 그분들 덕분이죠." 존경과 생태주의는 로라의 가족에게 깊이 뿌리내린 가치이며, 이것은 단순한 '태도'가 아니다. 이는 사물, 실천, 에너지의 흐름, 가치, 그리고 감각적 배치의 특징이 물질적 제스처로 나타나는 것이다. 로라의 부모님은 "항상 땅을 정성껏 다루고 올바르게 농사를 지었다." 산업 농업에서 볼 수 있는 수많은 비합리적 농법을 거부했고, 저영향 저배출 저자원 농법을 택했다. 예를 들어, 로라네 소는 아버지가 직접 기르는 건초와 약간의 옥수수를 먹는다. 건초의 영양소는 사람에게는 잘 흡수되거나 소화되지 않지만 소는 그 영양소를 단백질, 지방, 그리고 당으로 변환한다. 로라의 부모님이 땅을 존중하고 자연 친화적 농법을 고수하는 것은 무엇보다 필요에 따른 것이다. 이는 "가난한 사람들의 환경주의"의[25] 일례이며, 또 메타-산업 노동이 내포하는 비인간 자연과의 역동적 교류에서 비롯되는 깊고 실질적인 생태 인식을 반영한다. 가진 소가 몇 마리뿐이고, 농사를 지을 땅도 넓지 않고, 투자할 자본도 거의 없거나 전혀 없는 사람들에게 땅을 존중하는 것은 윤리적 문제가 아닌 생존의 문제다. 화학 비료로 땅의 비옥함을 훼손하지 않아야 하고 소의 건강을 위협하는 해롭고 인공적인 사료는 피해야 한다. 실제로 로라가 말하기를 얼마 전 로라의 아버지가 소에게 좀 더 '강한' 사료를 먹여보려 했지만 결과는 좋지 않았다. 소들은 아팠고, 열이 났다. 그래서 아버지는 다시 자연적인 방법으로 돌아갔다. 협동조합에서 치즈를 만드는 사람이 내게 말했다. "소가 죽고 나면 그걸로 끝이에요. 돌이킬 수 없어요!" 그들의 정성은 동물, 땅, 그리고 자연과의 정동적 근접성과 함께 나타나는 것이었다.

나는 로라의 어머니와 대화하면서도 이런 느낌을 받았다. 해 질 녘 로라의 집 앞에서 나는 그곳의 아름다움을 칭찬했다. 로라의 어머니는 내 이야기에 공감하는 듯 "그래요, 아름답죠"라고 말했지만 그 말에서 큰 열정이 느껴지지는 않았다. 마치 그리 특별한 건 아니라는 듯한 태도였다. 땅과 이렇게 밀접하게 사는 사람에게 아름다움이란 개념은 중요하게 느껴지지 않을 수 있다. 나와 풍경 사이의 구분이 이 시골과의 매일 반복되는, 하지만 강렬한 상호작용 속에서 희미해진다. 이는 도시 중산층의 배치가 만들어내는 객체화된 자연에 대한 낯선 감상(이 대화에서 나는 그런 모습으로 보였을 것이다)과는 크게 다르다. 그리고 '아름다움'에 대한 그녀의 미미한 관심은 이 생태계의 활력에 대한 무관심을 의미하는 것은 아니다. 와인 만들기와 유기농에 대한 이야기를 나누며 그 점이 더욱 분명해졌다. 로라의 어머니는 이 주제에 많은 관심을 보였다. 그들은 작은 포도밭을 갖고 있는데, 포도밭은 수익성이 좋기 때문에 규모를 확장하면 경제적으로 큰 이익이 될 것이다. 이 지역의 많은 사람이 그렇게 하고 있다.● 하지만 이 지역에서 포도밭을 제대로 관리하기란 쉽지 않다. 기후 조건이 최적이 아니어서 여러 문제가 발생한다. 현지의 습도에 번식하는 곰팡이, 벌레, 기생충을 막으려면 포도밭에 화학 비료를 많이 써야 한다. 로라의 어머니는 그런 농법에 많은 시간과 에너지를 투자하고 싶지 않았다. 그래서 포도를 더 많이 심는 것이 아니라 아예 포도밭을 전부 포기할 생각을 하고 있었다.

더 중요한 것은, 로라의 어머니가 살충제와 기타 합성 제품을 대거 사용한다는 것 때문에 프로세코종 단일재배에 매우 비판적이라는 사실이다. 그녀는 생태계에 해를 끼치는 산업적 농업 방식보다 자연의 리듬과 행태지원성에 더 가까우면서 균형 잡힌 자신의 소규모 농업을 선호한다. 이 때문에 로라의 부모님은 수익률은 높지만 화학 물질을 집중적으로 사용하는 파괴적 농법이 아닌 유기농법과 저영향 농법을 택했다. 그들의 논지는 충분성에 관한 것이다. 확장하거나 축적하지 않고, 살아가기에 '충분한' 만큼만 갖는 것. 그들에게 땅은 추상적이고 비물질적 이익의 원천이 아니라 역동적 생태계의 일부다. 땅은 지역 주민과 그들 자신의 필요를 충족하는 데 도움을 주고, 생명력이 있고, 순환하며, 영양가 있는 식량을 생산한다. 이처럼 (실용적으로) 시골과 농사를 이해하는 관점은 지역의 식량 자급자족에 도움이 되었다. 또 경제 및 시장의

● 우리는 프로세코DOC 포도를 생산하는 지역의 언덕 위에 있었다. 이곳에서 대규모 와인 생산업체들이 소규모 농부들로부터 포도를 높은 가격에 구매하곤 한다. 바로 이 대화를 나누는 현장 앞에는, EU 보조금으로 조성한 대규모 포도밭이 있다. 이 보조금이 끝난 후 해당 포도밭은 팔렸다. 그녀는 현재의 소유주가 포도밭을 잘 관리하고 있다고 말했지만, "그곳에서는 계속 트랙터로 스프레이[살충제]를 뿌리며 오르내리는 작업을 하고 있어요"라고 지적했다.

불확실성과 기후변화라는 위기를 맞닥뜨린 상황에서는 이런 관점이 지역성 보존에 필수적이다. 사람들이 이런 점을 명확하게 인식하고 추구하는 것은 아닌 듯하다. 하지만 강한 확신이 그 배치를 관통하고 있다. 나는 이를 작은 앞마당, 그 위 자갈, 잔디, 건초, 사람, 그리고 동물 들을 관통하는 정서의 강도에서 느낄 수 있었다.

　로라의 아버지가 트랙터를 타고 도착한 이후 나는 그 점을 더욱 확신했다. 고요한 저녁이었고 석양의 어스름한 빛이 아름답게 비추고 있었다. 닭들이 모이를 쪼는 작은 소리와 외양간 소들의 낮은 울음소리, 귀뚜라미의 노랫소리가 들려왔다. 우리 모두 잠시 앞마당에 머물렀다. 로라는 부모님에게 인사하며 친밀한 대화를 나눴다. 갑자기 외양간 소들이 이상할 정도로 강렬하게 거의 연속적으로 울기 시작했다. 마치 석양에 작별 인사를 하는 것만 같았다. 로라의 가족은 소들이 늘 이렇다고 말해 주었다. 로라는 나에게 원한다면 소들을 가까이서 볼 수 있으니 주저하지 말라고 했다. 나는 사진을 찍어도 되는지 물었고, 로라의 부모님은 거의 놀란 표정으로 "그럼요, 왜 안 되겠어요?! 소들은 해치지 않아요! 무서워요? 그리고 이런 사진을 찍지 않으면… 다른 어떤걸 찍겠어요?"라고 대답했다. 로라의 아버지에게 이곳이 참 아름답다는 내 감상을 전하자, 그는 이런 풍경을 쉽게 볼 수 없다며 자랑스럽게 말했다. 로라의 아버지는 내가 원하면 언제라도 주변을 구경시켜 줄 것 같은 친절한 태도를 보였다. 그의 이런 친절하고 개방적인 태도는 그가 이 농촌 지역에 깊은 애착이 있음을 나타냈고, 그러한 태도는 (도시민의 도드라진 감상과는 다르게) 이 농장의 일상 생태계에서 느껴지는 미묘한 아름다움의 경험과도 연결되어 있었다.

주위에는 암탉과 수탉, 병아리 들이 있었고, 그중 일부는 위층으로 날아가 노래를 불렀다. 모든 것이 활기차고 분주했다. 여기서 나는 소의 냄새는 전혀 불쾌하지 않았다. 아이들은 자기들끼리 놀다가 이따금 소를 돌봤다. 나중에 집으로 들어갈 때 로라가 딸에게 다가가 말했다. "너한테 소 냄새가 나!" 이 앞마당은 끊임없이 변화하는 생명들의 근접성의 지대였다. 어른의 아이-되기, 아이의 동물-되기, 동물의 식물-되기, 그리고 석양-되기. 이 공간을 가로지르는 영토화하는 관계와 경직된 (그러나 유연하기도 한) 선분성이 있었다. 외양간에 있는 동물과 집 안에 있는 인간, 자유롭게 뛰노는 아이들과 닭, 묶여 있는 소 등. 이들은 확립되고 당연시되는 권력관계를 나타냈다. 예를 들어, 동물은 인간에게 음식을 제공하기 위해 이곳에 존재한다. 그러나 이 생명체들 사이에는 정동적 동맹도 있었다. 인간은 피난처와 음식을, 동물은 우유와 달걀을 주고, 소의 배설물이 토양의 비료가 되는 등. 이런 생산과 재생산의 순환 구조 속에서 이 경제 체제의 성장 한계는 이미 정해져 있었다. 자기 영토에서 생산된 것 이상의 건초나, 가족이 먹고 남은 여분의 옥수수, 또는 개인이 감내할 수 있는 한도를 초과하는 노력 따위는 존재하지 않는다. 이런 한계 내의 삶과 무성장의 경제는 그 배치의 리비도적 강도로 인해 '풍족한' 사회의 노력과 유혹에도 저항할 수 있다. 그 배치 속의 몸들을 관통하는 에너지와 물질의 흐름은 욕망이라는 또 다른 에너지의 흐름이다. 이 욕망의 끈적한 강도는 앞마당, 해 질 무렵의 풍경, 그 다양한 색과 일상적 돌봄의 동작에 몸들이 서로 엉키고 연결되게 만든다.

동시에 이러한 배치를 변함없고 고정된 '전통'이 그저 계속해서 나타나는 것으로 생각한다면 그 생각은 잘못이다. 로라의 인생 궤적이 증명하듯이 이런 배치는 차이를 나타내며 새로움과 타인에 대한 개방성을 보인다. 협동조합으로 (돌아)가기 전에 로라는 지리적으로도 길고 굽이진 전기적 궤적을 거쳤다. 이는 탈영토화와 재영토화의 움직임이었다. 미술 대학에 입학한 후 로라는 한 자선 단체와 함께 페루로 향했다. 그곳에서의 경험은 로라의 삶을 완전히 바꿔놓았다. 로라는 페루에서 보낸 시간을 진심으로 사랑했고, 그래서 집으로 돌아와 학위를 받은 후 다시 페루로 돌아가 아이들에게 그림을 가르칠 계획을 세웠다. 그 비영리단체의 창조적이고 예술적인 측면을 도우려고 했다. "그러나 삶은 다른 길을 택했다." 남편을 만나 세 아이의 엄마가 된 것이다. 로라는 남편의 요리와 식음료 사업에 대한 열정에 이끌려 그의 길을 따랐고, 남편의 바에서 일하기 시작했다. 처음에는 그 당시 살던 집 근처에서, 나중에는 비토리오 베네토에서 일했다. 남편과 함께하면서 로라는 "예전에는 전혀 알지 못했던" 세상을 경험했다. 레스토랑에 갔고, 해변으로 휴가를 떠났다. 이런 경험은 당시 소비사회에 막 접근한 (소작농 계급과 다른) 노동 계급인 남편 가족의 문화였다(당시의 이런 문화는 메리와 윌리엄의 이야기에서도 나타났다). 처음에는 이런 것들이 "정말 큰 경험"처럼 느껴졌지만, 시간이 지나면서 뭔가 서글픈 정서가 찾아왔다. 이런 활동은 로라의 흥미를 전혀 끌지 못했고, 로라는 "지루해졌다." **자신의 본질을 거스르는**" 방식을 강요받는 것만 같았다.

바에서 일한 경험이 로라에게 특히 상처가 된 이유는 그곳이 술에 취한 사람들, 알코올 중독자들, 외도하는 남편들, 그리고 폭력처럼 '나쁜 만남'으로 가득 차 있었기 때문이다. 게다가 일이 잘 풀리지 않아 무거운 빚을 짊어지게 되자 남편은 일자리를 찾아 루마니아로 떠났다. 로라는 어떤 일이든 찾아서 해야만 했고, 결국 청소일을 시작했는데 "전혀 좋지 않은 경험"이었다. 어려운 시기였다. 내가 로라를 처음 만났을 때 그녀는 이혼하기 위해 법적 절차를 밟고 있었다. 그 과정은 새로운 존재를 구축하기 위한 기회의 문을 여는 것이기도 했다. 협동조합 일은 로라에게 경제적·정동적 회복의 첫걸음이 되어주었다. 상황이 서서히 좋아지자 로라는 다시 균형을 찾아갔다. 로라의 식료품 가게는 지역 생산자와 그 지역에 미치는 광범위한 영향을 넘어서, 로라의 일상이라는 미시적 공간에서 더 활력 있는 '배치'를 구축하는 기반을 제공했다. 로라는 자신의 욕망의 선과 조화를 이루는, 좀 더 편안함을 느끼고 소외되지 않는 삶의 공간을 되찾고 있었다.

흥미롭게도 이는 로라가 언급한 평범한 일상에 관한 이야기에서도 분명하게 드러나는데, 그 이야기들은 그녀와 주변 환경과의 깊은 관계성을 보여주기도 한다. 로라는 자기 가족의 배경에도 불구하고 남편과 함께 있을 때는 슈퍼마켓에 가서 공장에서 만든 치즈를 대충 사 왔다고 말했다. "선반에 있는 것 중에서 그냥 아무거나 사 왔어요." 하지만 지금은 슈퍼마켓에 가기 어려워졌기 때문에, 적어도 구매할 때 더 신중하게 선택하려고 노력한다. 식품뿐만 아니라 청소용품이나 세제를 살 때도 마찬가지다. 로라는 어떤 협동조합에서 판매하는 생분해성이 좋은 제품을 선호한다. 때로는 그곳에 갈 시간이 없을 때도 있지만, 그래도 로라는 노력한다. 그녀는 남편이 자주 데리고 갔던 레스토랑보다 "다른 곳들을 더 좋아해요"라고 말했다. 예를 들면 "샌드위치를 준비해서 잔디밭에 앉아 먹는 것처럼." 그녀는 이런 행동이 자신의 "본성에 더 부합한다"고 믿는다. 협동조합과 다시 접촉하게 된 것은 이러한 가치관을 다시 현실로 가져오는 데 큰 역할을 했다. "그동안 잠시 잊고 지냈던 지역 생산품의 가치를 다시 생각하기 시작했어요." 로라가 '다시'라고 말한 것은 생태계(사람, 식물, 동물, 물건 등)에 대한 그녀의 관심이 완전히 새로운 발견이 아니라 다시 깨어난 것임을 의미한다. 사실 로라 자신도 인정하듯, 그녀에게는 환경, 지속가능성, 생태에 대한 민감성이 이미 있었다. "이미 그런 감각이 있었는데 잠시 희미해졌었죠. 그런데 지금… 다시 돌아오고 있어요!"

이처럼 개인적이지만 동시에 이미-늘 사회적인 삶의 경로에서 로라는 지금 다시 집중하고 있는 사회-경제적이고 생태적인 문제에 관한 관심을 잠시 소홀히 했었다. 로라는 협동조합 일을 "거의 소명"처럼 느꼈다. 왜냐하면 그 일은 농장 출신이라는 자기 삶의 뿌리에, 그리고 "가진 것에 대한 존중과 땅의 가치를 중시하는" 로라 자신의 태도에 부합하기 때문이다. 로라는 '자신의' 본성을 거슬렀고, 그 결과로 자연 전반을 거스르는 삶을 살았다. 하지만 이제 로라는 자기 가족의 문화에 깊이 자리한 검소와 절제의 배치를 다시 현실화하는 기쁨을 느낀다. 로라는 추락과 구원의 이야기를 구축했는데, 이는 흥미롭게도 지역 (식품) 경제의 변화와 깊이 연결되어 있다. 이 이야기 속에서 로라는 시골에서의 단순한 삶에서 시작해, 세속적이고 (남편이 대표하는) "문명화된 현대성"의 유혹(호미카의 표현)과 슬픔을 거쳐, 다시 (자기) 본성으로 돌아왔다. 그녀가 어릴 때 살던 집 근처에서 지금의 집을 고치는 일도 이러한 과정과 함께 나타났다. 이런 삶의 강도가 있기에 풍족함이 가져다주는 새로운 것에 대한 순간적 매혹은 금세 사라졌고, 로라는 특정한 (일상적인) 삶의 배치에 강한 애착을 갖게 되었다.

그러나 다시, 로라의 재영토화는 창조적이면서도 다른 세계와의 차이점을 포용하는 개방성을 보여준다. 예를 들면, 로라는 그녀 자신과 가족이 추구하는 바와는 전혀 다른 비건주의 윤리적 선택을 단 한 번도 비판하지 않았는데, 나는 여기에 깊은 인상을 받았다. 로라의 집에는 심지어 비건 요리책도 있었다. 이는 가게에서 고객에게 더 나은 서비스를 제공하기 위해 로라가 기울이는 노력 중 하나다. 로라는 고객에게 새로운 레시피를 제안하며, 자기가 판매하는 다양한 채소의 잠재력을 깊게 탐구하려고 한다. 비록 로라가 첨단 기술에 익숙한 사람은 아니지만, 그녀는 소셜 미디어와 인터넷을 무시하지 않는다. 로라의 가게에는 가끔 우리가 잘 알지 못하거나 대규모 유통 시장에서 찾기 힘든 채소가 있다. 소규모 생산이 부각한 덕분에 이런 채소가 다시 사람들의 관심을 받게 되었지만, 아직 요리법을 잘 모르는 사람들이 많다. 그래서 로라는 '자올로자페라노'Giallozafferano라는 요리 웹사이트에서 얻은 새로운 레시피를 손님들에게 제안하기도 한다. 이 웹사이트에는 현대적이고 독특한 품종의 채소를 재료로 사용하는 레시피가 있다. 이런 것을 보면서 나는 로라가 새로운 것의 발견과 실험을 중요하게 생각한다는 사실을 알 수 있었다. 그녀는 "이게 바로 계속 살아 있기 위한 방법이에요"라고 표현했다.

가게 내 배치의 일부인 기술, 소셜 미디어, 웹사이트 등이 도구가 되어, 산업화한 생산과 유통의 지배 속에 잊힌 많은 것들에 다시 접근하는 능력을 키운다. 오랜 시간 동안 사라진 것들이 새로운 레시피와 맛으로 다시 새롭게 생명력을 얻는다. 이를 두고 상업적 웹사이트를 도구로 이용해서 오래된 것들을 현대적으로 다시 창출하려는 자본주의 시장의 전략이라고 할 수도 있다. 탐욕스러운 자본 시장은 농촌의 일상과 작업의 배치에까지 점차 침투하고 있다. 로라가 이런 변화를 비판 없이 받아들이면서, 새로움과 예상치 못한 것에 대한 로라의 탐색은 항상 위험한 줄타기가 된다. 창조성이 자연을 착취하는 전략으로 변모함에 따라, 줄의 다른 쪽으로 넘어질 위기에 끊임없이 처한다. 그렇지만 로라의 실제 상황에서는 이러한 배치가 순수한 자본주의의 논리를 벗어나 다른 방향으로 '우화'fabulation의 과정을 시작하는 것이 보인다. "살아 있기 위한" 창조적 노력은 단순히 새로운 삶을 구축하는 것뿐만 아니라 새로운 커뮤니티, 동맹, 그리고 삶의 가치에 대한 새로운 신념을 만드는 첫걸음이 된다. 이것은 인간과 식물, 그리고 비인간-동물 사이에서 발견되는 강도를 탐구하는 과정이다.

예를 들면, 로라는 고객들과의 관계에서 단순한 신뢰를 넘어 진정한 우정을 나눈다. 고객들은 가게를 다시 방문해 이런저런 레시피에 대한 피드백을 제공하고 로라에게 새로운 요리법을 알려준다. 마찬가지로 로라는 자신이 협력하는 농부들과 변화와 실험을 가져오는 생산적 교류를 이어간다. 가게의 존재와 로라, 그리고 다른 농부들과의 소통 덕분에 이전에 상업적 방식으로 농작물을 재배했거나 제대로 농사를 짓지 않았던 농부들도 지금은 더 친환경적인 농법으로 전환했고, 그 결과 사업이 성장하기도 했다. 로라가 그들에 대해 이야기할 때 그녀의 말에서 진심 어린 애정을 느낄 수 있었다. 로라와 가게는 당연시되어 오던 환경 파괴적 농법에서 벗어나도록 유도하는 물질적이면서 동시에 리비도적인 동기로 작용했다. 이는 생명력 넘치는 생산, 교환, 그리고 유통의 방식을 만들어낸다. 식물의 강력한 맛에서 느껴지는 정서와 영양가와 식물 고유의 색상과 형태를 통해 식물 안에서 새로운 공동체가 자라나고 있었다.

이는 지역의 농부, 판매자, 소비자가 위기를 경험하는 방식에도 큰 영향을 준다. 그들은 계속 나아가며, 다른 미래의 가능성을 믿는 에너지로 가득하다. 로라는 이렇게 이야기한다.

정말로 보여요… 제 고객들 모두는 아니겠지만 진심으로 믿는 사람들이 많아요. 어떤 사람들에겐 그저 환상일 수도 있겠죠, 그렇죠? 네. 하지만 사람들 덕분에 저는 약간의 자신감을 얻게 됐어요. 제 느낌으로는 이 지역이 좀… 열정을 되찾아가고 있달까요. 그렇죠? 그래서 저는 살아 있다고 느껴요. 무슨 얘긴지 이해하시죠? 그리고 이런 변화가 점점 더 일어날 거라고 믿어요. 많은 사람이 그 변화를 진심으로 믿고 노력하고 있지만, 집착하는 것처럼 보이지는 않아요. 유행을 따르는 것도 아니고요… 그런 것 같진 않아요… 아마도… 그냥 매우 단순한 방식으로, 매일 하는 일을 꾸준히 지속하는 거죠.

욕망의 장소에 다시 생기가 넘쳤고, 로라 개인의 관점에서나 지역의 관점에서나 매우 침체된, 죽은 것 같던 시기 이후에 나타난 초-인간-집합체trans-human collective가 다시 번영했다. 그리고 흥미롭게도 이 변화는 사람들이 단순히 '매일 할 일'을 했을 뿐 엄청난 변화를 이룬 것은 아니라고 여길 수 있지만, 로라는 이것이 그저 "작은 변화는 아니에요"라고 강조했다. 그 작아 보이는 변화에도 지속력, 집단적 노력, 그리고 이 변화를 '크게' 만들어주는 믿음과 가치가 내재해 있었다. 그런 의미에서 계곡 마을에서 나타나는 이런 변화는 로라를 미래에 대한 '희망'으로 가득 차게 했고, 위기에 대한 그녀의 시각을 바꿔놓았다. "많은 사람이 지금을 침울한 시대라고 생각하겠죠. 하지만 저는 그렇게 보지 않아요. 저에게는 오히려… 좋다고 느껴져요, 참 좋은 시기라고요."

위기의 상황에서도 풍요로운 세계에 강하게 얽매여 있던 에린 같은 다른 워킹맘들과는 달리 로라는 극단적인 변화의 희망 덕분에 결코 무시할 수 없는 불안정성이라는 경험을 다소 경쾌하게 받아들일 수 있었다. 로라가 농촌 출신이라는 자기 배경에서 삶을 재해석할 도구를 일부 가져온 것은 사실이지만, 그렇다고 그녀가 이상화된 과거로 '돌아가고자' 하는 것은 절대 아니었다. 로라는 위기를 새로운 시작과 개선의 기회로 본다고 분명하게 말했다. 과거 농부들은 단순히 "땅을 경작하고, 어려운 상황을 견디며 (…) 정신적으로 다소 둔감하게 일을 했었죠." 지금은 삶의 조건을 직접 선택할 수 없는 상황에서도 적어도 그 조건이 주관적으로 반현행화counter-actualized된다. 주체는 자신을 절제라는 서사 안에서 재배치하고, 필요하고도-긍정적인 변화의 프로젝트 안에서 불안정의 경험을 재해석한다. 앞서 오누르비오와 에린의 사례를 언급했을 때 나는 탈영토화의 기회가 위기 안에 내재되어 있고, 따라서 위기 상황에서 삶의 우선순위가 지속 가능하며 삶을 더욱 긍정하는, 즐거운 욕망의 배치를 향해 재정립될 가능성이 있다고 지적했다. 그러나 오누르비오와 에린은 기존의 역할과 위치에 얽매여 그 기회 속에서도 명확하지 않은 위치를 점했다. 반면 로라의 경험은 그것과 조금 다르다.

위기가 우리에게 일자리를 제공하지 않는다는 사실을 견뎌야만 해요. 원하는 방식으로는 주지 않죠. 하지만 적어도… 저는 모르겠어요. 저와 얘기하는 사람들은, 아마도… 더 행복하고… 새로운 현실에 더 개방적이라고 생각해요. 음, 분명 모두가 그런 건 아니죠. 하지만 삶의 방식을 바꾸길 원하는 사람은 정말 많아요. 그들은 새로운 역할을 받아들이고, 그 결과 더 평온해져요. 더요… 잘 모르지만 그러니까… 아마도… 더 사람답게 사는 거겠죠… 맞죠?! 더 인간다워지는 거예요… 그럼요.

위기를 경험하면서 어떤 사람들은 로라가 '대안적'이라고 정의하는 삶의 방식을 선택하기도 한다. 이런 변화에는 "더 지속 가능하며, 더 자연스러운 환경"을 만들기 위한 노력, 그리고 그와 함께 더 나은 삶을 추구하는 노력이 있다. 이런 노력은 그 무엇보다도 정동적인 강도를 추구하는 프로젝트다. 왜냐하면 (극도로) 자본 중심적인 삶이 아닌 활기 넘치며 인간적인 '좋은 삶'을 목표로 하기 때문이다. 이런 변화는 지역의 자치와 결정권에 대한 것이기도 하다. 친근함과 상호 지원이 사람과 물품의 흐름 사이에서 연결고리가 된다. 어느 날 밤, 폴세니고 출신의 한 남자가 로라네 집에 야채를 배달하기 위해 방문했다. 로라는 그 사람이 "다른 일도 있어서 그 시간에만 배달할 수 있어요"라고 말했다. 그러고는 그 남자를 위해 저녁을 준비했다. 로라 자신도 바빴는데 함께하는 시간을 만들어낸 것이다. 이런 노력에서 느껴지는 희망은 그 **공동체적** 성격에서 비롯된다. 즉 단순히 시장에서 제공하는 대안 중 하나를 선택하는 것이 아니라 상호 의존적인 독립, 신뢰(예컨대 그녀의 가게와 거래하는 모든 조합원이 유기농 인증을 받은 것은 아니지만 그녀는 각각의 파트너를 잘 알고 있고 그들의 작업 방식도 안다), 기부, 아름다움, 기쁨으로 구성된 새로운 경제 체계를 구축하는 것. 표준화된 산업 제품이나 경험과는 달리 이 대안 경제는 빛과 어둠, 계절, 냄새, 진흙, 토양으로 이루어져 있다. 이는 급진적인 정동적 타자성으로 표현되는 '자연에 대한 사랑'이다. 로라는 이렇게 말했다. 이런 방식의 번영이 "우리를 부자로 만들지는 않겠지만, 적어도 우리를 더 자유롭게는 해줄 거예요." 완벽하지 않을 수도 있고 더 부유하지 않을 수도 있다. 그러나 로라가 그녀의 가족으로부터 배운 것처럼 "아무도 그렇게 부유하지 않을 때, 서로 도와주며 계속 나아갈 수 있다." 함께, 그렇게.

환경 도덕

지속 가능한 대안 경제를 탐색하는 과정에서 흔히 접하게 되는 실용적이고 조용한 지속가능성과는 다르게, 일부 참가자는 지속가능성을 도덕적 신념의 문제로 생각한다. 그들에게 지속가능성은 '올바른 행동'을 의미하며, 이는 지구를 오염시키고 소비하는 '잘못된 행동'과 대비된다. "지속 가능하게 행동하라"는 신자유주의적 외침은 환경 관련 행동을 도덕화하고, 평범한 행위를 도덕적으로 좋은 것과 나쁜 것으로 구분한다.[26] 환경 행동의 도덕화는 주체의 자율성, 합리성, 그리고 주권이라는 현대적 가치관을 바탕으로 하며, 사람들이 체화되지 않고 탈맥락적으로 마음속에 가지고 있는 가치에 기반해 행동한다고 가정한다. 그리고 이 가치는 주체 자신에게 자기 일관성과 거의 초월적 의무로서의 행동을 요구한다. 환경 행동의 도덕화는 생태적 행동이나 시민의식의 발전 차원에서 긍정적으로 여겨지기도 했지만,[27] 맥락이나 개인 삶의 경로 혹은 기호와는 무관한 '지구를 구하자'는 보편적 요구로 표현되었다. 그러나 이렇게 체화되지 않은, 탈맥락적인 접근은 이상주의적일뿐더러 효과적이지도 않다. 또 무엇보다 사회 문제를 야기한다. 왜냐하면 이러한 접근이 환경 도덕성만으로 설명할 수 없는, 삶을 유지하고 보호하는 데 필요한 구체적이고 현실적인 돌봄과 윤리적 행동을 무시하게 만들기 때문이다. 이에 따라 에너지 분야에서는 특정 맥락에서 나타나는 '에너지 윤리'에 대한 더 심도 있는 연구와 평가의 필요성이 대두되었다.[28] 이런 움직임은 주체의 관점과 경험을 중요하게 여기는 문제이기도 하다.

환경 문제에 대한 도덕적 접근은 위기의 시대에 어떻게 주체성을 보존하고 좋은 시민이 될 것인지에 관한 일상적 해석과도 밀접한 관련이 있다. 내 연구 데이터 중에는 마크, 엘레오노르, 클레어의 사례가 이 점과 관련해 가장 주목할 만하다. 앞서 그들이 비건이 되는 과정에 정동적이고 욕망적인 특성이 중요했다고 강조했다. 그러나 참가자들 자신이 강조한 것은 주로 선택의 도덕적 타당성이었다. 이들은 채식을 하는 이유로 지속가능성과 관련한 측면을 부각했고, 이 점이 동물 복지의 문제를 뛰어넘을 정도로 크게 작용하는 것을 볼 수 있었다. 이는 트와인의 주장과도[29] 일맥상통한다. 그는 "환경을 위한 비건주의와 동물을 위한 비건주의를 구분하는 것은 존재론적으로나 규범적으로나 정확하지 않다. 전자 역시 후자의 일부이기 때문이다"라고 했다. 육식 위주식단의 환경 부작용에 대한 인식 때문에 세 참가자는 식물 기반 식단을 더욱 선호하게 되었다. 단순히 동물이 고통받는 것을 막기 위해서가 아니라, 가축 사육이 온실가스 배출의 51%를 차지한다는 사실을 알게 되면서, 전체 인류가 비건이 되는 것 외에는 지구를 구할 다른 방법이 없다는 인식이 나타났다. 그러나 여기서 이 같은 비건주의의 잠재적 위험이 명백히 드러나기 시작한다.

먼저 농업의 환경적 영향에 대한 데이터와 숫자의 활용은 인간중심주의에서 벗어날 가능성과 반종차별주의의 윤리적·정치적 의미를 희석할 수 있다. 이는 오히려 인간의 생존을 기술 관료적으로 관리하는 신자유주의적 시각과 맞닿아 있다. 실제로 소나 기타 가축이 소비하는 물, 에너지, 이산화탄소의 양에 대한 문제는 식량 안보, 자결권, 자율성, 주권, 평등, 초-인간적 권리와 관계 등의 핵심적인 정치적 문제를 대체하는 경향이 있다. 이런 접근은 생명을 그 자체로 소중하게 여기는 대신, 측정할 수 있는 대상으로 보게 하며, 육식이 환경에 어떤 영향을 미치는지, 그리고 그 결과로 인간 존재에 어떤 위협이 되는지를 중점적으로 판단한다. 더 나아가 이러한 시각은 동물 해방 운동과 반종차별주의가 제기하는 현대-자본주의적 현실 구성의 기본 가정인 인간과 (비인간) 동물의 근본적 이분법에 대한 도전을 비정치화한다. 이런 정치적 주제들은 현대 사회와 생태계의 기본적인 지배 구조와 삶의 질에 관한 기존의 의미를 전복시킬 수 있는 힘을 지녔다. 그러나 "비건주의로 지구를 구할 수 있다"는 생각은 그 자체로 자연과 인간 사이의 이원론을 인간 우위적 관점에서 재확인하며, 인간을 민감하고 수동적인 행성을 '구할' 수 있는 행동력 있는 강한 주체로, 그리고 그들 스스로가 깨트린 지구의 균형을 되찾는 존재로 설정한다. 결과적으로 인간의 단순한 자기 보존이 핵심 문제로 도출되며, 우리가 기꺼이 추구해야 하는 삶의 모습과 다른 생명과의 관계는 무엇인지에 대한 심도 있는 질문은 뒤로 밀려나게 된다.

이런 맥락 속에서 연구 참가자들의 말과 행동을 보면, 비건주의는 종종 허무주의적이라고[30] 묘사될 수 있는 보편적이며 추상적인 도덕적 가치로 나타난다. 그 이유는 비건주의의 가치에 동조하지 않는 모든 존재론적·인식론적 가치가 부정되기 때문이다. 비건주의가 '지구를 구하는 방법'으로 구축되기 시작하면서 마크, 엘레오노르, 클레어 세 참가자는 그것을 미래 세대, 식물, 동물 및 지구상의 생명에 관심을 가진 (좋은) 사람이라면 누구나 지켜야 할 의무로 인식하기 시작했다. 놀랍게도 이때부터 세 참가자는 비건으로 전환하는 과정에서의 정동적이거나 욕망적인 부분에 대해 언급하는 것을 줄이고, 비건주의의 도덕적-합리적 특성에 더 집중하기 시작했다. 이런 변화는 단순한 우연이 아니다. 이는 마음을 추상적이고 초월적으로, 그리고 몸을 물질적이며 현실에 위치한 것으로 인식하는 서구의 근대적 사고방식이 전형적으로 나타난 것이다. 이 관점에서는 논리와 주장의 보편성을 강조하기 위해 마음의 추상성에 의존한다. 예를 들어, 클레어는 다음과 같이 말했다.

우리는 자연의 일부이기 때문에 자연을 존중하지 않는 것은, 단순히 잘못된 것을 넘어 굉장히 어리석은 행동이라고 생각해요! 당연히, 그것은 잘못되었지만, 그것보다는 우선 어리석다고 생각해요. 우리의 삶은 결국 자연을 기반으로 하고 있으니까요. 그래서… 그런 이유로 잘못된 거죠.

자연을 존중하는 것은 합리성의 문제, 즉 어리석지 않기 위한 일이다. 여기에는 두 가지 문제가 있다. 첫째, 클레어가 말하는 합리성은 **자기 보전**의 논리와 일치한다. 이에 따라 자연스럽고 합리적인 행동에 도덕적 가치가 부여되고, 그런 행동은 '옳다'고 규정된다. 우리 삶의 기반을 해치는 일은 바보 같은 짓이므로, 그렇게 행동하는 사람은 어리석다. 이런 과정에서 인간중심적 사고방식(즉 권력 의지나 인간으로서 존속하려는 의지)이 숨겨진 도덕성으로 변모하여 슬그머니 자기 보존의 합리성으로 재탄생한다. 결과적으로 모든 사람이 자기를 보전하기 위해 비건이 되어야 한다는 주장이 나온다. 이런 추상적 명령은 또 다른 연관된 문제를 나타나게 한다. 삶이 무엇이며 어떻게 살아야 하는지에 대한 하나의 추상적 이상을 절대적으로 받아들이기 때문에, 정상에 부합하지 않는 것(예를 들어 클레어가 동물 복지를 중요시하고 지구에 끼치는 영향을 줄이려 할 때 "나는 그저 정상적으로 행동하는 거예요"라고 말한 것처럼)은 비합리적이거나 잘못된 것으로 간주한다. 심지어 존재할 권리마저 부정하기도 한다.

환경주의자의 담론은 종종 추상적이거나 보편주의적 원칙에 호소하며 '초월적 도덕성'의 형태로 표현된다. '지구를 구하라'는 절대명령은 바로 그런 예다. 이런 관점은 일상의 윤리, 도덕, 가치의 체화되고 내재된 특성을 인정하지 않지만, 윤리적이고 도덕적이거나 가치와 연관된 행동은 보통 행동 규범에 따르는 것이라기보다는[31] '좋은 삶'에 대한 관심이나 그렇게 살고자 하는 욕망과 연결되어 있다. 그럼에도 뚜렷한 도덕적 틀 안으로 축소해 설명할 수 없는 모든 체화된 이끌림은 비난과 억압의 대상이 되며, **단순한** 욕망의 문제로 여겨진다. 예를 들어, 동물과

4장. 대안

동물 파생물을 섭취하는 것이 인간에게 '불필요하고' 생태적으로나 에너지적으로도 큰 영향을 미친다는 정보에 따라, 고기 한 조각을 원하는 욕망은 합리적이지 않고, 따라서 잘못된 것으로 여겨지며, 피비린내 나고 소금기 있는 육질의 강도를 이기적으로 탐닉하는 것이 된다. 마크는 아버지에게 이렇게 이야기한다. "그저 드시고 싶다는 느낌 때문에 동물을 죽였다는 걸 모르시겠어요?" 그리고 클레어는 이렇게 말한다. "무언가가 필요한 것처럼 느껴지지만 실제로는 그렇지 않다면, 그냥 태도를 바꿔야 해요. 가장 중요한 건 결국은 **마음**이고, 신체적 측면은 작은 부분일 뿐이에요." 이처럼 몸에 깃든 갈망은 좋은 것과 나쁜 것을 판별할 수 있는 추상적이며 (명백하게) 비신체적 합리성에 의해 완전히 변형될 수 있는 것으로 여겨진다. 더욱이 이런 합리성을 따르는 이들, 예를 들면 비건주의자들은 그렇지 않은 이들에게 도덕적 우위를 주장할 수 있다.

물론 태도만 조정하면 옳은 행동을 '선택'할 수 있다는 클레어의 주장은 행동을 결정하는 데 있어 태도의 중요성을 강조하는 신자유주의적 일상 통치성의 가능성을 뒷받침하는 사례로 해석될 수도 있다. 육류 섭취에 대한 적절한 태도를 주입하면 지속 가능한 식습관이라는 바람직한 변화가 나타날 것이라고 주장하는 사람도 있을 것이다. 그러나 한편으로 이런 주장은 방법론과 이론에 모두 문제가 있다. 자세히 들여다보면 마음의 의지도 결국 다른 욕망의 선과 사회적 선의 결과라는 것을 알 수 있다. 마크와 엘레오노르가 열정적으로 비건 식단을 고수하면서 동시에 해외여행을 떠나고 싶어 하는 것이나, 클레어가 신체 에너지를 증진하고 체형을 개선하기 위해 생식 비건주의를 선택한 것이 그 예다. 또 태도와 행동, 그리고 선택 간의 관계가 타당하다고 하더라도 그 결과가 반드시 긍정적이라고는 할 수 없다. 몸을 타율적 도덕성에 복종시켜야 한다는 (정치적으로) 문제 있는 생각은 제쳐두더라도, 욕망이 억압될 때 실존적으로 견디기 어려운 부정적 정서가 나타날 수 있다. 어떤 경우에는 동물성 제품을 피하는 행위가 금욕주의적 허무주의 혹은 몸을 초월하는 도덕성에 대한 확증처럼 보이기도 한다. 이는 생명을 부정하는 결과로 이어질 수 있다.[32]

앞서 언급했듯이, 마크가 처음에 육식을 그만둔 것은 엘레오노르를 기쁘게 하기 위해서였다. 어릴 때 마크는 동물에게 공격적이기까지 했고 "고양이에게 돌을 던지는 것쯤에는 아무런 문제의식도 갖지 못했다." 그는 나중에야 동물을 먹는 것이 '옳지 않다'는 것을 '알게' 되었다고 했다. 하지만 마크는 이상하리만큼 '육식의 즐거움'에 대한 이야기를 많이 했다.

> 만약 육식이 **동물에게 좋다**거나, 동물이 죽임을 당하고 싶어 한다거나, 사실은 동물이 **이산화탄소를 흡수**하고 공기 중에 산소를 방출한다면요. [엘레오노르와 내가 웃음을 터뜨렸다]··· 만약 이런 것들이 다 사실이고, 육식이 건강에 좋다고 하고, 정말 모든 게 정반대라는 걸 제가 알게 되었다고 하면요··· 그럼, 절망감을 느끼는 일은 없겠죠. 오히려 그 반대일 거예요! 그때는 **기쁜 마음으로 코톨레타**•를 먹겠죠. 무슨 말인지 이해되시나요? 다른 사람들을 불편하게 하려고 고기를 먹지 않는 게 아니에요. 제가 옳다고 믿는 일을 하는 거죠. 정말로요···!

●   돼지고기를 튀겨서 만든 커틀릿.

4장. 대안

마크의 몸은 돼지고기 커틀릿을 향해 이끌리지만 그의 마음은 그것을 밀어내려 한다. 하지만 이에 따라 그의 마음속에는 이상한 불쾌감이 생겼고, 그의 마지막 발언의 격렬한 속도와 어조에서도 이는 분명하게 드러난다. 실제로 세 참가자 모두 계속해서 고기와 유제품의 유혹을 마주하는 사회에서 비건으로 사는 일이 '어렵다'는 말을 자주 했다. "그러니 어떻게 굴복하지 않을 수 있겠어요?!" 굴복하지 않기 위해서는 노력해야 하고, 그들이 '기쁘게' 먹을 수 있는 것들을 거절해야 한다.

재차 강조하지만, 나는 식물 기반 식단이 육식이라는 '자연스러운' 욕망을 거스른다고 주장하는 게 아니다. 오히려 다른 비인간 동물에게 고통을 주지 않는 식단은 생명의 확증이라는 것이 내 생각이다. 그럼에도 내가 지적하는 것은 몸의 저항과 욕망을 무시하고 부정하면서 채식을 강요할 때 나타나는 위험성이다. 이런 행위에는 자기와 타인을 향한 어떤 폭력이 숨겨져 있다. 니체가 **르상티망**ressentiment이라고 표현한 그 부러움의 분노는 몸의 욕망에 응답하는 이들을 향한 적개심이다. 비건이 아닌 사람으로서 나는 그들과 교류 중 종종 편견과 미묘한 적대감, 우월감의 형태로 나타나는 비애의 배치를 경험했다. 심지어 그들 사이에서도 어떤 경쟁심과 불만이 느껴지는 것 같았다. 마크는 **"사람들을 혐오하지 않기 위해 노력해야 한다"**고 인정했다. "자, 마크, 진정해. 사람들은 모르잖아. 문제점을 제대로 설명해 준다면, 어떤 반응을 보일지 모른다고. **진정해, 마크! 진정해!**" 자기 보전의 명령이 복잡하고, 축소될 수 없고, 되기의 상태에 있는 삶과 욕망에 대한 적개심과 공존하는 것처럼 보였다.

내가 그 상황에서 전반적으로 (느끼고) 인식한 것은 마크, 엘레오노르, 클레어가 자기 내부에 명백하게 흐르는 욕망을 부정하거나 억압함으로써 비건이 아닌 사람들보다 도덕적으로 우월한 위치에 서게 된다는 점이다. 나는 여기에 허무주의 동기가 작용하고 있을 가능성을 제기했고, 이는 정치적으로 위험한 결과를 초래할 수 있기 때문에 더 깊이 이해해야 한다고 얘기했다. 첫째, 내가 방금 보여준 다른 이들에 대한 차별과 경멸은 다른 인식론 및 가치체계와의 동맹과 접촉의 기회를 차단한다. 다시 말해, 그들은 비건주의자가 아니지만 지속가능성과 사회-생태적 변화에 대한 신념을 공유하는 다른 주체와 연결되고 소통할 기회를 잃게 된다. 둘째, 그들의 발언은 비건주의에 대한 이러한 접근이 단순히 종 간의 즐거운 연대와 만남의 문제가 아닌, 해방적 생태 프로젝트와 상반되는 권력 의지로 나타날 수 있음을 보여준다. 세 명의 참가자는 도덕적 가치라는 미명 아래 어떤 신체적 즐거움을 부인함에 따라 자신들의 도덕적 우위를 주장할 수 있는 상황에 놓였다. 때로는 이런 모습이 생애 다른 순간에 반대로 열등한 위치에 놓였던 그들의 경험에 대한 반작용으로 나타나는 것 같기도 했다.[33]

예를 들어, 마크는 어릴 때 대부분의 시간을 "절약하기 위해 노력하며" 보냈다고 회상했다. 마크는 학교에서 이런 생각을 가진 유일한 아이였고, 동급생들은 그를 괴짜라고 놀렸다. 이는 사회 계층의 문제일 수 있다. 마크는 그 이야기를 하면서 이탈리아어로 절약을 의미하는 '리스파르미오'risparmio라는 단어를 사용했는데, 에너지보다는 돈을 절약했다는 뉘앙스로 들렸다. 마크는 이렇게 설명했다. "솔직히 어릴 때 우리 부모님은 거의 돈 얘기만 하셨어요. '마크, 난방이 켜져 있어… 열이 밖으로 나가면 돈을 허투루 쓰는 거란다.'" 재산 축적과 과시가 중요했던 그 시절에(특히 1990년대의 비토리오 베네토에서), 경제적 제약으로 인한 검소한 삶은 사회적 소외감을 야기할 수 있는 문제였다. 에너지 소비를 줄이고 동물 제품을 피하는 마크의 행동이 **지구를 구한다**는 담론 안으로 들어가면서 이는 마크에게 어떤 자격을 부여했는데, 그것은 어릴 때 그를 놀린 아이들이나 그와 비슷한 다른 많은 사람보다 우월한 위치에 있을 자격이었다. 이런 자기 확신과 자신의 위치를 확증하려는 의지는 다음 인용구에서 두드러지게 나타난다. 조금 길지만, 자세히 볼 가치가 있다. 마크는 여기서 "노벨 평화상을 수상한 그… 말라 알라●"에 대해 이야기한다.

> 그 애가 사실 한 일이 뭐죠? 내 말은, 스무 살 정도 되는 여자애가 노벨 평화상을 받았다면… 그러니까, 그 애는 노벨상을 받았잖아요. 그럼 나는 지금 내가 하는 일로 노벨상을 한 **오십 개**는 받아야 하는 거 아닌가요? 왜냐면 그 애는 여성의 권리를 위해 싸웠잖아요.●● 물론 여성의 인권을 위해서 얼마든지 싸울 수 있죠. 하지만 30년 이내에 식량과 물

● [옮긴이] 여성의 교육받을 권리를 주장하다 탈레반의 총을 맞고 겨우 살아나 인권 운동을 펼치다가 2014년에 17세의 나이로 노벨 평화상을 받은 파키스탄 소녀 말랄라 유사프자이(Malala Yousafzai)에 대한 언급으로, 말랄라의 이름을 마크가 잘못 말한 대로 말라 알라(Mala Ala)로 표기했다.

●● (그대로 인용) 마크는 여성을 지칭할 때 일반적으로 사용하는 '돈나'(donna)보다는 '페미나'(femmina)라는 단어를 자주 사용했다. '페미나'는 주로 비인간 암컷을 지칭하는 말로, 남자들이 여성을 지칭할 때 사용하면 경멸적 느낌, 즉 여성을 (하위의) 암컷 동물보다 나을 것 없는 존재로 본다는 느낌을 준다. 이런 단어의 선택은 젠더 불평등의 문제를 '그저 (인간) 동물'의 차원으로 이동시켜 그 중요성을 희석하고 무시하는 역할을 할 수 있다. 마크는 엘레오노르도 종종 '페미나'라고 지칭했다.

이 모두 없어지고, 3억 명의 환경 난민이 생길 거라는 예측이 현실이 될 때… 정확히 뭐라 하는지 모르지만, 그 기후 난민 말이에요. 모든 곳이 사막화되고 물의 높이, 그러니까 해수면이 7미터나 올라서 큰 도시들이 잠기게 될 때… 그때도 여전히 여성 인권만을 위해서 싸울 건가요?! 이건 완전 멍청한 거죠! 내 말은 지금 우리 앞에 문제가 있다고요! 지금이 그 문제를 해결할 때고요. 그 애가 노벨상 하나를 받았다면… 내 말은, 아 내가 하려는 말의 논점을 잘 이해 못하시는 것 같은데요! 나는 여성을 존중해요, 하지만, 이런 **개떡 같은 상황**은 다르죠! 권리를 준다고 합시다. 내 말은요… 아니, 근데… 세상에나! 물론 여성 인권은 중요한 문제예요. 그런데 미안하지만요. 지금 우리의 최우선 과제는 아니라고요. 노벨상을 받을 사람은 그 애가 아니에요. 젠장! 어제 학교에 가서 예전에 수업을 같이 들었던 친구랑 얘기했죠. 그 친구한테 왜 비건이 되어야 하는지를 설명했어요. 이전에도, 또 전에도… 그리고 그저께도 이런 얘기를 했었고요. 엘레오노르는 집에 가고 없었어요. 나 혼자 있었고, 수업 시간에 15분이나 늦었죠. 그 친구한테 자세히 설명해 줘야 했거든요. 그 애는 내가 얘기하는 내내 눈을 크게 뜨고 계속 질문했어요… 내 이야기를 흥미롭게 듣게 만드는 데에는 성공한 거죠! 또 그 친구는 죄책감을 느끼고 있었어요! 그건… 내 말은 물론 사람들에게 죄책감을 느끼게 해서는 안 되죠. 그러면 자기가 비난을 받는다고 생각하게 되고 내가 원하는 결과와 정반대의 결과가 나타나니까요. 어쨌든 그 애가 내 말에 흥미를 갖게 만드는 데는 성공했어요! 내가 한 말에 대해 생각하고 있었으니까요. 나는 이걸 위해 수업에 15분이나 늦은 거예요! 내 자신을 생각한 게 아니었죠. '아, 곧 시험이 있어. 강의실에 늦지 않게 도착해야 해.' 이런 생각이 아니었죠. 지금이 바로 변화를 위한 순간이야. 지금 **당장** 이 사람에게 바로 여기서 설명을 해줘야 해. 왜냐면 이 친구를 다시 볼 수는 없을 테니까. 학부 과정이 거의 다 끝나고 시험만 남아 있는 상황이라서 그때 아니면 다시 볼 일이 없었어요! 그러니 지금이 이 친구를 교육할 바로 그 시간이야! 수업 따위가 무슨 상관이야! 못 가면 못 가는 거지! 난 지금 얘기해야겠어. 이렇게 생각했죠. 그러니 노벨상은 내가 받아야 하잖아요! 그렇지 않은가요! 왜냐하면 이건, 지금이 아니면 안 되니까요. 해야 할 다른 일들이 있겠죠. 하지만 나한테는 그렇지 않았어요… **나 같은 사람들**에게는요. 왜냐면, 봐요. 나는 이런 일들을 하고 구하는 거예요. 그러니까 **극도로 중요한** 문제에 대해 그 애에게 설명해 주기 위해서 수업에 늦는 희생을 한 거라고요.

주목할 만한 이 인용문에서 몇 가지 핵심 내용이 눈에 띈다. 첫째는 마크의 긴 이야기와 주장에서 드러나는 정동적 특성과 그 강도다. 마크는 진심으로 분노했고 동시에 매우 흥분했는데, 이러한 정서는 **노벨상을 받아** 유명해지고 더 많은 권력을 갖고 영향력 있는 사람이 될 가능성을 향해 강력한 리비도적 끌림을 보여준다. 이를 보면 앞서 언급한 바와 같이 비건주의가 하나의 '이데올로기'가 되는 상황에서는 마크(및 클레어와 엘레오노르)의 주장처럼 그것이 단순히 합리적이고 도덕적이며 사심 없는 (혹은 이타적) 선택은 아니라는 점이 분명했다. 여기서 비건주의는 마크에게 지구의 구세주(구하는 사람!)라는 매우 타당한 지위를 부여하는 욕망의 기계로 작용한다. 그렇게 되지 않으면 마크는 그저 기인에 지나지 않을 것이기 때문이다. 재앙에 대한 과장된 묘사도 이러한 목적에 부합해 작용한다. 재앙이라는 말로 인해 환경 문제의 중요성이 인류에게 최우선적 과제로 재확인되고 강조되며, 기후 완화를 위해 일하는 사람은 더 높은 목표를 위해 자신을 희생하는 사람이라는 마크의 언어 선택을 통해 그의 도덕적 우월성이 확인된다. 처음에 마크는 친구에게 죄책감을 느끼게 한 것을 어떤 긍정적 성취로 경험하는 듯했다. 이는 마치 기독교인의 고백처럼 구원의 시작을 상징했다. 잠시 후 마크는 사람들에게 죄책감을 주는 것이 가장 좋은 방법은 아니라는 점을 아는 것처럼 말했다. 비록 그의 이런 생각이 "원하는 결과와 정반대의 결과가 나타나기 때문"이라는 말을 통해 전략적임이 드러났지만. 여전히 가장 중요한 것은 친구가 **비건이 되게 만드는 것**이며, 그 친구의 생각이나 정서는 크게 중요하지 않다. 친구를 '교육한다'는 마크의 생각은 그가 자신의 지식을 일방적으로 주입하는 우월한 위치를 차지하고 있다는 사실을 보여준다.

물론 마크가 자신의 이상을 설파하면서 그런 자기 행동이 공익을 위한 것이라고 믿고 있다는 데에는 의심의 여지가 없다. 일상의 수준에서 지속가능성을 위한 지식과 실천의 공유가 집단적 변화를 이루는 데 중요한 것 또한 어느 정도는 사실이다. 하지만 내가 주목하는 것은 마크의 논리를 넘어 그 주장의 담화적 (그리고 구체적) 본질, 그리고 마크의 친환경 신념이 어떤 틀 안에서 어떻게 표현되고 해석되는지를 결정하는 문화적이고 정치적인 레퍼토리다. 그리고 여기에는 어떤 위험이 수반된다. 위의 인용구는 마크가 노벨상에 대해 명백하게 비판적이지만 동시에 그것을 강렬하게 욕망한다는 점을 분명히 보여준다. 즉 마크는 자신이 반발하고 있는 동일한 권력 체제에 리비도적으로 끌리고 있었다. 동시에 마크가 사용하는 언어의 강도는 불안감과 두려움을 드러 냈고, 따라서 그가 그리는 인류 또한 불안정하고 위험한 상태에 놓였 다. 변화를 이끄는 데 관심이 없고 무능한 권력자와 자기 조절 능력이 없는 경제 체제가 그려졌다. 그러므로 우리는 세상을 바꿀 힘이 있는 비건주의에서만 희망을 찾을 수 있다. 모든 사람이 비건이 된다면 우 리는 구원받을 것이며, 우리의 미래에도 희망이 있다. 정치인이 무언가 하기를 기다리지 않고 누구든 바로 지금 큰 노력 없이 비건주의를 실천 할 수 있다. 여기서 '비건이라는 욕망'의 힘과 그 리비도적 강렬함을 나 타나게 하는 것이 다름 아닌 비건주의가 그려내는 (상상의 그리고 완전 한) 해결책에 관한 분명한 약속임을 알 수 있다. 사회적 투쟁을 대체하 는 해결책으로 제시되는 비건주의는 멸망과 구원에 대한 거의 종교적 종말론의 서사처럼 묘사된다(이는 다시 한번 니체가 반동적 권력 의지라고 해석한 종교적 헌신과 일맥상통한다).[34]

이런 맥락에서 마크의 비건주의는 라캉이 '도착증'perversion이라고 표현하는 현상과 닮았다. 지구의 생존을 가축 사육의 문제로 축약함으 로써, 비건주의는 환경 위기와 환경 파괴라는 상처를 봉합하는 (가상의) 해결책으로 부상했다. 스빙에다우E. Swyngedouw는[35] 현대의 기후 운동이 탄소를 대상화하며, 특히 탄소를 모든 욕망의 중심 대상으로 부각하는 현상을 지적했다. 어떤 과정(여기서는 축산업)이 기후 위기의 단일한 원 인이자 해결책으로 여겨질 때 비정치화와 기술 관료주의의 위험이 나 타난다. 환경 불의와 사회 불공정의 근본적인 제도적 원인은 뒤로 밀려 나고, 그 제도의 문제들이 자유롭게 자기 복제를 계속한다. 마크는 부 분적인 해결책을 전적이고 흠 없는 것으로 받아들이면서 애초에 문제의 원인이 된 체제에 지속해서 투자하게 되었다. 지속불가능성은 성장, 착취, 전유의 배치에 따라 자본주의 체제에 체계적으로 뿌리를 내렸다. 이런 도착증의 위험은 욕망을 단편적 해결책에만 의존하게 만듦으로써 지속불가능성을 비판적으로 탐구하고 도전할 수 있는 주체적 위치의 생성을 방해한다는 것이다. 따라서 마크의 비건주의는 해방적 결과로 이어지기보다는 오히려 환경 파괴 그리고 그 자신의 사회적 소외를 초래한 자본주의의 문제를 **재생산**할 위험이 있다. 비건주의 외의 다른 모든 것을 부차적 문제로 치부하는 그의 이러한 사고는 '녹색 전환'이나 '기술적 해결'이라는 자본주의의 명령과 정확히 일치하며, 새로운 질서의 출현을 기다리는 '창발의 논리'a logic of emergence 를 뒷받침한다.

정도의 차이는 있겠지만 엘레오노르의 가족 관계에서도 유사한 현상이 관찰되었다. 아쉽게도 이 이야기에 많은 지면을 할애할 수 없어 간략히 살펴보고자 한다. 엘레오노르는 가족 내에서 남동생보다 열등한 위치에 놓이는 고통을 받아왔다. 그녀는 가족 모두 비건이 되기를 바라며, 이것이 사랑을 표현하는 방법이라고 말했다. 그러나 이는 자기가 수용하지 않는 모든 욕망을 타인이 포기하게 만듦으로써 자신의 인정 욕구와 통제 욕구를 충족하려는 반동적 권력 의지로 해석될 수도 있다.[36] 엘레오노르의 노력은 좌절되었고 그녀의 열등한 위치 또한 재생산되었다. 하지만 어떤 면에서 그녀의 노력이 성공했다면 더 나빴을지 모른다. 사실 고기와 치즈의 섭취는 엘레오노르의 가족을 관통하는 가부장제(남동생의 우월성)가 만든 모든 폭력과 불평등의 상징이다. 만약 엘레오노르의 가족이 고기와 유제품을 포기했다면 엘레오노르는 가족 내에서 자기 위치를 되찾게 된다. 그러나 그렇게 되면 가족 내의 암묵적 남성 우월주의는 도전받지 않는다. 다시 말해 이는 엘레오노어를 젠더 불평등과 표면적으로 화해하게 만들면서 그녀를 불평등에 계속 노출하는 결과로 이어질 수 있다. 나는 엘레오노르와 마크와의 관계에서 이러한 위험을 관찰했다(분명 엘레오노르는 마크의 식단을 바꾸는 데에는 성공했다). 저녁 식사 중 마크와 엘레오노르 사이의 상호작용에서 1950년대를 연상시키는 이상한 모습이 나타났다. "엘레오노르, 이것 좀 가지고 와." "저것 좀 갖다줘." "엘레오노르 카모마일 차 만들 거지?" 처음에는 마크가 허세를 부리고 있다고 생각하며 웃고 말았지만, 그것만은 아닌 듯했다.

환경 도덕주의가 지속 불가능하고 폭력적인 자본주의를 단순히 그린워싱green-washing하거나 나아가 블러드워싱blood-washing하고, 이를 영속하게 하거나 심지어 촉진할 위험이 있다는 사실은 나와 마크의 대화에서도 명확하게 드러났다. 이 대화는 저녁 식사 후 마크와 엘레오노르가 텔레비전 채널을 이리저리 돌리고 있을 때 나타났다. 엘레오노르가 그 자리에 있었지만 대화에 참여하지는 않았다는 사실은 중요한 문제다. 대화의 주제 중 하나는 지속가능성을 위한 변화된 사회경제 모델의 역할이었는데, 마크는 그런 생각이 "말하자면… 번지르르하다"라고 표현했다. 마크는 자신도 과거에는 정치 경제 문제가 중요하다고 생각했고, 사실 정치학을 공부하려고 했다고 말했다. 그러나 비건이 된 이후로는 그런 문제에 대해 훨씬 더 회의적이 되었다. "물론 하고 싶은 모든 이민자 얘기, 이 세상 온갖 쇼비니즘, 이런저런 경제 문제에 대해 모두 다 얘기할 수 있죠. 하지만 우리가 비건이 되지 않으면, 결국엔 모두 소멸하고 말 거예요." "정말로 중요한 문제"는 결국 동물성 제품의 포기라는 얘기다. 나머지는 모두 "부차적인 문제죠. 축구 경기를 보는 것이랑 다를 게 없어요. 그것도 좋지만, 사실 쓸모는 없다는 걸 우리 모두 알잖아요." 마크는 어떤 순간에는 서로 돕는 커뮤니티나 계절성의 정동적 강도, 지역 생태계와의 새로운 동맹 같은 주제에 이끌리며 대안적 공급 시스템을 만들려는 노력을 칭찬하기도 했다. 그러나 대안 경제와 생태계를 추구하는 이러한 정치적 탈주선은 곧 현재의 시스템, 즉 축산업을 제거하는 문제로 재영토화되었다. 결과적으로 마크에게 모든 문제는 소멸하지 않을 명령, 즉 동일한 자기 보존의 권력 의지로 귀결되었다. 이는 인간중심주의를 넘어서는, 집합체에 더욱 **적합한 존재 방식**을 찾고자 하는 모든 정치 투쟁을 묵살하고 침묵하게 하는 논리다.

현 체제에의 순응을 보여주는 또 다른 구체적 증거는 아마존이나 잘란도 같은 웹사이트에서 노트북 컴퓨터(엘레오노르의 것)나 운동화 한 켤레를 싸게 산 것에 뿌듯해하는 것처럼 일상의 아주 소소한 행동에서도 나타났다. 이런 행동은 대부분 자본주의 경제에 깊숙이 뿌리 내린 폭력에 대한 인식 부족을 보여준다. 물론 구매하는 물건에 노동 착취 문제가 없는지 확인하려는 노력도 있었다. 엘레오노르는 심지어 인터넷에서 연구했다고 말했다. "노동자 지속가능성 프로그램… 뭐였지, 정확히 뭐였더라, 모르겠어!" 그러나 동물에서 유래한 온갖 식품 성분과 첨가제에 대한 지나칠 만큼 많은 지식이나 관심과는 비할 바가 아니었다. 예를 들어 나는 마크와 엘레오노르가 몬산토가 무엇인지, 유전자 조작 작물이나 소작농이 다국적 기업의 특허, 제초제, 살충제 및 비료에 의존하는 문제가 어떤 것인지 전혀 모른다는 사실에 놀랐다. 물론 모든 사람이 자본주의 글로벌 경제에 대한 복잡한 정보를 알아야 한

4장. 대안

다는 뜻은 아니다. 내가 주목한 것은 그들의 비건주의가 만들어내는 가시성의 체계다. 엘레오노르는 식물성 식품이 **본질적으로** "매우 존중받을 만하다"고 말했는데, 이는 시장 경제의 전반적으로 그다지-잔인하지는-않은 문제들을 감추거나 축소하는 경향으로 나타난다. 시장 경제 안의 많은 사람, 불공정한 돈의 흐름, 저렴한 상품을 만들기 위한 불안정한 노동력과 권력 문제. 인간과 비-인간 자연에 대한 자본주의의 체계적 착취는 피 묻지 않고 깨끗한 사과의 이미지에 가려 보이지 않게 되고, 불평등의 더 근본적인 원인은 축산업 문제로 치환되었다. "이 세상 사람들이 굶어 죽는 이유는 우리가 소에게 음식을 주기 때문이에요. 사람들한테 주지 않는 거죠! 소는 절대 굶어서 죽지 않아요. 그런데 사람들은 굶어 죽죠!"

소비, 저렴한 가격, 다국적 기업의 통제에 대한 리비도적 순응은 계속해서 표면 아래로 묻힌다. 예를 들어 클레어는 근본적으로 경제적 불평등을 초래하는 자본주의 경제라도 환경을 파괴하지 않고 사람들을 착취하지만 않는다면 받아들일 만하다고 말한다(그런 조합이 어떻게 가능한지는 모르겠다). 이런 방식으로 환경적 행동은 도덕화되면서도 정치에서 빠져나간다. 클레어, 마크, 그리고 엘레오노르는 일상의 시장 행동을 통해 지속 가능한 변화를 끌어낼 수 있다고 믿는 신자유주의의 전제를 따르고 있다. 그들은 소비자가 무엇이 생산되고 무엇이 생산되지 않을지를 결정하며, 따라서 라이프스타일이 환경적 결과에 영향을 미친다고 믿는다. 반대로 인도적 문제, 예를 들면 아동 착취는 "정치 문제와 더 가깝다"고 여긴다.

논의에 진리를 도입할 때 나타나는 비정치화의 문제 중 마지막으로 언급할 것은 진리의 담론이 논쟁과 대립을 묵살하는 경향이 있다는 점이다. 마크는 "우리의 모든 논의는 결국 비건으로 돌아가죠. 왜냐하면 비건은 비건이니까요. 지금 나타나고 있는 모든 대의 중에서 가장 중요한 게 비건이 되는 일이에요." 환경 측면에서 그렇다는 말이다. 비건이 되는 문제에 비교하면 다른 환경 오염의 원인이나 폐기물 문제는 '사소하다.' 마크는 이를 "유엔이나 유엔 식량농업기구에서 제공하는 정보를 보고 알게 된 것"이라고 말했다. 마크는 (그리고 엘레오노르와 클레어도) 그 정보를 기반으로 행동한다. 마크는 자신의 선택이 정치적 신념이나 가치관이 아닌 이러한 정보에 전적으로 의존한다는 점을 명확히 했다. 만약 그런 정보나 숫자가 잘못된 것으로 판명되면, 그는 그 변화에 "적응할 것"이라고 말했다. 한편으로 이런 관점이 과학적 증거의 합리적 평가를 기반으로 하기 때문에, 도덕화된 진리의 담론과는 정반대라고 이해할 수도 있을 것이다. 그러나 마크의 다음 발언은 전혀 그렇지 않다는 것을 보여준다.

> 만약에 말이죠… **신**이, 그러니까 예수님이 와서 이렇게 말한다면요. "이봐, **진짜야**. 내가 예수 그리스도인데 현실이 이렇고 저렇다고 말해주려고 왔어…" 그러면 난, 아 고맙습니다, 예수님. 정말 몰랐네요… 새로운 정보를 소화할 시간을 좀 주세요.

마크와 엘레오노르는 자칭 무신론자지만, 마크는 그럼에도 종교적 수사를 사용했다. 벌어지고 있는 모든 일이 하나의 원인(흡사 신)에 의해 주도되며, 그것이 사실임을 아는 것이다(이는 마치 진리의 고백과도 같다. 비록 그것이 숫자나 통계 혹은 국제기구가 '드러낸' 진리라 하더라도). 따라서 우리는 이러한 진리에 따라 자신을 구원하기 위해 행동한다(마치 천국으로 가는 길을 따르듯). 현실의 복잡성과 지식의 불확실성 앞에서 확고하고 안정적인 진리를 찾는다. 이렇게 하면 불안을 해소할 수 있지만, 동시에 선택에 대한 책임도 회피하게 된다. 내가 하는 일이 옳다는 것을 알기에 주체적으로 생각하거나 평가할 필요는 없다. 그저 따르기만 하면 된다. 예수 그리스도, 유엔, 또는 과학이 나에게 진리를 알려주고, 나는 그것에 따른다. 이는 현실이 무엇인지, 기존의 권력/지식 체계에[37] 의해 어떻게 구성되는지, 그리고 어떻게 달라질 수 있는지에 대한 비판과 정치적 대립이 끝날 수 있다는 의미다. 반대로 나 대신 **다른 이들**이 환경적이고 정치적으로 무엇이 현실적이고 합리적이며 좋은지 결정하는 길을 보여주고, 그 다른 이들이 목적, 수단, 방향을 정의한다. 이런 입장에는 역설적 특징이 있다. 마크의 언사는 서구 근대성의 이원론, 예컨대 물질과 사고, 욕망과 이성, 몸과 마음, 인간과 비인간 자연 등을 그대로 되풀이하고 있지만, 동시에 근대성의 가장 해방적인 부분, 즉 비판적 사고와 자기 지향성, 타자에 의한 결정을 거부하는 경향은 따르지 않는다. 대신 권력과 지식의 장치가 생성되어 '환경을 규제'하는 기술 관료적 권력이 과학적 수단을 신의 말처럼 사용하여 무엇이 참이고 옳은지, 즉 무엇이 지속 가능한 것인지를 결정하고 몸과 욕망을 규제한다.

마크, 엘레오노르, 클레어가 환경 위기를 경험하고 그 위기를 해결할 대안을 제시한 방식은 분명 개인적이지만 또한 집단적이기도 하다. 내가 분석한 그들 내면의 명백히 심리적인 작용 또한 개인적인 것은 아니다. 마크가 자신이 열등한 위치에 놓이게 되자 이를 폭력적 권력 의지로 대항한 것도 그가 먼저 불평등한 시스템에 구조적으로 위치해 있었기 때문에 나타난 일이다. 마찬가지로 복잡한 지구의 문제에 대한 단방향적이고 쉬운 해결책으로 비건주의를 구축하는 도착성perversion은 복잡한 문제를 "빠른 해결책"으로[38] 처리할 수 있다고 가정하는 신자유주의 사회의 "도착적 사회 구조"에서[39] 비롯된다.

육식을 하는 사람들에 대한 분노는 비건이 되는 것이 어렵기 때문에 발생한다. 이런 정서는 실제로 동물성 제품을 포기하는 문제와는 관련이 없다. 비건주의가 까다롭고 희생을 요구하며 폭력적 좌절을 불러일으키는 것은, 고기가 식물 기반 음식보다 우월하다는 메시지를 계속 내보내는 사회적 맥락에서 비건주의자가 거의 열등한 존재이자 수적으로도 소수자로 여겨지기 때문이고, 그들이 자신의 거의 '변칙적인' 음식의 배치를 계속해서 설명해야 하는 상황에 놓이기 때문일 것이다. 따라서 그들의 정서 표현에는 무의식의 발현 따위는 전혀 없다. 오히려 이는 매우 현실적이고 물질적인 요소들(예를 들어 불평등한 부의 분배, 가시성, 권력)과 관련이 있다. 이런 맥락에서 나타나는 욕망의 왜곡된 배치를 다루는 문제는 따라서 개인이나 개인으로서의 사람들을 분석하는 일이될 수 없다. 운동은 집단적이어야 하며, 권력의 배치(식사나 소비의 배치, 생산과 재생산의 배치)를 재구성하는 일이 되어야 한다. 또 운동은 그 다양성과 개별적인 정치적 요구 안에서 욕망이 다시 나타나거나 혹은 대립할 수 있는 공간을 창출할 수 있어야 한다.

실제로 다른 비건들과 주체적 위치, 정체성, 그리고 가치를 공유하는 순간 주류 식품 및 에너지 구조에 대한 그들의 분노는 새로운 삶의 형태와 감수성, 그리고 실천이 등장할 수 있는 생산적 노력으로 바뀌었다. 물론 여기에서도 사회를 좋음과 나쁨, 옳음과 그름으로 나누는 것은 정치적으로 문제가 되지만, 이는 그들이 '비건 이데올로기'라고 부르는 사고의 결과는 아니다. 이는 식민주의적이고 가부장적인 사회를 관통하는 훨씬 더 깊이 뿌리박힌 허무주의가 작동한 것으로, 여기에는 오로지 하나의 보편적으로 올바른 삶의 방식이 있다는 전제가 있다. 또 환경 문제에 대한 이러한 도덕화는 비건주의 자체(이를 구성하고 경험하는 방법은 다양하다)가 아니라 도덕성에 내접하는 담론 및 욕망의 구조와 관련이 있다. 주체성 위치에 대한 마니교식 이분법적 구성은 더 넓은 사물 질서를 나타낸다. 이런 추상적이고 허무주의 도덕에 비교할 때, 지구에 공존하는 존재로서의 윤리는 정치적으로 더 바람직하다고 볼 수 있다. 이 공존 윤리는 그 어떤 가치도 무조건 부정하지 않고 그 가치가 뿌리 내린 경험으로부터 시작한다. 바로 여기에 생명의 지속이라는 집단적 욕망이 그려내는 다원 세계[플루리버스(pluriverse)]가 구축될 수 있을 것이다.[40]

이 문제에 대해 더 깊이 들어가기 전에 먼저 연구 과정 및 분석과 관련한 몇 가지 문제를 성찰해 보려 한다. '감각' 민속지학sensuous ethnography은[41] 연구자의 몸이 다른 사람의 몸에 관심을 기울일 것을 요구한다. 이는 연구자가 경험의 정동적 측면과 욕망 측면에 주의를 기울여야 하며, 연구가 중립적이라는 주장을 거부하고 대신 현장에서 나타나는 과정, 혼란, 정동적 질감으로 자신을 덧칠해야 한다는 것을 의미한다. 이것은 "열정 사회학"이다.[42] 앞서 이미 언급했듯 엘레오노르, 마크,

클레어와의 교류에는 상호 소통과 즐거움의 순간들이 분명 있었지만 때때로 어려움도 따랐다. 방금 내가 그들의 주체적 위치를 비판적 관점에서 해석했을 때, 이런 해석은 우리가 공유한 연구의 배치를 관통하며 흐른 다루기-힘든-정서로부터 결코 분리될 수 없다. 나는 이러한 정서를 적개심으로 축소하는 유혹을 최대한 피했고, 내가 느낀 불편함을 창의적으로 활용하면서 우리 각각의 위치를 틀 짓는 집단의 힘에 초점을 맞추었다. 이렇게 해서 내가 경험한 그 체화된 정서를 정치적 맥락에서 표현할 수 있었고, 환경과 인간-너머의 문제에 관한 도덕화를 관통하는 욕망의 배치에 대하여 부분적이지만 중요한 통찰을 얻을 수 있었다.

연구자와 참가자의 세계가 공감을 통해 어느 정도 일치됨에 따라 통찰력이 나타난다는 주장이 때때로 제기된다. 그러나 앞서 제시한 나의 분석에 따르면, 연구자와 연구 대상 사이에는 서로를 연결하지만 동시에 구분하는 "하이픈의 공간"hyphen space이 존재한다.[43] 이 공간이 부여하는 일정한 외부성으로 인해 가능성과 함께 유익한 한계가 나타난다.[44] 실로 내가 몸으로서 영향을 받는다는 의미는 나의 이 몸과 그 힘에 강하게 의존하는 고유한 특성이 있다는 뜻이다. 연구 현장은 내게 지식의 부분성을 끊임없이 일깨워주는 피할 수 없는 낯섦으로 가득 차 있다. 그럼에도 몸은 어떻게든 현장의 경험을 등록했다. 정서는 사건과 다른 몸들이 나를 '만지게' 함으로써 의미와 지식의 원천이 되었다. 그 다음의 과제는 다양한 맥락에서 어떤 체화된 반응이 요구되는지 파악하는 것이었고, 나의 '환경'과 나의 '연구 대상'에 내가 계속 노출되고 그와 융합하면서 '나' 자신이, 되기의 과정에서 어떻게 나타나는지를 이해하는 것이었다.

4장. 대안

이로 인해 나는 연구의 윤리와 정치의 문제를 생각하게 되었다. 연구는 조건에 따라 변하지만 결코 가상이 아닌 배치를 만들어내는 만남이다. 연구자는 현장에서 동시에 생성되며 그 자체로도 하나의 현장이 된다.[45] 이렇게 현실을 역동적으로 출현하는 것으로 인식하면, 보편타당한 윤리적 행동 규범이라는 이상은 있을 수 없게 된다. 나는 연구라는 배치에서 나의 적극적 위치를 인정했고, 그러면서 두 가지 면에서 더욱 책임을 느꼈다. 첫 번째는 나 자신의 위치에 대한 책임이며, 두 번째는 내 존재가 현장 및 그 이외에 미칠 영향에 대한 책임이다.[46] 환경과 관련한 일상 행동은 보통 민감한 주제로 여겨지지 않지만 전체 삶과 연결되어 있기 때문에 그에 걸맞은 세심함이 필요하다.[47] 따라서 연구 윤리는 그 무엇보다 되기의 과정이 '우리'와 '현장'에 어떤 변화를 불러오는지에 대해 몸으로 느끼는 주의 깊음을 갖는 것, 그리고 그에 대한 '반응-능력'을[48] 갖추는 것을 의미한다. 또 때때로 불가피하게 나타나는 비애의 정서를 창의적으로 극복하면서 좋은 만남을 추구해야 한다.[49]

페미니즘 문헌은 돌봄 윤리를 이야기한다.[50] 이는 맥락적이며 관계적이고 딜레마에 민감한 윤리로, 이러한 돌봄 윤리는 권력의 차이를 인식하며, 어린이와 성인, 남성과 여성, 참가자와 연구자 등 비주류와 주류의 목소리와 몸을 동등하게 존중하고 그들 사이의 위계화를 피한다. 돌봄의 윤리는 또 참가자들에게 연구의 구성에 영향을 줄 수 있는 권리를 주고,[51] 그들을 안전한 장소에서 '보호'하며 연민을 가지는 것을 포함한다.[52] 나 역시 이렇게 하는 나 자신을 발견했다. 그러나 나는 이처럼 주의를 기울이는 것에 참가자들과 거리를 두는 행동이 포함될 뿐 아니라 심지어 필요하다는 사실을 깨달았다. 참가자와 쌓는 '신뢰 관계'

가 무조건 바람직한 것만은 아니다. 참가자들이 연구자와 깊고 공감하는 관계를 맺고 싶지 않을 수 있고, 자신의 감정을 '보호'해 주길 바라지 않을 수도 있다.[53] 충돌이나 어색한 느낌, 불편한 만남 등은 우리의 축소 불가능성을 일깨워주며, 연구자가 더 '우월한' 위치에 있다는 주장에 도전하는 긍정적 인자로 작용한다.

사실 연구 과정에서 예상되는 권력 차이를 과대평가하거나 당연히 받아들여서도 안 된다. 내가 항상 중요한 위치에 있었다거나, 권위가 있었다거나, 어려운 감정과 윤리적 딜레마를 처리하는 능력이 탁월했다고 할 수는 없다.[54] 예를 들면, 나보다 나이가 많은 참가자들은 종종 나이 어린 연구자인 나를 삶의 경험이 부족한 '아이'를 대하듯 친절하게 대하기도 했다. 또 다른 때에는 권력, 경험, 지식이 주변으로 희미해지면서 지금-여기에서 나타나는 순간의 발견이나 창조를 중심으로 행동하게 되었다. 중요한 것은 참가자들과 나 사이에서 발생하는 정서의 작용이었고, 그것을 인식할 수 있도록 열린 마음을 갖는 것이었다. 이는 확실히 쉬운 답이 있는 접근법은 아니다. 특히 나 자신도 연구 현장의 리비도적 긴장감의 일부가 되어 때로는 급격히 나타나는 열정에 휩싸였고, 경멸의 시선을 느꼈고, 이따금 공감을 바탕으로 한 친밀감 속으로 끌려 들어가기도 했기 때문이다. 그러나 참가자 관찰은 최대한 개방적이고 차이를 존중하는 연구 윤리를 발전시키는 데 도움이 되었다. 이런 관점에서 가장 큰 성과는 참가자들이 현장 구축에 적극적으로 참여하면서 연구가 "주로 무의식적으로 나타나는 패턴을 반성할 기회"로 활용되었다는 점일 것이다.[55]

욕망의 미적-윤리학

지구 공동 거주에 대한 윤리 문제를 다루었으니, 데이터 분석을 중점으로 한 이번 장의 마지막 부분에서는 앞서 소개한 많은 서사에서 나타나는 더 넓은 생태계에 대한 내재적이고 맥락적이며 체화된 주의성과 "반응 능력"에 대해[56] 살펴보려고 한다. 나는 지속 가능한 일상의 배치가 추상적 도덕 원칙에서 비롯되는 것이 아니라, 현장 연구에서도 나타난 구체적인 사회-생태적 관계로부터 나온다는 점을 강조해 왔다. 또 그 관계의 **욕망하는** 특성을 강조했는데, 이는 이성적이고 의미적인 측면을 감추려고 하는 것이 아니라 그것만으로는 절대 충분하지도 않을뿐더러 그러한 측면이 단독으로 나타나지 않는다는 사실을 보여주기 위해서다. 몸을 움직이고 어떤 과정이 나타나게 하는 리비도의 힘은 일상에서 살아가고, 선택하고, 돌보는 행위의 핵심 부분이라고 할 수 있다. 이미 언급했듯이, 여기서 욕망은 소유하거나 소비하려는 동력이 아니라 연결, 새로운 배치, 세심하게 인식하는 '지능', 그리고 몸과 물질의 능숙한 통합을 요구하는 힘으로 이해할 수 있다. 선진 자본주의 사회의 부유한 삶을 구성하는 에너지 집중적이고 소비 지향적인 배치는 욕망의 움직임을 멈추게 하고, 몸을 리비도로 꽉 찬 기기나 돈 자체에 묶어버린다.[57] 이런 것들은 욕망의 활력과 생명력을 감소시킨다. 나는 이 점을 에린의 사례를 통해 주장했다. 에린은 욕망과 기쁨의 차원에서는 가난했던(지금도 어느 정도는 그렇다) '부유한' 삶에 애착을 보였다. 이와 상반되게, 삶의 강도를 더 잘 경험하는 방법으로 에너지를 절약하고 단순함을 추구하는 삶을 제시했다. 이런 삶은 소유하기보다는 거의 명상적 태도를 추구한다. 메리의 경우는 소비주의 사회의 배치에서 상대적으로 거리를 두면서 자신의 돌집을 둘러싼 풍경의 강도를 강렬하게 그리고 충분히 인식할 수 있는 지점에 도달했다.

여기에서는 "욕망의 윤리"가[58] 얼마나 감각의 경험과 아름다움의 추구, 그리고 환경에 대한 체화된 인식에 근간을 두고 있는지를 강조하려 한다. 이것이 욕망의 **미적-윤리학**aesth-ethics이다. 앞서 언급한 사라의 사례가 이런 점을 이미 잘 보여주었다. 사라는 아들이 물질적 소유욕에서 벗어난 행복한 삶을 살기를 바라지만, 그녀의 '오감 교육' 방식은 세상을 **있는 그대로** 강렬하게 느끼게 한다는 점에서 여전히 매우 물질적이다. 이는 또 상품의 구매를 통해 허무하게 흥분을 추구하지 않게 하려는 교육법이다. 그러나 이런 과정이 단순하거나 직선적이지는 않다. 호미카의 사례 덕분에 나는 욕망의 **미적-윤리**가 흥분과 새로움을 추구하는 현대 자본주의적 특성과 거의 줄타기 같이 모호한 관계를 맺고 있음을 깨달았다.

다름 아닌 감각적 경험 덕분에 현장에서 나타나는 패턴을 인지할 수 있었다는 점은 우연이 아닐 것이다. 특히 소리는 특별한 의미를 지녔다. 앞서 언급했듯 현장에서 나는 종종 녹음기를 켜두곤 했다. 소리는 내가 사건과 현장의 분위기를 재구성하는 데 도움을 주었다. 특히 오디오 녹음의 특성 덕분에 종종 의식의 뒤로 사라져서 인식하지 못한 소리를 다시 들으며 알아차릴 수 있었다.[59] 녹음기로 인해 나는 장소의 경험에서 소리가 얼마나 중요한지 더 민감하게 생각할 수 있었다. 소리는 '사운드스케이프'를 창조함으로써 종종 지각하지 못하지만 분명히 느껴지는 '소음'과 그것이 주는 장소의 감각(시골이나 도시, 주로 조용하거

4장·대안

나 시끄러운?) 및 특성들(고요하고 평화로운 느낌 혹은 불안하게 만드는 북적거림, 존재와 가벼움과 폭력성)을 앞으로 끌어냈다.[60] 또 소리는 나에게 움직임의 느낌과 특성을 전달했고, 이는 다시 나에게 참가자들에 대한 정보를, 특히 그들이 자기 몸을 통해 에너지를 어떻게 사용하는지를 알려주었다. 소리에는 그들이 어떻게 움직이며, 그들의 행동은 어떠한 '소리'를 내는지, 그리고 나는 그 움직임에 어떻게 영향을 받았는지에 대한 정보가 들어 있었다. 마지막으로, 텔레비전이나 자동차 소리처럼 특정한 소리는 지역 문화와 사회적 맥락에 대한 정보가 되었다.

호미카와 함께 있을 때 녹음했던 소리를 다시 들어보면서 나는 그 집의 사운드스케이프를 점점 더 선명하게 인식했다. 그 사운드스케이프에는 때로 그곳을 지배하는 고요함이, 먼 곳에서 들리는 교회의 종소리와 가까운 새들의 지저귐이, 그리고 특히 그가 공간에서 움직일 때 그 움직임의 톤과 우리의 상호작용의 질이 담겨 있었다. 나는 호미카가 방을 돌아다닐 때 그의 걸음걸이가 활기차고 생동감 있다는 것을 깨달았다. 호미카는 웃었고 나를 많이 웃게 했다. 그는 흥분하고, 들떠 있고, 창의적이었다. 이런 소리로 인해 나는 호미카의 열정과 관심사와도 연결된 그의 존재의 어떤 특징을 더 민감하게 느낄 수 있었다. 창조, 생산, 그리고 존재에 대한 호미카의 지속적 열망은 그가 현대 사회에 매혹되었음을 보여주었고, 호미카는 이를 숨기지 않았다. 거기에서 계속 자극과 힘이 나왔기 때문이다. 그날 저녁 그의 집에서 호미카는 내게 이런 얘기를 했다. 그의 아들과 아내가 합창 연습을 하러 교회에 갔을 때였다.

우리는 호미카가 설거지를 하는 사이(호미카의 집에는 식기세척기가 없다) 대화를 나누었다. 현대 사회는 '초흥분' 사회다. 항상 새로운 일이 발생하고, 발명되며, 실행된다. 호미카가 좋아하는 등산도 그러한 예다. 과거 어느 때까지는 인간 등반 능력의 최대치가 6단계였다면 이후 다른 사람들이 나타나 그 최대치를 끌어올렸다. 무려 8단계까지(세계적 산악인 메스너 얘기다). 하지만 사람들은 믿지 않았다. 믿을 수 없을 정도로 불가능한 일이었으니까! 그런데 최근 불가능에 대한 관점이 달라졌다. 호미카는 그런 변화가 기술과도 관련이 있지만 그보다는 마음의 문제라고 말했다. "인간의 마음이 열린 거죠! 전 이런 변화를 지켜보는 게 좋아요. (…) 예전엔 상상조차 할 수 없었던 영역으로 도약하기 시작한 거예요." 지난 몇 년 동안 모든 분야에서 인간의 능력이 **폭발적으로** 확장되었다. 그리고 호미카는 어떤 면에서 이런 변화를 즐거워했다. "일종의 표현으로서 훌륭하죠." 그러한 변화가 열림이고, 인간의 또 다른 차원이 나타나는 것이라고 했다. 이 점에서 호미카는 오누르비오를 떠올리게 한다. 변화를 추구하고, 새로운 것을 발명하며, 항상 새로운 자극을 찾는다. 호미카는 현대 사회에서 경험하는 '가속화'와 그로 인한 인간 능력의 확장을 즐겁게 받아들인다. 우리의 몸은 어떤 일을 할 수 있을까? 계속 더 많은 것을 추구하고, 가상이라고 여겨졌던 일이 현실이 된다. 예기치 않은 잠재력에 대한 호미카의 매료는 그가 미국인 블로거 케이시 네이스탯에게 매혹되어 소셜미디어에서 그를 팔로우하고 있다는 점에서도 잘 나타난다. 호미카는 오랫동안 인터넷을 거부했지만 지금은 온라인에 머무는 것을 좋아한다. 왜냐하면 인터넷이 인간 능력이 어떻게 확장되는지를 정확히 목격할 수 있도록 해주기 때문이다. 호미카가 인정하는 것처럼, 케이시 네이스탯은 그가 그리는 이상과는 정반대인 사람이다. 케이시는 대륙을 넘나드는 비행기와 큰 차를 타고, 전동 서핑보드를 이용한다. 하지만 호미카가 이 젊은이에게 매료되는 부분은 케이시가 이런 모험을 할 때 보이는 "놀라운 창의력"이고, 그가 우리 사회의 모든 성과를 최대한으로 끌어올리는 삶을 산다는 사실이다.

동시에 호미카는 "문명이 그 비용을 언제 어디선가 치러야 함"을, 즉 현대 문명의 성취가 "재앙적 결과"를 가져올 것임을 아주 잘 알고 있다. 따라서 그는 '이중적 관점'을 가지고 딜레마에 직면한다. 한편으로는 "우리 자신을 파괴하지 않기 위해 노력해야 하고" 다른 한편으로는 그런 파괴적 힘에 "매혹되는 것을 피할 수 없다." 호미카 자신도 이를 두고 "분명 **이상하고** 복잡한 매력이에요. 하지만 뭐든 제한 없이 즐기고 최대한 해보자는 건 아닙니다!"라고 말했다. 하지만 의문이 생긴다. 호미카가 기쁨과 삶에 대한 긍정 대신 스스로를 끊임없이 재생산하고 세계를 파괴하는 슬픈 발전의 힘에 매혹된 것은 아닐까. 그런 매혹의 즐거움은 거부하지 않으면서 윤리 도덕적 신념 때문에 에너지와 물질 소비를 줄이고, 결국 자기 욕망을 채우기 위해 물건과 에너지를 그저 관음증적 향락으로 대체하고 있는 건 아닐까? 결국 이는 이미 존재하는 영토로 계속 돌아가도록 자석처럼 이끄는 욕망하는 선의 리비도적 힘을 보여주는 것인가?

나는 이 문제가 훨씬 미묘하며 이러한 단순한 결론과는 상당히 다르다고 생각한다. 다른 참가자들에 대해 이야기할 때 나는 오늘날의 일상 생태계의 복잡성이 사람들로 하여금 환멸을 느끼게 하거나 그저 "자기 몫의 작은 일을 수행하는" 것을 전부로 생각하게 만든다고 주장했다. 그렇지 않으면 그 복잡성을 간단한 해결책이 있는 단순한 문제로

317

축소하거나 아니면 문제 자체를 느끼지 못하고 지나가기도 한다. 호미카의 경우 로라와 마찬가지로 생태적으로 지속 가능한 배치를 공공연하고 강하게 추진하면서도 동시에 이러한 대안적 프로젝트의 불완전성과 모순, 그리고 그 중심에 있는 상반된 욕망을 느끼고 있었다. 그는 이런 모순을 받아들이면서 "문제와 함께 머물렀다."[61] 호미카가 결코 좌절감을 겪지 않았던 것은 그가 그 모순을 자신을 넘어설 수 있는 무언가로, 즉 자신에게 자극을 주는 것으로 받아들이며 살아냈기 때문이다. 이런 과정에서 호미카는 끊임없이 내면의 한계를 넘어서고 발전하고 성장하라는 '자본주의적 공리'의 일부를 불러왔다. 그러나 동시에 그는 자신이 좋은 삶이라고 굳게 믿는 자기 절제를 계속해서 실천해 나간다.

일상 생태학을 새롭게 구축해 나갈 수 있다는 그 **믿음**은 특히 우리 사회가 제공하는 자극을 직면하고 인지함에 따라 그 믿음 자체가 리비도적 강도의 문제가 되면서 나타나게 된다. 사실 호미카는 자신이 현대 사회가 제공하는 눈에 띄는 것에 '매료'된다는 사실을 잘 알고 있지만, 그 매료를 이렇게 표현하는 경향이 있다. "이건 유혹이에요, 정말 전형적인 유혹이죠. 가장 평범한 방식으로 당신을 유혹하고 매료시키는 겁니다." 하지만 이런 유혹이 제공하는 과도한 자극은,

어떤 감각의 상실을 의미하기도 해요. 내면에 공간이 생기는 거죠. 내 생각엔, 그런 빈 곳이 어떤 의미에서 채워져야 하는 거예요. 왜냐면 예전에는요… 꽃을 바라보면서 넋을 잃는 게 점점 더 어려운 일이 되고 있잖아요. 내가 어렸을 때는 작은 꽃 한 송이를 넋을 잃고 바라보고는 했어요!

이러한 꽃-되기, 식물-되기의 과정에서 호미카는 현대의 기술과 그 기술로 만든 지속 불가능한 기기들이 분명 인간의 잠재력을 끌어올리지만 동시에 공허를 채우는 유혹이 된다는 것을 경험했다. 그 유혹은 결국 되기라는 매혹적 움직임에서 열리는 작지만 정동적으로 강렬한 세계, 즉 근접성의 지대 안에서 나타나는 몸의 잠재력과 역능, 그리고 감각을 제한하는 결과를 낳았다.

환경 파괴와 경제 침체가 심화되고, 일상과 욕망에 대한 사회-정치적 통제가 강화되는 가운데 호미카는 이러한 '에워쌈'과 '유혹'에 한계를 설정했고, 그렇게 해서 다시 영향을 주고받을 수 있는 능력을 되찾았다. '작은 존재'가 에너지 집약적인 그 어떤 것보다도 그에게 생기 넘치는 경험을 가져다주었다. 마치 꽃을 바라보며 자기를 잃었던 것처럼, 이는 지각불가능하게-되기의 강렬함과 떼려야 뗄 수 없었다. 이러한 꽃-되기의 과정에서 호미카는 현대 사회가 요구하는 정체성을 지탱하기 위한 다양한 구성 요소를 더 이상 필요로 하지 않게 되었다(핵가족이 그리는 이상은 소비, 끊임없는 새로움 추구, 오래된 것의 폐기를 중심으로 나타난다). 이는 생태적으로 보면 긍정적인 일이다. 삶이 지금 그대로 만족스럽게 느껴질 뿐 아니라 항상 새로운 (에너지 집약적) 사물과 경험을 생산하거나 처분해야 하는 압박에서 벗어나게 되기 때문이다. 호미카는 "사회가 정해 놓은 장소"에서 조금 벗어나 "약간은 이상하게, 반항적으로" 행동한다. 그의 존재가 새롭고 예측 불가능하고 지각 불가능하며 유동적인 배치를 향해 열리고 자기 상실을 경험한다. 그의 자전거 여행이 그런 것처럼, 확실한 것은 없다. 그것은 모두 '되기'였고, 그는 그 안에서 필요한 것을 찾아내고 필요 없는 것을 버린다. 욕망의 미적-윤리학은 호미카를 그의 정체성에서 벗어나게 만든다. 그는 생명을 부정하는 엔트로피적 경제에 무조건 참여하는 자아를 거부하고 그러한 경제 안의 삶을 지탱하는 것들을 피한다.

이 지각불가능하게-되기의 리비도적 강도는 때때로 무의미한 블랙홀에 빠지는 대립하는 욕망의 선에도 불구하고 호미카의 일상의 배치를 움직이는 신념의 힘으로 작동한다. 이 힘 덕분에 호미카는 모든 삶의 이상, 실천, 가치의 절대적 불확실성을 인지할 수 있었고, **그럼에도** 더 생태적인 삶의 방식을 향한 '그의' 바람을 반대로 실현하게 된다. 이런 신념은 일상의 실천을 통해 다른 삶과 사회, 그리고 생태를 추구하는 미시정치 안에서 구현된다. 그 예로 호미카가 (사라와 마찬가지로) 아들의 교육에 특히 많은 시간과 에너지를 쏟은 것을 들 수 있다. 그는 아들에게 독립성, 실용적 지식, 그리고 작은 것들의 충만한 정동적 강도를 알려주려고 노력했다. 얼마 전(3월이었다) 호미카는 학교에서 아들을 데리고 집으로 가던 중 호수 옆길이 물에 잠겨 있는 것을 발견했다. 부자는 그 길을 잠시 걸었는데, 호미카의 다리가 완전히 물에 잠겼고, 어느 순간에는 물이 아들의 배까지 차올랐다. 물은 투명하게 맑았지만 아주 차가웠다. "어느 순간엔 견디지 못할 것만 같았어요!" 그러나 아들은 너무나 신이 나서 다음 날도 그곳에 다시 가고 싶어 했다.

그들은 또 숲에서 발견한 다채로운 나무 조각을 깎아서 매끄럽게 만들기도 했다. 우리가 함께 보낸 어느 날, 호미카의 아들은 오세이지 나무의 색이 얼마나 아름다운지를 나에게 보여주고 싶어서 안달했다. 호미카에 따르면, 며칠 전 그들이 호숫가에 갔을 때 만난 한 예술 학교 선생님이 성 아우구스타 성지 주변 숲에 오세이지 나무가 많이 베어져 있다는 얘기를 해주었다고 한다. 그래서 호미카는 그곳에 가서 나무 조각 몇 개를 가져왔다. 그는 그 나무의 특별한 아름다움이 앞쪽 무늬에 있다고 설명했지만, 지금은 단순히 "그 나무를 알아가고 있다"라고 말했다. 나무 조각의 표면이 반짝였는데, 사포만 가지고 매끄럽게 다듬은 것이었다. 호미카의 아들은 지역 방언과 이탈리아어를 섞어가며 이 점을 나에게 설명했고, 그 아름다움에 완전히 매료되어서는 "기름은 한 방울도 안 썼어요!"라고 했다. 여기 호미카의 실험실에서, 나무 조각의 주변에서, 섬세하게 매끄럽고 생동감 있는 질감을 가진 작은 사물 하나로 호미카는 창조적이고 활기찬 무언가를 만들고 있었다. 아이, 아버지, 선생님, 도구, 여성, 숲, 특이한 사회학자, 과거의 혁명가, 책, 지식, 호수, 꽃 등이 모두 모여 가능하고, 더 새로우며, 활기찬 일상 생태계를 구현할 기반을 만들고 있었다.

일상에서 나타나는 **미적-윤리학**은 평범한 일상의 패턴에 파열을 일으키는 동시에 그 일상에 미묘하게 흐르는 특별한 매혹의 느낌으로 다가온다. 이 느낌은 일상을 생동감 있고 정동적이며 놀라움으로 가득 찬 공간으로 변화시킨다. 이런 미적-윤리학은 이미 존재하지만, 계속 키워나가고 상상하고 체화하고 의미를 부여해야 나타날 수 있다. 특히 현대 자본주의의 분주하고 무심한 일상이 우리의 에너지를 앗아가고, 좋은 삶을 향한 욕망의 역동성을 약화하기 때문이다. 이런 삶의 방식 때문에 사람들은 일몰을 바라보거나 저녁 무렵 어둑해진 하늘을 바라보며 메리가 얘기했던 것처럼 "여기서 너 잘 살고 있어"라고 진심으로 느끼고 표현하는 능력을 잃어버린다. 이 **미적-윤리학**은 물건과 경험의 (눈에 띄는) 소비를 중심으로 하는 자본주의적 '좋은 삶'에 대한 믿음뿐만 아니라 그러한 삶의 가치와 노동의 구조를 물질적으로 지탱하는 체제 자체도 일시 중단시킬 힘을 지녔다. 이런 힘을 진정으로 체험하기 위해서는 소외된 노동의 시공간, 소외된 교환 관계, 그리고 부의 유일한 수단으로 여겨지는 돈에 대한 의존을 버리고 그 모든 것에서 벗어나야만 한다.[62]

인간중심성을 넘어서고자 하는 욕망, 정동, 그리고 되기가 강조됨에 따라 인간의 행위주체성과 의도성은 덜 중요해지고, 온갖 도덕적 주장의 당위성도 약화된다. 대신 생산적 삶과 욕망을 기반으로 하는 생태적이고 정치적인 **미적-윤리학**이 강조된다. 이런 관점에서 기쁨이란 체화되고 지적인, 그리고 창의적인 상호작용을 통해 느껴지는 정서다. 삶을 긍정하는 생산성은 타인의 존재를 넘어서가 아니라 타인과 **함께**하며 나타나는 것이고, 파괴하는 것 없이 창조하고 해체한다. 첫째, 자본주의를 파괴적이고 슬픔을 불러일으키는 사회 기계로 보는 비판적 시각을 통해서, 그리고 둘째, 일상의 환경 윤리를 통해서 이러한 관점은 더욱 구체화될 수 있다.

들뢰즈와 가타리는[63] 자본이 그 자체의 공리axomatic를 가졌고, 이 공리는 돈을 추상적이고 일반화된 동등물이며 한계가 없는 것으로 간주하고, 생산 속의 반생산을 구축하면서 나타난다고 주장한다. 그들은 마르크스의 뒤를 이어 이런 모든 특징이 자본을 "완전한 존재체"full body로 여기는 시각에 기반한다고 지적한다. 이는 자기 확장의 형태로 스스로 무한 재생산하며, 무한한 힘을 주장하는 실체로서의 자본이다. 이런 자본주의의 공리는 심각한 환경 파괴를 초래하는데, 그 영향은 또한 슬픔을 가져온다. 첫째, 세상의 생동감 있는 구체성이 교환 가능하며 추상적인 (죽어 있는) 값들로 축소되어 소멸하고, 둘째, 무한한 성장을 주장하는 '도착적' 한계의 부정이[64] 자본의 의도와 설계에 지구를 복종시키면서 지구를 지배하게 된다.[65] 이 두 과정을 통해 사회-생태적 재생산의 리듬과 힘, 그 특성과 시간성에 무관심한 경제적 명령이 세계의 **고유성**과 차이를 지배하게 된다.[66]

따라서 효율성과 생산주의의 도그마에 맞지 않는 것은 제외되고, 이로 인해 생태계 내외부에 존재하는 차이는 사라진다.[67] 예를 들어, 산업 농업에서 수확량을 극대화하기 위해 작물을 선택하고 품종을 개량한 결과 소수의 품종이 시장을 지배하게 되었다. 이는 식량 불안정성 등의 위협적 문제를 야기할 수 있다.[68] 또 경제계뿐 아니라 교육계에서조차 일생을 자기 발전과 자기 최적화에 바치라는 가치관이 점차 강조되고 있다. 인간 이익의 최대화를 위해 어떤 기준에 맞춰 동물을 사육하면서, 동물의 삶은 결국 인간의 식량 공급처로 축소되었다. 자본주의적-산업을 자연의 리듬과 행태지원성으로부터 '탈동기화'desynchronization하고 분리함에 따라 "인간과 자연 사이의 대사적 괴리"metabolic rift가 발생하며, 이는 현재 우리가 목격하고 있는 지구의 제6차 대멸종 사건에서 나타나듯이,[69] 생명의 풍부함과 다양성을 빈곤하게 만든다.[70] 마지막으로, 자본주의의 생산성은 계속되는 파괴를 전제하며, 따라서 슬픔을 낳고 생명을 부정하게 된다. 예컨대 상품을 더 많이 판매하고 성장하려면 그 상품은 빠르게 구식이 되어야(망가지고 유행에 뒤떨어지는 것이 되어야) 한다.[71] 더욱이 현재 상황이 비극적으로 보여주고 있는 것처럼, 자본의 생명력을 유지하기 위한 근본적이지만 치명적인 운영 방법의 하나는 전쟁 및 그와 연관된 죽음의 사업이다. 자본은 생산하는 동시에 파괴한다. 자본은 **생명을 넘어서** 존재를 주장한다.

이런 정치-경제적 '균열'은 주체성과 일상적 삶의 차원에서도 어떤 결과를 초래한다. 자본주의-산업의 전형인 "생산과 소비의 분리는 노동, 자원, 시간, 그리고 소위 생태 폐기물 간의 연결과 그 결과에 대한 인식을 (⋯) 파편화하고 이해하기 힘들게 만들고", 이에 따라 인간은 존재의 구체적 동력으로부터 점차 멀어지게 된다. 인간의 정서적 능력은 저하되고, 삶의 근간에 있는 리듬과 물질에 대한 통제력 또한 잃게 된다.[72] 이 때문에 사람들은 기존의 (위계적) 권력, 지식, 일의 흐름에 의존하게 된다. 한편 욕망은 상품의 생산, 유통, 폐기를 통한 자본 축적의 나선형 선을 따라 생성되며, 존재를 과도하게 착취하는 소비주의가 이를 관통한다. 소비주의의 영속은 파괴의 영속을 전제로 하므로, 계속해서 과도한 착취가 나타날 수밖에 없다.[73] 이는 또한 슬픔을 가져온다. 사물과 경험이 쉽게 폐기되어 항상 구식화되기 직전의 상태에 있기 때문에, 사람들이 사물과 의미 있는 관계를 맺을 수 없게 된다. 이는 실제로는 **반**-물질성을 띠는 물질주의적 생활 방식이다.[74]

지배, 착취, 폐기, 그리고 자연 파괴는 인간 **그리고** 비인간 모두에게 영향을 미친다.[75] 비이원론적 관점에서 이는 프랑크푸르트학파가 일찍이 제기한 문제와도 일치한다.[76] 즉 인간과 자연 사이에 존재론적 분리가 없다면, 자연의 도구화는 결국 인간의 자기 도구화와도 같다는 것이다. 이런 관점은 생태적 및 정치적 해방 비판의 근본적 동일성co-extensive-ness을 확정한다.[77] 이는 생태적인 (혹은 지속 가능한) 일상의 에너지 배치를 그리기 위한 기초가 된다. 치명적이고 슬픔에 찬 자본주의의 공리가 생태적 파괴의 주된 원인이라면, 우리는 삶을 긍정하고 기쁨을 가져오는 '비주류의' 배치를 추구해야 하며, 그러한 배치는 파괴하는 자본주의의 공리를 피해 사회-생태적인 대안을 그려내며, 다양한 주체성의 가능성을 내포해야 한다. 이런 맥락에서 욕망은 해방적인/자유롭게 하는 성격을 갖는다. 삶을 부정하는 힘과 슬픔이 일상의 에너지 배치를 지배하는 상황에서 욕망하는 탈주선은 긍정적이고 생태적인 실험으로 이어질 수 있는 일시 정지의 공간spaces of suspension을 만들어낸다.

이런 기반 위에서 사회-생태적 변화는 생태계의 차이와 환원 불가능성, 그리고 자연의 견뎌냄을 거의 '사랑에 빠지듯' 존중하며 그 생태계 내에서 재통합하는 과정을 포함한다. 이는 반-생산의 논리를 벗어난 **미적-윤리적** 접근이다. 이 변화의 몇몇 핵심 요소는 다음과 같이 구체화될 수 있다. 생동감 있고 구체적인 물질에 대한 재평가 및 재연결(예: 몸, 자연의 결실, 욕구의 고유성을 감각적으로 인식하는 것), 자연의 리듬과 주기에 따른 대사 교환의 재조정(계절성에 맞추는 것), 물체나 사물에 대한 친밀감, 그들의 지속 가능한 특징 및 정서적 강도(독립적이며 자율적인 지식), 물질 소비의 반-착취적 제한(재활용, 재사용, 물건의 지속적 사용, DIY), 그리고 생태계의 다른 주체에 반하지 않는 인간의 필요에 따른 (재)생산 활동(예: 농업생태학). 그러나 저항과 함께, 혹은 저항 안에서 나타나는 창조는 주체화의 과정에서 발생하므로, 이런 변화는 내재적이며 되기에 열려 있고, 또 특정한 가치나 확립된 특성으로 정의할 수 없는 것이다. 변화는 경험적으로 파악되어야 하며, 이는 연구자의 전반적 참여를 전제로 하는 필연적으로 불확실한 노력이다. 일상의 배치에서 '생태적 되기'의 사례를 보여줌으로써 자본주의 정치 경제에 대한 생태적 비판과 일상의 연구를 결합할 수 있다. 지금과 같이 자본주의 정치 경제가 생태적 재연결을 제약하는 힘을 발휘하고 '다르게 존재할' 가능성을 차단하는 한은 그렇다. 중요한 것은 단순히 재영토화를 영토화보다 우위에 두는 것이 아니라 '비판'을 실행하고 구현하는 실재의 그 구체적 측면을 지적하는 것이다.

자본주의적 가치 매김에 따른 모든 것을 등가equivalences로 축소하는 관점에 반대하면서, 욕망의 **미적-윤리학**은 가치의 새로운 형태를 제시한다. 이런 관점에서 볼 때는 잔디밭에서의 소풍 같이 소박하지만 감각적으로 풍부하며 강렬한 경험, 친밀한 정서를 수반하는 경험이 풍요로움을 의미하게 된다. 생태 파괴의 경험에서, 그리고 그 파괴를 복원할 기회를 얻는 경험에서 몸은 중심적 역할을 한다.[78] 즉 몸이 현 체제의 유해성을 체감하고 인지하면서 동시에 저항하고 대안을 창출하며 실행하는 공간이 되는 것이다. 물론 일상의 미적-윤리학만으로는 지속 가능한 사회-생태계로의 전환을 이루기에 **충분하지** 않다. 이런 윤리학은 사람과 환경 간의 밀접한 관계를 만들고 더 의식적으로 시간과 공간을 조직하는 일상 경험의 일부로 작용하지만, 더 광범위한 시스템에 대한 비판이나 현시점에서 절실하게 요구되는 집단적 저항 운동으로까지는 확장되지 않는다. 그렇기에 다음의 질문이 계속해서 제기된다. **미적-윤리학**에서 출발한 변화가 어떻게 집단적 실천, 변혁적 사고, 그리고 생태적·사회적 정의를 위해 투쟁하는 몸들의 **결집하는** 힘으로 어떻게 바뀔수 있을까? 이 책은 이러한 복잡한 질문에 구체적 답을 주지는 않는다. 이런 질문이 본 연구의 범위와 목표를 넘어서기 때문이다. 하지만 이 책에서 다루는 이야기들은 대안적 생태계와 리비도 경제의 분자적 창조라고 할 수 있는 독특한 미시정치를 보여준다. 이들은 자본주의를 넘어선 존재의 형태를 일부 예측하게 하는 사례로 볼 수 있다.

점검하기

: 지속 가능한 변화를 위한 집단 차원의 변혁

2-4장에서는 일상에 녹아 있는 구체적 경험을 통해 일상 생태계의 동력을 깊이 있게 이해하려 했다. 미시적 경험 수준에서의 변화를 포착하면서, 되기가 나타나는 순간성, 고유성, 그리고 그 특성을 강조했다. 더불어 거시적인 사회-역사적 변화와 위기, 그리고 후기 자본주의의 특성인 재/생산 관계를 고려하며 분석에 임했다. 연구 자료가 나타내는 강도를 반영하는 회절식 글쓰기diffractive writing를 의도적으로 선택해 저자의 개입을 최소화했고, 때로는 좀 더 적극적인 서술자 혹은 사회학자로서 이 과정에 개입했다. 이번 장은 앞선 논의를 종합하고 체계화하여, 그로부터 도출된 중요한 쟁점을 다시 점검하고 강조하는 데 중점을 둔다. 각 장은 분석을 기반으로 하되, 저자의 지나친 개입 없이 데이터 자체가 이야기할 수 있도록 노력했다. 이러한 접근은 특정한 해석을 강요하기보다는 서사의 개방성을 유지하는 데 그 목적이 있다. 이번 장

의 목표는 그 개방성을 제한하지 않으면서 다양한 사례 연구가 개별성을 넘어 공통의 논의로 연결되게 하는 것이다.[1] 이 과정에서 나타난 이번 장의 핵심 내용은 지속가능성을 위한 변화가 계속되기 위해서는 집단 차원의 변혁이 필요하다는 점이다. 이 장은 이러한 관점을 기반으로 1장에서 소개한 중요한 이론적 논의와 방법론적 논의를 이어나간다.

위기를 횡단하는 공동선 찾기

이 책은 지속 가능한 변화를 위해서는 급진적인 사회-생태적 변화가 필요하며, 인간과 비인간 자연 간의 새로운 연대의 패러다임이 구축되어야 한다는 전제에서 시작되었다. 또 성장과 축적을 추구하는 현대 자본주의 경제 체제 아래서는 이러한 전환이 제대로 나타나고 유지될 수 없다고 주장했다.[2] 이 책의 핵심 관심사 중 하나는 위기 상황이 일상의 에너지 배치를 관통하는 '탈주선'을 '가속'하거나 강화하는지, 그리고 그 탈주선이 후기 자본주의의 "죽음의 정치"necropolitics에 어떻게 도전하는지 여부를 파악하는 것이다.[3] 일반적으로 위기로 지칭되는 시간과 잠재성을 확장된 시각에서 봤을 때, 나는 위기가 항상 개인적이고 고유한 사건들, 즉 실업, 이혼, 성인이 되는 과정, 출산 등과 함께 작용하며 (생태적) 전환의 과정을 촉진하거나 방해한다고 주장했다. 그 교차점에서 위기가 일상에 변혁적 힘을 가져올 수 있다고 기대할 수 있다. '위기는 기회다'라는 수사는 정치적 진영과 관계없이 널리 받아들여진다. 그러나 이런 수사를 당연히 받아들이는 것이 아니라 그 역사적 시점이 내포하는 취약성과 불안정성에 주의를 기울이고자 했다.[4] 또 환경 정의라는 중대한 문제를 민감하게 다루는 비판적 관점에서 변화를 연구하려고 했다.

이 책에 소개한 사례는 (일상의) 생태학을 이해하기 위한 사회과학의 주요 주제를 중심으로 하여 현장성에 '회절하여' 기술했다. 그러나 동시에 각 사례는 개인의 전기적 궤적으로 해석될 수 있다.[5] 전반적으로 본 연구의 사례들은 위기가 자본주의의 지속 불가능한 배치로부터 탈주선을 가속화할 뿐 아니라 물질, 에너지, 욕망에 대한 후기 자본주의의 지배에 도전하게 한다는 주장을 뒷받침해 주었다. 일상의 배치에 관한 의식적이고 무의식적인 비판은 환경적으로 긍정적 변화를 불러왔다. 예를 들어, (호미카의) 다운시프팅과 자발적인 삶의 단순화, (앨리슨의) "대지로의 귀환", (오누르비오와 에린의) 부를 (일부) 포기하며 시간, 즐거움, 행복, 자유를 추구하는 행동이 이를 보여주었다. 또 부가 감소하고 환경이 파괴되고 있는 사회-생태적 맥락에서 노동 계급이 보여주는 회복탄력적 검소함이나 땅과 정동적으로 연결되는 생계형 농부의 모습이 새로운 의미와 표현, 강도를 얻거나 새롭게 출현하기도 했다(메리와 윌리엄, 그리고 로라의 사례가 여기 해당한다).[6]

그럼에도 나는 상호 연관된 다음의 두 가지 문제에 주의를 기울일 필요가 있다고 주장한다. 첫째, 위기 상황에서 나타나는 대안적 삶에 관한 실험은 대부분 어느 정도의 재정적 안정성이나 (오누르비오의 경우처럼) 상대적으로 유리한 사회적 위치처럼 (교육받은 젊은 백인인 호미카와 앨리슨의 경우) 어떤 특권에 기반한다. 항상 그런 것은 아니지만 사라의 경우 그리고 어떤 면에서는 에린의 경우에도, 위기의 경험에서 나타나는 불안정성이 개방과 실험을 방해하는 요인이 되었다. 이는 대안이 나타나기 위한 조건으로 생활의 안정이 중요할 수 있다는 점을 시사한다. 둘째, 메리와 윌리엄 또는 사라가 불안정한 상황에서 보여준 긍정적 반응과 '탄력성'을 칭찬하거나 이상화하지 않는 것이 중요하다. 폭력적 시스템에 의해 개인의 권리와 안전이 위협받는 상황에서도 사람들이 행복하게 살아가야 한다는 것이 이 책의 주장이 절대 아님을 다시 한번 강조한다.

반대로, 방금 설명한 불안정성의 경험에서 드러났듯이, 사회경제적 안정과 정의를 유지하고 확보하기 위한 노력이 반드시 더욱 많이 필요하다. 안전한 사회적 기반이 마련되었을 때, 비로소 대안적인 일상 생태계를 즐겁게 수용할 희망이 생긴다. 내가 주장하고 싶은 것은 '위기를 극복하는' 과정에서 나타나는 일상 생태계에 대한 강렬한 정동적 경험이 새로운 주체화의 방법을 제시할 수 있다는 점이다. 교차하는 여러 위기는 기존 삶의 방식을 지속할 수 없게 만들고, "성장 없는 번영"과 [7] 전통적 자본주의의 틀에서 벗어난 좋은 삶을 상상하게 한다. 이런 생각을 바탕으로 내가 또한 지적하고자 하는 바는, 사회 안전과 공동체적 감각이 반드시 전통적으로 그 목적을 달성할 것으로 여겨지는 공간으로부터, 즉 모두가 정규직인 시장 경제와 복지 국가로부터 반드시 나오리라 기대할 수 없다는 점이다. 로라의 사례는 이를 잘 보여준다. 로라의 사례가 '위기는 기회다'라는 말에 완벽히 부합하는 것처럼 보일 수 있다. 하지만 나는 로라가 위기를 희망적 관점에서 받아들일 수 있었던 이유가 그녀의 과거로부터 미래로 이어지며, 자본주의와 제국주의적 삶의 방식에서 다소 벗어나 있는 관계의 그물망에 있음을 강조하고자 한다. 로라의 협동조합, 상점 주변의 공동체, 그리고 가족. 이 모든 요소가 없었다면, 금융 위기와 **함께** 로라가 경험한 개인적 위기, 즉 남편을 떠나 세 아이와 홀로 남겨지는 경험이 결코 삶에 대한 새로운 긍정의 시간이 될 수 없었을 것이다. 청소 일은 로라에게 자기 본질로 돌아가는 경험이 되지 못했고, 로라가 외로웠다면 그녀가 내게 말했던 긍정적인 변화도, 훼손되고 저평가된 자신의 영토에 다시 생명력을 불어넣을 수 있다는 희망도 결코 나타날 수 없었을 것이다.

또 참가자들의 사례에서 생태적으로 해로운 기존 삶의 배치에서 탈주선이 나타난 것은 사실이지만, 그 탈주선이 새로운 집단이나 사회경제 조직의 생산적 구축으로 재영토화될 수 있을지는 매우 불확실하다. 우선 기존의 관습적 행동, 느낌, 감각, 사고방식을 향한 강한 리비도적 끌림이 존재한다. 예를 들면, 우리는 자동차를 이용한 편리하고 편안한 이동, 과시적인 의류 구매와 해외 여행, (에너지 집약적 물품이나 경험의) 소비를 통한 즐거움과 만족감, 그리고 그것을 가능하게 하는 유급 노동에 익숙해져 있다. 더욱이 생산과 재생산, 노동과 소비 사이의 이원론처럼, 반생태적인 사회경제 조직의 패턴이 계속해서 유지되는 경향이 있다. 이 때문에 기본적인 생계 필수품조차도 상품화의 과정을 겪게 되어, 생태적으로 바람직하고 유쾌한 (재)생산의 방식 혹은 "충분성을 제공할"[8] 기회가 줄어든다. 또 다른 예로, 에너지 집약적 관행(예를 들어, 몸을 관리하거나 과시적 소비를 하는)을 필요로 하는 자기 폐쇄적 정체성이 형성되며, 동시에 이러한 정체성은 자연을 풍경으로만 여기게 하는 구분을 만든다. 이런 관점에서 자연은 단순히 소비나 여가의 대상, 기껏해야 명상의 대상이 되고, 자연 안에서의 정체성이 (다시) 뿌리내리는 것은 불가능해진다.

이런 자본주의적 과정과 배치는 계속해서 나타나며 삶 전체를 지배한다. 그러나 이는 대부분 우리에게서 삶을 빼앗아간다. 환경에 부정적 영향을 주고, 또 더 강렬하고 생동감 있는 욕망의 감흥을 느끼기 위한 에너지와 시간, 그리고 자원을 앗아간다. 실현 가능할 뿐 아니라 강력한 리비도적 매력이 있는 대안이 없다면, 탈주선은 결국 익숙한 영토로 회귀한다. 때로는 위기가 촉발하는 더 깊은 고통과 두려움 때문에 더욱 강력하고 강제적인 재영토화가 나타나기도 한다. 오누르비오와 에린의 사례는 이 현상을 가장 명확하게 보여준다. 그들은 불안 때문에 이제는 감당하기 어려운 기존 삶의 이상을 욕망의 대상으로 계속 붙잡아둔다. 이런 패턴은 사라에게서도, 그리고 어느 정도는 앨리슨에게서도 명확히 나타났다. 탈주선이 명백한 대안에 재영토화되는 경우도 있지만, 종종 그 대안이 기존 영토와 지나치게 닮아 있기도 하다. (마크, 클레어, 엘레오노르의 사례에서 나타난) 그린워싱되고 블러드워싱된 시장 경제가 그러한 예다. 바로 여기서 급진적인 생태적 대안까지도 기존의 생산, 교환, 소비 방식에 흡수해 버리는 시장의 능력과 힘이 드러난다. 앨리슨과 에린이 다니는 회사의 성공이 이를 입증한다. 자본주의의 대량 생산 및 유통의 '녹색' 버전인 이 회사에서 비건 제품은 자본주의 시장 경제 내에서 주류가 되었고, '비건 되기'는 더 큰 정치적 변화를 위한 투쟁을 대체했다. 자본주의 경제를 위협할 수 있는 변화의 에너지와 욕망은 자본주의 **안의** 윤리적·친환경적 소비를 통해 다시 자본주의적 (삶의) 형태로 돌아갔다. 앨리슨의 경험이 보여주듯이, 일단 주류화되면 이 녹색 대안은 호미카의 말처럼 "완전히 힘을 잃는다." 기존의 것과 너무 흡사해, 급진적 다름을 추구하는 '혁명적' 욕망에 그 어떤 새로운 의미나 형태도 부여하지 못한다.

발레리오가 삶을 다운시프팅하고 윤리적 구매 그룹에 참여하며 자신의 재능을 기부하는 대안 경제를 만든 것, 사라가 간소한 삶을 살아가며 느낀 강렬함, 그리고 메리와 윌리엄이 자랑스러워하는 회복탄력적인 그들의 검소함에 이르기까지. 이들은 위기가 시작되기 훨씬 전부터 환경과 관련한 건전한 실천과 욕망의 선이 항상 존재했던 사례들이다. 마치 '분자적' 존재가 그들 삶 어딘가에 항상 있던 것처럼 느껴진다. 따라서 위기는 기존 삶의 방식을 깊게 재고하게 만든 계기는 아니다. 그러나 탈주의 경험 없이 환경적 우려를 일상 생태계에 어느 정도 조용하게 포함시키는 것은 '공허'라는 공간을 만들어내지 못한다는 점에서 불리한 점도 있다. 기존의 영토를 중단시키는 강력한 재영토화를 만들어내지 못하기 때문이다. 이들은 환경적으로 유익한 분자성과 기존의 당연시되어 온 지속 불가능한 배치 사이를 계속해서 오간다. 그렇게 하면서 부분적으로는 기존의 배치에 계속 투자한다. 그러나 때로는 탈주선이 인간중심을 벗어난 상호 존중의 관계성을 가진 구체적 배치에서 나타나면서 극도로 새로운 재영토화의 기회가 올 수 있다. 예를 들어, 호미카는 급진적 생태학 문헌과 만나면서 새로운 일상 생태학을 창조해 낼 수 있었다. 로라가 협동조합에서 한 경험(커뮤니티, 관계성, 초-인간 동맹을 만드는 집단적 경험)은 위기가 기회가 되어 존재의 더 기쁜 차원이 열리는 희망적이고 생산적인 비전을 보여준다. 이런 변화가 나타나기 위해서는 공유된 의미의 지평 그리고 새로운 배치의 물질적 생산, 둘 다가 필요하다. 이 주제는 이번 장의 뒷부분에서 다시 논의하겠다.

맥락 안에서 관찰하기

이 책의 주장은 일상의 지속가능성에 대한 사회과학 연구에 문제를 제기하는 것에서부터 시작했다. 1장에 볼 수 있듯, 가장 먼저 환경 거버넌스에 대한 신자유주의적 접근법과 이 접근법의 인류학적-방법론적 전제에 도전했고, 특히 개인 행동의 변화를 일상의 에너지 전환을 가져오는 주요한 동력으로 보는 믿음에 제동을 걸며 논의를 전개했다. 이 책의 분석은 이러한 접근법이 잘못된 것일 뿐 아니라 정치적으로나 생태적으로 위험하다는 가설을 뒷받침해 주었다. 이 책의 접근법은 사회 실천 이론, 해석주의, 그리고 심리사회적 접근과 다음 논점에 대한 강조를 공유한다. 소위 개인의 '선택'은 항상 사물, 지식, 담론, 의미뿐 아니라 비이성적이고 통제 불가능한 욕구와 욕망으로 이루어진 사회적 맥락 안에서 출현한다는 것이다. 따라서 일상의 배치를 통해 나타나는 사회경제적 문제 및 리비도적 문제를 동시에 재고하고 개선하지 않으면서 에너지 소비를 줄이기 위해 각 사회 행위자의 선의에 기대는 것은 큰 의미가 없다.[9] 또 이 같은 거시적 차원의 질문이 제기되지 않는 한 후기 자본주의는 계속해서 인간과 비인간 모두에게 파괴적인 힘을 행사할 것이다.[10]

몇 가지 구체적 예를 들어보겠다. 시간이 지나면서 '사물의 존재'가 에너지 사용의 특성을 형성하는 데 어떤 역할을 하는지가 두드러지게 나타났다. 예를 들어, 나무 화로, 특히 요리용 화로는 그 자체의 구조로 인해 지속 가능하고 효율적인 에너지 배치를 결정하는 뚜렷한 능력을 갖추고 있었다. 이 화로는 탄소를 거의 배출하지 않고, 재생 가능한 연료를 사용해 난방, 요리, 굽기, 해동, 재활용 등 다양한 기능을 동시에 수행했다. 그러나 이런 화로가 집 안에 있을 수 있는지 여부는 또 다른 물질적 조건에 의해 결정된다. 예를 들면, 나무를 저장할 공간, 전문 지식, 도시의 규제 여부, 시간의 구성, 그리고 화로를 쓰는 데 필요한 개인의 에너지 등. 따라서 나무 화로의 소유와 사용은 단순히 선택의 문제가 될 수 없다. 마찬가지로 교통수단의 이용 또한 인프라에 의존하기 때문에 개인의 태도만으로는 설명할 수 없다. 이미 언급했듯이, 도로가 점점 더 혼잡해지면서 자전거를 타거나 걷는 일이 위험하고 불쾌해졌다. 게다가 특히 도시 외 지역에서는 대중교통을 항상 이용할 수 있는 것도 아니다.[11] 결과적으로 많은 참가자가 불만을 표현했음에도 자동차 사용은 거의 피할 수 없는 문제였다. 사회적 실천 연구자들은[12] 지속 가능한 이동성을 위해서는 이러한 배치의 전면적 재구성이 필요하다고 강조한다.

교통수단은 또 물질적 배열이 "발화의 배치"와 항상 함께 나타나서 특정한 체계 안에서 그것이 어떻게 구체화하는지 보여주는 대표적 예다.[13] 예를 들면, 도시화가 심화됨에 따라 주요 서비스, 기관, 직장, 여가 및 소비의 공간이 도시에 집중되기 시작했고, 따라서 비도시인이 이런 서비스나 공간에 접근하려면 대부분 교통수단에 의존해야 한다(이는 사라의 사례에서 언급한 바 있다). 현대 사회의 시간 구조, 생활의 가속화 및 일 중심의 분주한 삶은[14] 빠르고 편리하며 유연한 이동성을 요구한다(이는 특히 워킹맘인 에린과 로라의 사례에서 잘 드러났다). 자립과 독립은 사회적·문화적으로 매우 중요시된다. 물리적 활동은 일상의 이동보다는 여가나 스포츠 활동으로 여겨지며, 그 결과 피트니스 센터라는 공간과 여가라는 시간을 벗어난 신체 활동을 상상하거나 실행하기가 점차 어려워졌다(호미카의 경우는 예외적이다). 저렴한 개인용 교통수단의 접근성이 증가함에 따라, 앨리슨이 '게으름'으로 지칭한 생활 방식에 더 쉽게 '빠져들 수' 있게 되었다. 예컨대 강가와 들판을 따라 아름다운 자전거 도로가 있지만, 앨리슨은 자신의 마구간까지 자동차로 이동했다. 한편 현장 연구에서 내가 관찰한 바로는 편리한 대중교통이 없을 때 사람들은 자동차를 이동 수단의 유일한 표준으로 인식하게 된다.

이러한 사례를 통해 나는 시간에 관한 중요한 논점에 다가갔다. 지구의 지속 불가능한 과도한 개발의 근원에는 현대 사회의 생활 리듬과 생물권의 리듬 사이에 발생하는 단절이 있다. 지구의 논리와 자본주의의 논리 사이의 이러한 파열은 자본의 가치화 과정을 따라가며 점점 더 빠르게 나타난다. 즉 자본 이익이 하락하는 경향에 맞서 이익률을 유지하기 위해 전체 사회-생태계의 대사 작용 속도가 빨라졌다. 이것은 단순히 거시적 정치경제학이나 생태학에 한정된 분석이 아니다. 이런 현상은 일상의 경험에서도 분명히 드러나며, 지속 가능한 변화가 나타나려면 사회의 시간성이 생태적 시간성에 다시 내포되어야 한다는 점을 시사한다.[15] 메리와 윌리엄의 사례가 이를 잘 보여준다. 그들은 은퇴 후 시간 여유가 생기자 생태적 리듬에 더욱 부합하는 삶을 살게 되었다. 직장에서 일하던 시절에는 복잡한 자본주의 공급망을 기반으로 한 에너지와 물질의 추상적 배치를 단순히 "스위치를 켜듯이" 따라가곤 했다. 사라는 이 점을 강조하며 나에게 다음의 사실을 상기시켰다. 어린 아이들에게는 사랑이 필요하고, 사랑에는 시간이 필요하다. 그리고 사랑은 임금 노동의 분주한 삶의 리듬과는 양립하기 어렵다.

이런 고찰은 대부분 사회 실천 이론과 부합하면서 정치 생태학적 관점을 더한 것으로, 여기서 전반적으로 도출되는 결론은 다음과 같다. 우리는 일상의 에너지 배치가 어떻게 형성되는지를 결정하는 물질적· 제도적·문화적 배열에 주목해야 하며, 개인의 책임을 과도하게 강조해서는 안 된다.[16] 행위주체성 개념에 의문이 제기되었고, 그와 함께 지속 가능한 변화에 대한 책임을 개인, 정부, 경제 등의 특정 주체에 일괄적으로 귀속하는 경향의 문제점이 드러났다. 주체성을 복잡한 것으로 이해하는 이러한 관점은 개인이 독립적으로 행동과 그 결과를 선택할 수 있다는 일반적 인식에 도전한다. 만약 "결과를 일으키는 생산적 힘이 항상 집합적이라면"[17] 우리가 할 수 있는 질문은 그 집합체 자체와 그것이 취하는 형태, 그리고 그 집합체가 제공하거나 차단하는 기회에 대한 것이다. 따라서 본 연구 또한 특정한 개인의 환경친화적 행동에 집중하기보다는 지속 가능한 배치를 형성하거나 방해하는 물질-의미적인 욕망하는 선들의 상호작용에 주목했다. 몰적이고 분자적인, 영토화되고 탈영토화되는, "실현된 대항하는 힘"과 놓친 것들에 대한 관점. 이런 시각 속에서 책임responsibility은 세계의 전개에 대한 반응-능력response-ability의 문제가 된다.[18]

주관적 경험 또한 일상 생태학과 지속 가능한 전환에서 중요한 부분으로 떠올랐다. 이는 에너지 사용의 지역적 의미와 그 구체적이고 정동적인 측면에 대한 민감도를 중심으로 심리사회적 접근 및 해석주의적 접근을 재조명하게 한다.[19] 특히 앞서 언급한 사례들은 '좋은 삶', 욕망, 그리고 인간의 번영과 같은 더 넓은 주제 안에서 일상 생태학을 다시 고찰할 것을 강조한다.[20] 이런 고찰이 부족하다면, 지속 가능한 해결책은 저항감을 느끼는 사람의 몸에 강요되는 '거버넌스'의 문제가 되어, 실행 가능하지 않거나 바람직하지 않게 된다.[21] 이 점은 생태적 변화의 '도덕성'에 관한 논의에서도 제기한 바 있다. 사회-생태적 변화가 추상적 의무로 여겨질 때, 그 변화는 일상 및 욕망과 불협화음을 일으키는 모호한 것이 된다.

반대로 만약 위기 상황에서 나타나는 소비 감축과 회복탄력성, 그리고 검소함이 일상생활의 전체 조직 내에서 변화의 '질감'을 형성하는 의미와 정동적 성향으로부터 힘을 얻는다면,[22] 사람들은 그런 변화를 단순히 '자연스럽게' 느낄 뿐 아니라 즐거운 것으로 생각할 수도 있다. 메리와 윌리엄은 그들의 과거에서 비롯된 '가난함'의 욕망이라는 분자적인 선을 통해, 부와 소비의 감소를 상대적으로 중요하지 않은 일로 경험했다. 오히려 그들에게는 부와 소비의 감소가 새로운 즐거움의 기회가 되었고, 과거의 이야기와 습관이 자부심의 새로운 원천이자 긍정적 능력으로 재평가되었다. 호미카와 앨리슨의 사례는 대안적이고 환경적으로 더욱 건전한 사회에 대한 서사의 존재 여부가 새로운 생태적 미래와 배치를 상상하고 구현하는 데 결정적임을 시사한다.[23] 그러나 이러한 서사가 지속 가능한 전환을 주도하려면, 그 서사가 일상의 정동적 구조의 중심에 있어야 한다. 반대로 지속 가능한 변화에 대한 정동적 동기와 서사가 부재하다면, 대안적 일상 생태나 생태적 위기 상황에서 요구되는 복구 노력에 대한 상상력도 사라진다. 오누르비오가 고백했듯이, 이미 알고 있는 일상 외에는 무엇도 상상할 수 없다.

경험-근접 연구experience-near approach를[24] 통해서 나는 일상 생태학을 보편적으로 수용되는 틀 안에 제한하는 대신 좀 더 폭넓게 바라보아야 한다는 점을 깨달았다. 이 틀이란 주로 일상 생태학을 도덕적이고 추상적인 "탈물질주의 가치"를 바탕으로, 그리고 지구와 그 거주자들에 대한 칸트식 '존엄'이라는 보편 윤리 관점에서 해석하는 것을 의미한다.[25] 생태적 전환을 도덕적 의무로, 즉 지속 가능하지 않은 행동을 중단하라는 명령으로 간주하면, 무엇이 '옳은지'에 대한 추상적 개념을 우선시하면서 삶 그 자체의 복잡성은 간과하게 된다. 이런 관점은 다양한 경험을 받아들이지 못하는 폐쇄성을 가져오며, 특정한 욕구를 억제함으로써 불만과 적개심을 유발할 수 있다. 이는 또 정치적으로 위험한 결과를 가져올 수 있다. 특정한 (예컨대 유엔과 같은 '상위 기관'에서 정의하는) 배치를 더 생태적이며 도덕적으로 우월하다고 여길 때, 그 배치를 비판 없이 수용하고 이상적이고 보편적인 것으로 강제하는 현상이 나타난다. 나는 비건주의를 예로 들어 이를 설명했다. 식물 기반 식단만이 모든 생태학적 (및 사회적) 문제의 해결책이라는 '도착적' 주장과 관련해 '비건이 되라'는 명령이 현대 자본주의의 생산/재생산 체제 내의 불공정과 폭력의 근본 문제를 인식하는 데 장애가 될 수 있다고 지적했다.[26]

이 책의 연구는 일상 생태학과 그 고유의 윤리가 삶의 구체적 경험에 의해 형성된다고 보는 내재적 접근immanent approach을 지지한다.[27] 연구 과정에서 나는 일상의 욕망과 탈주선을 세밀하게 살펴보면서 그 안에 내재한 비판적 잠재력을 도출하기 위해 노력했다. 즉 일상에서 나타나는 욕망과 탈주선이 삶을 제약하는 배치 및 장치에 도전하는 상황을 찾아내려 했다. 생동감 있는 삶의 요구는 새로운 전환의 지평을 열 잠재력을 지니고 있다. 이는 환경적으로 그리고 존재론적으로도 지속 가능하며, 인간과 비인간 모두에게 영향을 미칠 전환의 잠재력이다. 동시에 나는 정신분석학의 영향을 받은 관점, 즉 생태적 피해에 대해 죄책감을 심어주고 그 죄책감을 길러 변화의 동력으로 삼는 시각과는 거리를 두려고 했다.[28] 욕망을 특정 의미 체계에 따라 정의된 가상의 '실재 원칙'에 꿰맞추는 것은 욕망 그 자체와는 무관한 초월적 비판이며, 이것이 결국은 규율적 관행으로 이어진다고 보기 때문이다. 이 말이 생태학적 측면에서 '좋은' 행위와 '나쁜' 행위의 구분 자체가 불가능하다는 뜻은 아니다. 행위의 결과는 경험적으로 연구할 수 있는 문제다. 하지만 내가 경계하는 것은 지속 가능한 생활 방식이 무엇이며 또 무엇이 되어야 하는지에 대해 미리 정해진 보편적 개념을 제시하고 여기에 욕망을 꿰맞추려 하는 경향이다. 따라서 내가 주장하는 바는 일상의 선택에서 윤리적 판단이 개입되어서는 안 된다는 것이 아니라, 그 윤리적 판단이 사회적 맥락 내에서 욕망의 선과 얽혀 있어야 하며 그 안에 존재하는 상호작용에 반응해야 한다는 것이다.

이 연구는 일상 생태학과 관련한 두 가지 중요한 측면을 깊이 다루면서 기존의 논의에 기여하고자 한다. 첫째는 일상 생태학을 관통하는 다루기 복잡한 정동적·욕망적·리비도적 선에 관한 부분이다. 둘째는 일상 생태학이 거시적 정치, 경제, 문화, 그리고 사회적 힘에 의해 어떻게 형성되는지에 대한 부분이다. 이 연구에서 제시한 욕망과 주체성에 대한 개념화를 통해 이 두 문제가 서로 독립적이지 않음을 명백히 알 수 있다. 앞서 본 바와 같이, 일상 생태학에 대한 정신분석학적 접근법은 이미 욕망의 "숨겨진 힘"을 드러냈다.[29] 그러나 본 연구의 결론은 정신분석학의 결론과는 다르며, 특히 욕망을 충동적이고 불안에 차 있으며 방어적인 무언가로 설명함에 따라 에너지 전환을 방해하는 요소

5장. 점검하기

로 보는 '부정적' 관점에서 벗어나고자 한다. 욕망이 "지속불가능성에 대한 투자"를[30] 계속하게 하는 데 책임이 있음을 부정하는 것은 아니다. 실제로 욕망의 그러한 측면은 이번 연구에서도 반복적으로 관찰되었다. 이동성, 특히 비행기 이용과 관련해서 이 점이 잘 나타났다. 가장 환경을 생각하고 가장 에너지를 절약하는 참가자들조차 비행은 문제 삼지 않거나 논의조차 하지 않았다. 참가자들은 비행기의 환경 파괴를 다양한 방식으로 계속 부정하거나 정당화하거나 혹은 경시했다. 로버츠와 헨우드는[31] 이와 비슷한 현상을 관찰하면서, 비행의 영향이 언어적·실재적·정동적으로도 부인되기 때문에 사람들이 환경친화적 가치와 비행기를 타는 행위 사이의 갈등을 '보지' 못할 수 있다고 주장한다. 따라서 사람들이 보통 지속 가능한 변화의 동인으로 내세우는 '합리성'과 윤리적 가치에 무의식적 욕망이 얼마나 큰 영향을 미치는지 고려하는 것이 중요하다.

그러나 비행이라는 주제는 본 연구와 다른 심리사회적 접근법 사이의 첫 번째 차이점, 즉 욕망을 개인적이고 주관적인 차원이 아니라 **사회적·집단적** 차원에서 보는 관점을 드러낸다. 물론 비행기를 타고 세계 다른 지역으로 여행을 떠나는 경험은 인간과 세계와의 배치를 새롭게 정립하고 개방하는 생산적이고 변혁적인 경험이 될 수도 있다. 그러나 비행의 꾸준하고 리비도적인 강도는 대부분 문화적이고 사회경제적 요인의 결과이며, 문화적·지리적·'경험적' 차이를 소비하려는 특정한 욕망의 선과 교차한다. 이것은 수 세기 동안 계속된 자본주의와 유럽 중심주의의 확장, 그리고 식민지화에 의해 조성된 "제국주의적 삶의 방식"에[32] 그 바탕을 둔다. 또 미지의 세계에 대한 신화, 여행이 가져다주는 사회적 차별, 그리고 이동성을 가진 직업이 부여하는 사회적이며 경제적인 인정과 권력에 대한 욕구 등에 기반한다. 이 같은 욕망의 선은 주로 자본주의적 흐름에 따라 나타난다. 따라서 중요한 것은 이처럼 명확하게 심리적인 경험을 생성하는 사회적 '기계'를[33] 비판하는 것이다. 그렇지 않을 때 우리는 욕망을 억제하게 되고, 변화에 대한 책임을 자기를 부정하는 개인에게 전가하게 되며, 지구를 (모든 방면에서) 무분별하게 소비하는 충동에 순응하면서 '구조'가 변하기만을 기다리게 된다.

앙리 르페브르의 "일상 비평"critique of everyday life은[34] 현재 우리의 욕망을 가장 강력하게 이끄는 것이 무엇이며, 어떤 방향으로 이끌고 있는지를 이해하는 데 도움을 준다. 또 일상에서 다른 가능성이 나타나는 순간을 조명하고 그 순간의 잠재성을 빠르게 현실화하도록 돕는다. 예를 들어, 연구 참가자 중에는 환경에 부정적 영향을 주는 이동에 대한 강한 욕구가 전혀 없는 사람들도 있었다. 메리와 윌리엄 부부, 호미카, 그리고 로라가 여기 해당한다. 이들은 모두 (각기 다른 방식으로) 가까운 존재와 정동적으로 충만하고 즐거운 관계를 맺었다. 또 이들은 관광지나 대다수 관광객이 선호하는 활동이나, 빠르고 에너지 집약적인 교통수단으로 인해 생겨난 소외감을 주고/소외되는 시간과 공간을 선호하지 않는다. 이들은 고된 노동과 즐거운 여가를 구분하는 이원론적 사고에서 벗어나 지리적 이동과 타자성의 소비를 중심으로 하는 생활을 거부했고, 주어진 상황에 대한 폐쇄성 대신 새로운 것에 대한 개방성을 보였다. 이 참가자들의 전기적 궤적이 지배적인 자본주의의 (리비도적) 경제 안에서 다소 '비주류' 공간에 머무른 것은 단순한 우연이 아니다. 그들의 삶에는 다운시프팅, 자급자족 농업, 그리고 시장 주도적 존재의 생산 및 재생산 방식에 도전하는 DIY 활동도 있었다. 이 참가자들의 사례는 현대의 여행과 이동 방식이 **본질적으로** 매력적인 것은 아님을 잘 보여준다. 이러한 이동성으로 나타나는 즐겁고 눈에 띄는 **새로운** 경험에는 빠른 교통수단, 숙박 시설, 젠트리피케이션 등 에너지 집약적 배치가 포함되며, 이런 것들은 바람직하며 욕망해야 할 대상이라고 사회적으로 구성된다. 그러나 이 참가자들은 더 친환경적인 이동 패턴을 만들기 위한 다양한 방법, 서사, 일상의 가치, 그리고 정치적 접근법을 제시했다.

이를 언급함으로써 나는 본 연구와 정신분석학에 기반한 대부분의 사회심리학적 접근 사이의 두 번째 차이점에 대해 이야기하고자 한다. 그 차이는 욕망을 에너지 배치의 변화를 방해하는 요인이 아닌, 계속해서 생산적이며 탈영토화하는, 변화를 **이끌어내는** 창조적 힘으로 이해한다는 점이다. 만약 욕망을 어떤 형태의 '배치'라고 부를 수 있다면, 무엇보다 **욕망 자체**가 지속 불가능한 것을 **탈영토화**하고 생태학적 전환을 주도하는 힘으로 기능할 수 있을 것이다. 사무실 내부의 에어컨에 의해 만들어지는 공기가 아닌 신선한 바람을 찾았던 오누르비오, 자유와 애정을 추구한 에린, 그리고 자전거로 이동하면서 자신의 욕구를 충족한 호미카를 생각해 보라. 이들이 보여준 이끌림은 물질주의적materialistic이라기보다는 정동적affective이고 물질적materialist이며,[35] 그 이끌림에 상품이나 사치품은 필요하지 않다. 오히려 이들은 상품과 사치품이 표현의 자유와 능력을 어떻게 제한하는지를 보여준다(이 점은 이후 결론에서 다시 다룰 예정이다). 그렇다면 이런 탈주선은 무엇인가? 그것은 그들의 신체를 포획하고, 틀에 넣고, 그 신체를 관통해 움직이게 하고, '증진'하려 하는 기존 배치(에너지, 욕망, 물질의 흐름)에 대한 몸의 저항이 아닐까? 나는 이처럼 체화된 경험과 비판에 주목하는 것이 일상 연구의 주요 과제 중 하나라고 생각한다.

이는 허무주의적 해방이나 자기충족적 욕망에 대한 지지를 의미하지 않는다. 발레리오의 경우를 보자. 그는 다양한 규율 장치로부터 계속해서 탈주하며 욕망에 대한 **자신만의 권리**를 주장한다. 여기에는 지속 가능한 실천과 창조만이 아니라 생태학적으로 문제 있는 전유적 집합체에 대한 지속적 투자, 즉 자본의 개인주의적이고 자기 확증적 논리와 매우 유사한 권력 의지가 포함된다. 이는 사회경제적·생태학적 시스템에 인간이 포함되는 것을 촉진하는 주체적 형태를 상상하는 데 도움이 되지 않는다. 그럼에도 나는 글 전체에서 욕망이 다른 방식으로 작용한 여러 기회를 포착했다. 예컨대 욕망이 생태적 **미적-윤리학**으로 기능할 때를 들 수 있다. 내가 지향하는 바는 욕망의 본질적 환원 불가능성을 존중하면서 그에 대한 질문을 던지는 것이다. 그 욕망의 결과는 무엇인가? 어떤 변화의 기회가 있는가? 그리고 불가능한 배치에 그 욕망은 어떻게 영토화하는가? 이런 질문을 통해 일상의 비평은 욕망의 잠재력과 위험성 모두를 탐구하는 작업이 된다.

몸에 대해 이야기하며 나는 일상 생태학에 대한 대부분의 사회심리학적 접근과 본 연구 사이의 마지막 차이점을 제시하려 한다. 사회심리학적 접근법은 주로 의미의 패턴에 집중하곤 한다. 물론 모든 종류의 관계성이 의미의 체계 내에서 또는 그 체계를 통해 형성되는 것은 사실이다. 그러나 학계에서 상대적으로 덜 중요하게 여겨온, 감각적인 물질의 신체적이며 욕망에 찬 강도를 통해 나타나는 정동적 근접성도 그와 마찬가지로 중요하다. 그 예로 로라가 말한 것처럼 나무 화로를 가스 난방보다 선호하는 이유는 또한 "자연스러운 따뜻함이 더 좋아서"이고, 대량 생산 식품보다 지역 농부가 생산한 식품이 더 맛있기 때문에 좋은 것이며, 대량 생산된 커튼 대신 직접 만든 커튼을 선택하는 것은 제작의 즐거움(과 자부심) 때문이고, 바람에 떨어진 과일을 선택하는 것도 환경에 대한 정동적 강도나 그 환경의 색감과 질감 때문이다. 일상의 생태와 변화는 결국 이런 비기표적이고 비논리적인 특성과 분리할수 없으며, 이러한 특성은 일상 경험의 핵심적 부분이기도 하다.[36] 이는 물질적 또는 기술적 결정론의 시각, 즉 물건과 대상이 직접 어떤 '호소'를 해서 주체를 대상으로 이끌거나 거부 혹은 애정을 '불러일으킨다'는 뜻이 아니다. 그보다는 생태적 전환의 궤적을 상상하고 형성할 때 몸의 배치의 의미 생성이나 상징적 표현에만 초점으로 둘 것이 아니라 그 내재된 힘과 잠재력을 고려하고 귀를 기울여야 한다는 뜻이다.

이런 맥락에서 흔히 **다른 것보다 더 중요하게 다뤄지는** 대상이나 물질에 대해 생각해 볼 필요가 있다. 특정한 물건, 대상, 또는 행위가 환경에 대한 관심의 측면에서 다른 것보다 더 '강력하게' 작용하는 것처럼 보인다. 음식은 분명 그중 하나다. 로라, 발레리오, 앨리슨, 마크, 클레어, 그리고 엘레오노르의 사례가 이를 가장 뚜렷하게 보여주지만, 사라 그리고 메리와 윌리엄의 사례에서도 이 점은 반복해서 드러났다. 음식은 어떤 의미에서 강렬함을 지닌 대상이다. 이는 음식이 곧바로 우리 몸의 일부로 전환되고 몸의 (재)생산 과정에 깊고 동적으로 연결되어 있기 때문일 수 있다.[37] 다른 형태의 물질과 에너지 중에서도 더욱 중요하게 여겨지는 것들이 있는데, 예를 들면 이동성과 관련된 대상에서도 이런 특성이 나타난다. 특히 자전거는 자연과의 재연결을 상징하며 동시에 그러한 연결을 구체화하는 정동적으로 강력한 대상으로 투자되고 나타난다.[38] 또 물은 고대로부터 생명의 재생산과 관련된 흐름과 깊이 연결된 역동적인 배태성 저장소로 간주된다.

이런 '강력한 대상'은 사람들의 일상 경험에 깊숙이 내재된 의미를 지니기 때문에 지속 가능한 전환에 있어 유리한 점을 보인다. 생태계나 지구 혹은 먼 곳에 사는 타인에 대한 책임처럼 추상적이고 보편적인 요구와 달리 이러한 에너지와 물질은 주체의 삶에 직접적으로 작용하며, 그들의 '피부', 장기, 생식 과정, 감각, 신체 움직임과 직접 접촉한다. 그러나 강렬한 대상의 특성에는 양면성 또한 있다. 한편으로는 이 강렬함이 다른 차원의 관계성으로 확장되는 능력을 발휘한다.[39] 예컨대 유기농이나 식물 기반 식품에 대한 애착이 세상의 생동감 있는 상호 연결을 세밀하게 인식하는 새로운 관점을 통해 다른 생활 습관에도 변화를 불러오고, 그 변화에 새로운 의미가 부여된다. 그러나 반대로 이러한 물질이 **너무** 강렬해서 다른 대상, 특히 멀리 떨어져 있거나 눈에 잘 띄지 않는 것들로부터 주의를 분산시키기도 한다. 그 다른 대상의 생태적 중요성이 비슷하거나 그 이상일 때도 마찬가지다. 발레리오의 사례가 입증하듯이, (건강한 유기농) 음식이 지속가능성의 측면에서 강렬하게 투자됨에 따라 다른 중요한 문제들에 대한 에너지와 관심이 감소하고 눈에 띄지 않는 비생태적 행위(예: 자동차 운전, 패스트패션 의류 구매)가 지속될 수도 있다.

이런 긴장감은 일상의 에너지 사용에 대한 '후기 표상주의적' 접근 post-representational approaches에 **경고**를 보내는 듯하다.[40] 일상의 에너지 배치에서 정동적인 강도가 흐르고 나타나야 하지만, 이를 단순한 순간의 감각적 체험이나 재연결로만 이해해서는 안 된다. 지속 가능한 생활을 위한 다양한 차원의 노력에 대해 언급할 때마다 나는 항상 몸과 생명력 있는 물질과의 상호작용이 생각과 담론, 즉 윤리, 도덕, 가치, 그리고 서사에 의해 영향을 받아 구성되고 표현된다고 강조했다. 이런 담론으로 인해 우리의 감각은 현재라는 즉각적인 시공간을 초월해서 보이거나 보이지 않는 과거, 현재, 그리고 미래의 지역적이며 글로벌한 생태의 흐름에 연결된다. 확실히 이러한 감각 외의 영역에도 감각적 영역만큼이나 강한 **욕망**이 있다. 그러나 이러한 감각 외의 욕망은 지배적이고 지속 불가능한 에너지 흐름에 대한 의미 있는 경험적 비판을 제시하는 데 있어 다른 방식으로 필요하다.

이에 대한 논의를 이제 멈추고 일상 생태학 연구 방법론에 대한 이 책의 기여에 관해 고찰하고자 한다. 방법론은 중요한 성찰을 불러일으키는 데 결정적 역할을 했다. 나는 감각 민족지학 방법을 통해 연구의 일부분으로 형성되는 배치 속으로 내 몸과 마음을 완전히 몰두했다. 이런 방법론을 적용했기 때문에 연구 과정은 상당히 비구조적이었을 것이다. 즉 미리 정해 둔 틀에 맞춰 움직이기보다는 현장의 고유성과 차이에 열린 태도로 연구를 진행했다. 그리고 이 과정에서 나 자신의 다양한 역할과 위치(연구자, 개인, 어린이와 어른, 여성 및 동물로서의 선)를 완전히 노출하고 그에 따른 위험도 감수했다. 인터뷰를 통해 시간 속에서 변화하는 의미, 담론, 실천, 정서/감정을 탐구했고, 관찰을 통해 사람들의 에너지 사용에 대한 실질적 인식을 얻었다. 현장에서의 (비)개인적 몰입은 에너지 배치의 경험적 혼란스러움, 복잡성, 그리고 고유성 등의 특징을 포착하는 데 도움을 주었고, 또 그 배치가 되기에 영원히 열려 있으며, 동시에 욕망 속에 그리고 욕망을 통해 고착되어 있음을 알게 해주었다. 그러나 이는 연구자의 몰입이 연구 대상의 삶에 관하여 어떤 객관성이나 공감적 접근을 보장한다는 뜻은 아니다.[41] 현장에 있다는 것은 근접성뿐 아니라 극도의 타자성을 경험한다는 의미이기도 하다. 연구자로서 내가 주장할 수 있는 부분은 내 연구가 움직이게 한 배치와 그 배치가 나에게 미친 영향에 관한 (부분적이고 맥락적인) 지식일 뿐이다. 기쁨, 거절, 쾌락, 추위, 살아 있다는 느낌, 맛, 감탄, 친밀감, 거리 등 이 모든 경험은 내게 일상에서 나타나는 **정동**의 중요성을 깨닫게 해주었다. 이런 방식의 민족지학 연구를 통해 나는 생태학이 그 무엇보다도 인간을 넘어서는 생명력의 문제라는 절대적 확신을 갖게 되었다. 극도로 경험적 차원에서 나는 **감각(감지하고 영향을 주고받는 것)**이야말로 삶에 의미를 부여한다는 것을 깨달았다. 즉 생태학은 생명의 **미적-윤리학**이다. 따라서 다양한 정서를 표현하는 데 도움을 주는 다양한 매체의 사용은 이 연구에서 매우 중요한 부분이었다.

또 중요한 것은 일상과 내 개인적 경험의 지금-여기라는 순간적 실재에만 머무를 수 없다는 점이다. 정동은 깊은 성찰을 요구했고, 슬픔은 더 깊은 비판을 촉구했으며, 그 비판은 슬픔과 기쁨에 대한 기존의 생각을 해체하는 과정으로서의 사고를 요구했다.[42] 나는 다음으로 나아갔다. 다양한 방식으로 내게 영향을 미치는 것이 무엇인지 질문하면서 정동을 넘어 대상, 담론, 생각, 장소, 역사, 문화와 같은 영역으로 탐구를 확장해 나갔다. 물이 차올라 있는 길을 맨발로 걷는 기쁨은 하나의 정동이었지만,[43] 나는 그 아름다움을 넘어 우리의 존재를 지탱하는 자연과의 접촉에 있는 더러움에 대해, 그리고 그 경험을 살균 소독하며 그로부터 점점 멀어져가는 현대 문명에 대해 성찰하게 되었다. 그리고 이로부터 다시 잠재적으로 변혁적인 몸과 땅의 교차를, 땅과 관련된 문화와 '더러운' 방식으로 땅과 결합하는 역사를 되짚어보게 되었다. 이는 단순히 농업의 관점뿐만 아니라 호수를 느끼는 것처럼 단순하면서도 강렬한 삶의 즐거움을 느끼는 차원에 관한 생각이었다. 물론 내가 인식하는 것은 그 순간의 맥락과 내 개인적 욕망에 근거하며, 따라서 나의 인식을 보편타당한 기준으로 볼 수는 없었다. 그렇지만 그 경험은 내게 생태적 전환에 대한 **어떤 새로운 관점**을 열어주었다. 그것은 바로 피부를 통해 자연의 '더러움'을 직접 느끼는 삶의 관점이었다.[44]

따라서 나는 '후기 질적' 연구에서 종종 볼 수 있는 방식과는 약간 다르게[45] 정서의 순수한 힘을 사고와 결합하려고 했다. 또 데이터에 완전히 빠져드는 경험을 내 연구 결과와 방법에 대한 성찰적 질문과 병행하려고 노력했다. 이를 통해 경험의 개방성과 유동성뿐만 아니라 그에 **더해** 그 경험의 홈이 패인, 영토화된, 끈적한 측면을 동시에 부각하려 했다. 이 과정에서 개념은 내가 현상을 다르게 볼 수 있도록 해주었고, 개념화가 없었다면 드러나지 않았을 것들을 현실로 드러내는 데 도움을 주었다. 이론을 주입한 연구가 데이터를 미리 정해진 틀에 맞춰 조작하고 통찰을 제한할 수 있다는 주장도 있지만, 내가 사용한 개념들은 그 자체의 특성 덕분인지 반대의 효과를 가져왔다. 이 개념들은 새로운 것에 대한 감각을 열어주는 도구였고, 그런 도구가 필요하지 않은 때는 자연스럽게 뒤로 물러났다. 나는 개념화가 일상 생태학 연구를 **비판적이고도** '경험 근접' 방식으로 바라보게 만들어주는 핵심적 도구라고 믿는다. 왜냐하면 사고와 개념은 연구자가 눈앞의 현장을 넘어 더 넓은 세계로 눈을 돌릴 수 있게 해주기 때문이다. 나는 글을 쓸 때 독자가 내 현장 경험을 더 잘 느낄 수 있도록 작은 이야기나 서사를 더하려고 했다. 논리성만이 아니라 다른 방식으로도 내 주장을 전달하려고 노력했다.[46] 그러나 동시에 내가 전달하려는 내용의 명확성과 논리성을 유지하려고 노력했다. 단순히 정동만을 강조하다 보면 논리를 잃어버릴 수 있는 이상하고 안타까운 반전이 나타날 수 있기 때문이다. 삶은 논리와 정동, 이 둘 다로 이루어져 있다.

새롭게 부상하고 있는 '후기 질적 연구' 전통과의 대화 속에서[47] 나는 사회적 복잡성을 존중하는 연구 방법을 제안했다. 그것은 일상의 경험에 내재하는 물질적·리비도적·담론적 측면을 모두 포괄하는 복잡성을 존중하는 것이다. 인터뷰를 넘어선 참여 관찰법은 욕망의 혁명적 측면과 기존 체제를 유지하려는 측면을 모두 구체적으로 탐색하는 방법이며, 따라서 사회심리 연구 방법론에 기여할 수 있다. 이 접근법은 현장에서 펼쳐지는 구체적 현실에 관한 이해를 촉구하고, 욕망의 사회정치적이고 구체적 측면에 관한 더 깊이 있는 분석을 제안한다. 또 개인의 주체적 경험을 넘어섬에 따라 환경 사회과학에 새로운 정치적 기회를 연다. 욕망의 다루기 어려운 본질을 인정하면, (아무것도 바뀔 수 없다고) 낙담하거나[48] 사회적 기대와 공언된 가치에 맞춰 개인의 행동을 조정하고 규율하는 방향으로 가지 않을 수 있다. (환경을 해치는) 주체성을 불러일으키는 거시적 조건에 주목함으로써 사회 구성이 집단적으로 다르게 형성될 가능성을 모색할 수 있다. 마지막으로, 삶의 욕망 그 자체를 내재적이고 경험적으로 추적함으로써 욕망의 본질에 충실할 수 있는 방법론을 제안했다. 욕망의 선이 자체적으로 표현하는 비판은 의식적이든 무의식적이든 몸의 저항을 통해 나타나며, 이런 저항은 새로운 사회적·정치적 해방의 필요성을 강조한다.[49]

한계, 그리고 급진적 생태-사회적 변화 공간으로서의 일상

욕망의 물질성과 생산성에 대해 이야기하면서, 나는 모든 생태학적 성찰에 있어 중추적인 문제, 즉 한계의 문제에 점점 다가가게 되었다.[50] 현재 우리가 직면한 경제와 일상의 지속불가능성은 지구가 물질의 원천이자 '폐기물의 보관소'로서 한계에 도달하고 있다는 사실과 밀접하게 연관되어 있다. 동시에 한계 문제는 미시적 및 거시적 수준에서 더 겸손하고 생태적이며 덜 착취적인 배치를 창출하는 노력에서도 핵심이다. 한계에 대한 논의는 지속가능성에 대한 담론에서도 흔히 나타나며, 제도 및 정책 수준에서도 중요하게 여겨진다. 이는 (오누르비오가 그랬듯이) 낭비적이고 해로운 행동을 제한하는 것(예: 수도꼭지를 잠그고, 전등을 끄고, 차량 사용을 줄이는 등)이 환경에 '이로워' 보이기 때문이다. 그러나 나는 한계(제한) 자체가 생태계와의 새로운 관계의 기반이 되어서는 안 된다고 (그렇게 될 수도 없다고) 주장한다. 변화는 욕망과의 생산적 관계를 포함할 때만 현실에서 '지속 가능'하기 때문이다. 메리와 윌리엄, 호미카, 로라, 사라, 그리고 앨리슨의 사례가 이를 보여주었다. 이들 모두에게, 에너지를 적게 쓰는 생태적이고 풍요로운 삶의 기반은 바로 획득과 착취에 대한 (때로는 적극적인) 한계의 설정이었다. 그러나 이 과정에서 이들의 욕망은 살아 있었고, 그 정서와 능력 또한 강화되었다. 삶은 정동적으로 더 풍부해지고 더 감각적이고 야생적이 되었고, 이들은 삶의 아름다움을 계속해서 추구했다. 여기서 물질의 중요성이 다시금 부각되는데, 정동적으로 풍부한 한계 경험이 물질 및 에너지와의 역동적이고 신체적인 재연결을 포함한다는 점이 드러났기 때문이다.[51] 비판 생태학이 직관한 대로, 현실의 삶 속에서 인간과 비인간의 몸 사이에 체화된 배치의 작동이 개입할 때마다 생태학적 배태성이라는 존재의 본질에 관한 감각이 높아지는 결과가 나타났다. 이는 삶의 물질적 구성, 즉 물질의 행태지원성, 시간성, 한계, 그리고 능력과 다시 연결되는 경험이며 새로운 발견이다.[52]

여기서 흥미로운 점은 정동적으로 풍부한 한계(에 대한 욕망) 및 물질과의 재연결이 정치적 해방 효과를 가져온다는 것이다. 첫째, 끝없는 상품의 세계에서 물질적 한계는 욕망에 어느 정도의 자율성을 부여한다. 한계로 인해 주체의 욕망이 주어진 사회적 결정으로부터 (적어도 부분적으로는) 해방되는 것이다. 이때 주체는 사회적으로 정의된 필요보다는 자신만의 고유한 필요에 더 민감하게 반응하는 '비주류적' 회복탄력성을 가진다.[53] 앨리슨의 사례는 이 점을 잘 보여준다. 앨리슨은 환경적 이유로 소비를 제한했지만 이를 통해 자신이 이미 너무 많은 옷을 가지고 있고 이것이 오히려 삶에 부담이 된다는 사실을 깨달았다. 그녀가 깨달은 필요의 감각은 무한 성장을 추구하는 경제 논리와는 어긋난다. 둘째, 물질적 한계는 물질과 권력의 확립된 흐름으로부터 자유로워질 수 있는 조건을 생성하도록 주체를 밀어붙인다. 슈로스버그의 관찰에 따르면, 이 움직임은 지속 가능한 물질주의sustainable materialism의 형태로 나타난다.[54] 즉 사회적 행위자들이 기본적인 물질과 에너지의 흐름을 지속 가능하고 물질적인 방식으로 재구성함으로써 자신의 존재 조건에 대한 통제력을 회복하게 되는 것이다. 발레리오의 소비자 연대(GAS) 활동, 호미카의 DIY, 메리와 윌리엄의 리사이클링과 업사이클링 프로젝트, 협동조합의 발전을 이끈 로라의 활발한 참여 등. 이 모두는 자기 일상의 행태지원성과 그 결과가 모두 자신의 통제 밖에 있다고 생각하게 만드는 세계화된 경제-생태계에 속한 주체들이, 그 "통제 불능의 세계"에 (의식적 혹은 무의식적으로) 어떻게 저항하는지를 보여준 사례다.[55]

물론 이런 독립성과 자기 주도성을 향한 움직임이 '닫힘'을 의미하거나 혹은 초래할 수도 있다. 이는 우리의 몸이 알 수 없고 통제할 수 없는, 아마도 "나쁜 만남"인 해로운 요소들에게 지속적으로 침투당하며 불안감을 느낄 때 나타나는 일종의 면역 반응이라고 볼 수 있다.[56] 그럼에도 나는 이런 욕망에는 무언가가 더 있다고 생각한다. 그것은 일상적 정치 참여 그리고 지속 가능한 배치 둘 다를 촉진할 수 있는 어떤 힘이다. 실제로 주체의 통제권을 회복하는 것은 세계를 악한 강자와 선한 약자로 이분해 나누는 '도착적' 경향에 대항할 기회를 열어준다. 나는 사라와 발레리오의 사례를 통해 이 이원론이 지속 불가능한 체제에 대한 사람들의 일상적 순응의 바탕이 될 수 있다고 지적했다.[57] 삶의 가장 근본적인 측면에 대한 통제권을 회복함으로써, 주체는 변화가 수반하는 모든 것에 대한 책임과 일상의 존재를 구성하는 배치 내에서의 책임을 다시 얻어낸다. 이는 권력이 차별적으로 분배된다는 사실을 부인하거나, 지속 가능한 행동 변화에 대한 책임이 무비판적으로 모든 사람에게 동일하게 부과되는 현실을 받아들인다는 뜻이 아니다. 오히려 주체는 욕망과 한계를 통해 세계에 대한 통제와 결정권을 다시 얻으려 노력한다.[58] 게다가 세계를 더 깊이 이해하려는 의지(따라서 세계와 더 잘 연결되려는 의지)가 반드시 세계를 더 효과적으로 지배하거나 통제하려는 의지를 의미하는 것은 아니다. 오히려 지식을 획득하는 과정은 세계의 축소 불가능한 경이로움과 복잡성을 체험할 기회가 될 수 있다. 이 과정을 통해 주체는 존재를 세계의 역동적 순환 속에 더 의식적으로 통합할 수 있다. 그리고 이렇게 함으로써 생태계의 능력, 지속가능성, 그리고 그 한계에 대한 민감성을 높이고, 지속 가능한 한계 내에서 더 능숙하게 행동할 수 있다.

신물질주의에서는 물질적 실재마저도 깊은 의미에서 구축된다고, 즉 지속적 '되기'의 상태에 있다고 인식하며 욕망을 무한한 것으로 여긴다. 이러한 신물질주의의 틀에서 볼 때, 한계와 자기 절제가 정치적 기회로서 나타날 수 있다는 주장은 역설적으로 보이기도 한다. 인간과 자연의 잠재력에 확고한 한계를 두지 않는 것은 이종 결정hetero-determination을 부인하는 해방적 방법으로 제시되었다.[59] 그러나 이런 주장은 한계를 부인하고 타자와 자신의 차이를 무시하는 '파시스트'적 혹은 신자유주의적인 자기 확증적 관점이라는 비판을 받았다.[60] 들뢰즈와 가타리 스스로도 욕망이 이러한 함정에 빠질 위험이 있다고 엄중하게 경고했다.[61] 그러나 욕망의 경험에서 나타나는 생산성은 인간의 본질적 필요이며 따라서 단순히 무시할 수는 없다. '움직임'이라는 주제와 새로운 발견은 본 연구의 데이터에서 계속해서 나타났으며, 참가자들은 이를 삶의 감각, 그리고 창의적 변화의 동력과 밀접하게 연결해서 이야기했다. 오누르비오와 '그'를 표현하는 자유로운 공기, 클레어와 벌새의 움직임, 로라가 자주 업데이트하는 새로운 채식 레시피, 그리고 한계를 뛰어넘은 인간을 향한 호미카의 매료까지. 내가 이를 통해 말하고자 하는 것은 생산성과 한계를 초월하고자 하는 의지가 인간 경험의 존재론적 특성이라는 주장이 아니다. 사실 이런 것들은 자본주의적 리비도 경제의 구체적 결과일 수 있다. 그러나 일상의 배치의 일부로서 이러한 생산적 움직임이 주체의 경험 차원에서 어떻게 나타나는지는 분석해 볼 가치가 있다. 논의 과정에서 가장 중요했던 것은 이러한 생산성의 형태와 논리, 그리고 욕망의 움직임을 실용적 측면에서 구체적으로 평가하는 것이었다.

이런 논의가 제시하는 바는, 한계와 한계를 넘어서는 움직임, 자기 절제와 생산이 모두 얽혀 있는 이 복잡한 상황에서 "문제에 머무르는"[62] 방법이 다양하다는 점이다. 자본주의와 신자유주의, "욕망의 기계"에 완전히 투입된 주체는 삶이 계속 흐르며 보여주는 되어감becomingness에 이의를 제기하지 않고 받아들인다. 그 계속해서 나타나는 되어감은 다음의 발견, 다음의 배치, 그리고 다음의 경험을 찾는 움직임으로 나타난다. 오누르비오가 말했듯, **"다음은 무엇인가?"**라는 물음이 나타난다. 이 움직임은 종종 불만족스럽고 무의미한 통제의 추구로 변모하지만, 주체가 그 움직임을 인식하고 내면화하면 다른 욕망을 기반으로 한 독특한 형태의 생산성이 나타난다. 이런 생산성은 연결과 강렬함 그리고 기쁨과 **황홀함**의 자기 결정적 순간으로 경험되는 한계이며, 작은 꽃 한 송이를 바라보며 자신을 잃는 바로 그 순간에 나타나는 생산성이다. 이러한 생산성에서 욕망을 기존의 규범에 결박하는 돈과 상품, 그리고 자기에 대한 집착으로부터 거리를 두는 새로운 여정이 시작될 수 있다. 그 것은 우리가 뿌리내린 생태계를 향한 "신선한 공기의 숨결"이다.[63] 욕망 은 물러설 수 있지만 다가와서 다시 점령할 수 있고, 새로운 것을 창출 할 수 있지만 사멸할 수도 있다. 욕망은 혁명적일 수 있지만, 자본의 '공 리' 위에 나타나는 강력한 재영토화의 정확한 지점이 될 수도 있다.[64] 따 라서 중요한 것은 특정 상황에서 욕망이 어떤 실천과 정치로 나타나는 지를 평가하는 일이다.

이렇게 해서 이 논의는 이 책의 가장 핵심 연구 문제로 이어진다. 그 것은 일상이 어느 정도까지 사회-생태적으로 해로운 후기 자본주의의 배치에 대한 변화와 저항의 장이 될 수 있는지, 또 그로부터 대안적인 생태적 관계로 나아갈 가능성이 얼마나 있는지에 관한 질문이다. 일상 은 반복 그리고 차이가 공존하는 곳이자, 지배적이고 생태 파괴적인 물 질-욕망의 흐름으로부터 탈주선이 나타나는 곳이며, '좋은 삶'의 확립 된 형태에 대한 저항이 실현되는 곳이고, 또한 주어진 배치에 대한 고 착과 강력한 재영토화가 나타나는 곳이다. 생태적으로 더욱 민감한 새 로운 삶의 방식으로 개방되는 순간들이 지속적이고 중요한 변화를 초 래할 수 있는지는 여전히 논란의 여지가 있다. 앞서 언급된 분석만을 놓고 볼 때도, 개방과 파열의 순간이 얼마나 지속 가능한 일상 생태계 의 구축으로 이어지는지를 평가하기 위해서는 장기적인 연구가 필요하 다. 그러나 확실한 것은, 중대한 변화가 일어나기 위해서는 그 변화가 안착하고 성장할 수 있는 **집단적** 영토가 필요하다는 점이다.[65] 새로운 영 토를 찾지 못한 탈주선은 결국 무익한 패턴을 반복하다 끝나거나, 그것 이 탈주하려던 기존의 배치(또는 유사한 배치)로 돌아가게 된다. 하지만 그 탈주선이 물질적·문화적·사회적 삶의 영토를 다시 찾게 되면, 영토화된 배치를 흔들지만 눈에 잘 띄지 않는 사건들조차 눈에 더 크게 띄는 변화의 기초가 될 수 있다.[66]

어떤 행동이 긍정적인 집단적 진보에 기여하는 것인지, 그리고 어떤 행동이 단순히 개인적 '회피'에 불과한지의 구분은 본질적으로 명확하지 않다. 예를 들어 발레리오가 윤리적 구매 그룹(집단적 노력)에 참여한 일을 생각해 보자. 그의 이런 활동은 새롭고 더 공정하며 생태적으로 건전한 세상을 만드는 목표와 반드시 일치하지 않는 다양한 행동이나 가치, 욕망과 함께 나타났다. 발레리오의 세계관은 '만인에 대한 만인의 투쟁' *bellum omnium contra omnes* 으로 이는 (적자생존보다는) 약육강식의 세계를 의미한다. 반면 호미카의 지속 가능한 삶을 향한 노력은 어떤 면에서는 '개인화된' 것이지만, 항상 그리고 이미 그 안에 집단적 표현을 명백하게 포함하고 있다. 그가 아들을 교육하는 방식, 프로세코종 단일 재배에 반대하는 지역의 환경 시위에 참여한 일, 그리고 스스로 지속가능 농법permaculture 강좌를 찾아 듣는 것이 그 예다. 이런 현실의 복잡성을 감안할 때, 일상의 신환경주의가 어떤 **형태**를 취하더라도('개인화된' 것이든 집단으로 조직된 것이든), 그것이 지속가능성을 향한 의미 있는 전환이 될지 여부는 대안적이며 지속 가능하고 덜 폭력적인 사회-물질적 흐름을 통합하고 생성하는 욕망의 능력에 달려 있음을 알 수 있다. 그로브스 연구팀이 주장한 것처럼,[67] 본 연구의 데이터에서도 이러한 욕망의 능력이 더 많이 나타나고 존재할수록 더 많은 행위자가 그것에 끌려 지속가능성을 위한 행동에 참여한다는 점이 나타났다. 이번 연구는 변화와 더 정의롭고 공정하며 지속 가능한 경제를 향한 **열망**이 얼마나 큰지를 계속해서 보여주었다. 사라와 그녀의 토마토 혹은 그녀가 현지에서 사고 싶어 하는 나무, 클레어와 마크 그리고 엘레오노르의 폭력과 지배에서 벗어난 사회에 대한 열망, 그리고 플라스틱이 가득한 죽은 물고기를 더 이상 보고 싶지 않은 오누르비오의 의지 등. 이런 외침은 많은 경우 해결책이나 대안을 찾을 수 없어 느끼는 좌절과 함께 나타났다. 그럼에도 이런 외침 그 자체는 욕망이 부화하고 있음을, 즉 말 그대로 물질화되길 기다리고 있는 그 욕망에 잠재성이 있음을 의미했다.[68]

이 맥락에서, 연구 데이터 전반에 걸쳐 나타난 "변화를 위해 **각자의 역할을 한다**"는 표현을 잘 살펴볼 필요가 있다. 나는 이 말이 일상이라는 미시 수준에서 변화를 이해하려고 할 때 나타나는 모호함을 보여준다고 생각한다. 철저하게 시장의 논리와 개인주의에 따라 작동하는 사회에서, "우리는 사회의 일원이므로 변화를 일으킬 책임이 있다"라는 오누르비오의 말은 기존 시스템 **안에서** 책임 있는 선택을 하라는 요구를 의미한다. 이런 선택은 유기농 제품을 소비하거나, 켜진 불을 끄거나, 비건이 되는 것 같은 행동이다. 피셔[A. Fischer]와 그의 동료들이[69] 지적한 대로 단지 행동이 부족한 상황이 아니라 사회, 정치, 경제가 아예 통제 불가능해진 상황에서, 개인의 소비 선택은 변화를 만들기 위한 (유일하게) 가능한 수단으로 떠오른다. 그러나 이러한 사고방식의 문제는 환경 문제를 비정치화하고, 애초에 문제를 일으킨 동일한 사회경제적 흐름 내에 그 문제를 가두게 한다는 점이다. 지속가능성의 배치에 특히 더 많은 투자가 있는 어떤 상황에서는(마크와 엘레오노르, 클레어의 경우, 그리고 어느 정도 앨리슨의 경우도 포함하여), **각자의 역할을 하라**는 말에 규율적 색채가 나타난다. 즉 지속가능성에 대한 주류적 해석을 기반으로 환경 발자국을 줄이는 자기 통제가 강요되는 것이다.[70] 오누르비오나 에린의 경우처럼 또 다른 상황에서는 욕망이 지속 불가능한 배치를 향하고 그러한 배치와 너무 깊이 얽혀 있기 때문에, 일상의 미시 수준에서 실행될 수 있는 지속 가능한 대안 자체가 보이지 않기도 한다. 어떤 면에서, 대안이 존재하지 않으므로 생산적일 수 없는 상황이 나타나는 것이다. 이런 맥락에서 **자기 몫을 하는 것**은 형식적 움직임에 그치게 되며, 실제로 그런 변화가 나타난다고 해도 앞으로 다가올 과제의 규모와 복잡성에 대응하기에는 충분치 않다. 게다가 고립되어 나타나는 일상 행동의 변화는 극도의 비가시성 때문에 무력감을 초래한다. 따라서 **각자 해야 할 일**은 다른 (욕망하는) 우선순위에 방해가 되지 않는 한에서만 받아들여진다.

하지만 때로는 어떤 믿음이 개입하기도 한다. 그것은 발레리오 말했듯, 나의 행동이 "드넓은 대양 속 작은 물방울에 불과할지라도 **그럼에도**" 이 작은 물방울이 점점 모이면, 의미 있는 변화가 일어날 수 있다는 믿음이다. 이런 믿음은 새로운 사회운동을 촉발하고, 미시적 행동에 정치적 의미를 부여한다.[71] 이렇게 될 때 **각자의 역할을 하는** 개인은 다른 가능한 대안이라고는 전혀 없다는 무력감에서 벗어나 변화에 대한 자신의 기여가 작을 뿐이며 이것이 보편적이고 추상적인 규칙으로 강요되어서는 안 된다는 겸손한 인식을 하게 된다. 하지만 세상에서 자신이 점하고 있는 위치가 우발적이라는 그의 깨달음은 냉소주의로 이어지지 않는다. 세상에 대한 믿음과 더욱 활기찬 생태계에 대한 강한 믿음이 잠재성을 실재로 실현하고, 차이와 되기의 욕망을 표현하는 탈주선을 따라가려는 "사건을 촉발하기" 때문이다.[72] 이는 매우 구체적인 차원에서 나타난다. 호미카가 삶에서 한 실험은 퍼포먼스가 아니라 사람들이 일상에서 에너지를 생각하고 사용하는 방식에 실질적 변화를 불러오는 노력이었다. 로라가 미래에 대한 희망을 품게 된 것은 그녀가 집단적인 물질적-사회적-경제적-리비도적-감각적 변화가 점진적으로 일어날 수 있도록 **행태지원성**을 공동으로 창출하는 데 참여했기 때문이다.[73] 이럴 때 각자의 역할을 하는 행위는 각자 **최선**을 다하는 것이 되고, 이는 다가올 미래를 위한 윤리적 상상력으로 변모한다.[74]

다시, 물질주의

이 책에서 다루는 주장은 신물질주의의 공헌과 위험성에 대한 최근의 논쟁과도 맞닿아 있다. '존재론적 전환'과 후기 질적 접근에 대하여 존재론적·인식론적·정치-생태학적 측면에서 여러 중요한 비판이 제기되었다. 이런 비판은 진지하게 고려되어야 하며, 그 비판은 본 연구의 현장 조사, 분석, 전반적인 이론적 전개에도 큰 영향을 미쳤다. 첫째, 존재론적이고 인식론적 관점에서, 후기 질적 접근이 세계에 대한 또 다른 진리를 주장한다는 비판이 있었다. 언어적 전환the language turn이라 불리는 심오한 구성주의 이후 존재론적 전환the ontological turn은 마치 '과학'이 사물의 실제 존재 모습에 대한 참된 설명인 것처럼, 사회적 작용을 설명하기 위해 현대의 최첨단 과학적 발견으로 되돌아갔다. 그러나 이는 사회과학이 엄격한 과학적 기준에 매여 있을 필요가 없다는 해방적·비판적 관점에서 후퇴한 것으로, 자연 세계의 관찰을 사회에 대한 암

호화된 표준 설명으로 받아들이며 사회적 개념을 자연화하는 위험을 저지른다. 세상을 있는 그대로 알고자 하는 인식론적 가정은 위험하다. 이처럼 세상을 있는 그대로 파악한다는 가정은 위험하다. "동일성 사고"identity thinking는 초월성transcendence 이상으로 '자연'에 대한 인간 지배의 기초가 될 수 있기 때문이다.●75 아무리 평면적이거나 구성주의적이라도 지나치게 자기 확신에 찬 인식론은 다른 모든 형이상학과 마찬가지로 진리의 담론이 될 수 있다. 후기 질적 인식론이 실제로 자연에 대한 신자유주의적 지배를 정당화하는 도구가 된 것이 바로 그 증거다.76 만약 후기 표상주의가 지식 과정의 핵심인 '부정성'negativity을 부인하고 급진적인 구성주의적 현실관을 제안한다면, 즉 지식과 실재를 분리하지 않고 실재를 마음대로 구성할 수 있는 것으로 여긴다면, 후기 표상주의 또한 위험할 정도로 식민주의적이 될 수 있다.

이런 위험을 피하려는 시도로 나는 분석 전반에 걸쳐 들뢰즈의77 잠재virtual와 현행actual이라는 범주를 적용했다. 이는 지식에 대한 모든 주장을 복잡하게 만드는 구분이다. 펠리조니L. Pellizzoni가78 지적한 바와 같이, "'순수 내재성'의 수호자인 질 들뢰즈조차도 한편으로는 일반적 경향, 가능성, 문제의 묶음인 '잠재성'과, 이러한 잠재성이 특정 형태로 구현되는 '현행성'을 구분한다." 다시 말해, 지식이 실재를 창조한다고 주장하더라도, 이것이 **전체 현실을 구성한다는 의미는 아니다.** 생각은 기껏해

● [옮긴이] '동일성 사고'는 아도르노가 발전시킨 개념으로, 사고의 대상을 인간의 개념적 도식과 동일화시키는 인식론적 특성을 일컫는다. 여기서는 동일성의 사유가 플라톤부터 내려온 서구의 전통 사유 체계인 초월성의 사유만큼이나 대상의 고유한 성격을 억압하며 자연에 대한 인간 지배를 정당화한다고 지적한다.

야 세계의 잠재적인 부분의 일부만을 현행화한다고 주장할 수 있을 뿐이며, 이는 특정한 기억과 투자에 의존하는 나의 감각적 지식의 일부다.[79] 그러므로 (물질주의) "초월적 경험론"은[80] 세계를 완전히 이해하도록 이끌지 못한다(나아가 **그렇게 되지 않아야 한다**). 왜냐하면 환원할 수 없는 미지의 '나머지'가 언제나 있기 때문이다. 또 내재성의 평면에서 생각이 세계를 구축하고 창조할 수 있다면, 다른 많은 과정 또한 가능하다. 실제로 이 사고방식에서는, 인간이 변할 수 있는 세계에 대해 자신의 의지를 주장할 수 있다는 생각 자체가 의미를 잃고 자유 의지는 환상처럼 보이기 시작한다. 모든 지식은, 심지어 평면적 존재론조차 세상에 놓인 자신의 위치에서 비롯되고 그 위치에 의존할 수밖에 없다. 이는 사회과학에서 나타나는 성찰성에 관한 논의와도 일맥상통한다. 연구자가 연구 현장을 어떻게 구성하고 조사하고 해석하는지는 언제나 연구자 자신의 위치성에 따라 달라진다. 따라서 연구자는 세계를 있는 그대로 기록하지 않고 해석하며, 그 해석의 과정에서 무언가를 **행하게** 된다.[81]

또 **일부** 신자유주의에서 주체-객체, 정신-신체, 인간-자연 사이의 경계를 흐리게 만드는 경향이 나타나고 있기는 하지만, 이런 이원론이 다양한 담론과 실천에서뿐 아니라 제도적이고 일상적인 차원에서도 여전히 존재한다는 점에 주목해야 한다.[82] 예를 들어, 사회과학에서는 언어와 의미 생성, 진화, 역사의 '사회적' 영역이 대개 비역사적인 물질이나 자연과는 별개로 개념화된다.[83] 또 이러한 이원론은 신자유주의의 생태적 거버넌스의 특정 형태에서도[84] 그리고 정보 결핍 이론이나 ABC 모델과 같은 정책적 접근에서도 찾을 수 있다. 이런 접근법은 개인을 자율적이며 합리적인 의사 결정권자로 구성하면서 신체, 정동, 상호 연결을 넘어서는 탈체화된 합리성의 우위를 주장한다. 이런 접근은 사회적 해방과는 거리가 멀기 때문에, 이원론의 위계적 구조에 대한 정치적 비판은 여전히 중요할 수 있다.

현장 조사 내내 나는 '평면적' 존재-인식론flat onto-epistemologies이 급진적으로 구성주의적이며 무엇보다도 비이원론적이기 때문에 곧바로 진보적이라는 명제를 받아들이고 이에 동의했다. 이는 현실이 고정되어 있지 않을 뿐 아니라 '자연'에 대한 인간의 존재론적 우위도 없다는 뜻이다. 그러나 펠리조니가[85] 지적하듯이, 인간과 자연의 경계를 모호하게 만드는 것은 현대의 신자유주의 담론과 대립한다기보다는 오히려 위험할 정도로 그 담론에 가깝다. 이런 관점은 또 세계가 유동적 배치의 우연성 속에서 펼쳐진다고 본다. 하지만 이는 해방적인 것과는 거리가 멀다. 오히려 자연 세계의 (가정된) 회복탄력성을 이용해서 자기 설계에 따라 자연을 형성하려는 "자연에 대한 (새로운) 지배"를 강조한다. 예를 들어, 인류세에 관한 마스터 담론을[86] 생각해 보라. 이는 자연과 기술의 경계가 흐릿해지는 기술 과학적 배치 안에서 자연 자체를 조작해 가치를 부여하는 지리 및 생명공학 프로젝트다. 이런 프로젝트의 목표는 파괴적인 사회-생태적 관계의 급진적 변화가 아니라 오히려 그 관계의 강화다.

마찬가지로 존재론적 전환은 주체를 정해진 정체성이나 필요 또는 욕망이 없는, 열려 있고 되기의 과정에 있는 존재로 그린다. 여기서 나타나는 생명주의적 색체는 주체가 스스로 결정하고 자신의 힘을 확장하기 위해 노력할 것임을 암시한다. 주체에 대한 이러한 구성은 관계성, 의존성, 취약성, 그리고 자기 결정의 차별적 기회를 모호하게 만들면서, 개인을 자기 혁신적 존재로 그리는 신자유주의적 구성과 또다시 닮아 있다. 실제로 들뢰즈와 가타리의[87] 욕망 개념이 지구에 대한 소비주의의 잡식성 전유[88] 또는 자기 확장을 위해 늘 한계를 넘는 자본주의적 경향과 연결되어 있다거나 혹은 이러한 경향을 이데올로기적으로 정당화한다는 비판이 있었다. 지구의 생명 유지와 공존에 있어 '한계'가 핵심 개념으로 여겨지는 생태적 위기의 시대에, 생산적이며 무한한 욕망의 개념으로는 환경 윤리와 정치를 제대로 표현해 낼 수 없을 것이라고 여겨졌기 때문이다. 이런 맥락에서는 욕망과 주체성에 관한 사고에 가장 적합한 것으로 라캉의 정신분석학이 지목되었다. 자기 확장을 강조하는 신자유주의에 대항해 여성의 경험에 스며 있는 결핍을 강조하고 한계의 수용을 지지하는 라캉의 이론이 균형추 역할을 할 수 있다고 여겨졌다.[89]

존재론적 전환에는 현대의 환경 정치를 비판하는 대신 바로 그 정치의 문제 안에 머물게 될 위험이 분명 존재한다.[90] 역사적 유물론자와 에코페미니스트는 신물질주의와 구물질주의 사이에 종종 간과되는 공통점이 있음을 지적하지만, 동시에 신물질주의의 엄청난 탈정치화로 인해 후기 자본주의의 권력관계 및 정치 경제/생태에 관한 논의가 배경으로 사라질 수 있다고 비판한다.[91] 이런 관점에서 '존재론적 전환'은 불평등과 생물권의 파괴에 결정적 역할을 하는 재/생산의 사회적 관계를 설명할 수 없을 뿐만 아니라, 생태 위기의 상황에서 전형적으로 나타나는 환경 자원, 책임, 피해의 불공정한 분배에 대한 비판 **또한** 제기할 수 없다. 따라서 맥그리거는 좀 더 '오래된' 물질주의인 에코페미니즘이 신물질주의가 다루는 동일한 문제에 대해 정치적으로 통찰력 있고 따라서 진정으로 해방적인 관점을 제시한다고 주장한다.[92] 신마르크스주의적 통찰과 신물질주의적 감수성을 결합하려는 제이슨 무어의 연구는 이러한 문제를 부분적으로 다루었다.[93] 그러나 근대 이원론을 자본주의적 축적을 지지하는 계급 프로젝트로 보는 무어의 분석은 비이원론적 모호함으로 새로운 종류의 전유와 가치 생산의 기반을 형성하는 또 다른 형태의 이원론을 완전히 설명하지는 못한다.

이런 비판은 특히 환경 정의와 변혁적 아젠다를 추구해야 하는 위기 시대에 극도로 중요하다. 이러한 비판을 통해 드러난 것은 존재론적 전환의 진보적 측면을 유지하려면 무엇보다 그 결점뿐 아니라 분석 도구의 잠재적인 정치 영향력을 심도 있게 성찰해야 한다는 점이다. 들뢰즈와 가타리의 작업을 직접 참조하는 것은 이런 문제의 일부를 해결하는 데 도움이 된다. 예를 들어, **자본주의와 정신분열증**에 관한 들뢰즈와 가타리의 연구에는 자본주의의 '공리'에 관한 비판이 전반적으로 나타나며 주장의 핵심으로 부각된다.[94] 이를 보면, 반자본주의가 욕망, 주체, 사회의 출현에 관한 그들의 개념화의 유기적 일부분임이 너무 자주 간과되고 있음을 알 수 있다. 들뢰즈와 가타리의 설명에 따르면, 배치는 완전히 유동적이거나 임의적으로 나타나는 것이 아니다. 예를 들어, 우리 사회를 구성하는 욕망(물질, 에너지)의 흐름은 앞서 설명한 자본주의 공리의 지배를 받아[그리고 그 공리에 의해 '과코드화되어'(overcoded)] 매우 **특정한** 그리고 구체적인 가상을 현실화한다. 나는 이번 연구의 분석에서, 변혁과 되기의 사례를 찾으려 했을 뿐 아니라 연구의 현장이 어떻게 그리고 어떤 힘의 영향을 받아 '홈이 패이게' 되는지를 탐구했다.

반면에 (물질적) 되기의 힘을 인식한다는 것은 세계가 영원히 예측 불가능하며, 통제 불가능하고, 환원 불가능한 상태로 남아 있다는 뜻이기도 하다. 어떤 구조화하려는 힘으로부터 세계가 계속해서 탈영토화하고 있기 때문이다. 그럼에도 사회적 '기계'에 의해 어찌할 도리없이 구축된 현실을 세계의 이 중대한 환원 불가능성이 가로지르며 '초과'excess가 나타난다. 이는 세계를 마음대로 통제하고 조작할 수 있다는 낙관적 믿음에 제동을 건다.[95] 이런 관점에서는 세계 자본주의라는 테라포밍 프로젝트는 장기적으로 재앙을 초래할 것으로 예측될 수밖에 없다. 자본의 지배 프로젝트에서 자연이 계속 누수하기spills out 때문이다.[96] 또 들뢰즈와 가타리의 욕망의 정치가 신자유주의와 맞닿아 있다는 시각은 그들의 욕망 개념을 지나치게 부분적으로 이해한 결과다.[97] 첫째, 들뢰즈와 파르네가 강조했듯이,[98] 이러한 비판은 욕망과 즐거움을 거의 같은 것으로 오해하고 있다. 사실 즐거움은 욕망을 **사라지게** 한다. 편안한 상황에 너무 만족하면 그 상황에 안주하는 경향이 있기 때문에 탈주선이 사라지고, 비평의 근거도 그와 함께 축소된다. 이 점은 본 연구의 조사 결과와도 일맥상통한다. 삶이 상품으로 채워지면서, 소비 사회가 사회 질서를 유지하고 있었다. 이는 또 마르쿠제H. Marcuse가[99] "억압적 탈승화"repressive desublimation 라고 명명한 것, 즉 지나치게 물질을 향유함에 따라 욕망을 승화하고 새로운 세계를 상상하는 것이 어려워지는 현상과도 유사하다. 욕망이 구조적 틀에 갇히기를 거부한다는 것은 욕망이 한계를 모른다거나 한계를 원하지 않는다는 뜻이 아니다. 오히려 이는 욕망이 스스로 정한 한계에 따라 살아야 하며, 스스로 배치를 생성할 수 있는 상태에 있어야 한다는 관점이다.

나는 개인성individuality을 구축하고 재생산하는 과정을 자본주의의 착취를 영속하게 하는 과정이자 지본주의 경제에 적극 참여하는 과정으로 비판했다. 그러면서 개인성을 바탕으로 욕망을 구축하는 것과 신자유주의적 주체성 개념 사이에 엄청난 간극이 있다는 점을 보여주려 했다. 앞서 살펴본 바와 같이, 타자를 넘어 혹은 타자에 대항하여 자아를 확증하는 것은 근본적으로 자본주의의 공리와 일치한다. 이때 나타나는 자기 결정의 명백한 요구는 몰적 욕망의 선에 복종하고 있음을 보여주는 궁극적 척도가 된다. 급진적인 되기의 개념은 인간이 자신의 능력을 증진하기 위해 다른 세계와 '합쳐진다'는 의미에서가 아니라,[100] 오히려 능력의 증진이라는 개념 자체가 더 이상 의미가 없어진다는 의미에서 인간을 대체하는 것처럼 보인다. 그렇게 근대 구성물이자 지배 성향을 가진 나라는 존재는 배경으로 사라지게 된다. 삶의 역능과 정서는 만남과 그 만남의 정서에 달려 있기 때문에, 나는 개인주의적 자기 확증으로서의 권력 의지를, 타자라는 존재를 **넘어서가** 아닌 타자와 **함께** 번영하길 희망하는 역능 의지와 구별했다.[101] 세계의 역능을 살아가며 경험하고, 그것의 강도에 영향을 받으며, 우리의 자아는 탈영토화한다.

실로 욕망은 사회-생태적 변혁에 있어 위대한 동맹이 될 수도 있다. 만약 현대 사회의 배치들이 대부분 이미 파괴적인 물질적 착취를 따라 구성되었다면, 분자적 욕망과 탈주선은 이러한 물질적(또는 유물론적) 쾌락을 제한하고 축소하는 움직임이 될 것이다.[102] 그러므로 한계는 자기 부정, 죄책감 혹은 슬픔의 용어가 아닌, 기쁨에 찬 영역에 속하게 된다. 바로 욕망이 경제 성장을 맹목적으로 추구하는 자본의 생산주의적/소비주의적 도그마로부터 자신을 해방하는 방법으로 한계를 요구하는 것이다.[103] 이러한 **미적-윤리학**에서 '기쁨'은 인간의(또는 생태계나 자연의) 발전이나 득의양양한 자기 확인의 정서, 또는 세계와의 '행복한' 화해와는 아무 상관이 없다. 기쁨은 강도의 경험이다. 이에 따라 인생은 더 이상 아무것도 요구하지 않게 되며, 마치 수행자의 행복처럼 세상에 대한 충분성과 순수한 개방성이 된다.[104] 그 결과로 도출되는 윤리학은 가만히 멈춰 있기, 배경 되지 않기, 행하거나 차지하지 **않기**, 그리하여 **지각불가능하게-되기**일 것이다.

욕망의 (또) 다른 생태학

이 책의 중심 연구는 위기의 맥락에서 지속 가능한 전환과 일상의 에너지 사용에 관한 질문으로부터 시작되었다. 연구 과정에서 '에너지'라는 장field은 전기, 가스, 휘발유, 석유, 목재처럼 좁은 의미로 축소되지 않았고, 대신 사물, 음식, 영적 에너지, 생명 에너지, 사랑, 되기 등의 체화된 에너지를 포괄하는 것으로 확장되었다. 에너지가 삶에 내재화되면서 **삶 자체가** 연구의 무대가 되었다. 이에 따라 나는 환경의 지속가능성에 대한 관심에서 일상 생태학으로 질문의 방향을 틀었고, 인간적·사회적·생태적으로 지속 가능하다는 것이 무엇인지 생각하기 시작했다.[1] 이 과정에서 인간과 사회-생태적 문제가 휴리스틱heuristic 수준에서조차 구분될 수 없는 것임을 알았다. 사회적 지속가능성과 환경적 지속가능성이 서로를 전제로 한다는 생각은 흔하다.[2] 이 연구는 이런 상호의존성이 일상 경험의 미시적 수준에서도 사실임을 민족지학적 방법

〈그림 C.1〉 출처: 호미카

론을 통해 보여주었다. 그러나 나는 이 연구가 (일상의) 삶의 욕망하는 그리고 **신체** 측면에서의 지속가능성 없이는 환경적 지속가능성도 없다는 사실 또한 보여줬기를 바란다. 자연은 '저기 밖에' 있는 것이 아니며, 인간의 존재는 생태적 과정에 필수적이다. 따라서 '환경' 파괴는 주관적 사건이며, 우리 존재의 주관적 측면 또한 환경 파괴의 영향을 피할 수 없다.[3] 우리는 생태 파괴를, 또한 폭력을 거부하고 그저 존재하고자 하는 욕망을 긍정할 때 나타나는 생명의 힘을 주관적으로 인식한다. 이는 호미카가 나에게 보낸 '에너지'를 대표하는 사진에서도 잘 나타난다 (〈그림 C.1〉).

이 사진을 보고 나는 팀 잉골드의 다음 성찰을 떠올렸다.[4]

> 현대 사회는 물론 이러한 혼돈을 싫어한다. 하지만 공학의 엄청난 발전에 힘입어 현대 사회의 기대에 부합하는 물질세계, 즉 분리되어 있으며 잘 정돈된 사물의 세계를 구축하려고 아무리 노력하더라도, 통제를 거부하는 생명의 힘 때문에 그 목표는 좌절된다. 우리는 물체의 외부에 표면이 있다고 생각할 수 있지만, 어디에 표면이 있든 생명은 그 표면을 가로지르는 물질의 끝없는 교환에 의존한다. 만약 지구를 '표면화'하거나 몸을 감금함으로써 그 교환을 막는다면, 그 무엇도 살아남을 수 없다. 그러나 실제로 그러한 차단은 부분적이거나 일시적일 뿐이다. 예를 들어, 지구의 단단한 표면은 우리가 일반적으로 '구축된 환경'이라고 생각하는 것의 가장 두드러진 특징을 보여준다. 포장된 도로나 콘크리트 바닥에서는 원거리에서 계속 공급되는 것 없이는 그 무엇도 자라나지 못한다. 그러나 아무리 내구성이 뛰어난 물질이라도 침식과 마

모의 영향을 영원히 견딜 수는 없다. 따라서 아래로부터 뿌리가 공격받고, 위로부터 바람·비·서리의 작용이 있을 때 포장된 표면은 결국 갈라지고 부서지며, 식물은 다시 대기, 빛, 그리고 수분과 결합해 성장할 수 있게 된다. 어디를 둘러보더라도 생명의 활성 물질은 생명을 죽이려 하는 물질성의 손길에 맞서 승리를 거두고 있다.

이 이미지에는 민들레가 있다. 그날 밤 우리가 함께 먹었던 자생 식물이다. 하지만 민들레는 무엇보다 꽃이다. 꽃을 바라보며 몰두하는 호미카를 보면서 나는 이 연구의 여정을 마무리할 수 있었다. 균열이 콘크리트를 가로지른다. 이는 생동하는 자연의 균열이다. 그러나 동시에 이는 사회적으로 결정된 삶의 홈이 패인 표면과 우리의 삶을 기만하는 온갖 에워쌈(기술 기기, 콘크리트, 옷, 신체적 규율, 도로, 성공을 향한 열망 등)에서, 즉 현대 자본주의에 편재하는 콘크리트 같은 공리로부터 벗어나고자 하는 욕망하는 탈주의 균열이다. 이것은 다른 이들을 초월하지 않고 그들과 함께 영원히 자아를 확증하는 삶이며, 이러한 삶은 차이와 고유성의 권리를 긍정한다. 이 민들레는 나에게 욕망 그 자체의 이미지로 보인다. 여기에는 어떤 방향성이 부과되고, 복종시키려는 힘과 주체-자아의 경계 안으로 밀어넣고자 하는 힘이 작용한다. 그럼에도 욕망은 항상 분출하고, 생산적이며, 되기에 열려 있다. 콘크리트를 깨는 민들레처럼, 자신의 존재를 보편적으로 인정받을 수 있는 옳음의 척도로 강요하는 것이 아닌 단지 공기, 태양, 다른 존재들, 동물들 같은 외부와 '결속'하며 자신만의 힘을 고집스럽게 따라간다. 이러한 해석에서 에너지는 일상 생태계에 존재하는 다양한 방식의 욕망을 표현하는 것이

나가는 글

고, 그러한 욕망을 있게 하는 것이다. 이 에너지는 외부에서 조작되기보다는 능동적으로 살아가는 힘이며, 탐욕스러운 후기 자본주의의 배치에 도전하는 더 지속 가능한 삶의 조건을 생산하는 힘이다.

　나의 연구 여정은 생활에서 시작되었다. 생활을 감지하고, 묘사하고, 생산하는 것. 연구자로서 내가 생활의 '태피스트리'에서 거리를 두거나 이방인이 된다는 것은 말도 안 되는 얘기였다.[5] 연구는 성찰의 과정이었고, 성찰의 결과는 현상의 투명한 반영도 진실의 발견도 아니었다. 우리는 언제나 타자-되기의 과정에 있었다. 나는 나의 주관적 위치성을 명시함으로써 내 주장의 부분성을 입증하려 했고, 참가자와 상호 존중하는 평등한 관계를 구축하고자 했다. '나'와 '참가자'는 여러 가지 실로 얽힌 실타래 혹은 털실로 된 공과도 같았다. 그 공의 실은 우리를 가로지르며 삶을 만들어가는 선이다. 얽힘은 그렇게 영토화된 실이 서로 묶이고, 그 중심의 뭉침을 향해 상대적으로 고정되며 만들어진다. 이 영토화를 벗어나는 끝이 있긴 하지만, 이는 제대로 날아가지 못하고 어딘가에 붙잡히고 어딘가로 연장되는 열려 있는 끝이다. 얽힘으로서의-연구자와 얽힘으로서의-참가자가 만날 때, 이 자유로운 실타래의 일부가 만나 '되기'가 나타날 수 있다. 탈영토화와 **새로운** 재영토화가 나타난다. 연구자가 참가자의 생각과 정서를 효과적으로 전달하는 경우나 혹은 그 반대의 경우에 갑작스럽게 나타나는 깨달음이 경험과 행동의 다른 지평을 열어준다. 이런 이중-포착의 과정에 들어감으로써, 탈주선은 일상의 배치와 내가 미리 설정한 도식에서 벗어나 탈영토화하는 지식의 원천이 된다.[6] 그리하여 해방적이고 비위계적인 가능성이 열린다.[7]

나는 일상 생태학을 이해하는 데 관련이 있고 나 자신의 관찰과 공명하는 주제와 문제 제기를 통해 연구의 현실을 해석했다. 말할 필요도 없이 이 책에 담긴 내용은 내가 관찰한 현실의 복잡성을 온전히 포착한 것이 아니다. 주어진 한정된 공간 내에서 제대로 해결되지 않은 주제도 있다. 이 책의 여러 장에 걸쳐 공통된 관심사가 나타났고 반복해서 돌아오는 구절들이 있었기 때문에, 다른 규칙성이나 다양한 현실을 다르게 표현하고 구성할 가능성과 제시된 주장의 부분적인 성격에도 민감해질 수 있었다. 분명 존재하지만 내 시야를 비껴간 문제도 있을 것이다. 이런 문제는 마치 호미카의 가득 찬 창고처럼 잠재성의 저장고로 존재한다.

노동은 인간과 인간을 초월한 관계를 형성하며 어디에서나 존재하는 속성으로, 시스템의 전반적 재생산을 지원하기도, 동시에 다양한 해석과 실천이 나타남에 따라 그 시스템에 저항하기도 한다. 노동은 여가와 밀접하게 연결되어 있으며, 영토의 행태지원성에 내재하여 일상 생태학 및 자연과 분리되어 멀리서 소비되고 감상되는 소외된 형태의 사회적 삶을 구조화한다. 노동이 인간 및 다른 비인간 존재의 생명을 유지하는 것과 관련이 있을 때, 돌봄은 노동 그 자체에서 본질적 부분이 될 수 있다. 그렇지 않으면 노동은 여성, 유급 노동력, 또는 생태 서비스 등 다른 누군가에게 부과되는 고된 일이 될 수도 있다. 고장 난 것을 고치고 지속하도록 만드는 노동도 돌봄의 한 방식이다. 망가진 것을 수리하고 오래 지속시키는 노동은 어떤 대상, 그들을 관통하고 둘러싸는 애정, 지구, 그리고 지구에 거주하고 있는 (또는 거주할) 사람들에 대한 돌봄의 방법이다. 또 이러한 노동은 폐기물 혹은 "낭비적 관계"에 관한[8]

나가는글

우려와 교차한다. 즉 이는 이윤을 위해 폄하되고 버려지는 것을 가치 있게 만드는 노동이고, 생명을 다른 어떤 기능의 부분이 아닌 그 자체로 소중히 여기는 노동이다. 지속가능성과 지속성을 기반으로 하는 대안적 삶의 형태는 노동, 돌봄, 가치, 폐기물 등이 어떤 형태의 변화를 겪는지에 달렸다.

자아에 관한 표현은 이 책의 대부분의 서사에서 핵심 요소가 되었고 자아에 대한 설명을 위해 특별히 할애된 공간을 넘어 책의 전반에 걸쳐 나타났다. 나는 잠시 자아를 잃는 경험과 구조화된 정체성에서 벗어나는 개방성이 일상 생태계를 다르게 살아가는 방법일 수 있다고 여러 차례 지적했다. 착취의 관계에서 공동 거주의 관계로 나아가며, 주체는 **지각불가능하게-되기**에 이른다. 이는 권력 의지와 역능 의지 사이의 차이를 생각하게 한다. 전자는 자아와 정체성을 확증하는 개인성의 추구로, 관계를 단절하거나 자기 설계에 맞게 왜곡한다. 반면, 대체로 후자는 이 책의 핵심인 관찰, 경험, 대화의 결과로 나타나며, 세계의 다양한 요소에 대한 급진적 개방성의 욕망이라 할 수 있다. 이는 연합과 창조적 배치를 형성할 수 있기 때문에 생명력 있고 즐거운 그들과의-되기 과정이다. 이러한 움직임이 만들어내는 만남의 정동적 강도는 항상 사람과 사물, 그리고 사물과 사물 사이의 중간 지점에 있다. 권력 의지는 타자를 흡수하고 정체성을 생산하는 경향이 있고, 그리하여 소멸의 움직임이 되지만 역능 의지는 타자의 낯섦과 기묘한 매력에 근본적으로 의존하기 때문에 타자의 소멸을 추구하지 않는다. 나는 기술, 에너지, 비인간 동물, '쓰레기'와의 관계를 지배하는 논리가 어떻게 다르게 나타날 수 있는지를 보여주었다. 그 관계는 자아를 기반으로 하거나 착취적일 수 있다. 하지만 돌보는 근접성과 지각불가능하게-되기를 바탕으로 형성될 수도 있다. 이런 경우 자아와 타자의 경계는 희미해지지만 다른 요소들은 환원 불가능한 상태로 남아서, 우리가 '자연'이라 부르는 우리-안에-있는-타자가 우리에게 요구하는 바를 명확히 보여준다.

역능 의지는 내가 개념화한 욕망의 **미적-윤리학**을 나타나게 하는 힘으로, 이는 근접함-속의-만남이 가져오는 기쁨을 수반한다. 그러나 자아를 위태롭게 할 수도 있는 이 강렬한 경험의 생태적 배치는 타자와의 '행복한' 조화를 의미하지 않는다. 오히려 이는 언제나 정반대로 타자와의 만남에서 발생하는 어려움을 수반한다. 그럼에도 여기에는 사랑받는 존재가 있다. 이는 함께-있음과 지각불가능하게-되기 없이는 '나'의 삶이 아무것도 아니라는 직관이다.[9] 이런 배치에 적합한 생성력은 예기치 않은 것과 정동을 욕망하는 개방성에 의해 작동하기 때문에 생명력이 있다. 그 생명력 안에는 또한 물질의 완고함, 에너지의 힘, 시간의 절대성을 체화하여 경험하고 구체적으로 인식함에 따라 나타나는 한계가 존재한다. 이 인식은 새로운 물질적 대상에 대한 것도, 심지어 경험에 관한 것도 아니다. 이는 단순히 세계와 인간 경험의 다양하고 끊임없이 변화하는 본질에 대한 존재의 열림과 그 열림에서 나오는 생산성이다. 되기의 정동적 강도에 의해 침투되는 삶을 살아가는 주체는 '흥분된' 사회가 우리에게 제공하는 언제나 새로운 경험과 기기와 제품을 좇는 삶을 그만두게 된다. 그리하여 우리는 작은 꽃을 바라보고, 잔디밭으로 소풍을 가서 샌드위치를 먹거나, 창문 밖의 일몰을 바라보는 경험에 만족하게 된다. 또 이런 **미적-윤리학**이 주도하는 배치에서 나타나는 다채로운 '제품들'은 보통은 분명 우리 눈에 잘 띄지 않는 것들이다. 천장 등에 씌울 전등갓을 만드는 실용적인 방법, 세균이나 또 다른 더 혹은 덜 도움이 되는 존재로 가득한 자연주의 채소밭, 새로운 삶의 궤적, 뜨개질한 스웨터, 정원이나 나무뿌리 사이에서 찾은 식재료로 만든 저녁 식사처럼. 바로 이런 것에서 우리는 정동으로 가득 찬 삶이 요구하는 것들과 접촉한다.

이 세상의 물질과 근접성의 지대에 들어선 주체는, **사물이 또한 우리를 만든다**that things also make us 라는 마르크스주의 통찰을 경험적으로 인식하게 된다. 이는 사물이 모호한 의지를 갖고 우리에게 '반작용'한다는 (상당히 문제가 있는) 의미가 아니라,[10] 되기의 과정에서 인간이 사물과 제스처와 지각에 의해 계속해서 탈영토화한다는 의미다. 호미카가 언젠가 말했듯이 IDYIt Does Yourself, 즉 '그것이 너를 만든다'가 DIYDo It Yourself보다 더 적절한 표현일 것이다. 그리고 여기서 '그것'It은 확신을 주지도 않고 조화를 이루지도 않는 기묘한 느낌을 지니고 있어서 우리를 물러서게 하고, 행동을 멈추게 하며, 가만히 기다리게 한다. 가능한 한 적게 행동하고 주의 깊게 행동해야 한다. 왜냐하면 행동이 기대보다는 두려움을 불러오기 때문이다. 아무리 작은 제스처라도 한 존재의 세상을 예기치 않게 아주 급격히 바꿀 수 있고, 사물이 경험을 풍부하게 하는 대신 오히려 감각을 방해할 수 있으며, 과도한 편안함이 존재를 노예로 만들 수 있기 때문이다. 그럼에도 어떤 행동이 나타나고 어떤 물건이 창조될 때, 또 어떤 경험이 살아날 때, 그때 그 경험은 아무리 사소하고 평범하다 해도 독특한 아름다움, 경이로움, 그리고 강렬함으로 가득 차 있다. 이것이 바로 헤세이티haecceity●, 즉 개별성의 원리다. 바로 이런 만남과 사건에서 일상은 그 자체의 역동성, 변화, 그리고 새로움에 대한 개방성을 경험한다.

폐기 처분할 수 있는 자연의 정치학에 대항하여 이 역능은 일상 생태의 재매혹화reenchatment를[11] 주장한다. 이것은 모든 외견상 평범한 사물, 실천, 그리고 담론의 풍성함을 제대로 인식하는 것을 의미한다.[12] 이처럼 생명력이 넘치는 물질세계의 개념은 자연을 '보존'하고 '보호'하려는 지배 의지를 막아낸다. 그런 의지는 바로 자연이 수동적이고 순진하며 취약하다는 인간중심적인 전제와 직접적으로 연관되어 있다.[13] 반대로 우리의 새로운 물질세계 개념은 우리를 '우리 자신의' 평면에 있는 힘으로서의 자연과 연결되도록 이끈다. 이는 파괴적 조작 대신 생명의 확증적 능력을 존중하는 태도다. 또 자본과 "혼돈을… 싫어하는… 현대 사회"의[14] 추상적 요구에 흡수된 채 모든 것을 짓밟는 무관심에 대항하는 차이의 힘이다. 앞선 논의에서 분명해졌길 바라지만, 세상 전체를 본질적 가치를 잃은 교환으로 축소하려는 (권력) 의지를 가진 가부장적이고 인간중심적이며, 종 차별적이고 식민주의적 자본주의의 해로운 장치로부터의 벗어나는 **정치적** 움직임 없이 그러한 재매혹화는 나타날 수 없다. 거듭해 강조하지만, 이 책은 혁명의 조직 방식과 정치적 정서나 혁명의 담론과 실천 등 이런 변화를 실현하기 위한 더 높은 차원의 논의를 다루지는 못했으며, 그렇게 하려는 의도도 없었다. 또 이 책은 생태적 위기에 대한 사회적 대안을 다루지도 않았다. 4장에서 고치

●   [옮긴이] 개별성(thisness)을 의미하는 라틴어 '하이케이타스'(*haecceitas*)에서 유래한 용어로, 개별자를 그 개별자로 만들어주는 존재의 본질적 속성을 의미한다.

        나가는 글

고 돌보는 실천과 어떤 변화의 담론, 그리고 어떤 공존의 논리를 다루었다. 그러나 이러한 것들은 전 세계적으로 나타나고 있는 사회적 대안에 대한 논의와 대화하려는 시도이자 후기 자본주의 사회의 현실이 수반할 정서적·윤리적 방향에 대한 겸손한 제안에 불과하다.

그럼에도 이 책은 '거대한' 사회적 변혁과 떼려야 뗄 수 없는 무언가를 말하고 있으며, 그 무언가가 없다면 진정한 혁명 또한 나타날 수 없다. 그것은 일상 생태의 정동적이고 구체적이며 정치적인 경험이다. 그 경험은 순응에 관한 것이지만 또 결정적으로 **저항**에 관한 것이기도 하다. 의식적이고 무의식적인 저항, 고통받고 반격하는 저항. 이는 현대 자본주의의 생태와 (리비도적) 경제가 보이는 죽음애love of death를 거부하고 새로운 형태의 기쁨을 찾는 것이다. 이는 또 해로운 규율에서 벗어나는 순간과 새롭고 예측 불가능한 경로를 향한 개방성을 뜻한다. 이 서사를 이후 집단적 정치로 확장하는 것이 일상 생태학과 그 저항의 미래를 그리는 프로젝트다. 이 책은 생활과 함께 머무르고, 듣고, 느끼고, 영향을 받기 위한 노력이었다. 스테파니아 콘실리에르S. Consigliere의[15] 다음 구절은 이 여정을 마무리하는 나의 정서를 아름다운 언어로 표현해 준다.

앞으로 펼쳐질 재매혹re-enchangment의 이야기가 무엇이든 그 이야기가 시작되는 날은 언제나 아름다울 것이다. 왜냐하면 그날은 바로 지배 체제가 현실을 통제하기 위해 끊임없이 주입하고 키워온 슬픈 열정을 뒤로한 채 떠나는 날이기 때문이다. 때로는 이런 탈출이 오랜 준비와 꿈, 인내와 노력 끝에 시작되고, 때로는 아무것도 창조하지 않아도 나타난다. 매혹은 스스로 도착해, 포장된 도로 틈새로 풀 한 포기가 자라나듯이 나타나기도 한다. 우리가 그 탈출을 계획하고 갈망해 왔든 아니면 예상치 못했든, 그 탈출을 뚜렷이 기억하든 아니면 세월 속에 바래져 잊고 있었든, 어느 쪽인지는 중요하지 않다. 왜냐하면 탈출을 경험한 사람은 그게 무엇이든 영향을 받을 것이기에. 슬픈 열정이 일렁이고 또 오랫동안 얼어붙은 채로 계절과 사건에 따라 나타남과 사라짐이 반복되었다. 때로는 먼 발치에서 보이는 슬픔이었고, 때로는 게으름과 단순한 피로가 몰고오는 슬픈 열정의 파도였다. 하지만 가끔 우리는 그 어떤 노력도 하지 않았음에도 느닷없이 서러운 열정의 지배에서 자유로워진다고 느끼게 된다. 바로 그 느낌이 우리에게 경각심을 불러일으켜야 한다. 탈출은 가능하다. 탈출은 죄수들의 꿈이 아니다. 그것은 실제로 일어난다. 어쩌면 그런 깨달음이 시작일 것이다. 슬픈 열정을 거부하고 무언가를 없애는 그 움직임은 적극적 운동이다. 우리 주변의 모든 것이 슬픔과 냉소를 유발하며 그 승리를 돕는 상황에서, 슬픔에 머무는 것에는 그 어떤 노력도 필요하지 않다. 그 슬픈 열정의 규칙을 거부하는 것은, 우리가 해야 할 일이 무엇이든지 그것 자체가 이미 무력으로부터의 탈출이자 새로운 것을 나타나게 하는 시작이다.

우리 앞의 미래는 "돌이킬 수도 있는" 위기로 인해 현대-자본주의 문명이 붕괴할 가능성이 출현하는 때가 될지도 모른다.[16] 또 대안적 담론과 실천이 사회 전반에 걸쳐 등장함에 따라, 그 담론과 실천이 더 이상은 낯설게 느껴지지 않을 것이다. 그럼에도 '이후'의 사회가 어떻게 조직되어야 하는지에 대한 자명한 답은 없을 것이며, 여전히 많은 슬픔과 불안정, 폭력, 불평등, 분열, 그리고 고독이 있을 것이다. 지난 수십 년간 나타나지 않았던 (일상) 생태의 심오한 변화가 "폐허 속을" 살아가는[17] 지금 이 사회에 요구되고 있다. 현재 상황에 이르기까지 수많은 위기가 나타났고 이 위기는 점점 심화하고 있다. 그 위기가 테러, 폭력, 불평등을 정당화하는 한 우리는 전력을 다해 싸워야 한다. 변화는 필연적으로 일어날 것이며, 다양한 차원에서 창의성이 발휘될 것이다. 그것은 생태적·경제적·정치적·사회적·인지적·습관적·욕망적 차원을 포함하는 변화다. 현재를 관통하는 탈영토화의 선을 진단하는 것은 다가올 변화에 대비하는 한 단계가 될 수 있다. 이 과정에서 사회과학자는 촉진자이자 생산자, 그리고 표현의 전달자로서 역할을 할 수 있다. 사회과학자는 자기 자신과 타인, 그리고 자연과의 관계를 더 직접적이고 덜 중재된 방식으로 찾아내야 한다. 욕망의 일상적 흐름을 차단하고 고정하는 장치에의 투자를 그만두고, 더 가볍게 움직일 수 있는 자유를 추구해야 한다. 폭력을 덜어내고 더 많은 정동을 끌어들여야 한다. 변화를 이루고자 하는 사회과학자로서, 우리는 단지 **일상**의 사회학적 분석이 아닌 모든 정동적·물질적·기호적 표현을 포함한 **생활**의 사회학적 분석을 해야 한다. 이를 통해 이 둘 사이의 차이에 대한 깊은 이해를 도모할 수 있을 것이다. 왜냐하면 삶은 그 자체로 우리에게 세상을 믿게 하고, "세상을 믿으면, 아무리 미미할지라도 통제를 벗어나는 사건을 초래하게 되고, 그 표면이나 부피가 얼마이든 간에 새로운 공간과 시간을 나타나게 한다."[18] 그렇게 함으로써 우리는 욕망이 지각불가능하게… 되는 사건과 집단적 공간을 만들어나갈 수 있을 것이다.

주

들어가는 글

1. Butler 2010; Hobson 2002.
2. Dobson 2003.
3. André Gorz 1980; Löwy 2021도 참조.
4. Paredes, 2010.
5. Schlosberg & Coles 2015.
6. Dal Gobbo 2022a.
7. Berlant 2011.
8. Brown 2015.
9. Leonardi 2018.
10. Highmore 2002.
11. Bosi & Zamponi 2020.
12. Groves 외 2016.
13. Großmann & Kahlheber 2017.
14. Smith 외 2015.
15. Federici 2019.
16. Fumagalli 외 2018.
17. Dal Gobbo & Forno 2020.
18. Stengers 2017.
19. Althusser 2001.
20. Foucault 1980.
21. Whitebook 2002: 60.
22. Coole & Frost 2010.
23. Pellizzoni 2015.
24. Walkerdine 2013.
25. Sundberg 2014.
26. Di Chiro 2008.
27. Salleh 2017; Federici 2019.
28. Jason Moore 2015.
29. Ferdinand 2019.
30. Quijano 2007.
31. Dussel 2018.

32. Armiero 2021: 2; Leff 2015.
33. Brand & Wissen 2021.
34. Deleuze & Guattari 2014: 239.
35. Moore 2015.
36. Salleh 2005.
37. MacGregor 2021.
38. Pellizzoni 2016.
39. Deleuze & Guattari 2014, 2019; Deleuze & Parnet 2007 참조.
40. 특히 Deleuze 1983, 1991, 2013.
41. Deleuze & Guattari 2014, 2019.
42. Henwood 2019.
43. Deleuze & Guattari 2019; Hirose 2022.
44. Lefebvre 2014.
45. Walkerdine 외 2013; De Certeau 2013.
46. Hollway 2009.
47. Blackman & Venn 2010; Miller 2003.
48. Dal Gobbo 2022a.
49. Atkinson 외 2012.
50. Dicks 외 2006.
51. Lorimer 2013.
52. Walkerdine 2010: 92.
53. Hammersley & Atkinson 2007.
54. Paasi 1991; Massey 1991.
55. Becker & Faulkner 2008: 19.
56. Patton 2002.
57. Neal 2015: 993.
58. Lincoln & Guba 1985.
59. Emerson 외 2011.
60. Shove 외 2009.
61. Jeffrey & Troman 2004: 538-539.
62. Walkerdine 2010.
63. Brown 2012.
64. Cerrato 2013.
65. DeSilvey 외 2014.
66. Di Masso & Dixon 2015 참조.
67. Seremetakis 1993.68. Hollway 2009.
69. Simon 2013.
70. Deleuze & Guattari 2014.
71. Dal Gobbo & Torre 2019.
72. Fragnito & Tola 2021.

73. Mellor 2019; Salleh 2009.

74. Dal Gobbo 2020.

75. Deleuze & Guattari 2019; Deleuze & Parnet 2007.

76. Holloway 2010.

1장. 일상과 사회-생태적 재생산

1. De Certeau 2013; Lefebvre 2014; Bourdieu 1990.

2. Lefebvre 2014; Highmore 2002; Hall 외 2012.

3. Lefebvre 2014: 313.

4. Bourdieu 1990; Neal & Murij 2015.

5. Hannigan 2002.

6. Adam 1997.

7. Ingold 2010b: 98; Deleuze 2014 참조.

8. De Certeau 2013.

9. Maffesoli 2012: x.

10. Foucault 2007: 193.

11. Bhattacharya 2017.

12. Mies 2001.

13. Picchio 1992.

14. Federici 2019.

15. Deleuze & Guattari 2014: 243.

16. Lefebvre 2014.

17. Trebitsch 2014: 674.

18. Highmore 2002.

19. Bourdieu 1990; Illich 1973.

20. Turner 1974: 75.

21. Schneider 외 2010; Kothari 외 2020.

22. Jackson & Papathanasopoulou 2008.

23. Bamberg 2006.

24. Paddock 2015.

25. Shirani 외 2020.

26. Alier 2009.

27. Schneider 외 2010.

28. Schor 2014.

29. Gibson-Graham 2008.

30. Bosi & Zamponi 2020.

31. Kothari 외 2020.

32. Dal Gobbo 2022b.

33. Brown 2015.

34. Pellizzoni 2011.

35. Pellizzoni 2017.

36. Pellizzoni 2017; Grove 외 2021.

37. Agyeman 외 2016.

38. Großmann & Kahlheber 2017.

39. Newell & Mulvaney 2013.

40. Shirani 외 2017.

41. Henwood 2019.

42. Groves 외 2016.

43. Groves 외 2015.

44. Agyeman 외 2016.

45. Velicu & Barca 2020.

46. Oels 2006.

47. Tews 외 2003; Heynen 외 2007.

48. Slocum 2004.

49. Swyngedow 2010.

50. Forno & Ceccarini 2006.

51. Spaargaren & Oosterveer 2010.

52. Dietz 외 2007; Butler 외 2014.

53. Geller 외 2006.

54. Hobson 2013.

55. McKenzie-Mohr 2000.

56. Shove 2010a.

57. Gillingham 외 2009; Heynen 외 2007.

58. Shove 2010a: 4.

59. Jagers & Matti 2015; Nye & Hargreaves 2009.

60. Thaler & Sunstein 2008; John 외 2009.

61. Nye & Hargreaves 2009.

62. Henwood 외 2015.

63. Butler 2010; Henwood & Pidgeon 2016; Shove & Walker 2007.

64. Evans 2011.

65. Beagan 외 2015.

66. Beagan 외 2018.

67. Rose 1990; Pellizzoni 2012.

68. Webb 2012.

69. Geels 2010 참조.

70. Hargreaves 외 2012.

71. Warde 2005; Reckwitz 2002.

72. Kuijer & Watson 2017.

73. Shove 2010a: 7; Hargreaves 2011.
74. Hand & Shove 2007; Beagan 외 2015; Warde 2015.
75. Hards 2012.
76. Rinkinen 외 2015; Gram-Hanssen 2011.
77. Groves 외 2015: 485.
78. Reckwitz 2002; Marres 2009.
79. Beck 2010: 3; Shove 2010b에서 인용; Shove & Warde 2002.
80. Warde 2005.
81. Shove 2010b.
82. Shove 2010a: 1283.
83. Bourdieu 1990.
84. Walker 2013.
85. Sayer 2014.
86. Warde 2005.
87. Hand & Shove 2007.
88. Shove 외 2012: 63ff.
89. Hand & Shove 2007.
90. Bourdieu 1990.
91. Geels 2010.
92. 반론으로 Spaargaren & Oosterveer 2010 참조.
93. 예: 청결에 대한 2003년 Shove의 연구.
94. 예: Rinkinen 외 2015.
95. Sayer 2014.
96. Warde 2005.
97. Hampton 2017: 2.
98. Hand & Shove 2007.
99. Henwood 외 2015.
100. Bourdieu 1990.
101. Hitchings 2012; Butler 외 2014.
102. 예: Pink & Mackley 2012.
103. Henwood 2019.
104. Hards 2012: 761, 767.
105. Butler 외 2014; Hards 2012.
106. Henwood & Pidgeon 2016.
107. 예: Slocum 2004 참조.
108. Black & Cherrier 2010.
109. Hargreaves 외 2010; Marres 2009 참조.
110. Jolibert 외 2014; Shirani 외 2020 참조.
111. Capstick 외 2015.
112. Moscovici 1982: 181; Devine-Wright's 2009; Cherry 외 2015.

113. Taylor and McAvoy 2015.

114. Lertzman 2013.

115. Randall 2009.

116. Weintrobe 2013b; Randall 2013; Lertzman 2013, 2015.

117. Lertzman 2013, 2015.

118. Rustin 2013 : 105.

119. Weintrobe 2013b.

120. Hoggett 2010, 2013.

121. Weintrobe 2013a : 5.

122. Randall 2009, 2013.

123. Lertzman 2013.

124. Adams 2016, 2017.

125. Hoggett 2010.

126. Hoggett 2013.

127. Cohen 2013.

128. Lertzman 2013.

129. Guattari 2000.

130. Froggett & Hollway 2010; Adams 2016.

131. Blackman & Venn 2010.

132. Adams 2017.

133. Randall 2009.

134. Rapley 2013 : xx.

135. Randall 2013 : 115.

136. Foucault 1980.

137. Frosh & Baraitser 2008.

138. Deleuze & Guattari 2019 참조.

139. 예 : Hollway & Jefferson 2000.

140. Grosz 2010; Dal Gobbo 2017.

141. Frosh & Baraitser 2008.

142. Froggett & Hollway 2010.

143. Shirani 외 2016.

144. Groves 외 2015, 2016.

145. Henwood 2019.

146. Groves 외 2015, 2016.

147. Thomas 외 2016.

148. Groves 외 2016.

149. Shirani 외 2015; Groves 외 2016.

150. Henwood & Pidgeon 2016 참조.

151. Froggett & Hollway 2010.

152. Shirani 외 2016.

153. Vannini & Taggart 2014; Forde 2017.

154. Pink 2012.

155. Vannini & Taggart 2014.

156. Schadler 2019; Dal Gobbo 2022a.

157. Mallory 2013.

158. Freud 2011 참조.

159. Salleh 2016.

160. Geels 2010; Comacho 2008.

161. Lefebvre 2014; Ingold 2010a.

162. Ariel Salleh 2016: 423.

163. 예: Luke 1991; Hajer 1995.

164. Coole & Frost 2010; Alaimo 2011; Haraway 2016.

165. Latour 2005.

166. Pellizzoni 2015.

167. 예: Chadwick 2017.

168. Ingold 2011; Thrift 2000.

169. Di Chiro 2008; MacGregor 2021.

170. Deleuze & Guattari 2014: 106-107 참조.

171. Moore 2015.

172. DeLanda 2006 참조.

173. Deleuze & Guattari 2014, 2019.

174. Deleuze & Parnet 2007: 71.

175. Deleuze & Parnet 2007: 70.

176. Deleuze & Guattari 2014: 특히 8-21; 39-74; 149-156; 208-231; Cheah 2010 참조.

177. Smith & High 2017.

178. Groves 외 2015; Frigo 2017.

179. Adorno 1973: 203.

180. Marcuse 1992 참조.

181. Deleuze 2013, 1983; Crociani-Winland & Hoggett 2012 참조.

182. Taylor 2015: 17; Hollway & Jefferson 2013.

183. Larson 2008; MacLure 2013b.

184. Walkerdine 2013.

185. Deleuze & Guattari 2000.

186. Deleuze 1991.

187. Davies 외 2013.

188. Deleuze & Negri 1990; Deleuze & Parnet 2007.

189. Davies 외 2013: 680; Lather 2013; MacLure 2013b.

190. Lather & St. Pierre 2013: 620-630.

191. Thrift 2000; Braidotti 2006a.

192. Deleuze 1983; Nietzsche 2011; Foucault 1991 참조.

193. 이에 대한 비판은 Dicks 2014 참조.

194. Deleuze 2013; MacLure 2013a.

195. Bennett 2005: 349.

196. Deleuze 2005b.

197. Vannini & Taggart 2014.

198. Simon 2013; Davies 외 2013.

199. Michael 2016: 650.

200. Forde 2017.

201. Gupta & Ferguson 1997; Bennett 2015.

202. Kristmundsdottir 2006; Bennett 2005.

203. Hammersley & Atkinson 2007; Neal 2015; Mulhall 2002.

204. Jackson 2013a: 123.

205. Charmaz & Henwood 2008.

206. Vinale 2012: 168.

207. Barad 2003: 804.

208. Lincoln & Guba 1985 참조.

209. Lefebvre 2014.

210. Deleuze & Guattari 2014, 특히 12-25.

211. Deleuze & Guattari 2014: 42.

212. Blackman & Venn 2010.

213. Hayden 2008; Walkerdine 2010.

214. Lefebvre 2014: 642; Coleman & Ringrose 2013.

215. Deleuze & Parnet 2007.

216. Greene 2013.

217. Orlie 2010. 218. Deleuze & Negri 1990.

219. Deleuze 1983; Cheah 2010.

220. Highmore 2002; Esposito 2004; Lefebvre 2014.

221. Del Busso 2011; Manley 2009; Gabb & Fink 2015.

222. Dicks 외 2006: 82.

223. Dicks 외 2005; Renold & Mellor 2013; Lorimer 2013.

224. McKechnie & Welsh 2002.

225. Pink 2001; Atkinson 외 2012.

226. Brown & Durrheim 2009.

227. Chadwick 2017.

228. Dicks 외 2005; Charmaz & Henwood 2008.

229. Collier 2001: 35.

230. Jackson & Mazzei 2012; Martin & Kamberelis 2013.

231. Deleuze 2014; Jackson & Mazzei 2012.

232. Olsson 2009.

233. MacLure 2013a, 2013b.

234. Deleuze 1988.
235. Cartwright 2004
236. Parker 2015.
237. Banks 2003; Hurdley 2007; Pink 2001.
238. Stewart 2007.
239. Greene 2013.

2장. 삶의 자본주의적 조직화

1. Leonardi 2018.
2. Bhattacharya 2017; Federici 2019.
3. Salleh 2017.
4. Mies 2001; Mellor 2006.
5. Gaard 2011.
6. Salleh 2017.
7. Salleh 2005.
8. Barca 2020.
9. Maria Mies 2001.
10. Shirani 외 2017.
11. Brand & Wissen 2021.
12. Soper 1990.
13. Armiero 2021.
14. Deleuze 2013.
15. Lefebvre 2014.
16. Deleuze 2005a.
17. Deleuze 2010a.
18. Deleuze & Guattari 2014: 377.
19. Deleuze & Guattari 2014: 239.
20. Deleuze & Parnet 2007: 73 참조.
21. Guattari 1995.
22. Deleuze 2005b.
23. Deleuze 2005b: 167.
24. Manley 2009; Del Busso 2011.
25. Benjamin 2010 참조; Renold & Mellor 2013; Deleuze 2005a.
26. DeSilvey 외 2013.
27. Harper 2012.
28. Drew & Guillemin 2014; Rose 2016.
29. Mason & Davies 2009; Renold & Mellor 2013; Dicks 등 2006; Hurdley 2007; Reavey 2011.

30. Deleuze 2005a.
31. Drew & Guillemin 2014; Brushwood-Rose & Low 2014.
32. Savedoff 2012.
33. Mason & Davies 2009; Coole & Frost 2010; Gabb & Fink 2015; Pink 2001.
34. Bendiner-Viani 2016.
35. Pink 2001; DeSilvey 외 2013.
36. Reavey 2011.
37. Botticello 2016.
38. Bendiner-Viani 2016.
39. Anderson 2004.
40. Ingold 2011.
41. Brown & Reavey 2014.
42. Dal Gobbo 2022b 참조.
43. Vannini & Taggart 2014 참조.
44. Smith 외 2015 참조.
45. Salleh 2017.
46. Mellor 2006.
47. Mies 2001.
48. Fisher 2009.
49. Spaargaren & Oosterveer 2010.
50. Sovacool & Dworkin 2015 참조.
51. Fischer 외 2012.
52. Weintrobe 2013b.
53. Deleuze & Negri 1990.
54. Leonardi 2018: 20.
55. Pellizzoni 2015.
56. Johnston 외 2011.
57. Dal Gobbo, 논문 리뷰 참조.
58. Deleuze & Negri 1990; Walkerdine 외 2013.
59. Alier 2002.
60. Salleh 2017.
61. Rose 1990.
62. Deleuze & Guattari 2014: 177.
63. Breda 2016 참조.
64. Thomas 외 2016.
65. Foucault 2007: 44.
66. Butler 외 2014 참조.
67. Anderson 2009.
68. Deleuze & Guattari 2014: 205.
69. Deleuze & Guattari 2014.

3장. 삶의 물질, 흐름, 그리고 존재들

1. Salleh 2017; Mies 2001.
2. Moore 2015.
3. Moore 2015.
4. Quijano 2007.
5. Federici 2004.
6. Brown 2012.
7. Foster 2012.
8. Cerrato 2013; St. Pierre 2013.
9. Dewsbury 2011.
10. Morton 2012: 13-14.
11. Deleuze & Parnet 2007: 51.
12. Dunlap 외 2002.
13. Alier 2002.
14. Salleh 2017.
15. Adams 2017.
16. Fragnito & Tola 2021.
17. Banks 2003.
18. Henwood 외 2012.
19. Reavey 2011; Pink 2002.
20. Deleuze & Guattari 2014: 65-67; Del Busso 2011.
21. Shirani 외 2016.
22. Brushwood Rose & Low 2014.
23. Deleuze 2013.
24. Ingold 2008.
25. Illich 1973 참조.
26. Treppiedi 2013.
27. Godani 2014.
28. Treppiedi 2013.
29. Foucault 1991; Deleuze 2010b 참조.
30. Vannini & Taggart 2014.
31. Forde 2017.
32. Smith 외 2015.
33. Großmann & Kahlheber 2017.
34. Warde 2005: 137.
35. Shove & Warde 2002: 1; Warde 2005.
36. Hand & Shove 2007.
37. Shove 2003.
38. Dal Gobbo 2018.

39. Shirani 외 2016; Hagbert & Bradley 2017.
40. Deleuze 2005b: 122ff.
41. De Certeau 2013.
42. Ingold 2008; Latour 2005 참조.
43. DeLanda 2006.
44. Salleh 2016; Ingold 2010b.
45. Jackson 2013b.
46. Soper 1990.
47. Avallone 2014 참조.
48. Soper 2008.
49. Lapoujade, p. 295. . Chicchi 2022.
50. Deleuze & Guattari 2014: 232-309 참조.
51. Deleuze & Guattari 2014: 258.
52. Vinnari & Vinnari 2014.
53. 예: Vinnari & Vinnari 2014; Twine 2017 참조.
54. Kemmerer 2014; Twine 2017.
55. Paddock 2017.
56. Brand & Wissen 2021.
57. Larson 2008; MacLure 2013b.
58. Deleuze & Negri 1990; Deleuze & Parnet 2007.
59. . Armiero 2021.
60. Moore 2015.
61. Johnson 2017: 277.
62. Ingold 2011.
63. Ingold 2010a: 9.
64. Deleuze & Guattari 2014: 243.

4장. 대안

1. Leonardi 2018; Salleh 2017; Illich 1973.
2. Schor 2014; Meyer & Kersten 2016; Schlosberg 2019.
3. Schlosberg & Coles 2015; Centemeri 2018도 참조.
4. Inglehart 2007.
5. Schlosberg 2019.
6. Dinerstein 2016; Monticelli 2018.
7. Salleh 2009; Illich 1973.
8. Kallis 2020.
9. Gorz 1980; Löwy 2020.
10. Bookchin 2011.

11. Edwards 2010; Gabb & Fink 2015.

12. Henwood 2008.

13. Alier 2002.

14. Smith 2015.

15. Bosi & Zamponi 2020; Dal Gobbo & Forno 2020.

16. Smith 등 2015; Black & Cherrier 2010.

17. Black & Cherrier 2010.

18. Rinehart 1971: 149 참조.

19. Berlant 2011.

20. Groves 외 2016 참조.

21. Mellor 2019.

22. Centemeri 2018.

23. Gibson-Graham 2008.

24. Holloway 2010.

25. Alier 2002.

26. Butler 2010.

27. Hobson 2013.

28. Frigo 2017.

29. Twine 2017: 194.

30. Deleuze 1983; Nietzsche 2011.

31. Lambek 2010.

32. Nietzsche 2011; Deleuze 1983.

33. Nietzsche 2011 참조.

34 Deleuze 1983 참조.

35. Swyngedouw 2010, 2022.

36. Deleuze 1983.

37. Foucault 1980.

38. Swyngedouw 2022.

39. Hoggett 2010.

40. Kothari 외 2019.

41. Stoller 1997 참조.

42. Boden & Williams 2002.

43. Cunliffe & Karunanayake 2013.

44. Candea 외 2015; Emerson 외 2011.

45. Braidotti 2006b; Pink 2012.

46. Kristmundsdottir 2006: 171.

47. Coleman & Ringrose 2013.

48. Haraway 2016.

49. Frosh & Baraitser 2008; Beedell 2009.

50. Reich 2021.

51. Edwards & Mauthner 2012.

52. Hollway & Jefferson 2013: 164.

53. Duncombe & Jessop 2002.

54. Jordan 2006.

55. Jordan 2006: 171.

56. Haraway 2016.

57. Soper 1990.

58. Dal Gobbo 2018.

59. Hall 외 2012.

60. Hall 외 2012.

61. Haraway 2016.

62. Barca 2020.

63. Deleuze & Guattari 2019.

64. Redaelli 2014.

65. Dal Gobbo 2016.

66. Marcuse 1972, 1992; Lefebvre 2014; Mellor 2006.

67. Guihan 2008.

68. Shiva 1988 참조.

69. Morton 2012; Haraway 2016.

70. Foster 2012: 213; Adam 1997.

71. Keucheyan 2021.

72. Salleh 2017: 184.

73. Pitasi 2014.

74. Bennett 2005.

75. Bennett 2004; Hayden 2008; Guattari 2000.

76. Adorno 1997: 67; Adorno & Horkheimer 2002; Marcuse 1972, 2002 참조.

77. Gorz 1980.

78. Armiero 2021.

5장. 점검하기

1. Roberts & Henwood 2018 참조.

2. Sayer 2014.

3. Mbembe 2003.

4. Dal Gobbo 2022b.

5. Groves 외 2015.

6 Thomas 외 2016.

7. Jackson 2016.

8. Mellor 2019.

9. Shove & Walker 2010; Weintrobe 2013a.

10. Fisher 2009.

11. Roberts & Henwood 2018; Hagbert & Bradley 2017.

12. 예: Shove 2003; Shove & Walker 2007.

13. Feindt & Oels 2005; Capstick 등 2015.

14. Rosa 2003 참조.

15. Mayer & Knox 2006; Mellor 2006 참조.

16. Marres 2009; Butler 2010 참조.

17. Bennett 2005: 463.

18. Haraway 2016: 11 참조.

19. Black & Cherrier 2010; Hargreaves 외 2010; Hards 2012.

20. Groves 외 2015, 2016.

21. Shove & Walker 2010.

22. Thomas 외 2016.

23. Hagbert & Bradley 2018 참조.

24. Hollway 2009.

25. Smith & High 2017; Inglehart 2007.

26. Swyngedouw 2010, 2022.

27. Groves 2015; Frigo 2017.

28. 예: Randall 2009; Weintrobe 2013a.

29. 예: Weintrobe 2013a; Randall 2009; Lertzman 2015.

30. Groves 외 2016.

31. Roberts & Henwood 2018.

32. Brand & Wissen 2021.

33. Deleuze & Guattari 2019.

34. Lefebvre 2014.

35. Schlosberg 2019.

36. Chatti 외 2017.

37. Guthman 2008.

38. Rinkinken 외 2015.

39. Paddock 2017.

40. 예: Vannini & Taggart 2014.

41. Candea 외 2015; Dicks 2014.

42. Adorno 1973 참조.

43. Dal Gobbo 2022a 참조.

44. Puig de la Bellacasa 2017 참조.

45. Lather 2013 참조.

46. Stewart 2007; Lather 1995; Seremetakis 1993 참조.

47. MacLure 2013b.

48. Sayer 2014.

49. Marcuse 1992; Adorno 1973.

50. Brand 외 2021.

51. Vannini & Taggart 2014; Hagbert & Bradley 2017.

52. 예: Shiva 1988; Salleh 2017.

53. Deleuze & Parnet 2007.

54. Schlosberg 2019.

55. Schlosberg & Coles 2015; Hagbert & Bradley 2017.

56. Esposito 2004; Pellizzoni 2011 참조.

57. Sovacool & Dworkin 2015.

58. Hobson 2016.

59. Coole & Frost 2010.

60. Pellizzoni 2017; Morton 2012.

61. Deleuze & Guattari 2014.

62. Haraway 2016.

63. Deleuze & Guattari 2014.

64. Chicchi 2022.

65. Schlosberg & Coles 2015.

66. Stenner 2017.

67. Groves 외 2015; Schlosberg & Coles 2015도 참조.

68. Sayer 2014; Hagbert & Bradley 2017.

69. Fischer 외 2012.

70. Foucault 1991; MacKendrick 2014.

71. Nelson 외 2007; Schlosberg & Coles 2015.

72. Deleuze & Negri 1990.

73. Groves 외 2015.

74. Lambeck 2010.

75. Pellizzoni 2015: 200; Adorno 1973.

76. Morton 2012.

77. 2005b; Cerrato 2013 참조.

78. Pellizzoni 2015: 95.

79. Seremetakis 1993.

80. Ringrose 2011: 599; Deleuze 1991; Barad 2003; St. Pierre 2013도 참조.

81. Haferkamp 2008 참조.

82. Avallone 2019.

83. Ingold 2011.

84. Oels 2006; McKechnie & Welsh 2002.

85. Pellizzoni 2015, 2016.

86. Barca 2020.

87. Deleuze & Guattari 2000.

88. 예: Recalcati 2014.

89. Swyngedouw 2022.
90. Pellizzoni 2015.
91. MacGregor 2021.
92. MacGregor 2021.
93. Moore 2015.
94. Hirose 2022.
95. Deleuze & Guattari 2014: 409.
96. Shiva 1988.
97. Bazzicalupo 2014; Pitasi 2014; Redaelli 2014 참조.
98. Deleuze & Parnet 2007.
99. Marcuse 2002: 59ff.
100. 예를 들어 사이보그의 개념처럼: Haraway 1991 참조.
101. Deleuze 1983 참조.
102. Deleuze & Parnet 2007.
103. Readelli 2014; Hawkins 2009.
104. Deleuze 2010a; 참조 Pellizzoni 2015: 214.

나가는 글

1. Smith & High 2017.
2. 예: Barry 2007.
3. Guattari 2000.
4. Ingold 2010a: 9.
5. Ingold 2008, 2011; Deleuze 2010a도 참조.
6. Kristmunsdottir 2002; Hall 외 2012도 참조; Deleuze & Parnet 2007.
7. Blaise 2013.
8. Armiero 2021.
9. Bennett 2005; Haraway 2016 참조.
10. Ingold 2010.
11. Federici 201.
12. Hawins 2009.
13. Goh 2008; Haraway 2016.
14. Ingold 2010a: 9.
15. Consigliere 2020: 157.
16. Zibechi 2022.
17. Tsing 2017.
18. Deleuze & Negri 1990.

참고문헌

Adam, B. 1997. Chapter 5: Running out of time: Global crisis and human en-
gage\-ment. In: Redclift, M., and Benton, T. (Eds.), *Social Theory and the Global
Envi\-ronment*. London: Routledge, 92–112.

Adams, M. 2016. Trying to build a movement against ourselves? On reading Re-
nee Lertzman's environmental melancholia: Psychoanalytic dimensions of en-
gage\-ment. *Psychoanalysis, Culture and Society*, 13: 1–9.

Adams, M. 2017. The wider environment. In: Stevens, P. (Ed.), *Living Psychology:
Understanding Our Place in the World*. Milton Keynes: Open University Press.

Adorno, T. W. 1973. *Negative Dialectics*. London: Routledge.

Adorno, T. W. 1997. *Prisms*. Cambridge: MIT Press.

Adorno, T. W., and Horkheimer, M. 2002. *Dialectic of Enlightenment*. London; New
York: Verso.

Agamben, G. 2018. Il contadino e l'operaio. Speech in the occasion of the award
of the Nonino Prize. https://www.edizioninottetempo.it/it/news/view/i/gior-
gio-agamben-il-contadino-e-loperaio-discorso-pronunciato-durante-la-ceri-
monia-del-premio-nonino. Last accessed 6 September 2018.

Agyeman, J., Schlosberg, D., Craven, L., and Matthews, C. 2016. Trends and di-
rec\-tions in environmental justice: From inequity to everyday life, community,
and just sustainabilities. *Annual Review of Environment and Resources*, 41(1):
321–340.

Alaimo, S. 2011. New materialisms, old humanisms, or, following the submersible.
NORA-Nordic Journal of Feminist and Gender Research, 19(4): 280–284.

Alier, J. M. 2002. *The Environmentalism of the Poor: A Study of Ecological Conflicts
and Valuation*. Cheltenham: Edward Elgar.

Alier, J. M. 2009. Socially sustainable economic de-growth. *Development and
Change*, 40(6): 1099–1119.

Althusser, L. 2001. *Lenin and Philosophy and Other Essays*. New York: Monthly Review Press.

Anderson, B. 2009. Affective atmospheres. *Emotion, Space and Society*, 2: 77–81.

Anderson, J. 2004. Talking whilst walking: A geographical archaeology of knowl\-edge. *Area*, 36(3): 254–261.

Armiero, M. 2021. *Wasteocene: Stories From the Global Dump*, 1st edn. Cambridge: Cambridge University Press.

Atkinson, P., Delamont, S., and Housley, W. 2012. Visual and sensory cultures. In: Dicks, B. (Ed.), *Digital Qualitative Research Methods. Volume II: Multimedia and Hypermedia*. London: Sage.

Avallone, G. 2014. Terra di conflitti. rifiuti, espropriazione e movimenti so-cio-eco\-logici in Campania. *PRISMA Economia-Società-Lavoro*.

Avallone, G. 2019. Ecologia-mondo e prospettiva decoloniale: Per una critica delle gerarchie costituite della modernità capitalistica.

Bamberg, S. 2006. Is a residential relocation a good opportunity to change people's travel behavior? Results from a theory-driven intervention study. *Environment and Behavior*, 38(6): 820–840.

Banks, M. 2003. *Visual Methods in Social Research*. London: Sage.

Barad, K. 2003. Post-humanist performativity: Toward an understanding of how mat\-ter comes to matter. *Journal of Women in Culture and Society*, 28(3): 801–831.

Barca, S. 2020. *Forces of Reproduction: Notes for a Counter-Hegemonic An-thropo\-cene*. Cambridge: Cambridge University Press.

Barry, J. 2007. Towards a model of green political economy: From ecological mod\-ernisation to economic security. *International Journal of Green Econom-ics*, 1(3/4): 446–464.

Bazzicalupo, L. 2014. Capitalismo e macchina desiderante tra linee di fuga e du-al\-ismo. In: Vandoni, F., Redaelli, E., and Pitasi, P. (Eds.), *Legge, Desiderio, Capital\-ismo: L'Anti-Edipo tra Lacan e Deleuze*. Milano: Bruno Mondadori.

Beagan, B. L., Chapman, G. E., and Power, E. 2018. The visible and invisible oc-cu\-pations of food provisioning in low income families. *Journal of Occupational Science*, 25(1): 100–111.

Beagan, B. L., Power, E. M., and Chapman, G. E. 2015. "Eating isn't just swal-low\-ing food": Food practices in the context of social class trajectory. *Canadian Food Studies/La Revue canadienne des études sur l'alimentation*, 2(1): 75.

Becker, H. S., and Faulkner, R. R. 2008. Studying something you are a part of: The view from the bandstand. *Ethnologie Francais*, 38: 15–21.

Beedell, P. 2009. Charting the clear waters and the murky depths. In: Clarke, S., and Hoggett, P. (Eds.), *Researching Beneath the Surface: Psycho-Social Research Methods in Practice*. London: Karnac.

Bendiner-Viani, G. 2016. Bringing their worlds back: Using photographs to spur conversations on everyday place. *Visual Studies*, 31(1): 1–21.

Benjamin, W. 2010. The work of art in the age of its technological reproducibility. *Grey Room*, 39: 11–38.

Bennett, J. 2004. The force of things: Steps towards an ecology of matter. *Political Theory*, 32(3): 347–372.

Bennett, J. 2005. The agency of assemblages and the North American blackout. *Pub\-lic Culture*, 17(3): 445.

Bennett, J. 2015. 'Snowed in!': Offbeat rhythms and belonging as everyday practice. *Sociology*, 49(5): 955–969.

Berlant, L. 2011. *Cruel Optimism*. Durham, NC: Duke University Press.

Bhattacharya, T. (Ed.). 2017. *Social Reproduction Theory: Remapping Class, Re-cen\-tering Oppression*. London: Pluto Press.

Black, I. R., and Cherrier, H. 2010. Anti-consumption as part of living a sustainable lifestyle: Daily practices, contextual motivations and subjective values. *Journal of Consumer Behaviour*, 9: 437–453.

Blackman, L., and Venn, C. 2010. Affect. *Body & Society*, 16(1): 7–28.

Boden, S., and Williams, S. J. 2002. Consumption and emotion: The romantic ethic revisited. *Sociology*, 36(3): 493–512.

Bookchin, M. 1991. *The Ecology of Freedom: The Emergence and Dissolution of Hi-erarchy*. New York: Black Rose Books.

Bosi, L., and Zamponi, L. 2020. Paths toward the same form of collective action: Direct social action in times of crisis in Italy. *Social Forces*, 99(2): 847–869.

Botticello, J. 2016. From documentation to dialogue: Exploring new 'routes to knowl\-edge' through digital image making. *Visual Studies*, 31(4): 310–323.

Bourdieu, P. 1990. *The Logic of Practice*. Redwood City: Stanford University Press.

Braidotti, R. 2006a. Affirming the affirmative: On nomadic affectivity. *Rhizomes: Cultural Studies in Emerging Knowledge*, 11(12): 12.

Braidotti, R. 2006b. The ethics of becoming imperceptible. In: Boundas, C. (Ed.),

Deleuze and Philosophy. Edinburgh: Edinburgh University Press, pp. 133–159.

Brand, U. 2021. From planetary to societal boundaries: An argument for collec\-tively defined self-limitation. *Sustainability: Science, Practice and Policy*, 17(1): 264–291.

Brand, U., and Wissen, M. 2021. *The Imperial Mode of Living: Everyday Life and the Ecological Crisis of Capitalism*. London; New York: Verso.

Breda, N. 2016. The plant in between: Analogism and entanglement in an Italian community of anthroposophists. *Anuac*, 5(2): 131–157.

Brown, L., and Durrheim, K. 2009. Different kinds of knowing: Generating qualita\-tive data through mobile inter-activity. *Qualitative Inquiry*, 15: 911–930.

Brown, S. D. 2012. Between the planes: Deleuze and social science. In: Jensen, C. B., and Rodjie, K. (Eds.), *Deleuzian Intersections: Science, Technology, Anthropol\-ogy*. New York: Berghahn Books.

Brown, S. D., and Reavey, P. 2014. Vital memories: Movements in and between affect, ethics and self. *Memory Studies*, 7(3): 328–338.

Brown, T. 2015. Sustainability as empty signifier: Its rise, fall, and radical potential. *Antipode*, 48(1): 1–19.

Brushwood Rose, C., and Low, B. 2014. Exploring the 'craftedness' of multimedia narratives: From creation to interpretation. *Visual Studies*, 29(1): 30–39.

Butler, C. 2010. Morality and climate change: Is leaving your TV on standby a risky behaviour? *Environmental Values*, 19(2): 169–192.

Butler, C., Parkhill, K. A., and Pidgeon, N. 2014. Energy consumption and everyday life: Choice, values and agency through a practice theoretical lens. *Journal of Con\-sumer Culture*, 16(3), 887–907.

Candea, M., Cook, J., Trundle, C., and Yarrow, T. (Eds.). 2015. *Detachment: Essays on the Limits of Relational Thinking*. Manchester: Manchester University Press.

Capstick, B. S., Pidgeon, N. F., and Henwood, K. 2015. Stability and change in Brit\-ish public discourses about climate change between 1997 and 2010. *Environmental Values*, 24: 725–753.

Cartwright, D. 2004. The psychoanalytic research interview: Preliminary suggestions. *Journal of the American Psychoanalytic Association*, 52(1): 209–242.

Centemeri, L. 2018. Commons and the new environmentalism of everyday life: Alter\-native value practices and multispecies commoning in the permaculture movement. *Rassegna Italiana di Sociologia*.

Cerrato, F. 2013. Espressione e vita: Lo Spinoza di Gilles Deleuze. *Dianoia*, 18.

Chadwick, R. 2017. Embodied methodologies: Challenges, reflections and strategies. *Qualitative Research*, 17(1): 54–74.

Charmaz, K., and Henwood, K. L. 2008. Grounded theory. In: Willig, C., and Stain\-ton-Rogers, W. (Eds.), *Handbook of Qualitative Research in Psychology*. London: Sage, pp. 240–260.

Chatti, D., Archer, M., Lennon, M., and Dove, M. R. 2017. Exploring the mundane: Towards an ethnographic approach to bioenergy. *Energy Research & Social Sci\-ence*, 30: 28–34.

Cheah, P. 2010. Non-dialectical materialism. In: Coole, D., and Frost, S. (Eds.), *New Materialisms: Ontology, Agency, and Politics*. Durham, NC: Duke University Press.

Cherry, C., Hopfe, C., MacGillivray, B., and Pidgeon, N. 2015. Media discourses of low carbon housing: The marginalization of social and behavioural dimensions in the British press. *Public Understanding of Science*, 24(3): 302–310.

Chicchi, F. 2022. Il popolo a-venire come esercizio della pratica del conflitto. *Machina*. https://www.machina-deriveapprodi.com/post/il-popolo-a-veni-re-come-esercizio-della-pratica-del-conflitto. Last accessed 13 July 2022.

Cohen, S. 2013. Discussion. In: Weintrobe, S. (Ed.), *Engaging With Climate Change: Psychoanalytic and Interdisciplinary Perspectives*. London: Routledge.

Coleman, R., and Ringrose, J. 2013. Introduction: Deleuze and research methodolo\-gies. In: Coleman, R., and Ringrose, J. (Eds.), *Deleuze and Research Methodolo\-gies*. Edinburgh: Edinburgh University Press.

Collier, M. 2001. Approaches to analysis in visual anthropology. In: Van Leeuwen, T., and Jewitt, C. (Eds.), *Handbook of Visual Analysis*. London: Sage.

Comacho, J. 2008. c. 1315–1640: Why Europe? Why not China? Contingency, ecol\-ogy and world-history. In: Herzogenrath, B. (Ed.), *An [Un]Likely Alliance: Think\-ing Environment[s] With Deleuze/Guattari*. Newcastle upon Tyne: Cambridge Scholars Publishing.

Consigliere, S. 2020. *Favole del reincanto: Molteplicità, immaginario, rivoluzione*. Roma: DeriveApprodi.

Coole, D., and Frost, S. 2010. Introducing the new materialisms. In: Coole, D., and Frost, S. (Eds.), *New Materialisms: Ontology, Agency, and Politics*. Durham, NC: Duke University Press.

Crociani-Winland, L., and Hoggett, P. 2012. Politics and affect. *Subjectivity*, 5: 161–179.

Cunliffe, A. L., and Karunanayake, G. 2013. Working within hyphen-spaces in ethno\-graphic research: Implications for research identities and practice. *Organisational Research Methods*, 16(3): 364–392.

Dal Gobbo, A. 2016. Il Discorso dello "Sviluppo Sostenibile": Critica di una Fantasia Ideologica. *Sociologia Urbana e Rurale*, 109.

Dal Gobbo, A. 2017. Unconscious defences or desiring production? Some reflections on everyday energy use, psychoanalysis, vitalism. In: Robinson, R., Foulds, C., and Lertzman R. (Eds.), *Behaviour Change From the Inside Out: Applications of Psychosocial Ideas to Sustainability*. Cambridge (UK): GSI.

Dal Gobbo, A. 2018. 'Desiring ethics: Reflections on veganism from an observational study of transitions in everyday energy use. *Relations*, 6(2): 3.

Dal Gobbo, A. 2020. Everyday life ecologies: Crisis, transitions and the aesth-etics of desire. *Environmental Values*, 29(4): 397–416.

Dal Gobbo, A. 2022a. Energy and the ethnography of everyday life: A methodology for a world that matters. *Ethnography*: 1–22.

Dal Gobbo, A. 2022b. Pathways of ecological transitions in crisis. Investigating (un)sustainability, precariousness and everyday life. *Rassegna Italiana di Sociologia*, (EarlyAccess), pp. 1–28.

Dal Gobbo, A. in review. Sustainability and the politics of the body in alternative food consumption: Can healthy eating become a toxic narrative? *Current Sociology*.

Dal Gobbo, A., and Forno, F. 2020. Shopping for a sustainable future: The promises of a collectively planned consumption. In: Forno, F., and Weiner, R. R. (Eds.), *Sustainable Community Movement Organizations: Solidarity Economies and Rhi\-zomatic Practices*. New York: Routledge, pp. 72–88.

Dal Gobbo, A., and Torre, S. 2019. Lavoro, natura e valore: Logiche di sfruttamento, politiche del vivente. *Etica & Politica*, 21(1): 165–171.

Davies, B., De Schauwer, E., Claes, L., De Munk, K., Van de Mutte, I., and Ver\-stichele, M. 2013. Recognition and difference: A collective biography. *Interna\-tional Journal of Qualitative Studies in Education*, 26(6): 680–691.

De Certeau, M. 2013. *The Practice of Everyday Life*. Berkeley, CA: University of California Press.

de la Bellacasa, M. P. 2017. *Matters of Care: Speculative Care in More Than Human Worlds*. Minneapolis: University of Minnesota Press.

Del Busso, L. 2011. Using photographs to explore the embodiment of pleasure in everyday life. In: Reavey, P. (Ed.), *Visual Methods in Psychology: Using and Interpreting Images in Qualitative Research*. Oxon: Routledge.

DeLanda, M. 2006. Chapter 13: Deleuzian ontology and assemblage theory. In: Fuglsang, M., and Sorensen, B. M. (Eds.), *Deleuze and the Social*. Edinburgh: Edinburgh University Press, pp. 250–266.

Deleuze, G. 1983. *Nietzsche and Philosophy*. New York, NY: Columbia University Press.

Deleuze, G. 1988. *Bergsonism*. New York: Zone Books.

Deleuze, G. 1991. *Empiricism and Subjectivity*. New York: Columbia University Press.

Deleuze, G. 2005a. *Cinema 1: The Movement-Image*. London: Continuum.

Deleuze, G. 2005b. *Cinema 2: The Time-Image*. London: Continuum.

Deleuze, G. 2010a. *Immanenza*. Milano: Mimesis.

Deleuze, G. 2010b. *Che Cos'è un Dispositivo?* Napoli: Cronopio.

Deleuze, G. 2013. *Cosa Può Un Corpo? Lezioni su Spinoza*. Verona: Ombre Corte.

Deleuze, G. 2014. *Difference and Repetition*. Edited by P. Patton. London; New York: Bloomsbury Academic.

Deleuze, G., and Guattari, F. 2014. *A Thousand Plateaus: Capitalism and Schizo\-phrenia*. London: Bloomsbury Academic.

Deleuze, G., and Guattari, F. 2019. *Anti-Oedipus: Capitalism and Schizophrenia*. Minneapolis: University of Minnesota Press.

Deleuze, G., and Negri, A. 1990. Control and becoming. *Futur Anterieur*, 1. English version. http://www.generation-online.org/p/fpdeleuze3.htm. Last accessed 3 June 2018.

Deleuze, G., and Parnet, C. 2007. *Dialogues*. New York: Columbia University Press.

DeSilvey, C., Ryan, J. R., and Bond, S. 2014. 21 stories. *Cultural Geographies*, 21(4): 657–672.

Devine-Wright, P. 2009. Rethinking NIMBYism: The role of place attachment and place identity in explaining place-protective action. *Journal of Community and Applied Psychology*, 19: 426–441.

Dewsbury, J. D. 2011. The Deleuze-Guattarian assemblage: Plastic habits. *Area*,

43(2): 148–153.

Di Chiro, G. 2008. Living environmentalisms: Coalition politics, social reproduction, and environmental justice. *Environmental Politics*, 17(2): 276–298.

Di Masso, A., and Dixon, J. 2015. More than words: Place, discourse and the struggle over public space in Barcelona. *Qualitative Research in Psychology*, 12(1): 45–60.

Dicks, B. 2014. Action, experience, communication: Three methodological para\-digms for researching multimodal and multisensory settings. *Qualitative Research*, 14(6): 656–674.

Dicks, B., Mason, B., Coffey, A., and Atkinson, P. 2005. *Qualitative Research and Hypermedia: Ethnography for the Digital Age*. London: SAGE.

Dicks, B., Soyinka, B., and Coffey, A. 2006. Multimodal ethnography. *Qualitative Research*, 6(1): 77–96.

Dietz, F. J., Dan, A., and Schwom, R. 2007. Support for climate change policy: Social psychological and social structural influences. *Rural Sociology*, 72(2): 185–214.

Dinerstein, A. C. 2016. Denaturalising society: Concrete Utopia and the prefigurative critique of political economy. In: Dinerstein, A. C. (Ed.), *Social Sciences for an Other Politics: Women Theorizing Without Parachutes*. Cham: Springer Interna\-tional Publishing, pp. 49–62.

Dobson, A. 2003. *Citizenship and the Environment*. Oxford; New York: Oxford Uni\-versity Press.

Drew, S., and Guillemin, M. 2014. From photographs to findings: Visual meaning-making and interpretive engagement in the analysis of participant-generated images. *Visual Studies*, 29(1): 54–67.

Duncombe, J., and Jessop, J. 2002. 'Doing rapport' and the ethics of 'faking friend\-ship'. In: Miller, T., Birch, M., Mauthner, M., and Jessop, J. (Eds.), *Ethics in Qualitative Research*. London: Sage.

Dunlap, R. E., Buttel, F. H., Dickens, P., and Gijswijt, A. 2002. Sociological theory and the environment: An overview and an introduction. In: Dunlap, R. E., Buttel, F. H., Dickens, P., and Gijswijt, A. (Eds.), *Sociological Theory and the Environ\-ment: Classical Foundations, Contemporary Insights*. Lanham, MD: Rowman & Littlefield Publishers, Inc.

Dussel, E. 2018. *Anti-Cartesian Meditations and Transmodernity: From the Perspec\-tives of Philosophy of Liberation*. Den Haag: Amrit, Uitgeverij.

Edwards, J. 2010. The materialism of historical materialism. In: Coole, D., and Frost, S. (Eds.), *New Materialisms: Ontology, Agency, and Politics*. Durham, NC: Duke University Press.

Edwards, R., and Mauthner, M. 2012. Ethics and feminist research: Theory and practice. In: Miller, T., Birch, M., Mauthner, M., and Jessop, J. (Eds.), *Ethics in Qualitative Research*. London: Sage.

Ellsworth-Krebs, K., Reid, L., and Hunter, C. J. 2015. Home-ing in on domestic energy research: "House," "home," and the importance of ontology. *Energy Research & Social Science*, 6: 100–108.

Emerson, R. M., Fretz, R. I., and Shaw, L. L. 2011. *Writing Ethnographic Fieldnotes*. Chicago, IL: Chicago University Press.

Esposito, R. 2004. *Bios. Biopolitica e Filosofia*. Torino: Einaudi.

Evans, D. 2011. Blaming the consumer—Once again: The social and material con\-texts of everyday food waste practices in some English households. *Critical Public Health*, 21(4): 429–440.

Federici, S. 2004. *Caliban and the Witch: Women, the Body, and Primitive Accumula\-tion*. Brooklyn, NY: Autonomedia.

Federici, S. 2019. *Re-Enchanting the World: Feminism and the Politics of the Com\-mons*. Edited by P. Linebaugh. Oakland, CA: PM Press.

Feindt, P. H., and Oels, A. 2006. Does discourse matter? Discourse analysis in environmental policy making. *Journal of Environmental Policy & Planning*, 7(3): 161–173.

Fischer, A., Peters, V., Neebe, V., Vavra, J., Kriel, A., Lapka, M., and Megyesi, B. 2012. Climate change? No, wise resource use is the issue: Social representations of energy, climate change and the future. *Environmental Policy and Governance*, 22: 161–176.

Fisher, M. 2009. *Capitalist Realism: Is There No Alternative?* Chippenham: Zero Books.

Forde, E. 2017. The ethics of energy provisioning: Living off-grid in rural Wales. *Energy Research & Social Science*, 30: 82–93.

Forno, F., and Ceccarini, L. 2006. From the street to the shops: The rise of new forms of political actions in Italy. *South European Society and Politics*, 11(2): 197–222.

Foster, J. B. 2012. The planetary rift and the new human exemptionalism: A political-economic critique of ecological modernization theory. *Organization & Environ\-ment*, 25(3): 211–237.

Foucault, M. 1980. *Power/Knowledge: Selected Interviews and Other Writings 1972–1977*. Edited by Colin Gordon. Harlow: Pearson Education Limited.

Foucault, M. 1991. *Discipline and Punish: The Birth of the Prison*. London: Penguin.

Foucault, M. 2007. *The Politics of Truth*. Los Angeles, CA: Semiotext(e).

Fragnito, M., and Tola, M. 2021. *Ecologie della cura. Prospettive transfemministe*. Napoli: Orthotes.

Freud, S. 2011. *Three Essays on the Theory of Sexuality*. Mansfield Centre, CT: Martino Publishing.

Frigo, G. 2017. Energy ethics, homogenization, and hegemony: A reflection on the traditional energy paradigm. *Energy Research & Social Science*, 30: 7–17.

Froggett, L., and Hollway, W. 2010. Psychosocial research analysis and scenic under\-standing. *Psychoanalysis, Culture & Society*, 15: 281–301.

Frosh, S., and Baraitser, L. 2008. Psychoanalysis and psychosocial studies. *Psycho\-analysis, Culture & Society*, 13: 346–365.

Fumagalli, A., Giovannelli, G., and Morini, C. (Eds.). 2018. *La rivolta della coopera\-zione: Sperimentazioni sociali e autonomia possibile*. Milano: Mimesis.

Gaard, G. 2011. Ecofeminism revisited: Rejecting essentialism and re-placing species in a material feminist environmentalism. *Feminist Formations*, 23(2): 26–53.

Gabb, J., and Fink, J. 2015. Telling moments and everyday experience: Multiple methods research on couple relationships and personal lives. *Sociology*, 49(5): 970–987.

Geels, F. W. 2010. Ontologies, socio-technical transitions (to sustainability), and the multi-level perspective. *Research Policy*, 39: 495–510.

Geller, H., Harrington, P., Rosenfeld, A. H., Tanishima, S., and Unander, F. 2006. Polices for increasing energy efficiency: Thirty years of experience in OECD coun\-tries. *Energy Policy*, 34: 556–573.

Gibson-Graham, J. K. 2008. Diverse economies: Performative practices for "other worlds." *Progress in Human Geography*, 32(5): 613–632.

Gillingham, K., Newell, R. G., and Palmer, K. 2009. Energy efficiency economics and policy. *Annual Review of Resource Economics*, 1(1): 597–620.

Godani, P. 2014. Il rovescio della struttura. In: Vandoni, F., Redaelli, E., and Pitasi, P.

(Eds.), *Legge, Desiderio, Capitalismo: L'Anti-Edipo tra Lacan e Deleuze*. Milano: Bruno Mondadori.

Goh, I. 2008. "Strange ecology" in Deleuze-Guattari's *A Thousand Plateaus*. In: Herzogenrath, B. (Ed.) *An [Un]Likely Alliance: Thinking Environment[s] With Deleuze/Guattari*. Newcastle upon Tyne: Cambridge Scholars Publishing.

Gorz, A. 1980. *Ecology as Politics*. London: Pluto Press.

Gram-Hanssen, K. 2011. Understanding change and continuity in residential energy consumption. *Journal of Consumer Culture*, 11(1): 61–78.

Greene, J. C. 2013. On rhizomes, lines of flight, mangles, and other assemblages. *International Journal of Qualitative Studies in Education*, 26(6): 749–758.

Großmann, K., and Kahlheber, A. 2017. Energy poverty in an intersectional per-spec\-tive: On multiple deprivation, discriminatory systems, and the effects of policy. In: Simcock, N. (Ed.), *Energy Poverty and Vulnerability: A Global Perspective*. London: Routledge.

Groves, C. 2015. The bomb in my backyard, the serpent in my house: Environmental justice, risk, and the colonisation of attachment. *Environmental Politics*, 24(6): 853–873.

Groves, C., Henwood, K., Pidgeon, N., Cherry, C., Roberts, E., Shirani, F., and Thomas, G. 2021. The future is flexible? Exploring expert visions of energy system decarbonisation. *Futures*, 130: 102753.

Groves, C., Henwood, K., Shirani, F., Butler, C., Parkhill, K., and Pidgeon, N. 2015. Energy biographies: Narrative genres, lifecourse transitions and practice change. *Science, Technology and Human Values*, 24(6): 483–508.

Groves, C., Henwood, K., Shirani, F., Butler, C., Parkhill, K., and Pidgeon, N. 2016. Invested in unsustainability? On the psychosocial patterning of engagement in practices. *Environmental Values*, 25(3): 309–328.

Grosz, E. 2010. Feminism, materialism, and freedom. In: Coole, D., and Frost, S. (Eds.), *New Materialisms: Ontology, Agency, and Politics*. Durham, NC: Duke University Press.

Guattari, F. 1995. *Chaosmosis: An Ethico-Aesthetic Paradigm*. Bloomington, IN: Indiana University Press.

Guattari, F. 2000. *The Three Ecologies*. London: Athlone Press.

Guihan, V. J. 2008. Becoming animal: The animal as a discursive figure in and beyond *A Thousand Plateaus*. In: Herzogenrath, B. (Ed.), *An [Un]Likely Alliance:*

Thinking Environment[s] With Deleuze/Guattari. Newcastle upon Tyne: Cam\-bridge Scholars Publishing.

Gupta, A., and Ferguson, J. 1997. *Anthropological Locations: Boundaries and Grounds of a Field Science*. Berkley, CA: University of California Press.

Guthman, J. 2008. Neoliberalism and the making of food politics in California. *Geo\-forum*, 39(3): 1171–1183.

Haferkamp, L. 2008. 'The instructed third': Processing ecology with Deleuze. In: Herzogenrath, B. (Ed.), *An [Un]Likely Alliance: Thinking Environment[s] With Deleuze/Guattari*. Newcastle upon Tyne: Cambridge Scholars Publishing.

Hagbert, P., and Bradley, K. 2017. Transitions on the home front: A story of sus\-tainable living beyond eco-efficiency. *Energy Research & Social Science*, 31: 240–248.

Hajer, M. A. 1995. *The Politics of Environmental Discourse: Ecological Modern-iza\-tion and the Policy Process*. London: Oxford University Press.

Halkier, B., Katz-Gerro, T., and Martens, L. 2011. Applying practice theory to the study of consumption: Theoretical and methodological considerations. *Journal of Consumer Culture*, 11(1): 3–13.

Hall, T., Lashua, B., and Coffey, A. 2012. Sound and the everyday in qualitative research. In: Dicks, B. (Ed.), *Digital Qualitative Research Methods. Volume II: Multimedia and Hypermedia*. London: Sage.

Hammersley, M., and Atkinson, P. 2007. *Ethnography: Principles in Practice*. Oxon: Routledge.

Hampton, S. 2017. An ethnography of energy demand and working from home: Exploring the affective dimensions of social practice in the United Kingdom. *Energy Research & Social Science*, 28: 1–10.

Hand, M., and Shove, E. 2007. Condensing practices: Ways of living with a freezer. *Journal of Consumer Culture*, 7(1): 79–104.

Hannigan, J. 2002. Cultural analysis and environmental theory: An agenda. In: Dun\-lap, R. E., Buttel, F. H., Dickens, P., and Gijswijt, A. (Eds.), *Sociological Theory and the Environment: Classical Foundations, Contemporary Insights*. Lanham, MD: Rowman & Littlefield Publishers, Inc.

Haraway, D. J. 1991. *Simians, Cyborgs, and Women: The Reinvention of Nature*. New York: Routledge.

Haraway, D. J. 2016. *Staying With the Trouble: Making Kin in the Chthulucene*.

Durham, NC: Duke University Press.

Hards, S. 2012. Tales of transformation: The potential of a narrative approach to pro-environmental practices. *Geoforum*, 43: 760–771.

Hargreaves, T. 2011. Practice-ing behaviour change: Applying social practice theory to pro-environmental behaviour change. *Journal of Consumer Culture*, 11(1): 79–99.

Hargreaves, T., Longhurst, N., and Seyfang, G. 2012. *Understanding Sustainability Innovations: Points of Intersection Between the Multi-Level Perspective and Social Practice Theory*. 3S Working Paper 2012-03. Norwich: Science, Society and Sus\-tainability Research Group.

Hargreaves, T., Nye, M., and Burgess, J. 2010. Making energy visible: A qualitative field study of how householders interact with feedback from smart energy moni\-tors. *Energy Policy*, 38: 6111–6119.

Harper, D. 2012. Framing photographic ethnography: A case study. In: Dicks, B. (Ed.), *Digital Qualitative Research Methods. Volume II: Multimedia and Hyper\-media*. London: Sage.

Hawkins, G. 2009. More-than-human politics: The case of plastic bags. *Australian Humanities Review*, 45: 43–55.

Hayden, P. 2008. Gilles Deleuze and naturalism: A convergence with ecological theory and politics. In: Herzogenrath, B. (Ed.), *An [Un]Likely Alliance: Thinking Environment[s] With Deleuze/Guattari*. Newcastle upon Tyne: Cambridge Schol\-ars Publishing.

Henwood, K. 2019. Investigating risk—Methodological insights from interpretive social science and sustainable energy transitions research. In: Olofsson, A., and Zinn, J. (Eds.), *Researching Risk and Uncertainty: Methodologies, Methods and Research Strategies*. Basingstoke: Palgrave MacMillan.

Henwood, K., Groves, C., and Shirani, F. 2015. Relationality, entangled practices, and psychosocial exploration of intergenerational dynamics in sustainable energy studies. *Family, Relationships and Society*, 5(3): 393–410.

Henwood, K., and Pidgeon, N. 2016. Interpretive environmental risk research: Affect, discourses and change. In: Crichton, J., Candlin, C. N., and Firkins, A. S. (Eds.), *Communicating Risk*. Basingstoke: Palgrave MacMillan.

Henwood, K., Pidgeon, N., Sarre, S., Simmons, P., and Smith, N. 2008. Risk, fram\-ing and everyday life: Epistemological and methodological reflections from three sociocultural projects. *Health, Risk and Society*, 10(5): 421–438.

Heynen, N., McCarthy, J., Prudham, S., and Robbins, P. 2007. *Neoliberal Environ\-ments: False Promises and Unnatural Consequences*. Oxon: Routledge.

Hickey-Moody, A. 2013. Affect as method: Feelings, aesthetics and affective peda\-gogy. In: Coleman, R., and Ringrose, J. (Eds.), *Deleuze and Research Methodolo\-gies*. Edinburgh: Edinburgh University Press.

Highmore, B. 2002. *Everyday Life and Cultural Theory*. London: Routledge.

Hirose, J. F. 2022. *Come imporre un limite assoluto al capitalismo? Filosofia politica di Deleuze e Guattari*. Verona: Ombre Corte.

Hitchings, R. 2012. People can talk about their practices. *Area*, 44(1): 61–67.

Hobson, K. 2002. Competing discourses of sustainable consumption: Does the "ratio\-nalisation of lifestyles" make sense? *Environmental Politics*, 11(2): 95–120.

Hobson, K. 2013. On the making of the environmental citizen. *Environmental Poli\-tics*, 22(1): 56–72.

Hobson, K. 2016. Closing the loop or squaring the circle? Locating generative spaces for the circular economy. *Progress in Human Geography*, 40(1): 88–104.

Hoggett, P. 2010. Perverse social structures. *Journal of Psycho-Social Studies*, 4(1): 1–8.

Hoggett, P. 2013. Doing psycho-social research. In: Acuña, E., and Safuentes, M. (Eds.), *Métodos Socioanaliticos: Para la Gestion y el Cambio en Organizaciones*. Universidad de Chile.

Holloway, J. 2010. *Crack Capitalism*. London: Pluto Press.

Hollway, W. 2009. Applying the 'experience-near' principle to research: Psycho\-analytically informed methods. *Journal of Social Work Practice*, 23(4): 461–474.

Hollway, W., and Jefferson, T. 2000. Biography, anxiety and the experience of local\-ity. In: Chamberlayne, P., Bornat, J., and Wengraf, T. (Eds.), *The Turn to Bio\-graphical Methods in Social Science: Comparative Issues and Examples*. London: Routledge.

Hollway, W., and Jefferson, T. 2013. *Doing Qualitative Research Differently: A Psy\-chosocial Approach*. London: SAGE.

Hurdley, J. 2007. Focal points: Framing material culture and visual data. *Qualitative Research*, 7(3): 355–374.

Illich, I. 1973. *Tools for Conviviality*. London: Calder and Boyars.

Inglehart, R. 2007. *Postmaterialist Values and the Shift From Survival to Self-Expres\-sion Values*. Oxford: Oxford University Press.

Ingold, T. 2008. Bindings against boundaries: Entanglements of life in an open world. *Environment and Planning A*, 40(8): 1796–1810.

Ingold, T. 2010a. Bringing things to life: Creative entanglements in a world of materi\-als. *Realities Working Papers*, University of Manchester, ESRC NCRM 15: 1–14.

Ingold, T. 2010b. The textility of making. *Cambridge Journal of Economics*, 34: 91–102.

Ingold, T. 2011. *Being Alive: Essays on Movement, Knowledge and Description*. New York: Routledge.

Jackson, A. Y. 2013a. Data-as-machine: A Deleuzian becoming. In: Coleman, R., and Ringrose, J. (Eds.), *Deleuze and Research Methodologies*. Edinburgh: Edinburgh University Press.

Jackson, A. Y. 2013b. Posthumanist data analysis of mangling practices. *Interna\-tional Journal of Qualitative Studies in Education*, 26(6): 741–748.

Jackson, A. Y., and Mazzei, L. A. 2012. *Thinking With Theory in Qualitative Research: Viewing Data Across Multiple Perspectives*. Oxon: Routledge.

Jackson, T. 2016. *Prosperity Without Growth: Foundations for the Economy of Tomorrow*. London; New York: Routledge.

Jackson, T., and Papathanasopoulou, E. 2008. Luxury or "lock-in"? An exploration of unsustainable consumption in the UK: 1968 to 2000. *Ecological Economics*, 68(1): 80–95. https://doi.org/10.1016/j.ecolecon.2008.01.026.

Jagers, S. C., and Matti, S. 2015. Ecological citizens: Identifying values and beliefs that support individual environmental responsibility among Swedes. *Sustainability*, 2: 1055–1079.

Jeffrey, B., and Troman, G. 2004. Time for ethnography. *British Educational Research Journal*, 30(4): 535–548.

Jessop, B., and Oosterlynk, S. 2008. Cultural political economy: On making the cultural turn without falling into soft economic sociology. *Geoforum*, 39(3): 1155–1169.

John, P., Smith, G., and Stoker, G. 2009. Nudge nudge, think think: Two strategies for changing civic behaviour. *The Political Quarterly*, 80(3): 361–370.

Johnson, E. R. 2017. At the limits of species being: Sensing the anthropocene. *South

Atlantic Quarterly, 116(2): 275–292.

Johnston, J., Szabo, M., and Rodney, A. 2011. Good food, good people: Understand\-ing the cultural repertoire of ethical eating. *Journal of Consumer Culture*, 11(3): 293–318.

Jolibert, C., Paavola, J., and Rauschmayer, F. 2014. Addressing needs in the search for sustainable development: A proposal for a needs-based scenario building. *Envi\-ronmental Values*, 23: 29–50.

Jordan, A. B. 2006. Make yourself at home: The social construction of research roles in family studies. *Qualitative Research*, 6(2): 169–185.

Kallis, G., Paulson, S., D'Alisa, G., and Demaria, F. 2020. *The Case for Degrowth*. Cambridge, UK; Medford, MA: Polity Press.

Kemmerer, L. 2014. *Eating Earth: Environmental Ethics and Dietary Choice*. New York: Oxford University Press.

Keucheyan, R. 2021. *I bisogni artificiali: Come uscire dal consumismo*. Verona: Ombre corte.

Kothari, A., Escobar, A., Salleh, A., Demaria, F., and Acosta, A. 2020. Can the coronavirus save the planet? *openDemocracy*. https://www.opendemocracy.net/en/oureconomy/can-coronavirus-save-planet/. Last accessed 7 April 2021.

Kothari, A., Salleh, A., Escobar, A. Demaria, F., and Acosta, A. (Eds.). 2019. *Pluriverse: A Post-Development Dictionary*. New Delhi: Tulika Books and Authorsupfront.

Kristmundsdottir, S. D. 2006. Chapter 8: Far from the Tobriands? Biography as field. In: Coleman, S., and Collins, P. (Eds.), *Locating the Field: Space, Place and Con\-text in Anthropology*. Oxford: Berg, pp. 163–178.

Kuijer, L., and Watson, M. 2017. 'That's when we started using the living room': Lessons from a local history of domestic heating in the United Kingdom. *Energy Research & Social Science*, 28: 77–85.

Lambek, M. 2010. *Ordinary Ethics: Anthropology, Language, and Action*. New York: Fordham University Press.

Larson, A. 2008. How to become a reader: The concept of American literature and Deleuze. In: Herzogenrath, B. (Ed.), *An [Un]Likely Alliance: Thinking Environment[s] With Deleuze/Guattari*. Newcastle upon Tyne: Cambridge Schol\-ars Publishing.

Lather, P., and St. Pierre, E. A. 2013. Post-qualitative research. *International Journal* of *Qualitative Studies in Education*, 26(6): 629–633.

Lather, P. A. 1995. The validity of angels: Interpretive and textual strategies in researching the lives of women with HIV/AIDS. *Qualitative inquiry*, 1(1): 41–68.

Lather, P. A. 2013. Methodology-21: What do we do in the aftermath? *International Journal of Qualitative Studies in Education*, 26(6): 634–645.

Latour, B. 2005. *Reassembling the Social: An Introduction to Actor-Network-Theory*. New York: Oxford University Press.

Lefebvre, H. 2014. *The Critique of Everyday Life*. London: Verso.

Leff, E. 2015. Political ecology: A latin American perspective. *Desenvolvimento e Meio Ambiente*, 35: 29–64.

Leonardi, E. 2018. *Lavoro Natura Valore: André Gorz tra Marxismo e Decrescita*. Napoli-Salerno: Orthotes.

Lertzman, R. 2015. *Environmental Melancholia: Psychoanalytic Dimensions of Engagement*. New York: Routledge.

Lertzman, R. A. 2013. The myth of apathy: Psychoanalytic explorations of envi\-ronmental subjectivity. In: Weintrobe, S. (Ed.), *Engaging With Climate Change: Psychoanalytic and Interdisciplinary Perspectives*. London: Routledge.

Lincoln, Y. S., and Guba, E. G. 1985. *Naturalistic Inquiry*. Beverly Hills, CA: Sage.

Lorimer, J. 2013. More-than-human visual analysis: Witnessing and evoking affect in human-nonhuman interactions. In: Coleman, R., and Ringrose, J. (Eds.), *Deleuze and Research Methodologies*. Edinburgh: Edinburgh University Press.

Löwy, M. 2021. *Ecosocialismo. Una alternativa radicale alla catastrofe capitalista*. Verona: Ombre Corte.

Luke, T. W. 1999. *Ecocritique: Contesting the Politics of Nature, Economy and Cul\-ture*. Minneapolis: University of Minnesota Press.

MacGregor, S. 2021. Making matter great again? Ecofeminism, new materialism and the everyday turn in environmental politics. *Environmental Politics*, 30(1–2): 41–60.

Mackendrick, N. 2014. More work for mother: Chemical body burdens as a maternal responsibility. *Gender & Society*, 28(5): 705–728.

MacLure, M. 2013a. Classification or wonder? Coding as an analytic practice in qual\-itative research. In: Coleman, R., and Ringrose, J. (Eds.), *Deleuze and Research Methodologies*. Edinburgh: Edinburgh University Press.

MacLure, M. 2013b. Researching without representation? Language and materiality in post-qualitative methodology. *International Journal of Qualitative Studies in Education*, 26(6): 658–667.

Maffesoli, M. 2012. Prefazione. In: De Certeau, M. (Ed.), *L'Invenzione del Quotidi\-ano*. Roma: Lavoro Edizioni.

Mallory, C. 2013. Locating ecofeminism in encounters with food and place. *Journal of Agricultural and Environmental Ethics*, 26(1): 171–189. https://doi.org/10.1007/s10806-011-9373-8.

Manley, J. 2009. When words are not enough. In: Clarke, S., and Hoggett, P. (Eds.), *Researching Beneath the Surface: Psycho-Social Research Methods in Practice*. London: Karnac.

Marcuse, H. 1972. Ecology and revolution. *Liberation*, 16: 10–12.

Marcuse, H. 1992. Ecology and the critique of modern society. *Capitalism, Nature, Socialism*, 3(3): 29–48.

Marcuse, H. 2002. *One-Dimensional Man: Studies in the Ideology of Advanced Industrial Society*. London: Routledge.

Marres, N. 2009. Testing powers of engagement: Green living experiments, the ontological turn and the undoability of involvement. *European Journal of Social Theory*, 12(1): 117–133.

Martin, A. D., and Kamberelis, G. 2013 Mapping not tracing: Qualitative educational research with political teeth. *International Journal of Qualitative Studies in Educa\-tion*, 26(6): 668–679.

Mason, J., and Davies, K. 2009. Coming to our senses? A critical approach to sensory methodology. *Qualitative Research*, 9(5): 587–603.

Massey, D. 1991. The political place of locality studies. *Environment and Planning A*, 23: 267–281.

Mayer, H., and Knox, P. L. 2006. Slow cities: Sustainable places in a fast world. *Journal of Urban Affairs*, 28(4): 321–334.

Mbembe, J.-A. 2003. Necropolitics. *Public Culture*, 15(1): 11–40.

McKechnie, R. B., and Welsh, I. 2002. When the global meets the local: Critical reflections on reflexive modernization. In: Dunlap, R. E., Buttel, F. H., Dickens, P., and Gijswijt, A. (Eds.), *Sociological Theory and the Environment: Classical Foundations, Contemporary Insights*. Lanham, MD: Rowman & Littlefield Pub\-lishers, Inc.

McKenzie-Mohr, D. 2000. Fostering sustainable behavior through community-based social marketing. *American Psychologist*, 55(5): 531–537.

Mellor, M. 2006. Ecofeminist political economy. *International Journal of Green Economics*, 1(1/2): 139–150.

Mellor, M. 2019. An eco-feminist proposal: Sufficiency provisioning and democratic money. *New Left Review*, 116/117: 189–200.

Meyer, J. M., and Kersten, J. 2016. *The Greening of Everyday Life: Challenging Practices, Imagining Possibilities*. Oxford: Oxford Scholarship Online.

Michael, M. 2016. Notes towards a speculative methodology of everyday life. *Quali\-tative Research*, 16(6): 646–660.

Mies, M. 2001. *Patriarchy and Accumulation on a World Scale: Women in the Inter\-national Division of Labour*. London: Zed Books.

Miller, D. 2003. *Material Cultures: Why Some Things Matter*. London: Routledge.

Monticelli, L. 2018. Embodying alternatives to capitalism in the 21st century. *tri\-pleC: Communication, Capitalism & Critique. Open Access Journal for a Global Sustainable Information Society*, 16(2): 501–517.

Moore, J. W. 2015. *Capitalism in the Web of Life: Ecology and the Accumulation of Capital*. New York: Verso.

Morton, T. 2012. The oedipal logic of ecological awareness. *Environmental Humani\-ties*, 1: 7–21.

Moscovici, S. 1982. Social Cognition. Oxford: Blackwells.

Mulhall, A. 2002. In the field: Notes on observation in qualitative research. *Journal of Advanced Nursing*, 41(3): 306–313.

Neal, S. 2015. Researching the everyday: An interview with Amanda wise. *Sociology*, 49(5): 988–100.

Neal, S., and Murij, K. 2015. Sociologies of everyday life: Editor's introduction to the special issue. *Sociology*, 49(5): 811–819.

Nelson, R. M., Rademacher, M. A., and Paek, H.-J. 2007. Downshifting consumer=Uplifiting citizen? An examination of a local freecycle community. *The Annals of the American Academy of Political and Social Science*, 611(1): 141–156.

Newell, P., and Mulvaney, D. 2013. The political economy of the "just transition." *The Geographical Journal*, 179(2): 132–140.

Nietzsche, F. 2011. *On the Genealogy of Morals*. Nachdr. Edited by W. A. Kaufmann. New York: Vintage Books.

Nye, M., and Hargreaves, T. 2009. Exploring the social dynamics of proenvironmen\-tal behaviour change—A comparative study of intervention processes at home and work. *Journal of Industrial Ecology*, 14(1): 137–149.

Oels, A. 2006. Rendering climate change governable: From biopower to advanced liberal government? *Journal of Environmental Policy & Planning*, 7(3): 185–207.

Olsson, L. M. 2009. *Movement and Experimentation in Young Children's Learning: Deleuze and Guattari in Early Childhood Education*. Oxon: Routledge.

Orlie, M. A. 2010. Impersonal matter. In: Coole, D., and Frost, S. (Eds.), *New Mate\-rialisms: Ontology, Agency, and Politics*. Durham, NC: Duke University Press.

Paasi, A. 1991. Deconstructing regions: Notes on the scales of spatial life. *Environ\-ment and Planning A*, 23: 239–256.Paddock, J. 2017. Household consumption and environmental change: Rethinking the policy problem through narratives of food practice. *Journal of Consumer Culture*, 17(1): 122–139.

Paredes, J. 2010. Hilando ino desde el feminismo indígena comunitario. In: Espinosa Miñoso, Y. (Ed.), *Aproximaciones críticas a las prácticas teórico-políticas del feminismo latinoamericano*. Buenos Aires: En La Frontera, pp. 217–220.

Parker, I. 2015. Walls and holes in psychosocial research: From psychoanalysis to critique. *Qualitative Research in Psychology*, 12(1): 77–82.

Patton, M. 2002. *Qualitative Research and Evaluation Methods*. Thousand Oaks, CA: SAGE Publications.

Pellizzoni, L. 2011. Governing through disorder: Neoliberal environmental gover\-nance and social theory. {Global Environmental Change, 21: 795–803.

Pellizzoni, L. 2012. In search of community: Political consumerism, governmentality and immunization. *European Journal of Social Theory*, 15(2): 221–241.

Pellizzoni, L. 2015. *Ontological Politics in a Disposable World: The New Mastery of Nature*. Farnham: Ashgate Publishing Limited.

Pellizzoni, L. 2016. Catching up with things? Environmental sociology and the mate\-rial turn in social theory. *Environmental Sociology*, 2(4): 1–10.

Pellizzoni, L. 2017. Intensifying embroilments: Technosciences, imaginaries and publics. *Public Understanding of Science*, 26(2): 212–219.

Pellizzoni, L. 2021. Nature, limits and form-of-life. *Environmental Politics*, 30(1–2): 81–99.

Picchio, A. 1992. *Social Reproduction: The Political Economy of the Labour Market*. Cambridge; New York: Cambridge University Press.

Pink, S. 2001. *Doing Visual Ethnography*. London: SAGE.

Pink, S. 2012. An urban tour: The sensory sociality of ethnographic place-making. In: Dicks, B. (Ed.), *Digital Qualitative Research Methods. Volume II: Multimedia and Hypermedia*. London: Sage.

Pink, S., and Mackley, K. L. 2012. Video and a sense of the invisible: Approaching energy consumption through the sensory home. *Sociological Research Online*, 17(1): 87–105.

Pitasi, P. 2014. Tutta la vita deve cambiare. Sovversione del soggetto e pratiche del desiderio. In: Vandoni, F., Redaelli, E., and Pitasi, P. (Eds.), *Legge, Desiderio, Capitalismo: L'Anti-Edipo tra Lacan e Deleuze*. Milano: Bruno Mondadori.

Quijano, A. 2007. Coloniality and modernity/rationality. *Cultural Studies*, 21(2–3): 168–178.

Randall, R. 2009. Loss and climate change: The cost of parallel narratives. *Ecopsy\-chology*, 1(3): 118–129.

Randall, R. 2013. Great expectations: The psychodynamics of ecological debt. In: Weintrobe, S. (Ed.), *Engaging With Climate Change: Psychoanalytic and Inter\-disciplinary Perspectives*. London: Routledge.

Rapley, C. 2013. Foreword. In: Weintrobe, S. (Ed.), *Engaging With Climate Change: Psychoanalytic and Interdisciplinary Perspectives*. London: Routledge.

Reavey, P. 2011. The return to experience–Psychology and the visual. In: Reavey, P. (Ed.), *Visual Methods in Psychology: Using and Interpreting Images in Qualitative Research*. Oxon: Routledge.

Recalcati, M. 2014. Schizofrenia e responsabilità. Note sul desiderio nell'*Anti-Edipo*. In: Vandoni, F., Redaelli, E., and Pitasi, P. (Eds.), *Legge, Desiderio, Capitalismo: L'Anti-Edipo tra Lacan e Deleuze*. Milano: Bruno Mondadori.

Reckwitz, A. 2002. Towards a theory of social practices: A development in culturalist theorizing. *European Journal of Social Theory*, 5: 243–263.

Redaelli, E. 2014. Godere del debito. Il sogno perverso del capitalismo. In: Vandoni, F., Redaelli, E., and Pitasi, P. (Eds.), *Legge, Desiderio, Capitalismo: L'Anti-Edipo tra Lacan e Deleuze*. Milano: Bruno Mondadori.

Reich, J. A. 2021. Power, positionality, and the ethic of care in qualitative research. *Qualitative Sociology*, 44(4): 575–581.

Renold, E., and Mellor, D. 2013. Deleuze and Guattari in the nursery: Towards an ethnographic multi-sensory mapping of gendered bodies and becomings. In:

Cole\-man, R., and Ringrose, J. (Eds.), *Deleuze and Research Methodologies*. Edinburgh: Edinburgh University Press.

Rinehart, J. W. 1971. Affluence and the embourgeoisement of the working class: A critical look. *Social Problems*, 19(2): 149–162.

Ringrose, J. 2011. Beyond discourse? Using Deleuze and Guattari's schizoanalysis to explore affective assemblages, heterosexually striated space, and lines of flight online and at school. *Educational Philosophy and Theory*, 43(6): 598–618.

Rinkinen, J., Jalas, M., and Shove, E. 2015. Object relations in accounts of everyday life. *Sociology*, 49(5): 870–885.

Roberts, E., and Henwood, K. 2018. Exploring the everyday energyscapes of rural dwellers in Wales: Putting relational space to work in research on everyday energy use. *Energy Research & Social Science*, 36: 44–51.

Rosa, H. 2003. Social acceleration: Ethical and political consequences of a de-syn\-chronised society. *Constellations*, 10(1): 3–33.

Rose, G. 2016. *Visual Methodologies: An Introduction to Researching With Visual Material*. London: Sage.

Rose, N. 1990. *Governing the Soul: The Shaping of the Private Self*. London: Routledge.

Rustin, M. 2013. Discussion. In: Weintrobe, S. (Ed.), *Engaging With Climate Change: Psychoanalytic and Interdisciplinary Perspectives*. London: Routledge.

Salleh, A. 2005. Moving to an embodied materialism. *Capitalism Nature Socialism*, 16(2): 9–14.

Salleh, A. (Ed.). 2009. *Eco-Sufficiency & Global Justice: Women Write Political Ecology*. London; New York: Pluto Press.

Salleh, A. 2016. The anthropocene: Thinking in "deep geological time" or deep libidi\-nal time? *International Critical Thought*, 6(3): 422–433.

Salleh, A. 2017. *Ecofeminism as Politics: Nature, Marx and the Postmodern*. Lon\-don: Zed Books.

Savedoff, B. E. 2012. Escaping reality: Digital imagery and the resources of pho\-tography. In: Dicks, B. (Ed.), *Digital Qualitative Research Methods. Volume II: Multimedia and Hypermedia*. London: Sage.

Sayer, A. 2014. Power, sustainability and wellbeing: An outsider's view. In: Shove, E., and Spurling, N. (Eds.), *Sustainable Practices: Social Theory and Climate Change*. London: Routledge.

Schadler, C. 2019. Enactments of a new materialist ethnography: Methodological framework and research processes. *Qualitative Research*, 19(2): 215–230.

Schlosberg, D. 2019. From postmaterialism to sustainable materialism: The environ\-mental politics of practice-based movements. *Environmental Politics*: 1–21.

Schlosberg, D., and Coles, R. 2015. The new environmentalism of everyday life: Sustainability, material flows and movements. *Contemporary Political Theory*, 15: 160–181.

Schneider, F., Kallis, G., and Martinez-Alier, J. 2010. Crisis or opportunity? Eco\-nomic degrowth for social equity and ecological sustainability. Introduction to this special issue. *Journal of Cleaner Production*, 18(6): 511–518.

Schor, J. B. 2014. Climate discourse and economic downturns: The case of the United States 2008–2013. *Environmental Innovation and Societal Transitions*, 13: 6–20.

Seremetakis, C. N. 1993. The memory of the senses: Historical perception, commen\-sal exchange and modernity. *Visual Anthropology Review*, 9(2): 2–18.

Shirani, F., Groves, C., Henwood, K., Pidgeon, N., and Roberts, E. 2020. "I'm the smart meter": Perceptions of smart technology amongst vulnerable consumers. *Energy Policy*, 144: 1116–1137.

Shirani, F., Groves, C., Parkhill, K., Butler, C., Henwood, K., and Pidgeon, N. 2017. Critical moments? Life transitions and energy biographies. *Geoforum*, 86: 86–92.

Shirani, F., Parkhill, K., Butler, C., Groves, C., Pidgeon, N., and Henwood, K. 2016. Asking about the future: Methodological insights from a qualitative longitudinal research study. *International Journal of Social Research Methodology*, 19(4): 429–444.

Shiva, V. 1988. *Staying Alive: Women, Ecology, and Survival in India*. New Delhi: Kali for Women.

Shove, E. 2003. *Comfort, Cleanliness + Convenience: The Social Organization of Normality*. Oxford: Berg.

Shove, E. 2010a. Beyond the ABC: Climate change policies and theories of social change. *Environment and Planning*, A, 42(6): 1273–1285.

Shove, E. 2010b. Social theory and climate change: Questions often, sometimes and not yet asked. *Theory Culture Society*, 27(2–3): 277–288.

Shove, E., Pantzar, M., and Watson, M. 2012. *The Dynamics of Social Practice: Ev-*

eryday Life and How It Changes. London: SAGE.

Shove, E., Trentmann, F., and Wilk, R. R. (Eds.). 2009. *Time, Consumption and Everyday Life: Practice, Materiality and Culture.* Oxford; New York: Berg.

Shove, E., and Walker, G. 2007. CAUTION! Transitions ahead: Politics, practice, and sustainable transition management. *Environment and Planning A*, 39(4): 763–770.

Shove, E., and Walker, G. 2010. Governing transitions in the sustainability of every\-day life. *Research Policy*, 39: 471–476.

Shove, E., and Warde, A. 2002. Inconspicuous consumption: The sociology of con\-sumption, lifestyles, and the environment. In: Dunlap, R. E., Buttel, F. H., Dickens, P., and Gijswijt, A. (Eds.), *Sociological Theory and the Environment: Classical Foundations, Contemporary Insights.* Lanham, MD: Rowman & Littlefield Pub\-lishers, Inc.

Simon, G. 2013. Relational ethnography: Writing and reading in research relation\-ships. *Forum: Qualitative Social Research*, 14(1).

Slocum, R. 2004. Consumer citizens and the cities for climate protection campaign. *Environment and Planning A*, 36(5): 763–782.

Smith, J., and High, M. M. 2017. Exploring the anthropology of energy: Ethnography, energy and ethics. *Energy Research and Social Science*, 30: 1–6.

Smith, J., Kostelecký, T., and Jehlička, P. 2015. Quietly does it: Questioning assump\-tions about class, sustainability and consumption. *Geoforum*, 67: 223–232.

Soper, K. 1990. *Troubled Pleasures: Writing on Politics, Gender and Hedonism.* London: Verso.

Soper, K. 2008. Alternative hedonism, cultural theory and the role of aesthetic revi\-sioning. *Cultural Studies*, 22(5): 567–587.

Sovacool, B. K., and Dworkin, M. H. 2015. Energy justice: Conceptual insights and practical applications. *Applied Energy*, 142: 435–444.

Spaargaren, G., and Oosterveer, P. 2010. Citizen-consumers as agents of change in globalizing modernity: The case of sustainable consumption. *Sustainability*, 2: 1887–1908.

St. Pierre, E. A. 2013. The posts continue: Becoming. *International Journal of Quali\-tative Studies in Education*, 26(6): 646–657.

Stengers, I. 2017. Autonomy and the intrusion of Gaia. *South Atlantic Quarterly*,

116(2): 381–400.

Stenner, P. 2017. *Liminality and Experience: A Transdisciplinary Approach to the Psychosocial*. London: Palgrave MacMillan.

Stewart, K. 2007. *Ordinary Affects*. Durham, NC: Duke University Press.

Stoller, P. 1997. *Sensuous Scholarship*. Philadelphia: University of Pennsylvania Press.

Sundberg, J. 2014. Decolonizing posthumanist geographies. *Cultural Geographies*, 21(1): 33–47.

Swyngedow, E. 2010. Apocalypse forever? Post-political populism and the spectre of climate change. *Theory, Culture and Society*, 27(2–3): 213–232.

Swyngedouw, E. 2022. 'The apocalypse is disappointing': The depoliticized deadlock of the climate change consensus. In: Pellizzoni, L., Leonardi, E., and Asara, V. (Eds.), *Elgar Handbook of Critical Environmental Politics*. Elgar.

Taylor, S. 2015. Discursive and psychosocial? Theorising a complex contemporary subject. *Qualitative Research in Psychology*, 12(1): 8–21.

Taylor, S., and McAvoy, J. 2015. Researching the psychosocial: An introduction. *Qualitative Research in Psychology*, 12(1): 1–7.

Tews, K., Busch, P. O., and Jörgens, H. 2003. The diffusion of new environmental policy instruments. *European Journal of Political Research*, 42(4): 569–600.

Thaler, R. H., and Sunstein, C. R. 2008. *Nudge: Improving Decisions about Health, Wealth, and Happiness*. New Haven: Yale University Press.

Thomas, G., Groves, C., Henwood, K., and Pidgeon, N. 2016. Texturing waste: Attachment and identity in every-day consumption and waste practices. *Environ\-mental Values*, 26(6): 733–755.

Thrift, N. 2000. Afterwords. *Environment and Planning D: Society and Space*, 18: 213–255.

Trebitsch, M. 2014. Preface, vol. 2. In: Lefebvre, H. (Ed.), *The Critique of Everyday Life*. London: Verso.

Treppiedi, F. 2013. La contromossa del desiderio: Deleuze e la biopolitica. *Infor\-maciòn Filosofica X*, 21: 89–100.

Tsing, A. L. 2017. *Arts of Living on a Damaged Planet*. Minneapolis: University of Minnesota Press.

Turner, V. 1974. Liminal to liminoid, in play, flow and ritual: An essay in compara\-tive symbology. *Rice Institute Pamphlet-Rice University Studies*, 60(3).

Twine, R. 2017. A practice theory framework for understanding vegan transition. *Animal Studies Journal*, 6(2): 192–224.

Vannini, P., and Taggart, J. 2014. Making sense of domestic warmth: Affect, involve\-ment, and thermoception in off-grid homes. *Body & Society*, 20(1): 61–84.

Velicu, I., and Barca, S. 2020. The just transition and its work of inequality. *Sustain\-ability: Science, Practice and Policy*, 16(1): 263–273.

Vinale, A. 2012. Postfazione. In: Deleuze, G. (Ed.), *Empirismo e Soggettività*. Napoli: Cronopio.

Vinnari, M., and Vinnari, E. 2014. A framework for sustainability transition: The case of plant-based diets. *Journal of Agriculture, Environment & Ethics*, 27: 369–396.

Walker, G. 2013. Inequality, sustainability and capability: Locating justice in social practice. In: Shove, E., and Spurling, N. (Eds.), *Sustainable Practices*. London: Routledge.

Walkerdine, V. 2010. Communal beingness and affect. *Body & Society*, 16(1): 91–116.

Walkerdine, V. 2013. Using the work of Felix Guattari to understand space, place, social justice and education. *Qualitative Enquiry*, 19(10): 756–764.

Walkerdine, V., Olsvold, A., and Rudberg, M. 2013. Researching embodiment and intergenerational trauma using the work of Davoine and Gaudillere: History walked in the door. *Subjectivity*, 6: 272–297.

Warde, A. 2005. Consumption and theories of practice. *Journal of Consumer Culture*, 5(2): 131–153.

Warde, A. 2015. *The Practice of Eating*. Malden, MA: Polity Press.

Webb, J. 2012. Climate change and society: The chimera of behaviour change tech\-nologies. *Sociology*, 46(1): 109–125.

Weintrobe, S. 2013a. Preface. In: Weintrobe, S. (Ed.), *Engaging With Climate Change: Psychoanalytic and Interdisciplinary Perspectives*. London: Routledge.

Weintrobe, S. 2013b. The difficult problem of anxiety when thinking about climate change. In: Weintrobe, S. (Ed.), *Engaging With Climate Change: Psychoanalytic and Interdisciplinary Perspectives*. London: Routledge.

Whitebook, J. 2002. Michel Foucault: A Marcusean in structuralist clothing. *Thesis Eleven*, 71(1): 52–70.

Zibechi, R. 2022. Il collasso e la nostra inerzia. *Comune-info*, 12 July. https://co-mune-info.net/il-collasso-e-la-nostra-inerzia/. Last accessed 29 July 2022.

감사의 말

이 책은 현장 조사, 분석, 집필이라는 구분으로 명확하게 환원하기 어려운 아주 긴 연구 여정의 결과물이다. 시작했다 중단했다 물러나 다시 새로운 시각으로 수정하기를 반복했다. 이 긴 여정에서 다양한 도움을 준 많은 분께 감사의 말을 전한다.

먼저 연구 참가자들께 감사한다. 기꺼이 시간을 내주고 사려 깊은 태도를 보여준 그들 덕분에 생각을 명확하게 표현하고 되짚어 생각할 수 있었다. 이 경험은 나를 크게 바꾸어놓았다.

내 박사 연구 지도를 맡아 끊임없는 지지를 보내준 카렌 헨우드 교수님과 벨라 딕스 두 교수님께도 깊은 감사를 전한다. 두 분은 연구를 지도하고 질문을 던지면서도 동시에 지나치게 간섭하지 않았고, 덕분에 나는 이 연구를 온전히 '내 것'으로 느낄 수 있었다. 그러니 두 배로 감사하고 싶다. 더불어 에너지 전환을 주제로 대화를 나누다가 이제는 친구가 된 카디프 대학의 위기 이해 연구팀Understanding Risk Research Group 동료들에게도 감사를 전한다.

프란체스카 포노는 나와 같은 주제를 연구하면서 매일 긴밀하게 지적 교류를 하고 우정을 나누는 친구다. 적절한 지적으로 연구에 도움을 준 그녀의 따뜻한 우정에 감사한다. 프란체스카를 비롯해 내가 속해 있는 트렌토 대학 연구팀의 모든 동료에게 감사를 전한다. 나탈리아 마그

나니, 마르게리타 브루노리, 미켈라 지오바니니, 마티아 안드레올라. 이 다정하고 훌륭한 동료들이 있었기에 연구자로서 느끼는 압박감과 부담이 덜어지곤 했다.

존재론적 정치생태학 연구팀The Politics Ontologies Ecology Resrch Group 동료들에게도 감사를 전한다. 루이지 펠리조니, 레 마우라 베네지아모, 살보 토레, 로라 센테메리, 비비아나 아사라, 다리오 미네르비니, 이바노 스코티. 마르코 아르미에로와 스테파니아 바르카. 이들은 먼 곳에서도 내 마음 가까이에서 울림을 주었다.

동료들은 서로 다른 정치적 경험을 가지고 있었고, 덕분에 나는 더 깊이 생각하고 성찰할 수 있었다. 우리는 함께 혁명의 기쁨을 느끼고 더 나은 미래를 향한 희망을 품었으며, 작은 생명체를 포함해 모든 존재와 덜 폭력적이고 더 자유로운 관계를 구축해야 한다는 신념을 공유했다. 관대함과 우정으로 나의 일상에 큰 활력을 불어넣고 힘이 되어준 에프메라 콜렉티브The Effmera collective, 이탈리아 정치 생태 콜렉티브The Italian Political Ecology collectives, 북동부 소셜 센터The Northeast Social Centres의 동료들에게 감사를 전한다.

이 책의 마무리에 도움을 준 분들께도 감사를 전한다. 멀리 있지만 마음으로는 늘 가까운 친구 키아라, 그리고 책의 핵심인 현장 연구 내내 함께해준 마시모에게도 감사를 전한다. 마시모는 신중하고도 변함없는 태도로 연구 여정에 함께해주었다. 그는 계속되는 변화 속에서도 삶의 기쁨과 의미를 나누었던 친구다. 마시모 특유의 창의력 넘치는 열정과 밝고 긍정적인 에너지에 감사한다. 마시모의 한결같은 친절과 추천 도서 목록 또한 감사해야 할 대상이다.

감사의 말

아울러 언제나 나를, 나의 존재 자체를 지지해 준 가족과 가장 가까운 친구들에게 감사드린다. 변함없는 사랑을 주고 내 아이의 양육을 도와주는 등 감정적으로나 실질적으로 도움을 준 그들에게 감사한다. 그들이 있기에 삶의 아름다움을 느낄 수 있었고, 이 책을 잘 마무리할 수 있었다. 너무나도 큰 존재인 부모님, 이모들과 삼촌들, 그리고 두 할머니께 감사의 마음을 전한다. 아들 카를로에게도 감사를 전한다. 카를로의 존재 자체에, 그리고 매일 아이를 돌보고 관찰하는 특권을 누리게 된 것에 감사한다. 아이가 새로운 세계를 발견하고 자기만의 세계를 만들어나가는 모습을 지켜보는 일은 경이롭다. 물, 돌, 공기, 흙과 같은 자연의 강렬함을 탐험하는 여정에 동행해 준 믿음직한 친구 스테파노에게, 함께 우리의 세계를 일구어갈 수 있음에 감사드린다. 다른 모든 친구에게도 감사를 전한다. 특히 실비아, 앨리스, 키아라와는 사소한 일상부터 삶의 큰 사건에 이르기까지, 기쁨과 슬픔을 모두 함께 나눈 친구들이다. 이 책을 시작할 때는 함께했지만 마지막까지 함께하지는 못한 친구 주세페에게도 감사의 마음을 전한다.

마지막으로 살아 있다는 기쁨을 흠뻑 느끼게 해준 자연에, 땅과 물에 감사를 전한다. 특히 내가 사는 마을과 인근의 숲, 호수, 지글리오섬, 때론 슬퍼하고 때론 기뻐하며 삶이 고동치는 그곳에 대한 감사를 빼놓을 수 없다.

역자 후기

2007년 서브프라임 모기지 사태로 촉발된 미국 금융권 붕괴는 세계 경제를 대침체로 몰아넣었다. 수많은 회사가 파산했고, 일터와 집을 잃은 사람들이 쏟아져 나와 거리로 내몰렸다. 1930년 대공황 이후 최악의 상황으로 기록된 이 엄청난 경제 위기는 미국을 넘어 유럽과 아시아 등 세계 전역에 큰 영향을 미쳤다. 그 여파가 아직 끝나지 않은 2015년, 이 책 저자 앨리스 달 고보는 이탈리아의 한 작은 도시 '비토리오 베네토'로 향한다. 이 책은 비토리오 베네토와 인근 마을에서 저자가 만난 평범한 사람들의 일상 생태계에 관한 이야기, 위기 속에서 살아가는 그들 삶에 관한 이야기를 담았다.

경제 위기로 실직한 후 탱고 수업을 보조하는 일로 약간의 돈을 벌며 여행을 다니는 전직 스키 부츠 디자이너 오누르비오. 글로벌 자유시장의 거센 파도에 휩쓸려 가족 사업이 실패하고 아버지마저 스스로 목숨을 끊자 혼란스러운 청년기를 거치며 대안적 삶의 방식을 선택한 호미카. 이혼으로 경제력의 상당 부분을 상실했지만 신자유주의 생태계 안에서 나름의 선택을 하며 홀로 아이를 키우는 사라와 에린. 협동조합 공동체를 통해 삶의 강도와 의미를 되찾은 또 다른 싱글맘 로라. 꿈꾸던 농부의 길은 포기했지만 적게 소비하는 삶을 택한 앨리슨. 은퇴 이후 고향으로 돌아와 다시 삶을 일군 메리와 윌리엄 부부. 세상을 구하는 길은 오직 비거니즘이라 믿어 의심치 않는 열렬한 채식주의자 마크와 엘레오노르. 아름다운 호숫가 집에서 박테리아를 키우고 대안 경제를 일구어 나가는 지질학자 발레리오.

나이도, 학력도, 사회적 계층도 모두 제각각이고 우리와는 인종, 언어, 문화마저 다른 이들의 이야기. 하지만 여간해서는 벗어나기 어려운 자본주의 생태계를 살아나간다는 공통점이 있기에 우리는 그들의 일상에서 우리 이웃의 모습, 우리의 모습을 엿본다.

그도 그럴 것이 2024년 대한민국을 살아가는 우리에게도 '위기'는 참으로 익숙한 단어다. 1990년대 후반 대한민국 전체를 혼돈으로 몰아넣었던 외환위기부터, 글로벌 금융 위기와 일상을 뒤흔든 코로나 팬데믹까지. 시작이 명확한 특정 사건과 결부하지 않더라도 위기는 이제 이 시대를 관통하며 흐르는 키워드가 됐다. 과거와 비교해 물질적으로 더욱 풍요로워졌지만 어쩐지 삶은 예전보다 더 불안하고 예측 불가능해졌다. 불과 몇십 년 사이 기후변화가 재앙의 그림자를 드리우며 현실로 드러났고, 나라 안팎으로 끊이지 않는 갈등과 분쟁이 사회를 양극단으로 내몰고 있다. 수많은 아이들이 초등학교 입학 전부터 자본주의 사회의 무한 경쟁에서 살아남기 위한 준비를 시작하지만, 대학 입시와 취업 관문까지 잘 넘었다 하더라도 삶의 불안정성은 좀처럼 끝나지 않는다. 길어진 삶을 어떻게 살아야 할지 뚜렷한 그림을 그릴 새도 없이 우리는 자본주의 지배 체제의 해로운 관계 안으로 더 깊숙이 들어간다.

더 많이 일하고 더 많이 소비하는 삶, 노동과 여가가 양분되고 문화와 자연마저 자본의 공리에 잠식되는 삶. 이런 삶의 방식은 결국 우리 몸의 리듬과 자연의 리듬에 괴리를 일으켜 존재를 슬픔으로 몰아넣는다. 타자를 넘어, 혹은 타자에 대항해서만 자기를 확증하는 존재 양태로 우리를 몰아붙이는 자본주의는 배제와 착취의 삶을 강요하고, 삶 자체와 자연을 고갈시키는 '죽음의 정치'를 실현한다.

이 책은 일상이라는 존재의 공간에서 위기에 처한 선진 자본주의 사회의 면면을 그려내면서, 좋은 삶은 과연 무엇이며 위기가 지속 가능한 삶을 향한 기회가 될 수 있는지 질문을 던진다. 저자는 그 답을 거대 담론이나 혁명적 사회 운동이 아닌, 일상을 살아가는 평범한 사람들의 움직이고 생성하는 '욕망'으로부터 찾는다. 이 책에 등장하는 열한 명의 인물은 각기 자신의 방식으로 자본주의적 일상 생태계에 거주한다. 이들이 처한 자본주의적 위기는 삶의 궤적에서 나타나는 위기와 교차하는데, 이를테면 실업과 경제 불안정이 이혼 혹은 어른이 되어가는 과정처럼 삶을 흔드는 사건과 함께 나타나는 것이다. 저자는 이런 중첩된 위기 상황에서 자본주의 지배 체제가 강요하는 삶의 방식을 벗어나 '다르게' 존재할 기회가 출현할 수 있음을 보여준다. 위기를 극복해 나가는 과정에서 사람들은 잊고 있었던 욕망과 삶의 강도를 되찾았다.

사무실 에어컨이 만들어내는 공기가 아닌 상쾌한 바람이 주는 자유를 느꼈고, 탱고를 추거나 빗물에 흠뻑 젖으며 자신을 잃는 감정의 강렬함을 느꼈다. 부자 남편이 보장하던 물질적 풍요 대신 자유롭고 소박한 즐거움을 추구했고, 최신식 기기나 값비싼 레스토랑이 주는 만족감 대신 구식 화로가 주는 안락함과 직접 키운 먹거리가 주는 몸의 활력을 경험했다. 쓰고 버리는 낭비적 관계에서 벗어나 어린 시절의 기억을 불러일으키는 오래된 물건과의 만남을 소중히 여기고, 소비하고 또 소비하는 대신 '충분'한 것에 만족하는 삶을 택했다.

이들의 이야기는 경제적 풍요를 앗아간 삶의 위기가 오히려 잃어버린 욕망을 되찾고 물질적으로 더욱 풍부한 생명 중심적 일상의 배치를 만들어가는 과정이 될 수 있음을 설득력 있게 그려낸다. 중요한 점은 그러한 변화를 나타나게 하는 것이 개별자로 존재하는 신자유주의적 주체의 '내적' 의지가 아닌, 근원부터 관계적 존재로 살아온 주체의 '구체적 삶의 경험'이라는 사실이다. 그것은 물질과 담론의 배치가 있고 체화된 감각과 정동이 흐르는 만남의 세계다. 어린 시절 아버지와 함께 걸었던 숲길의 내음, 냉장고 문이 '딸깍' 하고 열리는 소리를 들었던 순간 느꼈던 할머니의 따뜻한 품, 자연을 바라보며 넋을 잃었던 경험, 서로의 존재로 인해 삶의 아름다움을 느꼈던 순간들…. 저자는 지속 가능한 삶을 위한 변화를 가능하게 하는 힘, 행동하는 능력을 만드는 힘이 결코 개별자인 존재 내부로 국한되지 않는다는 점을 명백히 보여준다. 변화는 언제나 "인간을 초월한 마주침 안에서… 그 마주침을 통해 발생"한다는 사실이 이들의 이야기를 통해 우리에게 잔잔하지만 힘 있게 다가온다.

이 책의 논의는 구유물론과 신유물론부터, 마르크스 페미니즘, 에코페미니즘, 후기 표상주의, 정신분석학, 사회실천 연구, 심리사회학 연구, 일상 연구에 이르기까지, 기존의 많은 이론과 연구를 넘나든다. 그중에서도 들뢰즈와 가타리의 존재론은 이 책이 그려내는 일상 생태계를 읽어내는 데 핵심이다. 저자는 들뢰즈와 가타리의 작업과 비판적 신유물론의 성찰을 바탕으로 위기의 순간에 나타나는 혁명적 힘이 결코 단선적이거나 오롯이 해방적이지는 않다는 사실 또한 보여준다. 우리 삶의 경험은 다양하고 복잡한 만남으로 이루어져 있고 자본주의의 지배 체제 안에 깊이 뿌리를 내리고 있기에, 삶에서 나타나는 욕망의 선 또한 언제나 다중적이다. 이는 서로 다른 욕망의 선이 교차해 나타나고 충돌함을, 탈주하는 욕망의 선이 때로는 지배적 삶의 형태로 더욱 강렬하게 재영토화할 수 있음을 뜻한다. 실로 자본주의 체제에서 비주류의 위치에 처한 이들은 끊임없이 불안과 소외, 추방의 감정을 경험하며 기존의 몰적 삶으로 더 깊이 빠져들거나 위기의 순간을 힘겹게 지나가는 모습을 보였다.

그럼에도 이 책은 희망을 말한다. 그 희망은 신자유주의가 그려내는 명확한 합리성이나 과학의 세계를 통해 나타나는 것도, 정의로운 행동이 무엇인지 규정하는 추상적 삶의 윤리에 근거하는 것도 아니다. 위기의 순간에 나타난 지속 가능한 삶을 향한 변화가 주체의 몸에 체화되고 관계의 그물망에 내재한 구체적이고 실제적인 삶의 경험에서 비롯되었던 것처럼, 희망 또한 그 변화의 순간을 지지하고 연대의 힘을 만드는 지속적이고 강렬한 삶의 경험 없이는 나타날 수 없다. 따라서 모든 변화는 (아무리 작은 미시적 세계에서 나타나는 것일지라도) 언제나 '집합적'이다. 생명 중심적 배치를 따라 탈주하는 욕망의 선은 그 변화를 지지하는 공동체의 서사와 물질적 틀 안에서 해석될 때 비로소 세상을 바꾸는 희망이 된다. 그러한 연대의 힘을 목격할 때, 우리는 일상이라는 존재의 공간에서 나타나는 분자적 움직임, 드넓은 바다의 작은 물방울 하나가 만들어내는 파동에서도 더 나은 세상을 향한 희망을 읽게 된다.

이 책의 번역은 결코 쉽지 않은 과정이었다. 책의 기저에 흐르는 들뢰즈와 가타리의 존재론과 철학적 논의는 사유의 지평을 넓혀주었지만, 번역자로서 그 의미를 오롯이 잘 담아내고 있는지는 늘 어렵고 고민이 되는 지점이었다. 하지만 이는 어떤 충만함을 주는 과정이기도 했다. '무엇이 좋은 삶이고, 어떻게 살아가야 하는가?' 저자의 언어를 우리말로 옮기는 내내 저자가 던진 이 질문이 내 가슴에 머물렀고, 나의 존재뿐 아니라 존재하는 모든 것들의 강렬한 관계성에 관하여 더욱 깊이 생각하게 되었기 때문이다. 나에게 그랬던 것처럼, 이 책 속의 이야기들이 독자에게도 하나의 작은 파동을 일으키는 좋은 만남이 되어주기를 바란다.

찾아보기

377

ㅇ

압축된 시간 방식 29
앙드레 고르스 10, 195
언어 16, 24, 30, 56, 62, 65, 67-68, 70,
    73-77, 80, 83, 119, 129, 155, 168-
    169, 171, 300-301, 343, 362, 381
    비언어적(인) 68, 75
    언어에 기반한 방법론 56
에너지
    바이오 에너지 177, 179, 181-182,
        194
    신체 에너지 25, 81, 110-111, 171-
        172, 176-177, 216, 293
    에너지 빈곤 182
    에너지 집약적(인) 97, 114, 149, 191,
        199, 319, 344
    화석연료 65, 170-171, 175, 177,
        182-183, 189
에워쌈 175-177, 319, 374
에코 시스템/생태 체제 12, 70, 237
에코 페미니즘 18, 20, 31, 66, 86, 88, 148,
    167
역능 23, 33, 38, 73, 103, 116, 209, 210,
    217, 219-220, 223, 231-232, 236,
    319, 369, 377-378, 380
열정 92, 99, 107, 156, 167, 176, 188, 199,
    214, 216, 267, 274, 276, 280, 285,
    293, 309, 312, 315, 381-382
    열정 사회학 309
영토화/탈영토화/재영토화 16, 21, 25, 30,
    33, 71-72, 74, 78, 82, 88, 92, 96, 107,
    109-110, 113-114, 116, 126, 140,
    146, 152, 154-155, 157-158, 161,

163, 165, 171, 175, 189, 196, 206,
    208, 210, 212, 214-216, 219, 222,
    223, 245, 247, 266-267, 270-271,
    279-280, 283, 286, 304, 326, 333-
    335, 339, 345-346, 351, 358, 368-
    369, 375, 379, 383
    실존적 영토 73
오이디푸스의 삼각형 174
위계(적) 19-20, 26, 39, 53, 61, 70, 72, 86,
    119, 167, 208, 311, 324, 365, 375
위기는 기회 330, 332
유연한 선분성 163
의지 42, 48, 60, 102, 117, 126, 139, 142,
    159, 172, 177, 188-189, 216, 226,
    236, 247, 292-293, 296-297, 301-
    302, 304, 346, 356-357, 360, 364,
    369, 377-380
    역능 의지 236, 369, 277-278
    권력 의지 177, 188-189, 216, 236,
        247, 292, 296, 301-392, 304,
        346, 369, 377
이동성 93, 184, 194, 337, 343-345, 347
이분화 110, 157, 168
이원론(적) 17, 19-20, 68, 70, 74-75, 83,
    86, 88, 98, 208, 210, 219, 230-231,
    236, 238, 247, 290, 307, 324, 333,
    344, 355, 354-365, 367
    위계적 이원론 19, 70
인간 예외론 168
인간 외 존재, 비인간 11, 15, 20, 33, 43,
    67, 80, 86, 121, 126, 128, 131, 134,
    136, 156, 160, 167-169, 196, 209-
    210, 212-215, 222-223, 227, 275,
    284, 295, 297, 307, 324, 330, 336,
    341, 354, 376-377
인류세 68, 143, 365
인식론 31, 68, 74-75, 78, 291, 296, 362-

나의 행동이 대양의 작은 물방울에 불과할지라도
지속가능한 삶을 위한 일상 생태학

초판 1쇄 발행   2024년 6월 20일

지은이   엘리스 달 고보
옮긴이   경규림

펴낸곳   이상북스
펴낸이   김영미
출판등록   제313-2009-7호(2009년 1월 13일)
주소   10546 경기도 고양시 덕양구 향기로 30, 106-1004
전화번호   02-6082-2562
팩스   02-3144-2562
이메일   klaff@hanmail.net

ISBN 979-11-980260-9-5 03300